ヘンリー・ヒッチングズ

英語化する世界、世界化する英語

田中京子訳

みすず書房

THE LANGUAGE WARS

A History of Proper English

by

Henry Hitchings

First published by John Murray, London, 2011

目次

謝辞

本書の執筆にあたり、多くの恩義をこうむった。いつものように、『オックスフォード英語辞典』と『オックスフォード・イギリス伝記辞典』という知識の源泉を楽しみながら頼りにした。調査のほとんどは英国図書館で行なったため、そこのスタッフの方々の助力に感謝したい。

様々な形での支援に対し、次の方々に謝意を表したい。ジャグ・バーラ、ジェイン・バーケット、ジャンティ・クレイポール、アンジェラ・コックス、デイヴィッド・クリスタル、ニック・デ・ソモギ、バーナード・ダイヴ、ロバート・ダグラス＝フェアハースト、レスリー・ダウナー、ジョナソン・グリーン、スティーヴン・ハリソン、ジェニー・ヒュースン、ゲシュ・イプセン、クワジ・クワルテン、ガイ・ラーデンブルク、ヴィクトリア・マリー＝ブラウン、ターチュ・ネヴァライネン、ジェレミー・ノエル＝トッド、マイケル・キニオン、アンナ・サウラ、ジェイムズ・スカダモー、ジェシー・シードローワー、ジェイムズ・スパックマン、イングリッド・ティーケン＝ブーン・ヴァン・オスタード、メアリー・ウェルズリー。また、わたしが見逃してしまったかもしれないニュース項目に注目させてくれたサイトの名を二つ挙げなくてはならない。二〇〇三年にマーク・リバーマンとジェフリー・プラムによって開設されたブログ、ランゲージログ http://languagelog.ldc.upenn.edu/nll/ とスティーヴン・プールのアンスピーク http://unspeak.net/ だ。

とくにリチャード・アレンデル、ロバート・マクファーレン、レオ・ロブソンに心から感謝する。また、著書『辞典編纂者のジレンマ』が出版される前に、寛大にも閲覧させてくれたジャック・リンチにはそのご厚意にお礼を申し上げる。

最後に、わたしの代理人ピーター・ストラウス、大らかで繊細な編集者エリノア・バーン、そしてわが両親に深い感謝を捧げる。

1 「大胆に進もう」

英語にまつわる真実と神話

英語について、また、その「ちゃんとした」使い方をめぐって一悶着起こらない日などないような気がする。言い争いの種は、言葉の厳密な意味、文法上の微妙な差異、俗語に対する許容度、地域のアクセントに対する態度、流行り言葉に対する抵抗、アポストロフィをめぐる混乱、セミコロンの消滅、などなどだ。

なぜ文法や綴り、句読点についての問題に悩んでしまうのか。他人の発音や語彙に感心したり、いらいらしたりするのはなぜだろう。なぜ、ニューヨーク発のサイト「オール」は「snuck［米：sneak の過去・過去分詞形］のすさまじい増加」を伝えるのだろう。それに ilk［（スコット・古）同類の］という言葉は『エコノミスト』[1]誌が忠告するように、本当に「避けたほうがいい」のだろうか。友人が住んでいるアパートの入口に「Please Ring the Buzzard バカを鳴らしてください［正しくは buzzer］」という表示があるのを見たら笑うだろうか、それとも顔をしかめるだろうか。「Please, Ring the Buzzard!」だったらどうだろう。「I could not care less」と言わずに「I could care less」［「まったくかまわない」の意味で not を入れないのは米略式］と誰かがため息をつくと異議を唱えたくなるのはなぜだろう。alleged［申し立てられた］が「アレジド」と二音節ではなく「アレジイド」と三音節で発音されるのを聞いていらいらするのはどうしてだろう。

言葉の使い方で、互いの関係や自分たちの仕事や気安さ加減などがなんとなくわかってくる。時間をかけて言葉を慎重に選び、話す相手や、書く場所を選ぶ。だから、他人の無頓着な言葉遣いに落ち着かない気分になるのだ。

きっと読者諸君は今ここで落ち着かない気分になっているのではないだろうか。冒頭で「ちゃんとした」を、いまいましい「 」で囲ったのに気づいたことだろう。多分、感心しないなと思っているはずだ。読者諸君がいらいらするだろうから、別のところで使ったほうがよかったのかもしれない。だが、もはや渦中にいるのだ。言語戦争の中に。なぜなら、「ちゃんとした」とか「本当の意味」とか「地域」とかいう概念は皆、論戦の種なのだ。

この論戦に関する感覚を研ぎ澄ませるために、ある小説から例を挙げてみよう。登場人物のひとりがこう言う。「誰にも意味がわからないくらいうまく話すなんてことはできません」。「ブラボー！」と答えが返ってくる。「今時の言葉に対する素晴らしい皮肉ですね」。さて。この小説が書かれたのはいつだろう。最近のことだろうか。二十年前？　それとも六十年前？　実は、これは一七九〇年代後半に書かれたジェイン・オースティンの『ノーサンガー・アビー』だ。[1]

誰にも意味がわからないくらいうまく話すなんてことはできません。オースティンの小説に出てくるまだ十代の女主人公キャサリン・モーランドが言ったこの言葉は皮肉をねらったものではない。今、これを聞いてうれしくなるのは、その言葉が、英語の使い方に関するなんとも厄介な問題を簡潔にあらわしているからだ。キャサリンは品の良い会話のまわりくどさに驚き、自分の単刀直入な物言いを洗練されていない証拠だと思う。まさにそのとおり。誰でも経験があるだろうが、まるでそれが教育程度の高さとか社会的な上品さのあかしであるかのようにわかりにくさをひけらかした発言や文章がある。アメリカの物理学者アラン・ソーカルはこれをうまいこと種にカルチュラルスタディーズの雑誌にパロディー論文を載せた。題は「境界侵犯――量子重力の変換解釈学に向けて」。そこで彼は、科学用語と数式を使って物理的実在の非存在性と数学の「多文化主義的」理解の必要性という論をでっちあげた。[2]

ジェイン・オースティンから引用した言葉の背後からは別の懸念の声も聞こえてくる。うまく話したかどうかなんて誰が決めるんだ？「……くらいうまく」に関して言えば――キャサリンの話で物足りないところとは、何か彼女が自分で気づいたものなのだろうか、あるいは他人が気づいたものなのだろうか。もし、それが後者の場合だとしても、それをどのようにして彼女に教えてあげたのだろうか。実際、意味がわからないこと、あるいはすぐにはわからないことに何らかの価値があるのだろうか。つまり、個性がたっぷり染みこんだ語法を使い、ゆがんだ、あるいは常軌を逸した言い方で表現すると何かいいことがあるのだろうか？　それにキャサリンの関心の対象であるあまりお堅くない牧師のヘンリー・ティルニーが「今時の言葉」と言ったとき、何が言いたかったのだろうか。オースティンが書くものにはこのように細心の注意が必要だ。いたるところ皮肉だらけで、彼女の登場人物たちは言葉をめぐって危険がいっぱいの上流社会をそろりそろりと歩み続けているのだ。

次に、ここに一つの論文の題がある。「アメリカの少年たちの間で増え続ける識字難」。これが出たのはいつのことだろうか？　二〇一〇年？　一九八〇年？　実はこれは『ザ・ネーション』という雑誌を創刊したE・L・ゴドキンの論文で、一八九六年に出た。ゴドキンは大学生たちに実用的な言語能力が欠けているのを嘆いていた。彼の議論は、ろくに教育を受けられない辺境の地での調査ではなく、ハーヴァード大学においてレポートから論文などまで幅広く調査したことを基にしている。十九世紀末のアメリカでは、学生たちを職業人に育てる努力が足りないと、大学が非難されていた。一八九一年、後の三十一代大統領ハーバート・フーヴァーはスタンフォード大学に入る前に英語の補講を受けるようにと言われている。そしてその同じ年にコーネル大学の言語学教授ジェイムズ・モーガン・ハートはこう書くことさえあった。「国中に響き渡る叫びはこうだ。もっと英語教育を！　若い人を母語に無知なままにしておいてはいけない(3)」

さて、一七一二年まで時をさかのぼれば、いつもは陽気にロンドン生活を観察しているサー・リチャード・スティールが、『スペクテイター』誌——もとの形式では二十一カ月しか続かず、発行部数は一刊につき三千部でしかなかったが、十八世紀の洗練された語法という考えに影響を与えた雑誌——にこう書いている。「こちらを見てもあちらを見ても、言葉についての恥ずべき中傷、凍り付いた道義心、といったものが毎日目につく。そのせいで、曇りのない目で見るとシティーはどこも盗人の巣窟だ」。同じ作家がその前年にはこう書いている。「会話の言葉遣いが今ではあまりにも虚栄心とお世辞で膨れあがっているので……一世代、あるいは二世代前の人間がこの世に戻ってきたなら、自国語を理解する助けとして、まさに辞書が欲しいと思うだろう」。最後に一七一三年、彼は『ガーディアン』という名の新聞（一八二一年にマンチェスターの実業家が創刊した有名な『ガーディアン』誌とは無関係）に次のように書いている。「世の中が進み、今や「紳士的」という言葉が何を意味するのか、ぴったりくるイメージが湧かない。……ここにとても感じのいい男がいる。わたしの文通相手だが、彼はおいはぎでさえそう呼ぶのだ」

スティールの愚痴をよく考えてみると、三百年たってもほとんど何も変わっていないと思うかもしれない。しかし、言葉の不完全さが話題になったのは、もっと昔からだ。それに英語に限ったことではない。紀元前一世紀に修辞学者ハリカルナッソスのディオニュシオス[3]は雄弁術における最新の進歩を讃えながら、一世代前の修辞を次のようにけなしている。「お涙頂戴式の恥知らずで耐え難く」、その粗雑さのせいで、ギリシアをまるで「きちんとした立派な妻がなすすべもなくじっとしている一方で、愚かな小娘が彼女をごみのように扱っている好色漢の家庭」のように見せている、と。[4] これは言葉の使い方を批判するときによくあるやり方だ。あまりにも仰々しいイメージを展開するものだから、言葉について論じているという事実をたちどころに忘れてしまう。

十九世紀末にアメリカの言語学者ウィリアム・ドワイト・ホイットニーは、言語は制度であると論じている。それは「人びとが、自分たちの欲求に従うようにと生み出した作品であり、その維持管理は人びとによってのみ行なわれる。また、人びとによって状況や欲求に適合させられるものであり、今なおいたるところで人びとの手によってそのような修正が行なわれている」。その要素は「一連の変化の産物である。その変化は、歴史的状況や人間性の状態のもとで、人びとの意志と同意によってもたらされ、大体においてもとをたどることができる動機という衝動によって引き起こされる」[5]。ホイットニーのモデルには弱点があるが、彼は偶然にも重要な考えを発見している。「人間の言葉の現存するあらゆる形は、恣意的で慣習的なしるしの集まりであり……伝統によって伝えられてきた」。それゆえ、決定的なのは、変化は「あらゆる言語研究方法の土台となる根本的な事実」であることだ[6]。彼によれば、共通の同意と慣習は意味にとって必須であり、自分たちが使う言葉がかつて何を意味したか、どこから来たかについて、われわれはいつなんどきでも一種の記憶喪失となりうる。

言葉を一連の習慣とみるホイットニーの考えに多くの人は賛成するだろうが、言葉に関する別の概念もしつこく残っている。英語を話す人びとはその用法について神経質だ。そういったところは他の言葉を話す人びととの間でも珍しくはないのだが、英語は主要な言語としてはもっとも論戦にさらされてきた。つまり、そのどうでもよい細部と存在の大きさについて、他の言語よりもずっと姦しく論争されてきたのだ。

論争はほとんどの場合がホイットニーの言う、言葉の「根本的な事実」をめぐるものだ。変化は起こる。現存するありとあらゆる人の言葉は変わっていく。意味は移り変わり、発音も文法的構造も変わる。自分たちが使う言葉は変化しないと思っているかもしれないが、それは幻想だ。そうとわかると気がそがれるかもしれないが、変化そのものには何も気味の悪いところや間違ったところはない。変化が起こらなかったら、そちらのほうがずっと気味が悪いだろう。言葉というのは形であり、実質ではない。意志の伝達そのものではなく、意志を伝達するシステムなのだ。その点についてはいずれ詳細に述べよう。

われわれが変化の担い手なのだ。言葉の「事実」は社会的なもの。つまり、言葉において変化が起こるのは、その言葉が使われている状況が変化するからだ。必要性が変わり、価値観が変転し、機会が多様になる。多くの人びとは、言葉の変化に出くわすという体験をすると頭に血がのぼってしまう。テキストスピーク[4]の流行はミニマリズムの栄光のひとつかもしれないと考えるには、超然と構えるという大きな努力が必要となる。しかし、憤懣やるかたなく感じることと正しいこととは別物だ。

もちろん、言葉についてはとうてい意見が合わない運命にあるという考えは、旧約聖書の中でもっとも忘れがたい――そしてもっとも鮮明な記憶を伝える――話の主題なのだ。それは創世記の十一章にある。欽定訳では次のとおりだ。

そして全地はひとつの言語となり、同じ言葉を話すようになった。そして彼ら（ノアの息子たちの家族）は東方から旅をしてきて、シナルの地に平野を見つけ、そこに住まうことになった……彼らはこう言った。さあ、町と塔を建てよう、塔の先端は天に届くように。そして名をあげよう。全地に散らばらないように。すると神は人の子が建てた町と塔を見るために天から降りてこられた。神曰く、見よ、ひとつの民族で、皆同じ言葉だ。これを始めたのは彼らだ。今や彼らにできないことは何もない。やりたいと思ったことをやるだろう。さあ、地上に降りて、彼らの言葉を混乱させ、互いの話が通じなくなるようにしよう。こうして神は彼らをそこから全地にちりぢりに追い散らした。彼らは町を建てるのをやめた。それゆえ、町の名はバベルと呼ばれた。なぜなら神がその地で世界中の言葉を混乱させたから。それ以来神は彼らを全地に追い散らした。

これは西洋文化を規定する神話となった。名目上、われわれはノアの息子一家の末裔であり、祖先の傲慢さの結果に苦しんでいる。われわれの罰は他の人びとを理解できない、つまり他の人びととの心をうかがい知ることができないことだ。さらにバベルの神話によって育まれたのは、他の社会とだけではなく、われわれ自身の社会においても言語によって分断されているという考えだ。

十八世紀の博識家で初めて本当に優れた英語辞典を執筆したサミュエル・ジョンソンは、「言葉は、政府と同じく、本来堕落しやすい傾向にある」と述べている。[5]これまでにも言語が分裂し、増殖する傾向にあったのは事実だ。それでも、言語の多様性を堕落ではなく、違った角度から見ることができる。すなわち、その豊かさのせいでより大きな創造性と適応性への道が広けたし、まさにその困難さゆえに、より力強い協力と互恵関係を構築できるようになった。世界はさまざまな言語からなる騒々しい議会だ。そして異なった言語の間だけではなく、それぞれの言語の中でもこのような格差、四散、分裂が存在する。それを問題ととることもできるし、単なる事実とみなすことも、また意思疎通のために注ぐまさに努力の源泉とみなすこともできる。

言語は歴史を映した鏡であり、堅牢な建造物ではない。しかしながら、こう指摘したものは誰でも「自由放任主義」のレッテルを貼られる恐れがある。つまり「自由放任主義」には常に、「救いがたくも」とか「危険にも」とか「無鉄砲にも」とかいった侮蔑的な副詞がつきまとう——まるで知らない人とセックスするとか、針を取り替えないまま皮下注射を回し打ちするとかいったことを勧めているかのように。嘘くさい規則に異を唱えるのと、人びとに無神経で気まぐれな言葉の使い方を勧めるのとの間には大きな隔たりがある。それなのに、自称、言葉のよい使い方の守護神（そのような守護神のほとんどは自称なのだが）の多くにその隔たりは見えていない。このような守護神はいろいろな扮装をしてあらわれる。たとえば、教師、退職した公務員、年配のテレビキャスター、ベテラン編集者、新聞の投書マニア、言葉のマニア、中途半端な教育を受けた人、などなど。思慮深い意見を言う者もいるが、ほとんどが偽善者だ。嵐のような怒りで荒れ狂いかねない。分離不定詞に反対する立場をとろうとしなかったために嫌がらせのメールを送りつけられた言語学の教授に聞いてみるといい。

次章から、英語を巡る議論の歴史を探求したい。本書は、大まかに言って、年代順に進めるつもりだ。しかし、過去を掘り下げていくと、こんにちの言葉に思いが至ることがよくある。次に何が起こったかと話を展開させるよりも、過去と現在との間を行き来するだろう。過去と現在の繋がりは本書の内容にとって不可欠なのだ。

地理的にはまずイギリスに焦点を当て、それからもっと範囲を広げ、英語が国際語へと変身していく様を考察することになろう。いくつかの章はひとつの案件に終始することになるが、それは主題によって一貫した取り扱い方をする必要があるからだ。また、英語についての考えにとくに強い影響を及ぼした人びとにも焦点を当てるつもりだ。本書の主要なテーマのひとつが、個人が言語とそれについての考えを形作るのに果たした役割を探ることでもあるからだ。ラルフ・ウォルドー・エマソンがすてきなことを言っている。「言語は、それぞれがひとつずつ石を持ち寄って建設した町のようなものだ」[6]。ここにあらわれている意味——まさに本書の核心——は、言語というものはたがいの合意のもとに共同で作り上げる作業なのだが、いまだに建設中だということだ。この町の建設についての本書の記述は調査探究の形をとっている。しかし、話を進めていくうちに、論争の筋道があきらかになってくるだろう。

　わたしは英語について講演をすることがときどきあるが、あとで積極的に質問を受けることにしている。わたしの最初の本はサミュエル・ジョンソンの辞典についてだった。二番目のは他の言語から英語に採り入れられた言葉の歴史だった。これらの本について語り、質問の時間がくるといつでも、過去は現在の関心事のために道を譲らねばならなくなる。たとえばアポストロフィに対するわたしの気持ちとか、インスタント・メッセージング[7]はよくないという認識とか。われわれは英語が恐ろしく堕落した状態にあるという考えにつきまとわれている。ここに、一九八〇年代にアメリカの著名な教育者ジャック・バルザンが書いた言葉がある。「あらゆるヨーロッパの近代語における堕落の原因を二つ挙げると、言語科学の理論と「実験的」芸術作品だ」、また「われわれが今持っている言語は多大な損害をこうむっている。誤りに遭遇するとき、スパイひとりに出くわすというようなものではなく、大軍団で向かってくるのだ」(7)。この種の話はよく聞く。個々の言葉は粗悪になり、用語の選択はまずくなり、文法はどんどん駄目になっている。「五十年もたてば、英文学なんて何の意味もなくなってしまうだろう」。エディンバラでの催しのあと、聴衆のひとりが公然とわたしにこう言ったことがある。「今はわれわれの言葉の歴史の中で、とても比類ないほど悲しいときだとは思いませんか」。

　本当のことを言うと、わたしはそうは思っていない。学者ぶって「比類ない」には「とても」はつかない、と答えることもできただろう。それでも、正面切って答えれば、現在のこのときを悲しいとは思わない。自分が生きている時代を異常に暴力的で無秩序だと思うのは自然なことだが、それでは他のそれぞれの時代の問題に対して見る目を持たないことになってしまう。われわれが直面している困難がとりわけ深刻であるという感覚は、ナルシシズムによって、また、それ以上にわれわれが事態を改善できるという信念によって研ぎ澄まされる。とりわけ勝手気ままなわれわれの世界には例外的なヒロイズムが必要だと思いこむことで病的な喜びを味わう。しかし、斬新さは堕落ではない。英語が落ち目になっているわけでもない。十九世紀半ばに悲観論者たちが、百年もすればイギリス人とアメリカ人は互いに相手の話を理解できなくなるだろうと予想した頃も落ち目ではなかったように、あるいは人文学者のトマス・ウィルソンが「英語で雄弁に意見を表明するのに熱心な人びとが利用するため」に書いた『修辞学の技術』に「旅慣れた紳士たちは最近「外国の言葉」で会話を「飾る」ようになってきた」と苦言を呈した一五五〇年代にも落ち目ではなかったように。

こう言うのは一種の挑発であることはわかっている。経験からすると、いつでも自分の英語の用法が正しいと言い張ることから口論を始めることができる。たとえば、「複数」の問題に巻き込まれてみよう。ラテン語で data〔情報〕という言葉は複数だから、もし、たったひとつの情報しか与えられなかったら「datum」と言うべきだと主張してみよう。一頭より多い数の hippopotamus〔かば〕に出会ったなら、hippopotamuses ではなく hippopotamou と言うべきだと断言してみよう。バーミンガムのアクセントは――イギリスのバーミンガムであれ、アラバマ州のバーミンガムであれ、オハイオ州にある二つのバーミンガムのどちらであれ――ロンドンの中産階級のアクセントより劣っている、さらに言えば、ある言葉は他の言葉よりずっと速く話される、もしくはアメリカ人は英語を駄目にしている、と言ってみよう。祭りのときに誰かがわたしに言ったように、「英文法がどんなにばかばかしいとしても、少なくとも英語に文法はあるんだ――中国語とは違うよ」と抗議してみよう。「The crowd is on its feet. 群衆は立っていた。〔crowd を単数扱い〕」のほうが「The crowd are on their feet」よりいいと主張してみよう。あるいは、「The class of '89 is having a reunion, and there's a big surprise in store for them. 一九八九年度のクラスが同窓会をすることになり、あっと驚かせる趣向がこらされている。〔前半は class が単数扱いで後半は複数扱い〕」なんてこと言えないと言い張ってみよう。

言語について論争するとき、それが思考を損なうところを気にしていることが多い。言葉には数や記号のような正確さはないとみえ、言葉のそのような弾力性が誤解を深める。こうした議論は今に始まったものではない。言語について非常に深く研究した人びとは、思考や人生そのものをより理解できるようになると思って論じてきた。同時に哲学は絶えず言語学的な事柄に口をはさんできた。

これらは微妙な領域であり、思想家が言語やその働きについて、これまでのイメージは単なる慣習であり熟慮されたものではないと訴えたために哲学的な混乱を招いてきたという名高い伝統がある。この伝統をさかのぼれば、言語学におけるいくつかの根本的な問題（ものを名付ける慣習的なやり方など）について検討している紀元前四世紀のプラトンによる『クラチュロス』や、プラトンの弟子アリストテレスのより地道な研究に至る。アリストテレスは、現実を描写・分類するのに使う語彙を確立することにとくに関心をもっていた。彼らの後継者には、まず五世紀のヒッポの聖アウグスティヌス、言語能力を獲得する過程について推論した。十七世紀の哲学者ジョン・ロック、言葉はわれわれの考えを示すための恣意的な記号であるとした。プロイセンの外交官で教育理論家ヴィルヘルム・フォン・フンボルト、言語を抽象的なもの（「死んだ仕掛け」）というよりも現実の中に位置した現象として取り扱うことを提唱し、有限の要素で無限の使い方をする創造的な活動とみなした。ヤーコプ・グリム、弟のヴィルヘルムとともに民話の収集で有名であり、また言語学の基盤について歴史的調査を始めた人でもある。そしてフェルディナン・ド・ソシュール、彼はこの方向を変えて、関係性のシステムとしての言語という考えを強調し、歴史的発達（通時的方法）を通してではなく、時間の中のある特定の瞬間（共時的方法）でもって言語システムを研究する必要があると提唱した。

現代の言語学は何らかの形でこれらの人びとのおかげをこうむっている。とくにソシュールの影響が大きい。それは現在は過去への手がかりというメッセージを伝えている。つまり、言葉を創り出した力が今現在も働いているという意味だ。こんにち存在している言葉を眺めれば、その歴史を理解することができる。ここから、現在われわれが問題だとみなしていることが、実際には言葉の力強い創造力の証拠であるとわかる。

われわれが直面している大きな難題の多くは新しいものかもしれない。しかし、問題となっている点はよくあるものだし、いらいらさせられるほんの小さな細かいことに、もっととは言わないにしても、同じくらい昔の人たちもいらいらしたのだろう。心配性の人たちがこんなことを非難するのをよく耳にする。まず、外国から入ってきた言葉（だが、ヌーベルバーグのほうがニューウェーブよりずっと意味の通りがよくないだろうか?）、俗語（つまり、こんにちうまい言い方とされている言葉、たとえばホットなどが明日は陳腐になるかもしれない）、省略（ときには非難されるのももっともだ――「Accident analysis and prevention 事故分析と防止」の代わりに「Accid anal prev」が使われていてびっくりする）、怪しい文法（「Once she'd been neutered, the Princess went to collect her cat. 去勢手術を受けるとすぐに、お姫さまは猫を迎えに行った」）、「ずっと多くを知っているはずの」著名人の間違い（「"Is our children learning? 子どもたちは勉強しているのだろうか」という質問はめったに受けない」と言ったジョージ・W・ブッシュのように）。その結果、あたかも目にあまるほどの愚かさと下品さの時代――おどろくほど言語学的危機の時代に生きているのではないかという気がしてしまう。しかし、この疑いはチョーサー、シェイクスピア、もしくはミルトンの生きたイギリスでも、ディケンズの生きたイギリスでも、清教徒たちやジョージ・ワシントン、もしくはマーチン・ルーサー・キングの生きたアメリカでもごく普通だった。

さらに、今では間違いとか文法違反とされていることの中でもかつては十分認められていたものもある。たとえば『リア王』の中で、エドガーが「to take the basest and most poorest shape もっとも卑しく、もっとも貧しい姿に身をやつそう」と誓うところで、わからないふりをするだろうか？　『ベニスの商人』でバッサーニオがアントーニオーからの手紙の「All debts are cleared between you and I. 君とわたしの間の借金は消滅した」というところを読むシーンで憤怒に苛まれるだろうか？　クイーンズ・イングリッシュ——一五九二年にエリザベス朝のパンフレット作者トマス・ナッシュが最初に口にした概念——もしくはキングズ・イングリッシュ——一五五三年にトマス・ウィルソンがそう呼んだ——の手強い擁護者たちは、明確なコミュニケーションをはかるために言葉が円滑に流れるよう尽力しているふりをしている。しかし、彼らを憤らせるような言葉の使い方によってコミュニケーションが阻まれることはほとんどない。ミック・ジャガーが「I can't get no satisfaction」と歌うとき、二重否定だから彼はこの上なく満ち足りていると主張する人は、正直言っていないだろう。チョーサーが『カンタベリー物語』の中でひとりの騎士について「He nevere yet no vileynye ne sayde」（「騎士は下種な言葉は決して言ったことがない」を意味する）と書いているのを読んで、vileynye［下種な］にびっくりしてしまうかもしれないが[8]、否定を重ねることで、騎士の礼儀正しさに漂う宮廷らしさをかぎ取る妨げにはならないようにしている。

ここで明らかな違いは、ミック・ジャガーが（とりあえず）話し言葉なのに対して、チョーサーのは書き言葉であることだ。話し言葉と書き言葉には異なった規範をあてはめるべきだ。しかし、英語の用法を議論している人びとにはしばしばその区別への認識が欠けている。このことについてはさらに多くのことを言うことになるだろう。いや、書くことになるだろう。

話し言葉と書き言葉に関して、ほとんどの人が、いわゆる汚染物質——難解な表現、下品な言葉遣い、罰当たりな言葉、不適当な文法、発音の間違い——を振り払ったり、こすり取ったりして、言語学的な汚染除去をしている。ときにはその過程でひとつの悪を別の悪に置き換えている。すぐ騒ぎ立てる人は汚染の張本人にみえるタイプの人を悪く言いがちだ。これまで咎められてきたのは、旅人、商人、ジャーナリスト、大学生、看護師、美容師、都会人、同性愛者、翻訳者、そして女性たち[8]。われわれは皆、言葉を使いながら、それについて批評を下している。他人の言葉遣いを賞めるよりも悪口を言うほうがずっと多い。言葉に関する限り、「技師」の人もいるが、ほとんどが「医者」だ。

こういった査定はおもしろいが、その人気のもとは、現実をきれいにできるような気分にさせるからだ。同時にわれわれが無秩序を避けたがっていることもわかる。自分が理解されないことを恐れているし、自分たちの世界観の本質的なものが他人と違っていることを恐れている。言語学者デボラ・キャメロンが「言葉の除染」と名付けたことをわれわれが行なうとき、他者性と差異とに対する不安がさらけだされる(9)。まるで、自分たちの言葉がばらばらになっていくと思いこみたいかのようにみえる。自分たちの生活の他の面については手に負えないようにみえたとしても、言葉は現代の混沌から救えるかのように感じている。もし、言葉の変化を引き留めることができれば、他の変化も先延ばしすることができる、というわけだ(10)。そうしてその間、変化は避けられないことを強調する人びとは意気地なしの平等主義者、複数主義者、相対主義者――「まずいことに」敗北主義者――として退けられてしまう。とはいえ、「何でもあり」のやり方が責任放棄にみえるとしても、その反対の、こまごまと微細にわたって口を出すやり方は、その見込みのなさからいうと、カヌート王が波を止まらせようとした伝説[9]を思い出させる。

そろそろ規則に移って、重箱の隅をほじくるような実例をみてみよう。まず検討してみたいのは、一見どうということなくみえるが英文法の中で常に論争の的になってきた問題だ。わたしが選んだ題材は分離不定詞〔to と不定詞の間に副詞[10]（句）がはいったもの〕で、これはネオ・ヴィクトリアンたちやテレビの（ホームコメディーの主人公）フレイジャー・クレイン博士にとって繰り返しあらわれる悩みの種なのだ。一番よく知られている分離不定詞は『スター・トレック』の冒頭のクレジットにあらわれる。そこでこう告げられる。宇宙船エンタープライズ号の使命は、「不思議な新しい世界を探求し（to explore）、新しい生活と文明を見つけ出し（to seek out）、誰ひとり（no man）行ったことのないところをめざして大胆に進む（to boldly go）こと」だ。この一節はよく諷刺の種となった。たとえば、ダグラス・アダムズの『銀河ヒッチハイク・ガイド』ではこう書かれている。荒涼として長い間失われていた銀河帝国の英雄たちは思い切って「誰ひとりやったことないほど大胆に不定詞を分離させた（to boldly split）」と。しかし、この表現法はそんなにひどいだろうか。不定詞の扱い方についてどんな規則があるのかという問題は（また「誰ひとり」というのに「no one」でなく「no man」としたことについても）ちょっと脇において、現在述べられているままの言い方の修辞的力に的を絞ったほうが有益かもしれない。ここではリズムが大事だ。三つの部分からなる構成「探求し、見つけ出し、進む」は「大胆にboldly」という言葉が突然導入されて崩れる。これは悪いことというより、探求のまったくの大胆さに対する話者の興奮を強く印象づける。「to boldly go」の韻律は――そのリズムのせいだけではなく、縮こまった感じが少なく――「to go boldly」よりもずっと魅力的だ。「Boldly to go」だったら気取って聞こえるだけだ。

　分離不定詞は早いところでは少なくとも十三世紀から見つかっている。チョーサーでは二、三箇所出てくるし、ジョン・ウィクリフの書いたものにはもっと頻繁に出てくる。十五世紀、ウェールズの司教でその形式を楽しんだレジナルド・ピーコックの著作には大量にみられる。それに続く二世紀の間は分離不定詞は野暮ったいと思われたらしく――シェイクスピアは一回だけソネットに使っている(「Thy pity may deserve to pitied be 汝の心の哀れみが、人からの哀れみを受けるのにふさわしくなるように」)――めったに使われなかったが、十八世紀の後半に至るとサミュエル・ジョンソンのような作法に厳格な作家のものにさえあらわれるようになった。分離不定詞の使用に対する憎悪は十九世紀に入って高まってくる。最初に糾弾記事があらわれたのは一八三四年で雑誌の記事と思われる。その後同じような禁止記事が大量に続いた。それを「分離不定詞」と呼んだのは一八九七年に『アカデミー』誌に寄稿した人物だ[11]。

　分離不定詞の禁止はもともとラテン語重視に基づいており、さらにこんにちの一部の人びとは、ドイツ語においても不定詞の分離が不可能なことからそれを強く主張する。実験心理学者スティーヴン・ピンカーは、「英語を話す現代の人びとに、ラテン語にないからといって不定詞の分離を禁ずるのは、現代のイギリス人にトーガを着て、月桂冠を頭にかぶれ、と言うようなものだ」と述べている[12]。だが、しばし、この規則について詳しく調べてみよう。ラテン語では不定詞は一語であらわされる。amareは「to love 愛する」を意味し、venireは「to come 来る」の意味だ。要するに分離できない。ラテン語で名詞をどう扱うか、考えてみよう。ラテン語では定冠詞も不定冠詞もない――「a girl 少女」はpuellaで、「the threads ふさ」はfumbriaeだ。だからといって「a clever girl 賢い少女」とか「the broken threads 切れたふさ」という言い方は出来ないなんて誰も言わないだろう。これだって分離名詞ではないか。分離不定詞同様けしからぬことではないか。

　「I am going to really do it. それを本気でやるつもりだ」は「I am really going to do it. 本当にそれをやるつもりだ」、「Really I am going to do it. 実のところそれをやるつもりだ」、

「I am going to do it really. それをやるつもりだよ、本当に」とは微妙に異なる。この文章における副詞 really の位置は単に妥当だとか音調がいいということではないし、そうあってはならない。どの位置がもっとも意図する意味を伝えるかという観点から決めなくてはならない。

この原則は別のよくある副詞 only の場合も例証することができる。only をそれが修飾する語のできるだけ近くに置くとうまくいく。たとえば、次の文の違いを考えてみよう。「I only take off my socks when she asks. 彼女に求められたら、靴下を脱ぐだけだ」と「I take off my socks only when she asks. 彼女に言われたときだけ靴下を脱ぐ」。おまけとして次のを付け加えよう。「I take off only my socks when she asks. 彼女に言われたら、靴下だけを脱ぐ」。三つの違った日常生活の風景がここにあらわれている。また文を違えてみれば、四番目の場面があらわれる。「Only I take off my socks when she asks. 彼女に言われても、ただ靴下を脱ぐだけだ」。もちろん、これらの例文では分離した不定詞は出てこない。だが、副詞をどこに置くかの重要性がわかる。ときには不定詞を分離させなければならないこともある。そうでないと奇妙になるというからではなく、神経質に分離不定詞を避けようとして意味するところがゆがんでしまうからだ。次の文章をいかにこぎれいに少ない手間で言い換えることができるかを予測するのは難しい。「I expect our output to more than double next year. 来年の生産高を二倍以上にしようと思う」。なすべき正しいことは、何であれ、不安定なところがなく、とても自然にみえることだ。でも、一体これって指針といえるのだろうか。

ほとんどの人は英語に関するいくつかの規則に従順だ。それらが永久不変な命令――それに違反するのは知性の低さと卑しい生まれのしるし――であるかのように振る舞う。学校で先生に、教養のある人は決して and の前にコンマを入れないし、lot とか got という言葉は使わない、と叱られた記憶がある。この種の規則が重要だとほとんどの人は思いこまされてきた。そして、そういった規則は大量にある――おそらく三千五百ぐらいあるだろう。この数は『英文法総覧』（一九八五）の索引で確認した文法項目の数だ。この本は、ランドルフ・クァーク、シドニー・グリーンバウム、ジェフリー・リーチ、ヤン・スタートヴィクといった著名な学者たちによってまとめられた一七七九ページからなる大著だ。

こんな「規則」は気にならないなんて言うつもりはない。誰かが「between you and I」と言えば思わず顔をしかめてしまう。そう言った人は知的で粋にみせようとしているのではないかと思ってしまうのは確かだ。しかし、顔をしかめるとしても、わたしの内にいる言語学者は、その反応は美的なもので、感情をそのようにあらわすよう条件付けられていると認識している。というのは、このような規則は――先程引用符をつけたことに注目――実際には規則ではなく慣習なのだ。異なった時代、異なった場所では異なった慣習が規範となる。もちろん、このような慣習のうちのいくつかはあまりにも深くわれわれの中に根付いているので、それらが単なる慣習であると認めるのは難しい。時代を超越し、深遠で、もともと理にかなったものだとみなしている。すなわち慣習の根は深く、根こそぎにするのは難しい。それでも、慣習はこれまでも変わってきたし、これからも再び変わっていくのだ。

慣習とは偶然的なものだ。それらを認めることでコミュニケーションが成り立っているのだが、冷静に検討してみると、多くが奇妙にみえる。(しばし言語から離れて、チェスとかビデオ・ゲームとか正装とかオペラのことを考えてみよう)。もし、立ち止まって、どうしてYではなくXと言うのが正しいのかを考えると、あまり十分には説明できないだろう。普通われわれが慣習にこだわるのは、それが実際的だからだ。慣習はたがいに譲り合わねばならないようなよくある場面での解決策なのだ。それに従うことで問題を乗り越えることができるばかりか、その問題をみえなくしてしまう。サッカーをしていてボールを拾い上げて走り出したら、ピッチから追い出されるだろう。何か賢く、機転が利いた、独創的なことをしたと思う人はまずいないだろう。そしてそんな行動は理解しがたいと思う人がほとんどだろう。なぜならゲームのルール違反だからだ。言語の場合は、われわれは規則と思っていることに従って行動する。それは――概して無意識にだが――話をしている相手に対して責任を感じているからだ。

本書は歯切れのいい簡潔な標準英語(それについては後に論じる)で書いているつもりだ。というのは、それがこれまで教えられてきた英語だし、本を読んで自分のものにしようとした英語だし、本書の読者諸君に気に入ってもらえる英語だと思うからだ。もっとくだけた口語体は場違いだろう。それでも、何が正しく、何が正しくないかという考えについて分析し始めるや否や、それが、何が適切で、巧みで、効果的で、有用で、社会的に容認されるかという概念といかにからみあっているかということが見えてくる。

2 生存機械

言語の力と英語への闘い

読者もわたしも言語とは何であるかわかっているし、それを自由に操れることもわかっている。多分、気楽にそう言うだろう。だが、正確に言って何がわかっているというのだろう。

その答えをアメリカの言語学者レナード・ブルームフィールドが寄せている。「言語は伝言のやり取りで発達してきた。そして、言語の使い方を学んできた人は誰でもそのようなやり取りを通して学んできたのだ」。したがって、個々の人が使う言語というのはその人が作り出したものではなく、身につけた習慣からなっている。子どもの頃から言葉を習い、ついには小さなひとつひとつまで「機械的にかつ無意識に」行なえるようになる。その結果、言葉を使うときに何が必要なのかについてきちんと考えることはめったにない(1)。今しばし考えてみてほしいのだが、ひとつの言葉を明瞭に発音するには舌と下唇をどのように動かすだろうか。よく考えてみると、精密な仕組みをもったそのやり方は実に不思議で――多分俳優か歌手でない限り――喉頭、声門、軟口蓋などの働きを意識する前に行なわれている。われわれはめったに言語の身体的な基礎については考えない。ちょっとした感嘆の言葉から洗練された話にいたるまで、そのどれをも可能にするための一連の複雑な流れを検証することはない。そしてこの検証の欠如がわれわれと言語の関係全体のテーマなのだ――というのは言語はわれわれの存在の要なのだが、それについてわれわれが抱いている信念や考えは、情熱的ではあるが、単純で非科学的なものなのだ。

言葉を話す能力は生まれつきのものだ。言語はリチャード・ドーキンスが、われわれの存在を駆り立てる「生存機械の働き」と呼んだもののひとつだ[1]。けれども、言語のとる形――われわれが学ぶ記号や音、そしてそれらをつなげる多くのやり方――はわれわれが育った共同体によって決定される。タヒチ語では動詞は文章の冒頭にくる。クイーンズランド［オーストラリア］でジルバル語を話す人は伝統的に、あらゆるものについて日常語と「義理の母親」の前で使う言葉の二種類をもっている。パキスタン北部の一部の地域で話されているブルシャスキ語は四つの性をもつ。

パプアニューギニアで話されているカラム語には動詞が九十六しかない。言語は自然のもの、すなわち言語はその土地の文化によって作り出されてきた。

　けれども、全人類に共通する言語の規則というものがあるらしい、ということをはっきりさせるだけの価値はあろう。頭脳は一組のコンピューター装置だ。分子から成るハードウェアをピッタリとフィルム状の膜で覆った塊だ。そこへの情報の出し入れについてはよく知られているが、魔法のような働きをするそのブラックボックス内部の回路についてはあまり知られていない。頭脳は情報を処理する。そして、神経網の中には遺伝子によって規定されたコンピューター論理に従って言語を統率する仕組みがある。一定の、つまり、かなりの程度まで生物学的に規定されている文法が存在する。

　この「普遍文法」があらゆる人間の言語のさまざまに異なった統語法――すなわち、言葉を文章に構成する異なったやり方――を生み出すことを可能にしている。それは学んだというよりも生まれつき基本として備わった能力なのだ。[2]この問題に関する現代の見解はノーム・チョムスキーの著作に負うところが大きい。彼は学界の異端児で、自身の語るところによれば、大西洋航行中の船酔いに苦しむ最中に言語学的悟りを開いたという。一九五〇年代後半に提示されたチョムスキーの文法の原型は、有限の規則に従いながら無限の発話を達成することができるというフンボルトの考えを土台にしている。チョムスキーは人間の言語能力をコンピューターの仕組みとして示した。彼のこの記述は、こんにちでは「極小主義」を標榜するとされるが、おそろしく専門的だ。それが正確にどんな性質をもつのかはここでは重要ではない。いまの目的にとって重要なのは、普遍文法の複雑であきらかに生来の規則、その中で計り知れない創造性を発揮することができるその規則は、われわれが学ぶ言語の基本――とりわけインチキな英語語法など――とはまるで異なっていることだ。

　これまで述べたように、言葉の使い方にしきたりをもうけるのは、われわれの言語を他の言語の使用者が使うときに責任を感じるからだ。言葉を明快に使おうとする納得すべき理由があるのだ。日常的な多くの場面で、誤解を生んだり、平常心を失わせたり、必要もないのにむなしく集中力をそらせたりする言葉にはいらいらさせられる。ひとつの文を読み返さねばならないのは楽しくない。それも二度目に読んだら一度だって読みたくなかったのがわかるような文を。上手に言葉を使えば、受け手が意味をとろうと費やす知的努力の量を減らすことになる。わたしの表現が支離滅裂であいまいだと、読者が興味を失ってしまう危険がある。

　チョムスキーは言語の主な目的を強調した。すなわち情報を伝える、関係を構築する、考えを表明したり明確にする、知識と理解を追求する、頭脳を創造的に働かせる、そして遊ぶ。この最後の二つ以外には明快さが不可欠だ。正確で決まりに則った語法は悲惨な誤解を防ぐ。たとえば、緊急着陸の際に機長に話しかける航空管制官なら、位置や方角を指示する言葉について細心の注意を払わねばならない(2)。また、法律用語に付された重要性について考えてみるとよい。多くの法律の事例は解釈の問題にかかっている——立法者の意図をはかったり、供述の意味を突き止めたり、あるいはそこに意味を与えたりする。ここでは判例が重要だ。習慣、連想、教えられた信念、伝統、そして社会グループの中で一般的に受け入れられている規範、このようなものはすべて法律的意味の抽象的理論を示している。なぜなら、法律に関する書類が精査されるのは通常、敵対者相互の間においてなので、この種の書類は客観的という印象の中に、それぞれの立場の微妙な弁護を混ぜ合わせる必要があるからだ。

　言語慣習を正当化するのは実用性からだ。それらが脅かされているようにみえても、文明が崩壊するわけではない。むしろ、現存する慣習が新しいのに取って代わられようとしているのだ。「言語の進化」の専門家サイモン・カービーのような研究者は言語の生態とウィルスのそれとを比較してみせる。言語の特性は、現実の環境の中で生き残るための必要性によって形作られる。たくましさ——構造面で、伝染力があり、群れを作りやすい——は生き延びるのに不可欠だ。このたくましさはイコール完全さではない。すなわち言語は、どうしてそこにあるのかすぐにはわからないような乱雑なもので一杯で、あるべき理由がわかるときでも、その仕組みは醜い。

　言語は全体として首尾一貫しているわけではない。完璧に論理的でもない。実際、余分な情報がいっぱい詰め込まれている。一般的にはこれが社会的な機能を果たしている。つまり、意味がわかりやすくなっていたり、それがなければ意思の疎通がむずかしい人びととの間を結びつけるのを助けている。余分なものには、たとえば英語の表記でqのあとにuがくる（ラテン語から受け継いでいる）といったものや、「個人識別番号《PIN》」を告げたり、留守電に伝言を残すときにこちらの電話番号を二回繰り返していれる、といった簡単なこともある。あるいはもっと複雑な、たとえば詩の中に織り込まれた、耳に心地よい繰り返しというのもある。一般的に、何について話しているかを察するには、話されている言葉十のうち三語ほど拾い上げればよい。数学があれほど多くの人びとを当惑させている理由は、数学とその教え方に余分なものがないからだ。余分なものは修辞的ともいえるが、意味が混乱することから守る実際的な方法——安全装置、つまり安心させ、安定させる予防線ともいえる。

　自然言語に数学のようにふるまうことを期待するのは、子どもにiPodのようにふるまうのを期待するようなものだ。それでも、英語はしばしば論理に支配されない独特な言葉の例として挙げられる。この見方は特にフランスの学者が進めたようだ。彼らは自分たちの言葉がきわめて明晰であり、揺るぎない統語法と正確な用語法を持った言葉であると優に三百年を超えて論じてきた。この身びいき派の創立者はクロード・ファーヴル・ド・ヴォージュラで、彼の著書『フランス語についての考察』（一六四七）はフランスの宮廷の明晰な表現を讃えている。それより前に詩人フランソワ・ド・マレルブは、珍しいことに、パリの「ポルトフォアン［「干し草河岸」の意味で現在のポール・ド・ロテル・ド・ヴィル］」で働く沖仲仕の語法を模範的だと讃えた。ジョアシャン・デュ・ベレーやアントワーヌ・ド・リヴァロールといった他の著作家たちは、フランス語はバベル以前に存在していたと思われる唯一の言語にもっとも近い、と信じていた。しかし、フランス語は理性の言葉ではないし、英語も不明瞭で非科学的な言葉ではない。

　はっきりさせておこう。本書は英語についての本である。しかし、ときには他の言語の現象や問題に触れることもある。なぜなら、そうすることで英語の状況に別の視点が加わることになるからだ。そして、ときどき、英語のことを「われわれの」言語という言い方をする。それが読者の言語ではないかもしれないのと、いずれにせよ所有格を使うのは誤解を招きやすいことはわかっているのだが。英語を所有している人など誰もいないのだから。

　そのうえ、英語は均質で強固なものではない。数多くの異なった英語が存在する。その多くはいくつかの点でわたしたちにとって異質という印象がある。これらを話す人はたくさんいる。たとえば、オーストラリア英語、ジャマイカやフィリピンで話されている英語。その他、ニカラグアのコーン諸島や、ナミビア、南太平洋のピトケルン島で使われているような英語はほとんど記録されていない。

　たくさんの人びとが英語を第二言語として使っている。彼らもまた英語の未来に関与している。ときには英語圏の内円と外円との間でくっきり分かれることもある。イギリスやアメリカのように伝統的に英語を基盤としている国と、もともと英語は母語ではなかったのだが歴史的に重要だった国——たとえばインドやシンガポールなど。このような見方はカシミール生まれのアメリカの言語学者ブラジ・カチュルが展開した。カチュルは三番目の「拡大円」というものについても述べている。それは英語を共通語、とくに商業のために使っている国々を含んでいる。この拡大円には中国と日本が入る。

内円の英語には、見たところすぐにはわからないある種の価値観が浸透している。この文化的負荷の例に含まれるのは、たとえば、正確さへのあからさまな関心、厳然たる事実を好むこと、事実と意見とを注意深く区別する、感情の吐露を避ける、個人の自主性の強調、公正さと道理を第一にする、誇張を憎むことで結果としてたいてい控えめに表現する、おのれの知識の限界を明白に認識すること、などなど(3)。あきらかに、これらの性向はそれぞれ違った方向を示している。その全部を一度に表すことはできない。さらに、内円の人びと――オーストラリアに移住したポーランド人言語学者アンナ・ヴェジュビツカが「アングロ文化体」と呼ぶような言葉を話す人びと――がこれらの規範からはずれる多くの具体例を見つけるのは簡単だ。しかし、内円の英語を話す人びとの話し方には中心となる概念があり、それはほとんど言及されないが実際は深く根付き、他の言語を使う人びとの表現に埋め込まれた概念とは異なっている。

「われわれの」言葉と書くと、所有格のせいで文化的負荷のほとんどが軽くみえてしまう。同時に、このような言葉遣いは単純な真実を反映している。つまり、人びとは自分たちが話したり、書いたりする言葉を所有していると思っているのだ。英語に関する議論はいつでも伝統、権力の配分、自由、法律、個性に対する感情によって彩られている。英語をめぐる多くの討論や論争は教育とつながっている。教え方や学び方についての意見は政治に基づいたものだし、誰かがいわゆる教育哲学を提言するとき、それは実際にはイデオロギーがかかった計画なのだ。

チョムスキーがかつて述べたように、「言語の問題は基本的に権力の問題なのだ(4)」。言語は連帯感とともに不和という観念を押し進める潜在力をもった道具である。古い冗談にこういうのがある。言語は「陸海軍を率いた方言」だ。それを広めるとともに防衛する（この言葉は言語学者マックス・ヴァインライヒのものとされることがよくあるが、[3]ヴァインライヒの造語でないのは確かだ）。もっとわかりやすく言うと、言葉は記号からなるシステムであり、そのシステム内ではこれらの記号の標準的な書き方というものがあり、それは正式な教育と政府の是認のもとで奨励される。言語はどう定義しても必ずどこからか反対の声があがる。しかし、今ではやや陳腐な「言語は力である」という格言の中に要約された考えを——それとなくほのめかすだけであっても——伝えない有益な定義というのに出くわすのは難しいだろう。力には関係性が含まれ、このような関係は不平等になりがちだ。それらには忠誠、責任、伝統、統制システムといったものが含まれる。

英語の問題はわれわれの日常生活の中で鳴り響いている。言葉を使うときというのは、質問に答えたり、自分たちで楽しんだり、時間をつぶしたり、何かをみせびらかしたりしながら、社会的な繋がりを作っているのかもしれない。しかし、話をしている相手の利害が関わっていることを根っこのところでは推測している。[5]この関わりを言いあらわしたり、強調したいという願いが重要だ。どのようにして相手に耳を傾けさせるか。相手を説得して、自分を好きになったり、雇ったり、信頼したり、自分の作った銅版画を見に来てもらうことができるだろうか。言葉の扱い方は——その立場、広告主、販売員、派閥仲間、説教師、預言者、詩人、詐欺師などによって——無数ある。さらに別の問題もある。自分たち以外の社会的グループ——異なった民族的背景をもった人びとや、そう、障害をもった人びとなど——について触れるときにどのような言い方をすればいいのだろう。知らない人にどのように話しかけるのか、どの言葉が感情を傷つけるのだろうか、あるいは罵っていいのはいつだろう。メールの言葉は会話の言葉と異なっているのだろうか。どの歌なら歌うことができるのか、そしてどのように祈るべきなのか。

英語の限界は長らく懸念されてきた。創作に行き詰まったとき、ジョゼフ・コンラッドは、英語には感情を伝える能力がないと思った。犬や馬の言葉でしかない、と。神聖ローマ帝国のカール五世は様々な言語の領域というものについてきっちりとした考えをもっており、愚か者に対してだけ英語を使ったと言われている。ヴォルテールはジェイムズ・ボズウェルに、英語を話すのは無理だ、舌を歯の間にはさもうにも歯がないから、とこぼしたという。ハリエット・ビーチャー・ストーの小説『ピンクと白の暴君』（一八七一）の中で、語り手は次のように言う。「ホッテントットの語彙に「神聖」とか「純潔」といった言葉がないように、われらが野蛮な英語には淑女の服を描写する言葉はない」。十分に表現するには「半分か、三分の一をフランス語で書く」必要がある、と。それからF・スコット・フィッツジェラルドの『夜はやさし』（一九三四）のニコル・ダイヴァーがいる。彼女は次のように言っているが、なるほどと思えるところもある。「フランス語なら威厳をもって英雄にも騎士にもなれる……でも、英語だと少しばかり滑稽にならずには英雄にも騎士にもなれない」[4]。ボブ・ディランはこう言っている。「ほら、イギリス人は「marvellous 素敵」とかなりうまく言えるけど、「raunchy そそられる」とはあまりうまく言えないだろう。それぞれ自分たちのものがあるんだ」(6)

それは本当だ。われわれにはたがいに自分たちの「もの」というのがあり、英語の「もの」は苦情だ。英語について論じるとき、自分たちの欠点、偏見、野心などがあきらかになる。言語は共同体を作り出すが、そのなかには苦情家と教条主義者とが結託したのがある。「ちゃんとした英語」についての意見は言語だけではなく、人間について――誰がちゃんとしたイギリス人か、あるいはただ単に、誰がちゃんとした英語を使う人か――についての意見だ。概して、「ちゃんとした英語」を賞賛、擁護する人は言語以外のものを賞賛、擁護している。

一九八九年、マンチェスター大学の英文学教授ブライアン・コックスは国の教科課程の大幅な改革案を提出した。[5] これは保守党政府に依頼されたもので、文部大臣のケネス・ベイカーはその改革案本体が出る前にその勧告を表明することにした。数日後、王位継承者であるチャールズ皇太子が声明を発表した。「われわれはちゃんとした《プロパー》英語を書ける人間をつくりださねばならない……英語はあまりにもひどい教え方をされている。もし、よい《グッド》英語を書く人物を望んでいるとすれば……現在のシステムと学者たちが持ち出すあらゆる馬鹿げたことでは不可能だ。それは根本的な問題だ。われわれは高潔な人間を育てなければならない」(7)。「ちゃんとした《プロパー》」から「よい《グッド》」への転換は、まるで同じ言葉であるかのように、きびきびと行なわれている。しかし、「適切さ」と「よさ」の定義は異なる。

ちゃんとしたふるまいとか、何かがちゃんと納まる場所、ちゃんとした行動、ちゃんとした態度、ちゃんとした仕事をもった人、ちゃんとした処置あるいは考慮、ちゃんとした使い方もしくは扱い方、ちゃんとした訓練をする、あるいは事をちゃんと行なう、などと言うとき、「ちゃんとした」が何を意味するか、いちいちはっきりさせはしないだろう。その代わり、当然、相手にはわかっていることだ――つまり、文化的規範とか基準というものを共有している――と思うだろう。むしろ、わかっているべきだとほのめかしている。この言葉で何を意味しているのかとわたしに問いただしてみてほしい。わたしはきっとまごついてしまうだろう。「ちゃんとした」は否定的に定義されるのだ。ちゃんと振る舞わない、ちゃんとした場所にない、ちゃんとした仕事についていない、あるいは、ちゃんとした訓練を受けていないからこの形容詞の使い方が嘆かわしいものになっている、などなど。

「ちゃんとした」というわれわれの感覚はどこから来ているのだろう。(8) いかなる言語でも、何が正しくて何が間違っているかを議論するとき、われわれはその道の権威の助けを求める。この権威には、学界、文部省（もしくはそれ相当のところ）、大学や、自他ともに権威と認める人たちがいる。こういった権威による判定をわれわれは普通受け入れている。また地理的な基準というものもある。これは次のような意見にあらわれている。「ペルージャ生まれの者は最良のイタリア語を話す」とか、「アルザス地方の人びとのアクセントは変だ」。一般的に、ある環境ではわれわれの言語はきちんと使われていると感じていて、そこでの使い方を好む。ときには重要な文学者の例に従い、誰それは正確さのお手本だと言う。さらにこれを拡大して「正しい英語はもっともよい文学者が使う英語だ」という見解もある。しかし、誰がそういう人なのか。それにそんなに敬われる基準は何なのか。定義は堂々めぐりになりがちだ。もっともよい作家とは英語という富をもっともよく使う者である。

美的感覚に訴えると、議論はあいまいなものになってしまう。美的感覚に優れた権威者は言葉が美しければよいと論じる。ここで問題とされるのは、美しい言葉を望むと物質としての言葉に集中してしまうことだ——言葉が意味するものよりもそれが与えてくれる感覚的な喜びのほうに。そのうえ、他人のふり見てわかるように、絶えまない美の追究というのはなんとなくきまりが悪い。

あるいは、もっとも優雅な使い方は社会的エリートの使い方だと言うかもしれない。多分これは今では馬鹿げた態度にみえるだろうが、少し前だったらまったく一般的だっただろう。民主的なとるべき道は、あらゆる疑わしい事は住民投票によって決めるべきだと言うこと、もしくは大多数は正しいとだけ言うことだ。この考えはホラティウスが紀元前一八年に出版した『詩論』の中に書かれている。彼は「イウス・ノルマ・ロクゥエンディ」——つまり会話の原則と標準——の力について書いている。ノルマ・ロクゥエンディ［標準文法］という言葉は、『ニューヨーク・タイムズ』の人気コラムニスト、ウィリアム・サファイアの本『ノルマ・ロクゥエンディに恋して』という遊び心のある書名にあるように、ある程度普及している。われわれはまた論理にも訴える。論理と、われわれが言葉を使うやり方との間には食い違いがあるのだが、自分たちの言葉の選択を正当化するために、あるいは他人の言葉の選択が間違いだと言うために、われわれはしばしば論理的観点から（もしくは論理的観点と思っているところから）議論している。実際には自分たちのいつものやり方を論理的だとし、それ以外は非論理的とみなす傾向がある。「論理」というのはたいていの場合ひとりよがりと感情的愛国主義をごまかすための仮面だ。

語法に関するあらゆる態度は「規範的」と「記述的」に分類することができる。そしてその問題に関する現在の論議には形容詞や名詞の形で「規範論者」と「記述論者」という言葉を使うことになる。「規範論者」はどのように話し、書くべきかを命令し、「記述論者」は判断することを避け、説明と分析をする。というわけで、一方は何が起こるべきだと言い、もう一方は何が起こっていると言う。この対立は、主に言葉や言語に関する現代の学界の論議によって構築されたものだが、今では二十世紀より前の、言葉について書いた作家について論じるときに普通に使われる。しかし、この種の分類はこれらの作家たちが何を考えていたかについて、滑稽なほどの誤解を生むことがある。

英語に関する規範主義の歴史は――文法書から文体の手引書や「ああ、時世《オー・テムポラ》よ！　ああ、風俗《オー・モレス》よ！」〔キケロ『カティリーナ弾劾演説』〕式の嘆きの言葉まで――いくぶんインチキな規則、迷信、未熟な論理、嘆かわしいほど役に立たない一覧表、当惑するほど抽象的な意見、誤った分類、軽蔑すべき内輪の論理、教育上の不正などの歴史でもある。しかし、同時に、世界を理解しようとする試みの歴史でもあり、競い合う考えや興味を陳列したバザールでもある。本能的にわれわれは不安定な存在というものを受け入れがたく思っている。世界に秩序をもたらしたいという願望、つまり言語形式を発見するというより発明したいという気持ちは創造的な行動だ。さらに、記述主義者と規範主義者（それに代わる別のよい言葉がないので使用することになるが）の間の論争は一種の常軌を逸した共謀だ。相手を非難することでたがいに繁栄する。

強い感情が強い議論を生むわけではない。規範論者の初期設定は何をしてはいけないと言うことであり、われわれが言うべきことについて、正確さを保ち、一貫性を持てと言うことではない。よい英語であるとの認定は主に、いわゆる「悪い英語」と呼ばれる範疇のものを消すことで達成する。従って彼らは本当は「公権剝奪者」であり、彼らの態度は、脚本家オリヴァー・ベル・バンスが「センサー」というペンネームで発表した一八八三年の手引き書『してはいけない』の題名に表現されている。バンスの小さな本は、「行為と会話に多少とも広まっている間違いや誤用の手引き」という副題がついており、次のような指示でいっぱいだ。「妻という意味でレディーと言ってはいけない」（ということは読者は男性だと思っているらしい）、「如才なさの訓練を怠ってはならない」（「怠ってはならない」は間違いなく余分ではないか?)、そして――堂々たる万能薬――「文法を無視した話し方をしてはいけない」[9]。言葉を習うとき、このような「……してはならない」とよく教わったことは誰でも覚えがあるはずだ。それはまた慣習の偶然性に光を当てる。それについては前の章の最後の部分で触れたのだが。現代の多くのバンスたちなら、彼が事実上の二重否定を使っていることを批判するだろう。こういった種類の書き物は英語圏のもっとも致命的な特徴のひとつのあらわれだ。つまり、間違いを避けることのほうがすばらしさを達成するよりもずっと重要だという思いこみだ。この思いこみは、ひとつのつまずきが百の完璧な歩調をだいなしにしてしまうと考える傾向にむすびついている。

文句を言ったり、けちをつけたり、あら探しをしたり、個人攻撃をする人たちは自分たちの英語への情熱を頻繁に表明する。「英語が大好きだから、この汚い言葉が許せないんだ」とある人は言う。別の人は「この言葉をとても愛しているから、こういった言い間違いを見逃すことができない」と言う。彼らは愛について奇妙な考えを持っている。だからといって記述主義的やり方も完璧な代替策となるわけではない。記述主義の文法は膨大で複雑で、多くの場合どんどん増えていく一方である。要するに彼らは、日々の言葉の使い方という問題に明白でわかりやすい答えを提供してはくれない。これらの誰もが気づいている問題点を、記述主義者たちはキマイラのような妄想として退けてしまうだろう。それらは不安になるほど現実的な感じがするのだけれど。

よく言われることだが、英語の勉強は十九世紀に始まったらしい。これには十分な根拠がある。一八二〇年以前にはは若い人びとに英文学や英語の歴史が教えられた形跡がほとんどないのだ。しかしながら、それよりずっと前から英語の仕組みについては細心の注意が払われていた。教育史家であるイアン・マイケルはこう述べている。「英語の正式な教育、その少なくとも一部は学校向けとされたのだが、それは一五八六年からみられる」[10]。英語の使い方を自覚したのはこれよりずっと前だ。

意味深いことには、文法を取り扱った初期の本の多くは独学用の手引きという体裁をしていた。書き方の技法を扱った本は、業務記録の上手なつけ方、鼻血の処置法、果樹の剪定法についても教えたと思われる。だから、たとえば、一六八一年のウィリアム・マザーの『青少年必携』は、狂気の治療法(狂人を「ときどき、ほんの少し」水につけ、それからくしゃみ粉末を処方する)から、鹿の腎臓の脂肪でこわばった瞼を柔らかくするやり方、のどの痛みを「犬の糞」という悲しい名前で知られている植物で治療するやり方までを説明しているのだ(11)。マザーの本は発音、同音異義語、句読点の付け方の手引きで始まっている。

他人を話し方で判断するということは誰でも経験があるだろう。というのは、こういったことが情報源になるとわかっているから。自己開発書にはたいてい文法への自信を強めることが含まれている。ウィリアム・ピアソンの『英文法独習』（一八六五）はこの二つの関心をもっぱらあからさまに融合させている点で類を見ない。

思い出せる限りにおいて、文法の間違いは道徳的なものに結びつけられていたし、皆の前で文法が間違っているとされた者は——たいてい教室でだが——文法といえば屈辱を連想した。言葉を非難することは破門の危険があった。ヒッポの聖アウグスティヌスは『告白』の中でこう書いた。「おお、神様、どうぞ……この世の人びとに寛容であってください。彼らは、ごらんの通り、伝えられた文法の規則には厳格に従うのに、永久に救済されるための永遠の規則はおろそかにしていますが」[6]と。聖アウグスティヌスの死後千五百年以上たってもこの傾向は続いていたようだ。人々は英語の規則にうるさく、エルヴィス・プレスリーは「I'm all shook up 恋にしびれて」と歌っているけど「I'm all shaken up」だと文句を言ったり、もっとまじめに「Where do you come from? どこのご出身ですか」より「From where do you come?」のほうがすぐれていると主張したりする。彼らは聖アウグスティヌスが永遠の規則と呼んだものを守ろうと奮闘する代わりにこのようなことをしている。なぜなら、単なる予想にすぎないが、英語のために戦うほうが勝ち目があるようにみえるからだ。

3　英語の出現

チョーサー、カクストン、クランマー

ノルマン征服からエリザベス一世の治世までの間、英語の地位と特性をめぐって情熱的な議論が交わされた。英語についての議論は主にその価値に関するもので、語法の細部にまつわるものではなかった。よく問われたのは、英語はどのような目的に使われるのがふさわしいか、だ。こんにちではあらゆる目的にふさわしいと答えるだろうが、ルネサンスまでは英語の可能性には限りがあると思われていた。

われわれは英語は古い言語だと思いたがるが、そうではない。話し言葉の起源をピッタリ言い当てるのは難しいから、言語の時代を比較する場合、実際にはそれらの言語による文学の時代を比較するだけになる。しかしながらブリテン島の中でさえ、英語より古くて今も生き続けている言葉があると言うことができる——これらの中でもっとも頑健なのがウェールズ語だ——他方、ヨーロッパでもっとも古い言語はバスク語だろう。

ここで初期の英語史をさっと要約するのは役立つだろう。英語の起源は五世紀にイギリスに移住してきたゲルマン人の移民がもたらした言語にある。これらの言語がどのようにして確立されたのかについてはほとんどわかっていない。けれども、それがブリテン島でそれまで話されていたケルト語をほとんど消滅させてしまったことははっきりしている。六世紀的末のキリスト教布教団のブリテン島への到着はローマ文字をもとにした筆記体の発展を促した。そして当然のこと、カトリックの修道院は（ラテン語による）学問と教育の中心であった。八世紀の末から何度かヴァイキングの移住者が到来し、英語に新しい要素を付け加えた。九世紀末にはアルフレッド大王のもとでヴァイキングに対して不屈の抗戦がなされた。そのころまでにゲルマン語の中のひとつ、ウェストサクソン語が優勢となり、アルフレッド大王は精力的にそれを普及させた。けれどもスカンディナビアとの関連は残り、イギリスが続けて三人のデーン人の王をいただいていた[1]一〇一六年から一〇四二年までの間にはとくに重要になった。これからまもなく、一〇六六年に、ノルマン征服が起こる。これによって英語は従属的な地位に落とされ、十四世紀になるまで、そこから上に昇る

ことはなかった。

われわれの関心は、英語がこの抑圧の期間を経てどのようにして再び存在感を発揮するようになったのかにある。英語の標準的な書き言葉の発達は一三〇〇年から一八〇〇年の期間にわたっており、一四〇〇年から一六六〇年の間にほとんどのことが起きている。この要約はもちろん大雑把だ。とくに一八〇〇年までにはすべてが完璧に秩序だっていたかのようにほのめかしているところなどは。標準化の物語は——ほとんど——それに対抗する崩壊、異議、不協和音の物語と並行している。ものごとは一旦収斂すると、次には分岐の機会が生まれる。デイヴィッド・クリスタルのすばらしい本『いくつもの英語の物語』は、まさにその題の説明で始まり、公認された歴史と正統性の歴史は、より大きな万華鏡のように多彩な物語群（それは多様性の物語群でもある）の一部にすぎないことをはっきりさせるような言語論を提供している。それでも、この一四〇〇年から一六六〇年にわたる中心的な期間の間に英語のイメージが劇的な変化を遂げたと言うことができる。つまり、英語はまるであやふやに見えるものから、認められ喝采されるものになったのだ。この段階で、英語の二つの重要な特徴が確立されたのがわかる。すなわち、英語を使うことは愛国心と国家的目的に密接に結びついていること、そしてそれを実際に使ってみるという体験には不安がみなぎっていたことだ。

一三〇〇年、イギリスではフランス語が行政の言葉だった。しかし、言語環境は変化しつつあった。一三三七年に勃発した紛争はその後百年戦争として知られることになるのだが、それがこの変化を早めた。すでにイギリスの詩人や年代史家たちは、エドワード一世の安定して団結した王国を讃え、彼の継承者であるエドワード二世の嘆かわしい治世を非難し、英語という言語に基づくイギリスとかイギリスらしさという考えを表明しようと努力していた。これを彼らは何か強靭で明確なものとしてあらわし、人びとの祖先はアングロ・サクソンであることを立証し、彼らの愛国心と民族的結束の根拠とした(1)。今やフランス語は敵国語であり、多くの職業ではまだ役立っていたにもかかわらず、フランスに対する敵対心が英語への刺激となった。

一三四八年に始まった黒死病はイギリスの人口の三分の一を奪った。生き残った農民は働き手がわずかになってしまったのに気づいた。すなわち、働き手はより高い賃金を要求できるし、主人の扱いが気に入らなければ、その土地を離れ、よそで雇い主を見つけることもできることがわかったのだ。多くの農民たちが既定の労働法に反発し、政府内での発言権を求めた。そして英語が彼らの抵抗の言葉だった。一三五〇年頃から英語は学校で使われるようになっていたから。一三六二年には英語による訴訟法が制定され、英語が訴訟手続きの言葉となった――記録はまだラテン語でされており、フランス語は一七三三年にいたるまで法曹界からすっかり払拭されはしなかったのだが。これらの年代は英語の出現における重要な契機であり、その世紀の終わりにはコーンウォールのジョン・トレヴィサが、グラマースクールの子どもたちは、左のかかとがフランス語を知らないようにフランス語なんてまるで知らないと述べるほどだった。[2]

中英語の時代（おおよそ一一五〇年から一五〇〇年頃まで）の文献の言葉はこんにちのわれわれには異質のものに見えるが、どのように英語を書くべきか、という態度は今と一緒であり、幅広く認識を共有する部分はある。たとえば、ものを書くときは構成に注意を払い、均整のとれた風格のあるものにし、俗語や古語は主として避けるべきだ。また、奇妙な外国語の使用は制限すべきである。さらに、書くものは耳を楽しませねばならないと言うのはごくあたりまえだった。こんにちでもそう言われる。もちろん、わたしの耳を楽しませるものが読者の耳を悩ませることもあるかもしれないが。

英語で書く人びとはそうすることにいちいち弁解をしがちだった。当時のもっとも自信に満ちた書き手の作品からも弁明の調子が聞こえる。チョーサーは韻を踏むには英語の語彙が足りないことや洗練されていないことから生じる問題を認めていた。彼は英語を救い、それを形作る人間としての役割を果たした。チョーサーやウィリアム・ラングランドのような作家たちが自国語の文学を発展させるにつれ、そしてフランス語やラテン語を日常的に使うことが減るにつれ、英語は新たな任務を受け持つようになった。チョーサーやその仲間の実験者たちの努力は英語の地位を激変させるのに一翼を担った。

チョーサーはこの時代において果たした中心的役割によって「英語の父」と言われるようになった。これは大げさな言い方だが、どうしてそうなったのかはたやすくわかる。彼はおそらくフランス語で書くという選択もできただろうし、書き始めた頃はまさにそうしていたのだろう。彼の友人で詩人仲間のジョン・ガウアーは傑作『恋人の告白』を英語で書く以前はフランス語とラテン語両方で書いていた。チョーサーが文化的エリートの言葉ではなく、英語を使おうと決心したのには勇気が必要だった。つまるところ、彼は大衆にねらいを定めたというよりは、宮廷の仲間の前で演じられるために作品を書いていたのだ。死後、彼の詩が草稿のまま回覧されるにつれ、彼は文学的言語としての英語の発明者とされるようになった。

チョーサーは英語の多様性——地域的にも社会的にも——への懸念を表明していた。そして筆写人が自分の原本を損なうだろうと心配していた。しかし、彼は同時に多様性の持つ可能性を楽しんでいた。それは詩人にとって肥沃な土壌だった。中英語における地域的な変異の範囲はあきらかだ。それが存在するのは、そもそもゲルマンの移住者がイギリスにもたらした言葉そのものにいくつもの変異があったからだ。移住者の集団は、何度かにわたって移住してきており、あたらしい本拠地を築いたそれぞれ異なった場所に異なった形の言葉をもたらした。その後続けてヴァイキングやノルマンによる影響があったが、それは一律というより場所によって異なっていた。古英語の時代［おおよそ四五〇年から一一五〇年頃まで］には主に四つの方言があった。ケント方言、メルシア方言（テムズ川からハンバー川の流域で話されていた）、ノーサンブリア方言、ウェストサクソン方言だ。中英語の時代までその光景はあまり変わらず、標準的に区別をすると——もちろん微妙なニュアンスの違いはさておいて——五つの方言になった。南東部方言、南西部方言、イーストミッドランド方言、ウェストミッドランド方言、北部方言だ。このおおまかな区分けは今でも納得できる。しかし、中英語の時代では、話し言葉だけではなく書き言葉でもそれらは明らかだった。ダラムで書かれた宗教的長詩『世を馳せめぐる者』の北部方言とリンカンシアの修道士オルムのイーストミッドランド方言[3]との間には明らかな隔たりがある。書き手は無意識に自分たちの方言を使っている。地域との繋がりは強く、全国的な基準に従うことが必要という感覚はほとんどなかった。「全国的」という考えそのものが奇妙にみえたのだろう。

チョーサーの作品に使われた方言はロンドン英語だった。十四世紀にイーストミッドランドからロンドンへ、読み書きのできる人びとの大規模な移住が行なわれたため、ロンドン英語はあきらかなイーストミッドランド方言の特徴をもっていた。それに比べると、作者不詳の『ガーウェイン卿と緑の騎士』は、チョーサーと同じ頃書かれたものだが、ウェストミッドランド方言が使われており、ロンドンの人には難しかった。現代の読者にとって『ガーウェイン卿と緑の騎士』の言葉は『カンタベリー物語』の言葉よりもはるかに難しい。人気の高いチョーサーの作品のおかげでロンドン英語は形が定まるようになった。それはまたイギリス国民であるという意識を強めた。イギリス国民としての意識を高めたもうひとつの要因は一三八〇年代の宗教改革者ジョン・ウィクリフが完成した英訳に端を発した、英語版聖書の普及だ。手書きの写本の形で広く回覧された聖書の訳本はウィクリフの侍者たちが作ったものだ。それは、「聖職者の宝石が俗人のおもちゃになってしまった」と抗議する敵対者によって激しくけなされ、禁止された。

一方、英語の政治的地位は変わりつつあった。一三九九年に王位についたヘンリー四世は十一世紀以降、英語を母語とする初めての王であり、王権を主張するのに英語を使用した。当時は公式の文書はラテン語かフランス語で作成されていた。しかし、彼の息子の時代にそれは変わった。一四一五年にヘンリー五世が数において著しく劣勢なイギリス軍をアジャンクールの戦いで勝利に導いたとき、その成功によって、彼は臣下の目から見ても正統な王として認められた。アジャンクールの戦いは好都合な宣伝の機会となったが、その二年後にヘンリー五世は宣伝効果のあるもうひとつの方法を見いだした。これまで書簡はフランス語で書いていたのだが、彼は初めて国元への手紙を英語で書くことにした。これはあらかじめ計画されていた展開だった。疑いもなく、国民感情を刺激するよう計算されており、それがロンドンのギルド組合員のやり方に影響を与え、彼らは自分たちの書類に英語を使用し始めた。英語はすでに一三四五年頃からロンドンの胡椒商人の間でフランス語と並行して使われていたのだが、ロンドンのビール醸造者たちは一四二二年にすべての書類を母語で書き記すと決めた。彼らは母語を「こんにちでは立派に拡大され賞賛されるようになった」言葉であると感じていた。(2)

大量の重要な書類が英語で書かれるようになるにつれ、英語の綴りが一貫していないことが不安の種となった。たとえば「騎士 knight」と書くのに knyght、knyht、knict、knith、cniht のどれを使ったのだろうか。実のところ、十一世紀の初め頃には、ウェストサクソンの筆写人の努力が功を奏して、かなり厳格な綴り字のシステムが構築されていた。しかし、本の需要は大きかったにもかかわらず、製作される写本の数は少なかった。ノルマン征服という激動の後も一世紀近くウェストサクソン式綴りの規則は保たれたのだが、やがて崩れ去った。十二世紀に執筆していたオルム修道士は綴り字を規則に従って整然と書くことをとりわけ頑固に主張したが、それは例外的だった。音節が子音で終わり、短母音を含むときは、彼は母音に続く子音を重ねて書いた。たとえば and は annd で、under は unnderr だ。奇妙に見えるが、彼のやり方は徹底して一貫していた。他の人たちはそうではなかった。その後、再び綴り字の安定化が活発に求められた時期は十四世紀だけで、筆記用具が突如として安価になったからだった。(3)

確立された英語史によれば、十五世紀の初めに、標準的で一貫した英語綴りを広める制度的な努力があったとされる。一四二〇年頃から政府が書く英語の標準形を人為的に開発したというのが定説とされている。おそらく、それは一四三〇年までには発達を遂げ、格式の高さというよりも、実務的優位性という理由で、大法官裁判所の事務室での筆写人による記録に使われた綴り字のことだろう。これをさらに拡大させた説があり、それによると、この標準形は四カ所からあらわれたという。つまり、大法官裁判所だけではなく、その他に、議会、玉璽、国璽の事務方だ。問題は、これが英語の物語の中ではよく知られた話になってしまい、事の成り行きの説明がめったに検証されないことだ。その受容の経緯は、言葉をめぐる神話がどのように再生産されるかを示している。一九六三年にM・L・サミュエルズが出した論文が一般的に大法官裁判所説の決定版とされる。しかし、これに関する議論は繰り返し増幅されてきたのだ。定説とされている話は馬鹿げた誤解というわけではないが、書く英語を徹底して標準化しようとした計画的試みの中心が大法官裁判所だったというのも本当ではない。そこは法的書類を作成する職務の百二十人の事務官からなっており、いわゆる独自の様式というものが証拠として残っている。とりわけ、事務官たちが一般的に使った綴りの例をあげれば、cのないshould（これまではschould）、最初の字がoではなくaのanyや、副詞の末尾を、様々な形——-li, -lich——ではなく-lyにしたことなどがある。彼らはまた、昔の著者がswich, nat, botを使ったところにsuch、not、butと綴る方を好んだ。しかし、彼らの様式は方針というよりも流行の問題だった。大法官裁判所の事務官たちは、開拓者であるよりも、すでに使われていた形式を写し、認めたのだろう。いずれにせよ、大法官裁判所の法令のほとんどは英語ではなくまだラテン語で書かれていた。(4)

それにもかかわらず、一四七六年にウィリアム・カクストン[4]が有名な印刷機をウェストミンスターに設置したとき、統一への動きは始まっていた。カクストンは革新者というより伝達者であり、学者というより起業家だった。彼のしたことのうちもっとも目先がきいていたのは英語だけで出版するという点だった。結局、他の言語で印刷された本はすでに大陸から輸入することができた。英語の本も外国で印刷されていたが、英語の本をイギリスの市場で売ることになると、イギリス人としてカクストンは、ブルージュやケルンやパリの印刷業者より有利だった。カクストンの主な関心事は事業で儲けることで、ずっと長く売れる本を出すことが重要だった。彼は、フランス語やラテン語の作品の、より質の高い翻訳をするためには、もっとうまく管理された英語でないと不適切であり、それゆえ英語を安定させれば彼の本の商業的寿命を長引かせるのに役立つだろうとわかっていた。

カクストンによれば、三十年間外国で暮らしてきたが、イギリスに帰国して、南部と北部の格差に衝撃を受けたという。彼はまた同時代の人びとが「珍しい言葉」好きなのを心配し、自分がケント州出身であることで「brode and rude なまりが強く無教養な」英語——rude は当時「不作法」と同じく「未熟」とか「教養がない」を意味した——に慣れていることにも気づいていた。違いに気づいたのは彼が最初ではなかったが、標準化に向かって努力することを正当化するために彼はその違いを利用した。ロンドン英語がもっとも一般的な書き言葉であることに気づき、彼は自分の本をそれに従って印刷しようと決心した。彼が出版した本は政府の事務官たちが使っていた英語の形を定着させることになった。だから、たとえば、一四八五年にサー・トマス・マロリーの『アーサー王の死』を出したとき、彼はマロリーのミッドランド方言を南部の使い方に従って少々変更した。『ブリテン記』(一四八〇)と、『アエネーイス』(一四九〇)への序文で、彼はこれを実践する際の難しさを語っている。

皮肉なことに、カクストンの出版は混乱を収めるよりもむしろ招いてしまった。彼自身の著作者としての習慣は気まぐれで、正確な方針が念頭にあったとは思えない。彼のもとで働いていた植字工たちを監督するのもいいかげんだった。植字工たちのほとんどは外国人で、活字を版本に組み立てるとき、英語の綴りを規則にのっとったものにすることについて自信があったとは思えない。植字工たちが使っていた活字はドイツで作られており、いくつかの原稿に登場するある種の文字は入っていなかった。たとえば、thorn (þ)、eth (ð)、yogh (ʒ) だ。最初の二つは普通 th に置き換えられ、yogh は g か gh に置き換えられた。けれども一五七〇年代になっても、音楽家トマス・ワイソーンは自伝に古い文字を使い、それが蘇ることを願っていた。こんにちでも、The を書くところで、ときどきお目にかかる古体の Ye —— 'Ye Olde Tea Shoppe' のように——はもともと印刷屋が thorn を読み違えた結果であり、後に愉快なほど中世的な飾り文字となった。

カクストンや次の数世代の印刷業者の努力が困難をきわめていたのは、英語の発音が一四〇〇年頃大きく変わったことによる。子音は古英語の時代から同じように発音したた——唯一の例外が r で、これまで震える音で発音されていた——が、母音についてはそうではなかった。いわゆる大母音推移［強勢のある長母音に生じた規則的な変化］として知られている変化はイギリスでおよそ三百年の経過をたどって起こった。デイヴィッド・クリスタルが指摘しているように、カクストンが仕事をしていた時代というのは、ロンドンでひとつの言葉について綴り方がいくつもあり、言葉によってはロンドンの人たちが幾通りもの発音をしていたようなころだった。「標準的な書き言葉をはぐくむ最良の状況ではなかったし、人びとが直感的に標準的な語法を感じとれるような状況でもなかった(5)」

チョーサーの時代から十七世紀末までに起こった変化を大母音推移と呼ぶと、あたかも何か突然起こった、あるいはまさに着々と起こったかのように聞こえるが、その動きは断続的で、異なった地域に異なった影響を与えた。なぜ、そのような変化が起こったのかは確かではないが、この時期に長母音の「高舌化」がひろく起こった。中英語にさかのぼると、たいていの場合、a はこんにち father の中で発音される音で、e は bacon の最初の母音の音、i は deem の ee の音で、o は hot よりも go の音で、u は bun ではなく blue の音だった。クリスタルの説明によると、「We do say it's time to go now」は、チョーサーの時代ではおおよそ「Way doe sah it's teem to gaw noo」というように発音されていたという(6)。

決定的な変化の話ほどではないが、十五、十六、十七世紀において英語の綴りを選り分けようとした試みは、変化する母音を背景に行なわれていたと意識するのもここでは大事だろう。劇作家・詩人のベン・ジョンソンは、一六二〇年頃に書いた『英文法』の中で、「われわれの母音はすべてあやふやに聞こえる」と述べている(7)。確かにその通りで、印刷業者たちは音韻がまだ定まらない時代に綴り字を固定化しようとしていたのだった。書記素と音素――つまり、文字、もしくは文字群と最小単位の音――との間の調和はこうして失われ、英語の話し言葉と書かれた文字との乖離はさらに進んだ。

カクストンが残したものは別の点で重要だった。印刷は文学に造詣が深い自国の文化を敏感に意識させた。たしかに、どうでもよいものも広めたが、偉大な英語の本を集めた実質的な図書館を想像することが可能になり、個々の作家や彼らの文学的資産が新しく強調されるようになった。貴重な書類を保存できるようになったことで、印刷は、テキストもそれを形づくる言葉も滅びやすいという考えを変化させた。印刷された文学を持つ言語は持ち運びができ、保存することができる。印刷された本は書き言葉の標準化を助けるのみならず、標準的な形が手の届くものという印象を抱かせた。そして――それほどはっきりとではないが――作家のやり方がどれも似通ってみえるようになるにつれ、多様な例を求めるようになった。印刷の歴史研究で有名なエリザベス・アイゼンステインは「画一性と多様性に関する概念——典型と無比——は相互依存の関係にある」と述べている。その結果、「新しい標準形の副産物として新しい個人主義意識の出現を考慮することになろう。型がより標準化されれば、まさに特有の個人という意識に突き動かされることになる」という(8)。

印刷文化は脳の使い方も変えたようだ。印刷物を読む人が増えるにつれ、テキストを伝達するのに記憶が果たす役割は小さくなったはずだし、思想を理解する過程は、これまで聴覚の要素が強かったが、もっと視覚的になったと思われる。個人の空間という意識——とりわけ、個人の書斎で行なわれる普通の人の読書——が影響力をもつようになった。読者はテキストを比較することができるようになり、作者の議論の仕方を分析することもたやすくなった。自分たちが読んでいる印刷されたテキストは確かに他の人たちが読んでいるのと同じだと思った——人びとがテキストの写本を読んでいたときはまさにそうではなかったのだ。印刷は作家たちの経験も変えた。彼らは自分たちの言葉が印刷されて生き生きと存在しているだけではなく、自分の言葉があきらかに無限に再生されることを知り喜んだ。

一方で印刷の再生力は危険もはらんでいた。ある種のものはその国の言葉で印刷されると、エリートたちの地位と安全を脅かしたようだ。というのは、印刷の到来から二百年たった後になっても、作家の中には印刷されるのを拒絶する人たちがいた。自分たちの仲間の間だけで読んでもらいたいと思ったからだ。聖職者たちはとくに懸念を抱いていた。もし宗教的文献が広く手に入るようになったら、彼らの重要な社会的役割が損なわれかねないからだ。

十五世紀のヨーロッパはカトリックだったが、十六世紀末になると、おおまかに言って、プロテスタントの北部とカトリックの南部に分かれた。一五二〇年代の初めにイギリスの人びとは、ローマ・カトリックが自分たちの要求を無視しているというプロテスタントの新しい主張に関心を示していた。カトリックの教義はあいまいだと非難された。君主ヘンリー八世には、ローマの権威から脱したいという個人的な理由があった。一五二六年にヘンリーの関心を惹き、やがて七年後に結婚することになるアン・ブーリンは多くの改革派聖職者たちを支援していた。彼女は普通の人びとも福音を聴くことができるようになる、英語による聖書を強く希望していた。彼女が大切にしていた持ち物のひとつは、ウィリアム・ティンダルによって英語に訳されたばかりの美しく彩色された新約聖書だった——当時は違法だったのだが。彼女は外国の出版社から英語で書かれた聖書を輸入する人たちを保護していた。

ティンダルは英雄的な人物で、何度となく異端と非難された。彼は新約聖書の翻訳をするためにドイツに亡命し、英語に訳した聖書を布地の荷物の間に隠して、ひそかにイギリスに送り込んだ。後に彼はオランダに移るが、最後の十年間は絶え間なく危険にさらされていた。彼の作品は人気沸騰だった。サー・トマス・モアは彼の「邪悪な」言葉（charity の代わりに love を、priest の代わりに elder を使った）を検閲したが、人びとは新しい翻訳の朗読を聴くために群がった。ティンダルはその労作のせいで絞首刑となり、遺体は火あぶりにされた。それでも、彼が神聖なキリスト教のテキストを正確で明瞭でときには美しくもある言葉にしたことが受け入れられたということは、自国語の力を立派に証明している。エリザベス女王の治世になると聖書を英語で読む権利は確立され、一六一一年の記念碑的な欽定訳聖書は各所でティンダルの翻訳を参考にしている。[5]

祈りの言葉もまた変化していた。英国国教会反対派は、ラテン語によるミサのことを、礼拝者と神との意思疎通の障害であると述べている。一五三三年にカンタベリー大主教に就任したトマス・クランマーは英語による祈禱という考えを推し進めた。この結果もたらされたのが一五四九年に出版された『祈禱書』であり、それは三年後に重要な改訂が行なわれた。クランマーの祈禱書は、とくにアイルランド、マン島、コーンウォールでは敵意をもって迎えられた。イングランドでは一六四五年にその使用が禁止されることになる。一六六〇年のチャールズ二世の王政復古後に再導入されたときには、明瞭さを求めていくつかの言葉遣いが変更された。しかし、クランマーのテキストは、調和のとれた音楽的な散文のために、広く採用された。それはほとんど変わらずに四世紀の間生き続けた。クランマーが成し遂げたもっとも印象的なことは、正式な書く英語の様式を作り出したことで、それは信仰の神秘をよく表しており、それでいて朗読にふさわしい様式だった。彼の朗々とした言葉――「ashes to ashes, dust to dust 灰は灰に、ちりはちりに」、「till death us do part 死が互いを分かつまで」、「speak now or forever hold your peace 異議ある者は今、申し出よ」――は英語を話す多くの人たちの心に刻み込まれている。

カトリックのメアリー・チューダー［メアリー一世］が王位についたとき、改革者クランマーの力は突如として終わりを告げ、一五五六年に反逆罪で火刑に処せられた。しかし、彼は続く四世紀の間ほとんど変わらない礼拝の手法を作り上げたのだった。英語は今やあらゆる種類の宗教的表現の媒体だった。それは神に話しかけるための言語であり、神の言葉を伝える言語でもあった。二世紀前は不安定に思えた言語が、今では驚くべき社会的・精神的改革の道具となっていた。エリザベス一世の治世では、英語には特別な魔力があるという感情が強まることになる。

4　エリザベス女王からジョン・ロックまで

言葉の爛熟、正統性、そして意味の不確かさ

トマス・クランマーはエリザベス女王の名親だった。それゆえ彼が自国語への情熱をもって彼女を祝福しているところを読者はロマンチックに想像するかもしれない。戯曲『ヘンリー八世』を合作したシェイクスピアとジョン・フレッチャーは、その中で二人の繋がりを脚色し、クランマーに次のような台詞でエリザベスの誕生を讃えさせている。「この王家の乳飲み子は……／揺りかごの中におわしますが、それでもきっとお約束くださいます／この国の上に数限りない祝福をくださることを／そして、それをときをかけて熟成させることを」[1]

エリザベスの治世は実際には宗教的な争いで安定せず、国民は君主制が定着するかどうか不安に感じていた。しかし、この時代の主な遺産として後世に残されたもののひとつは、ヒロインとしてのエリザベスと彼女の時代が黄金期

であったとする華麗な神話だった。彼女が王位にあった四十五年の間に花開いたイギリス文学は、国家としてのめざましさを証明するものとして利用された。一五五〇年代から一五六〇年代の間に生まれた世代の作家にとって、イギリスとその国民は、その歴史と制度とともに、語るに足るもっとも重要な主題に思えた。[1]文学は政治権力の道具となった。君主は美化され、同じくその目的のために使われる言葉も美化された。エリザベスの肖像は豪華な衣装をまとい、崇拝の対象として、栄華の頂点にある王権の象徴として描かれた。ごてごてと飾り立てた装飾品もまた一種の鎧だった。エリザベス朝のイギリス文化に関する評論家は、英語にも同じ資質があることを、当時も今も認めている。つまり、思考や議論を豊かに包み込むおびただしい数の言葉と、軍事的意図を示す装束だ。

シェイクスピアの『リチャード二世』で、ジョン・オブ・ゴーントが「この王位を戴く島」と讃えるとき、彼は十四世紀のイギリス貴族の見解ではなく、エリザベス朝の見解をはっきり述べている。エリザベスとその後継者ジェイムズ一世は、英語の保護者としての明白な役割を演じた最初の君主ではなかった。すでに述べたようにヘンリー五世がそうだったし、彼よりずっと前、九世紀のアルフレッド大王は英語への翻訳や英語での教育を擁護した。彼の前のケント王エゼルベルフトは英語で法典を編んだ。しかし、今や、戦闘的言葉の能力という、より劇的な姿勢があった。すなわち、イギリスの知的・文化的環境は比類ないものであり、その国民はいかなる競争相手であれすべて打ち負かす用意がある。言葉は統一の象徴であり、そのための手段でもあった。

こんにち、英語圏の人びとが、自分たちの言葉が最良だと主張するとき、彼らはエリザベス朝の精神を蘇らせているのだ。この種の主張は誰でも聞いたことがある。たとえば、英語は現存するいかなる言語の中でももっとも語彙が多い、とりわけ、変わりつつある世界にうまく適応することができる、もっとも優れた教師がいる、もともと礼儀正しい言葉だ、民主主義を推し進める力だ、世界の他の国がもっとも学びたがる、もしくは学びたがるべき言葉だ、という主張だ。そのような主張はしばしば、英語はシェイクスピアの言葉であるという言い方で支持される。英語の本性に関する、無意識、あるいはなんとなく意識している神話——ほのかにエロチックで歴史的にも生物学的にも幾分混乱している——の中では、国の処女母のエリザベスがシェイクスピアの父親でもあるとされており、われわれは二人の関係を、政治と詩の黄金の出会いであり、英語という言語とそれを話す人びとの王としての完璧なイメージとして思い浮かべる。(2)『ハムレット』の上演を終わりまで我慢して見ようとしない人びとでも、シェイクスピアのことをイギリスでもっとも偉大な作家であるだけではなく、英語の並外れたすばらしさのあかしであると語る。国を代表する詩人であるシェイクスピアは英語の偉大さという考えを体現するのに使われる。

シェイクスピアを神のごとく語ること——イギリスを訪れる外国の人びとを頻繁に驚かせる習慣——が普通になったのは十八世紀になってからだ。(3)しかし、神話化されたルネサンスの詩人は彼ひとりではないし、彼が最初でもない。サー・フィリップ・シドニー[2]は、一五八六年にジュトフェンの戦いで戦死したあと、献身、武勇、礼節、創造的才能の模範として賛美された。一五七〇年代の後半に書いた『詩の弁護』の中でシドニーは、詩は人びとを徳の高い、英雄的でさえある行為に駆り立てる、と述べている。死後、彼は英雄であり、学者であり、そして軍人でもあるとして賞賛された。シドニーの業績に思いをめぐらせてみると、この時代の詩人は自分たちのことを変幻自在な存在であり、宮廷、戦争、歴史、愛国心の促進など他の分野でも広い貢献ができると考える傾向にあった。

サミュエル・ダニエルは詩人としての自分の行動を正当化するためにシドニーの英雄的イメージを利用した多くのうちのひとりだった。一五九九年に彼は「宝のようなわが国の言葉」と褒め称え、それがまもなく「豊かにする」のは他のどの国だろうかと考えている。彼は確信をもって「われわれの文体の偉大さ」と「われわれの栄華のうち最高のもの」としての英語について語っている。[3]言語は価値ある資産であり、潜在的に征服の道具だった。十九歳のジョン・ミルトンが「夏休みの試作で」という詩を書いた一六二八年までにはこのような態度があきらかになってきていた。この詩は「万歳、わが国語よ」で始まっている。

十六世紀の間、作家や評論家が英語をめぐる不安につきまとわれていたことからすると、これは著しい変化だ。かつては英語が劣っているという心配と同様、言葉の使い方についても絶え間ない論争があった。だが今回、論争者たちの関心を集めていたのはフランス語よりもむしろラテン語やギリシア語に対して劣っているということであり、何度も表明された懸念は、英語には表現力を豊かにする源泉がないということだった。当時の作家たちはたいてい並外れて多弁だったが、英語で何が出来、何が出来ないかについての彼らの意見は論争をしていく過程で形成された。十六世紀後半と十七世紀前半でもっとも多く議論された問題は英語の語彙の拡大だった。その中身は変わりつつあった。一五七〇年代には、どんどん変わる語彙のせいで、作家たちは自分たちの作品が生き残れないのではないかと心配するようになった。言語と宗教の多様性に関する研究を書いたエドワード・ブリアウッドは言葉の変化にほとんど危機感を抱かなかった点でまれだった。彼はこう述べている。「変化しない言語はない」。彼が見るところでは、この理由は、人びとが「古い言葉に（古い物と同じく）飽きてしまうからだ」(4)。

しかしながら同時に、一五八〇年頃から始まったもうひとつのテーマが大きくなってきた——英語の雄弁さである。重要で独創的な作品が、たとえばエドマンド・スペンサーやサー・フィリップ・シドニーといった詩人たちによって英語で書かれるようになってきた。また古典的な修辞法がイギリスの作家たちによって熱狂的に磨き上げられた。英語の語彙は、当時、ラテン語やギリシア語からかなりの量を取り入れて増加していた。さらに英語には規則が必要なだけではなく、規則を定める価値があると思われるようになってきた(5)。エリザベス朝の機略縦横の作家たちは英語をまるで新しく夢中にさせるものであるかのように扱った。このときと、それに続くジェイムズ一世時代には、ジョン・ダンのような詩人や、散文において野心的に実験を行なう作家（たとえば哲学者のフランシス・ベーコン）、文学や言語の理論家たちと同時に、戯曲を書く並外れた才能（シェイクスピア、ベン・ジョンソン、クリストファー・マーロー）があらわれた。

英語はほとんど使い物にならないとする感覚はもはやなかった。ロンドンのマーチャント・テイラーズ校［パブリックスクール］の尊敬すべき校長リチャード・マルキャスターは一五八二年にこう書いている。「英語にはとても多くの使い道がある。多くの人に親しまれているし、多くの物事にも精通しているから」。英語を話すことが禁じられていた教室でも、生徒たちが、ラテン語から英訳するときに、確実に質の高い英文を作り出せるよう、多くの教師たちは骨を折っていた(6)。英語の機能はより多様になり、マルキャスターが認めるように、その読者も多様になった。これまで、英語で格調高く書いたものはあまりなかったが、それも変わるだろうと彼は見ていた。

ここで立ち止まって思い出してみよう。当時英語を使っていたのはイングランドと南スコットランドの一部のみで、アイルランドとウェールズでも少数だった。その他のところではほとんど重用されてはいなかった。現在のような普及は夢想だにされなかった。しかし、マルキャスターには「あらゆる商業」や「あらゆる交通」が英語を「決済の言葉」にし始めていることがわかっていた。彼はまたこう書いている。「ローマを愛する。しかしロンドンをもっと愛する。イタリアは好きだ。しかし、イングランドはもっと好きだ。ラテン語を尊敬する。しかし、英語は崇拝する[7]」。十七世紀になると、英語による「決済」というこの感覚は劇的に増加することになる。英語は輸出されるようになり、外国に根付いた英語はその地で異なった風に発展した。

英語を使う多くの人にとって、ルネサンス期の英語は驚くほど柔軟にみえた。『空騒ぎ』の中でベネディックが論争相手のベアトリスに向かって「あなた thou にかかっては言葉の本来の意味は、ないも同然。恐るべき機知だね」と言う[5]。ベアトリスの機知は、この一五九〇年代後半の劇という中世の檻から言葉を解放した唯一のものではない。ついでながら、thou というのは古英語では話し相手がただひとりのときだけに使われており、それ以上を相手にするときには you が使われていた。十六世紀にはこれは変化した。その違いは社会的なもので、thou は親密さ、もしくは恐らく謙遜をあらわし、その一方で you はもっとよそよそしいか、丁寧な言い方になった。十七世紀になると書き言葉からはその区別はなくなり、ほとんどの話し言葉からもなくなった。ただし、ヨークシアではいまだにそれが聞かれるのだが――一九六〇年代、バーンズリー［イングランド北部南ヨークシア］が舞台のバリー・ハインズの小説『ケス――鷹と少年』では忘れられないほど頻繁に出てきた。対照的に西ヨーロッパの他の言語では今でも区別がある。とりわけフランス語のようにその区別が重要な言語もあるし、スペイン語やスウェーデン語のように、格式張った呼び方が今ではほとんど使われていない言語もある。アイルランドで広く聞かれるこんにちの yous や、マージーサイド［イングランド北西部］やオーストラリアで聞かれる youse は復活し、複数の you と単数との間の違いをはっきりさせている。またアメリカの y'all［複数］もそうだ。

しかし、もっと核心に迫れば、シェイクスピアは新しい言葉の作り手であり、さらに面白いことには、当時存在した言葉の源泉の偉大な使い手であり、言葉の意味の可能性を大いに楽しんでいた。新語を「造り出す」という概念は一五八〇年代から起こり、他の言語から言葉を「借用する」という言い方が普通になる前はその代わりに「強奪する」と言っていた。シェイクスピアはとくに影響力のある強奪者だった。それから三百年以上たった後にヴァージニア・ウルフはこの生き生きときらめくイメージを表現している。一九三〇年に小説『波』を執筆中のこと、一気にほとばしるように書いた直後「わたしの頭はぽっかり空白で、真っ赤にほてっていた」。そのときにシェイクスピアを読み、シェイクスピアの「言葉の解釈の広さ、スピード、造語力」、「次から次へとあまりに早く言葉が繰り出されるの

で、ついていけないほど」なのにわくわくしたと日記に書いている。(8)

接頭辞、接尾辞によって起こる語彙の変化（こうして新語 uncomfortable［不愉快］、overindulgence［放埒］、straightish［率直さ］、relentless［無慈悲な］ができる）もあれば、現存する言葉を合成（たとえば laughing-stock［笑いの種］、pincushion［針刺し］といった奇抜なのもある）して起こるのもある。しかし、借用語は保守主義者にとって主な懸念のもとだった。このことに関しては拙著『言葉の秘められた生涯』に詳しく書いてある。ラテン語やギリシア語だけではなく、フランス語もこの時代に多くの新語の供給源となった。また、それほど多くはないが、スペイン語、ポルトガル語、イタリア語、オランダ語、ヘブライ語からも輸入された。『恋の骨折り損』で、ホロファーニーズ（恐らくリチャード・マルキャスターをモデルにしたと思われる人物）は、書き言葉としてとっておくべきような――仮に使われることがあるとすればだが――話し方をしているのがわかる。次のような台詞「なんと野蛮な介入！　しかしながら、これは一種の呼び込みか、いわゆる《イン・ヴィア》、解釈と称するやり方」[6]で、彼は学識あふれるという幻想におぼれたルネサンス期の人間のうぬぼれを体現している。トマス・ウィルソンの『修辞学の技術』（一五五三）では非難するように「straunge ynkehorne terms 奇妙な学をひけらかす言い回し」という言い方をしており、だいたい半世紀の間、新奇な言葉をまき散らす作家については、彼らの作品は学をひけらかす言葉にまみれていると言われることがほとんどだった。ちなみに inkhorn（ynkehorn）というのはインクを運ぶのに用いる容器で、作家としての放縦さの象徴となった、小さいが豊かな容器だ。

多くの人にとって、大きな野心を十分表現するのに大言壮語は必要だった。多様で内容豊富な語彙は文学的に洗練されていることの証拠だった。一五九三年に、名うての噂好きな批評家トマス・ナッシュ――当時の文学界の中心人物で、敵をつくることに長けた機知に富んだ三文文士――は『エルサレムの上に流したキリストの涙』と題する作品を出版した。それは、ロンドンっ子に堕落した街が崩壊する可能性があることを警告したもので、以前誌上で論争した同じく文士のガブリエル・ハーヴィーへの謝罪で始まっていた。翌年、ナッシュは新版を出した。本文に変化はないが、ハーヴィーが休戦の申し出を断ったので、彼に対してもう一攻撃したのだった。ナッシュは自分の本が受けた評価、とくにその文体についての評に腹を立てていた。彼らしい騒がしいが軽妙な調子で自分の不満を一気に爆発させた。

ナッシュが言うには、「お堅い」ロンドンの批評家たちは自分のことを「下品な饒舌にあふれた……ふんぞり返った文体」と非難しており、また一方で他の批評家たちは「わたしが乱暴に合成した言葉の氾濫とイタリア風の動詞、たとえば mummianize、tympanize、tirannize のように、どれもが ize で終わる動詞を造り出すこと」に異議を唱えているという。しかし、自分はこのどれにもあてはまらない。「最初にずらりと並んだ田舎っぺの敵どもにお答えしよう。わたしの文体は熱情をこめて書いている人のものであり、決してふんぞり返ったりしてはいない」。そのうえ、「合成語については、金持ちを見習ったにすぎない。彼らはたくさんのポンド札をうさんくさい手段で集め、こういった多くの少額紙幣をスペインのピストール金貨やポルトガル金貨に換えている」。彼の意図は自国語の限界を補おうとするものだった。

「わが英語は、他のあらゆる言語の中で、もっとも単音節というお札が充満しており、それは英語に関してただひとつ不名誉なことだ。そのような言葉ばかりで書かれ、それ以外の言葉はない本は店主が金を入れている箱のようなもので、入っているのは半ペンス、三ファージング、二ペンスばかり」。とりわけわかりにくい言葉（mummianize は「ミイラになる」ではなく「何かをミイラにする」という意味だ。ミイラとは香油を塗った死体から液体を抜いたもの）を使おうとしたことについて、ナッシュは批評家たちに、彼の意図するところをもっと簡潔に伝える言葉があるなら教えてもらいたいと述べている。「それ以外のいかなる言葉でもってこれほど簡潔に同じ内容を表現できようか。口に入れて、巨大なあごの間で……粉々に砕いてしまえば、どんなものでも殺してしまうだろう。だが、朝の六時から七時の間に冷静な批評家に探求をやらせてみれば、彼らはその厳粛な知恵でもって、それらは許容範囲だし意義深いと認めるだろう」。最後に彼はこう自問している。「なんだって彼らはこうも憎むのだろう。針があるといっても蜜蜂の針と同じように蜜をもたらすのに[9]」

そのような芝居っ気はパンフレット作家ナッシュならではだ。彼の文章には珍奇なものがちりばめられていた。彼は危険をものともせず、社会的にもエロチックな面でも活発だった――彼のよく知られた詩は手書きで「ナッシュの張形」という名で出回っていたし――彼のきわどい文章は新しくエキゾチックなものすべてを楽しんでいた。ナッシュは、その短い経歴のあるとき、デンマークの国全体を罵ったために面倒に陥ったことがある。また、あるときは国の主教全部を狼狽させたこともある。彼の文体は罵るのにもってこいだった。つまり、ひらめきがあり、喧嘩っぱやく、悪ガキっぽい。彼は、活字の可能性が目がくらむほどだった時代の流行を体現している。これまでにも述べたようにクイーンズ・イングリッシュなるものについて初めて書いたのはナッシュであり、ナッシュが造語したか、輸入したかと思われる多くの言葉―― balderdash［たわごと］、braggadocio［大ぼら］、to emblazon［褒め称える］、grandiloquent［大言壮語する］、helter-skelter［あわてふためくこと］、hufty-tufty［尊大な］、multifarious［雑多の］、obscenity［卑猥さ］、silver-tongued［雄弁な］、star-gazing［上の空］、swaggering［闊歩する］――から、当時の英語の多彩な世界が思い浮かぶだろう。

その反対の立場をとったのがアングロ・サクソン語学者だった。彼らはナッシュの豊穣さと戦い、まさに「石部金吉」のようだった。このようなけばけばしさや華やかな魔術でよりも、アングロ・サクソンの厳粛さを望んでいた。古代の厳粛さへの回帰をすすめた人には古物研究家・歴史家ウィリアム・キャムデンとリチャード・ローランズ・ヴァーステガンがいる。キャムデンは一六〇五年に『イギリスに関する偉大な作品の遺稿』と題して出版した、彼が言うところの「粗雑ながらくた、捨てられたくず」の収集物の中で、彼はゲルマン語的単音節の有益さを讃えている。「頭に浮かんだ最初の発想を簡潔に表現できる……だから他のどんな言葉よりも、少ない語数で多くを書き留めることができる」[10]。同じ年に、印刷業のかたわら、ときにはカトリックのスパイをしていたヴァーステガンは『衰退した知性の復元』を出版した。その中で彼はもっと先まで行っていた。

オランダ移民の孫でイギリスに生まれたヴァーステガンは、格別イギリスらしさの重要性がわかっていた。『衰退した知性の復元』の中で、彼は国の人びとに彼らの本当の起源――ゲルマン――とその威厳を思い出させようとした。ゲルマン民族とその言語の統一性を讃えながら、彼は英語が「多くの言語のくず箱」となっていると嘆いた。他の言語から言葉を借用するのはばつが悪いことだが、その言葉の使用をやめてしまえば、人びとは「ものが言えなくなる」だろう[11]。ただ一つの解決策は古い言葉を蘇らすことだ。これを立証するのに、彼は以前にもっと直接的に追求していた政治的議論にまで広げた。エリザベス朝時代に彼は政府を攻撃し、カトリックの殉教者を讃えるパンフレットを書いた。ジェイムズ一世の即位から二年たった今、彼はカトリックの信者の待遇が良くなるのではないかと思っていた。とくに、新しい君主がウェストミンスターにカトリック信者だった処刑された母メアリー・スチュアートを記念する碑を建てるかもしれないことを考えにいれて。自分の希望を持ち続けるために、ヴァーステガンはジェイムズ一世をスコットランド人ではなくイングランド人と考えることにし、『衰退した知性の復元』を彼に捧げた。しかしながら、エリザベスよりもこの政権のほうがカトリックを敵視しないだろうとはわかっていたにしても、イングランドがスコットランドの影響に蹂躙されてしまうことも予想していた。その解決策は、英語のゲルマン的性質を取り戻し、イングランドのカトリックらしさを堅固なものにすることだと彼は信じていた。

キャムデンとヴァーステガンは英語を印象的な古代遺産の言語として呈示した。これが事実ではないのはわれわれにはわかっているが、奇妙で融通無碍なところをいやと言うほど見せつけられていた彼らにとっては、英語の遠い過去を想像するのは魅惑的な企てだった。言語的正統さという永続する基本理念——すなわち、明瞭さ、格調の高さの維持、下品さやぎこちなさの回避、はやりものの拒否、過去への漠然とした賞賛——が確立されたのは彼らの陣営内でだった。しかし、現代の文体の手引きのようなものは彼らの作品からは何もあらわれなかった。当時の作家たちは自分自身の判断に頼るしかなかった。

英語の起源と英語の新しい方向についての不安によって学者たちは言語間の関係にとまどうことになった。philology［言語学］という言葉は現代のような使い方ではなかった。「文学好き」程度の意味であり、十八世紀初頭まで厳密に使われてはいなかった。言語研究はまだ緒についたばかり——一五九八年に伊英辞典編纂者ジョン・フローリオがそれをtoong-workと呼んだ——で、古い工芸品や家系図への興味程度だった。しかしながらgrammarian［文法家］という言葉は流布していた。狭量で無能な文法家はgrammaticaster——この言葉はベン・ジョンソンが使った——であり、文法についての議論はgrammaticationとして知られていた。

ベン・ジョンソンは要の人物だった。シェイクスピアより八年後の一五七二年に生まれ、シェイクスピアの死から二十一年後である一六三七年まで生きた。詩人、劇作家、翻訳家、評論家、歴史家であり、政治的立場は変幻自在で、矛盾と実験でいっぱいの大量の作品を生み出した。彼の変化に富んだ経歴は、エリザベス朝文学の不安定な興奮を一六三〇年代の宗教的争議に結びつけた。彼が書いたものは、学識者の言葉と口語体とが混ざっており、言葉としては面白くみえるが、曖昧さや粗野な語りや、qという文字の登場についての困惑をも示していた。ベン・ジョンソンはまさしく英文法と呼ばれるものを取り扱った最初の作家だった。

grammarという言葉が十四世紀にはじめて英語で使われたとき、それはラテン語を意味した。というのは、文法を教えた唯一の言葉がラテン語だったからだ。十七世紀になるまで、「ラテン語文法」とか「英文法」のように特定するときに使われる一般用語ではなかった。これからもさらに見ていくが、文法とラテン語との関係は避けて通るのは難しい。この頃の文法に関する標準的な本は、後に「リリーの文法書」として知られるようになるものだった。表面的にはこれは著名なロンドンの教師ウィリアム・リリーによるものだ。[7] リリーは古典の学問に夢中だった。彼はラテン語の韻文に才能があり、セント・ポールズ校［パブリック・スクール］の教え子たちに道徳的助言を与えるのにそれを用いていた。また、現代のギリシア語を話す人びと――エルサレム巡礼からの帰途にロードス島で会ったコンスタンチノープルからの難民――とともに過ごすことで古代ギリシア語の理解を深めた。彼の名を冠した文法書は複合的なものだ。[8] 初期の文法について広範囲に概説しており、エラスムスやセント・ポールズ校の創立者ジョン・コレットの書いたものも含まれていた。

リリーの文法書はラテン語中心なのだが、英文法にあてはまるようなひな型も提供していた。彼が挿入した例文は、よく知られた金言や道徳的手引きで飾られていた。一五一三年頃出版され、二度大幅に改訂されており、ヘンリー八世の認可を受けている。これはエドワード六世にも新たに認められ、学校では他の文法書は使わないようにと命じられている。その後エリザベス一世によっても支持された。その権威は二百年にわたって続き、三百五十回増刷された。シェイクスピアは『タイタスとアンドロニカス』で巧みにそれについてほのめかし、[12] 後の数え切れないほどの作家たちもそれについて触れている。十九世紀半ばになっても小説家ジョージ・ボローが子どものときリリーの文法書を暗記するよう強制された思い出を語っている。

ベン・ジョンソンはラテン語文法の分類法を主張するところでは慣習に従ったが、そこから離れて自作を『英文法』と呼び、これまではせいぜい妄想でしかなかったものの存在を宣言した。題扉を見れば、彼のやり方が記述主義的であることがはっきりわかる。つまり、彼の作品は「現在話され、使われている英語の観察」に基づいているという。ジョンソンの案はあまりしっかりしたものではなかったが、尊敬される作家の作品であったため受け入れられた。英語の歴史を通じて、有名な作家による文法論はその深い専門性のあるなしにかかわらず真剣に受け止められた。そして言葉の戦争に乗り出してうまくいった作家たち――二、三挙げると、ジョナサン・スウィフト、[9] サミュエル・ジョンソン、ウィリアム・コベット、[10]ジョージ・バーナード・ショー[11]、キングズレー・エイミス[12]など――の多くが専門家ではなく、それにもかかわらず、というよりもそれゆえ賞賛されたということは驚きである。ベン・ジョンソンの英文法の話も変わっている。というのは、「われわれの子どもたちの機知を円熟させるため」の試みとしてそれが示されたからだ。同時に彼は「わが国の言葉は野蛮だという考えをなくす……そう思われていたせいでこれまで、英語は病んだ言葉と誤解されてきた」と述べ、また「他の言語と対等である」と示すよう努力した(13)。完成した作品は不完全ではあったが、ジョンソンは実際的な意図と、他の言語で可能なことは英語でも可能だとする誇り高い主張とをつなげる印象的な実演をしてみせたのだった。

　十八世紀の半ばまで、「二重文法」に対する熱が高まっていた。そこでは英文法と他の言語の文法が並んで表示されていた――「対等」であることを誇示するひとつの方法だ。しかし、英語に対する学問的な興味が増えるにつれ、英文法だけの独立型が緊急に必要となってきた。この必要性にもっともうまく答えたひとつがジョン・ウォリスの『英語文法』（一六五三）だ。これはラテン語で書かれているにもかかわらず、英語はきっちりとこの古代語の模範通りにする必要はないと論じている。ウォリスは数学者で、そのもっとも永続する業績は無限大をあらわす記号∞を考案したことなのだが、『英語文法』の序文に、奴隷のようにラテン語に従うことで、いかに無駄な英語の用法を作り出し、混乱と不明瞭さを生みだしていることか、と書いている(14)。ウォリスの提案の中で影響がより大きかったのは、shallの、予測である一人称による用法と、他の人を脅かす、もしくは約束をする二人称、三人称の用法との区別だった。

　ウォリスによれば、音と意味の間にはつながりがあるという。strで始まる言葉は強さを感じさせ、spで始まる言葉はひろがっていくイメージを伝えることが多いという。同時代人たちの多くも同じように感じていた。つまり、人の口はある種の簡単な音を出すことができ、それには自然で確固たる力がある、と。音と意味とが並列して存在するというこの感覚は、ページ上での音の表現の仕方を簡素化する計画を推し進めた(15)。この主題については、まるで初めて英語に取り組むかのように語る人もいた。新しく作り変えるというのだ。科学的、いや当時の言い方をするなら「哲学的」[13]言語――新規まき直しに作られた――を発達させようとする試みもあった。速記者のサミュエル・ボトリーは自分が「マキシモ・イン・ミニモ　最小で最大」という名で売り出した小さな記号体系のすばらしさを自慢した。オランダ系商人フランシス・ロドウィックは「共通の文字」

を発展させ、そこでは、たとえば「drinker 酒飲み」は膨れあがった酔っぱらったような d であらわし、肩のところにカギ型をつけ、「drinking 酒を飲む」は同じような象形文字風にして特別のカギ型をつけ、「drunkard 酔っぱらい」は二番目のカギ型をもっと丸くし、「drunkenness 酔うこと」にはまた別のカギ型をつけるとした。(16)一六五七年に聖職者ケイヴ・ベックはあらゆる言葉がごく細かく組織された文字と数字の組み合わせに置き換えられるシステムを発表した――fly〔蠅〕は r1941、firefly〔蛍〕は r1944、butterfly〔蝶〕は r1945、「to fly 飛ぶ」という動詞は 1940 といった具合に。

この領域でもっともよく知られている作品がジョン・ウィルキンズによるものだ。彼はあらゆる書き物から曖昧で不正確なものを除去する普遍的な言語を作りたいと思ったようだ。ウィルキンズは聖職者であり行政官でもあり、一六六八年に『実在する記号としての文字と哲学的言語論』を出した。その中で彼は新しく作られた言語によってバベル崩壊後の世界を修復しようと提案した。これによれば世界のあらゆるものを区分することができるだろう。それは言葉ではなく、基本的で総称的――生きとし生けるもののすべての部門を網羅するために苦心して作り上げた――記号からなる。この「実在する記号としての文字」の要素は「上品で優雅」で、「整然として」、「間違いを避けるために互いに十分区別がつく」べきだ。また、「一筆もしくは多くて二筆で書く」ことができなければならない。(17)その結果は、アラビア文字のようになった。

このような努力のすべてにおいて、重要視されたのは言葉であり、それをいかにうまく象徴化するかだった。しかし、十七世紀の終わりごろには、主にパリ郊外のポールロワイヤル修道院の哲学者たちの先進的な作品の影響を受けて、興味の中心は拡大した。ポールロワイヤルの哲学には主に二つの論点があった。論理原則へのこだわりと、あらゆる言語に共通の文法的主要点を説明しようという決意だった。その主唱者は知性の論理でもある文法を取り上げた。個々の言葉の提示よりも重要だったのは文章であり、文章が知性の働きをあらわすやり方であり、言語と知識との関係だった。言い換えると、文法家は体系だった規則を作り出すよりも、活動状態を描いたのだ。ポールロワイヤルの哲学者たちは言語の表面的な構造とより深い知的構造との間に差があることを示した――これはずっと後になってノーム・チョムスキーにインスピレーションを与えた。さらに、彼らは真実を伝えるのは難しいと論じた。なぜなら、言葉とものとの間のあきらかに緊密な関係のせいで、意味するところは何かというよりも言葉について考えるということになるからだ。

十七世紀のイギリスでは、意味についてのそのような問題がもっとも独創的な思索者たちを惹きつけた。フランシス・ベーコンは、言語は理性を迷わせる、もしくは理性を誘惑するとして言語への不信感を示した。「貧しく不器用な、言葉という符号は信じられないほど理解を妨げる」と彼は一六二〇年に書いている。「言葉は理解力に破壊的な力をふるい、すべてを混乱させ、人に無数の空虚な論争や作り話をさせる」(18)[14]。後に哲学者トマス・ホッブズが言語について同じように述べている。彼は言語というものはおおいに問題があると見ていた——本当は何も意味しない言葉や、やっかいなことには、人によって違ったことを意味する「一定しない」用語でいっぱいだ、と。一定しない言葉はなんとも気まずい。というのは、それなりに意味はあるのだが、使われているものについてよりも、言葉を使う人について多くを語るからだ。たとえば、わたしが「ジョンは邪悪だ」と言うとする。これは無意味な言葉ではない。しかし、それはジョンに光を当てているのだろうか、それともわたしだろうか。ホッブズは、意味はまるで契約のように定められると論じている。言葉の本当の意味は習慣と一般的な用法から派生するのであり、われわれは政治的な手段で重要な言葉の不安定さをなんとかしなければならない。

『リヴァイアサン』（一六五一）はほぼ間違いなく英語で書かれたもっとも重要な政治思想の本だが、この中でホッブズは君主——共通の善のために人びとを働かせる絶対的で不可分な支配者——の役割は、言葉の意味についての議論をやめさせることだとしている。その議論はだらだらと衒学を弄しているだけだから。やめなければ、真実を探求する人は「鳥もちにかかった鳥のように、言葉の中に囚われてしまい、もがけばもがくほど、出られなくなってしまう」。君主は臣下を善悪の定義について同意させるようにしなければならない。それに代わるものは暴力であり、「自然が生き物に、敵をいためつけるために、歯や角や手で武装させているのを見れば、舌で敵をいためつけるのは言葉の悪用でしかない」(19)[15]。他の多くの同時代の人と同様、ホッブズにとっても、言語の混乱というとバベルの塔の物語——そして罪——を連想させた。言語を改革することは道徳の上でも必要なことだった。彼の考えは一六四二年から一六五一年にわたる大内乱［チャールズ一世と議会との武力抗争］の経験のせいも多々あった。彼は言語の崩壊とそれが体現していた社会的絆の崩壊を目撃していたのだ。

ベーコンとホッブズはポールロワイヤルより前だが、ジョン・ロックの『人間知性論』（一六九〇）は当時広く知られていた「新しい論理」に答えたものだった。ポールロワイヤルの哲学者同様、ロックは知識の起源と限界について探求したいと考えた。そして彼は言語の研究が、人びとがいかに考えるかについて厳密に理解するのにきわめて重要だとみた。ポールロワイヤルの論理学者たちは、記号すなわち言葉は二つの考えを含んでいると論じていた。表現されるものと表現するもの、前者は後者によって「喚起される」と。ロックのもっともよく知られた言語に関する洞察は、要するに、言葉は思考のしるしである、というものだ。われわれは言葉を公に使うが、それが意味する内容は、言葉によって想起される思考がある程度個人特有のものであるという意味で私的なものなのだ。彼から引用すると、「言葉は……それを使う人の頭脳の中の思考を意味するにすぎない」[20]

ロックは、言葉はものの名称――レッテルのような、もののための既成の名称――であるという古い考えに反対した。これはリリーの文法書には自明のこととして書かれていた。「名詞はものの名前である」とリリーは書いている。そして、名詞の数はものの数であると続く。ロックはこれに異議を唱え、言語と意思の伝達に関する他の深刻な問題を指摘した。彼は、多くの議論のうち、多分ほとんどが、ものについての理解が実際に異なることよりも、言葉の意味に関する違いがもとで発生するのに気づいた。彼はまた、読者が本から読み取るのは作者が意図したものとは異なった意味である可能性もあるとした。ロックはわれわれの島国感情を示唆している。簡単なこと――たとえば、何かが丸いか、あるいは熱いか――については誰もが同じ意見になるだろう。しかし、もっと複雑なこと――自分で考え、正しいとか美しいといった価値判断を含むと思われるもの――については同じ意見になる可能性は低いという。ロックは、本質的に言語は不完全なものとみており、それゆえ、われわれがうまく意思を伝達できるとは思っていなかった。言葉の語義は「疑わしさ」にまみれているのだ。

言語と思考との繋がりが新しい焦点となったために、作家たちは次第に過激な提言を捨て、文法という合理的な基盤の研究へと向かった。そのひとつの帰結は「方法」、「順序」、「配列」への過剰な関心となり、それがもっともつまらない形であらわれたのが、品詞ごとの分類――たとえば、動詞の種類やその活用など――を整理するために文法家たちが広範囲にわたって使った表だ。ページのレイアウトがもっとも優先されるようになった。品詞の秩序だった表示が、スペースの制約が許す限り、わかりやすく優美になるよう、文法家たちは印刷業者たちと緊密に打ち合わせて仕事をしなければならなかった。これによるむしろ皮肉な効果は、言語の理念――このような厳密な分類法を思いつくきっかけだったが、もともと確固たるものではなかった――は脚注にまで格下げされてしまった。やがて、脚注は消えてゆき、言葉の訓練という考えが主となり解決しがたい理論の問題は棚上げされてしまうことになる。

5 大当たり

アカデミーについての議論

イギリス人の自由好みは有名だ。それは「英語についての神話」のひとつで、基本的には真実である。自由を愛するのはまさに英語を母語とする人たちの特徴といえる。彼らは上意下達方式で英語を改造したり規定しようとするいかなる企てにも抵抗してきたし、これからだっていつでもするだろう。それでいて、彼らはそのような規定によってしか解決することのできない問題について、果てしなく不満を言い続けるだろう。

「英語」を学校に通わせなければならないという考えは現在広くはびこっている。クイーンズ・イングリッシュ協会、これは慈善団体のひとつだが、それが英語を守り、統制するための「調整役」を務めるアカデミーを立ち上げる計画を最近宣言したことを見るがいい(1)。この種の計画は十七世紀の後半と十八世紀の前半に活況を呈した。統語法をとことん明瞭にしようという機運があった。その中にはとりわけ、二重比較（more wiser）、と二重最上級（most wisest）をなくし、一致（主に動詞と主語との一致）に注意し、もっと時制を厳密に用い、which と who の区別をはっきりさせることが含まれていた。変化を急がせようとする人たちの多くにとって、そのようなことを決める機関が必要に思えた。

一六六〇年、アントワーヌ・アルノーとクロード・ランスロが『ポールロワイヤルの文法』[1]を出版した年にイギリスでは王立協会が設立された。そこで宣言された協会の趣旨は「自然に関する知識の進歩」だ。この「自然に関する知識」というのは今われわれが「科学」――この言葉は十八世紀初めになるまで現在の意味を持たなかった――と呼ぶものだ。そして一六六四年に王立協会は、秩序だった新しい表現模範を確定することを願って、二十一人からなる強力な「英語改善委員会」を組織した。けれども、委員会はほんの数回開催されただけだ。王立協会が実際に影響を与えたのは科学書の文体に対してだった。

一六六七年に王立協会の歴史家トマス・スプラットは「自然」で「ありのまま」の話し方に賛成した。彼は英語がだんだん悪くなっていくと考えていた。人が書く散文にはあまりにも雑音が多すぎる、と。スプラットは技巧をこらした饒舌な言い回しを嫌った。無駄だし、人を惑わす――悪霊に駆られたかのようでさえある、という。意匠をこらした言葉遣いは一種の魔術だった。スプラットの見解では、大量の飾りを含んだ文章は邪悪さの道具なのだ。キケロの文体を真似て書いたような十六世紀の作家の、ときに当惑するほど長い文章は、新しい素っ気なさに取って代わった。短い言葉と「原始的純粋さ」が取り込まれた。余談や「ゆったりとした比喩表現」は取り除かれた。科学の進歩はもっと客観的な文体を求めていたから、これは当然避けられない成り行きだったとつい言ってしまうが、王立協会に課された文体に関する課題は、政治によって形づくられたのだ。すなわち王立協会の会員は、当時鳴り響いていた宗教狂信者や錬金術師や千年至福説信奉者などといったほら吹き集団の饒舌さと奇抜な比喩から距離を置いていることを強調するために、簡潔さ（彼らがいつでもそれを実践していたわけではないが）を奨励したのだ。

聖職者で哲学者のジョゼフ・グランヴィルの『独断論の虚しさ』は懐疑主義と実験によって考えを確かめることの重要性について書いた論文だが、王立協会的思考の影響を受けた興味深い例だ。一六六一年に出版された最初の版は美辞麗句でいっぱいだ。一六六四年にグランヴィルは王立協会の正会員に選ばれた。この本の修正された第二版はその翌年に出た。一六七六年に第三版が出る頃までには、彼はスプラットの考えを取り入れ、装飾語を目一杯はぎ取って文体を元に戻した。たとえば一六六一年の本では「水平線の向こうまで旅をしたことがなく、子どもの頃の光景で終わっている人は、世界には自分たちの国よりすばらしい国があると言われても信じない(2)」とあったのが、十五年後には「自国にずっと住んでよその国に行ったことのない人は、自分たちの国は最高だと自信をもって信じ込んでいる(3)」になっている。

けれども、王立協会は科学の領域を越えて改革を達成することはなかった。王政復古が契機となって物腰、とくにいかに最良の言葉や表現を操るかを意識するようになるにつれ、フランスに一六三五年から存在するような国立のアカデミーを求める声が続いた。中でももっとも声高だったのは一六九七年のダニエル・デフォーのものだった。彼は当時作家としてではなく、タバコの輸入、煉瓦の製造、ロンドン北部のストーク・ニューイントンでジャコウネコの飼育に携わるなど、危険なことにも手を出す実業家として知られていた。デフォーは、金儲けの計画と政治的にうまい立場にたつことに絶えず関心を払っていたが、「高尚な学問を奨励し、英語を磨いて洗練させ、これほどまでに疎かにされてきた正しい英語を教える機関の設立を進め、純粋で正しい文体を確立し、無知と気取りによって英語に付け加えられた規範に合わないものすべてを一掃する」必要があると宣言した。これを達成するために、国王ウィリアム三世によって協会を設立すべきだと彼は提唱した。その会員には「学問に秀でた人びと」がなる。すなわち、法律家、聖職者、医師は除外して、その代わりに委員会は、十二人の貴族、十二人の「一般の紳士」、そして最後に十二人の「純粋の価値」を持つがゆえに選ばれた人びとからなるべきだとした。この三十六人からなる委員会は「作家の不行跡を正し、検閲する自由を持つ」。さらに「いかなる作家でも、この彼らによる御墨付なしには図々しく造語することはできない」。デフォーの目には、そのような管理体制のもとでは、「造語は硬貨の偽造と同じく犯罪となろう」。そうすれば「会話を不愉快にする」「口から出るごみや糞」――「やかましく、下劣で、馬鹿げた表現」のごたまぜ――であるののしり言葉も少なくなるだろう(4)。しかし、デフォーの提案は強力な支持を獲得できなかった。同じような考えを持っていたひとり、ルイス・メイドウェルという名のロンドンの教師は、ウェストミンスターにアカデミーを設立するための国庫補助金を四回も政府に申請したが、うまくいかなかった。

十五年後にジョナサン・スウィフトがそのような協会の

ために新しく運動を起こした。スウィフトは当時ロンドンのコーヒーハウス文化の熱心な参加者で、一七一一年に大蔵卿となったトーリー党員のサー・ロバート・ハーリーの宣伝員として働いていた。ハーリーは当時はまだまったく新しい現象であったジャーナリズムの有用性を認識した最初の政治家のひとりだった。スウィフトは彼のお気に入りの作家で、ハーリーの内輪の土曜クラブにお供で参加していた。そこでは、トーリー党の重鎮たちが政策を練っていた。スウィフトがハーリーのために書いた文書の多くはたいしたものではなかったが、一七一二年に彼は本格的な論文を出し、自分の政治的な立場を刷新しようとした。『英語を正し、改善し、正確にするための提言』である。

ハーリー宛の書簡形式をとったこの小冊子は、英語に関して物申す伝統の始まりとみなされてきた。スウィフト以前にもぼやき屋はいた。しかし、彼の提言は、言語上の嫌悪感を新しい言語表現に高めてみせた始まりだった。彼はこう述べている。この言語は「きわめて不完全」であり、「それを磨き、洗練させるふりをしている人たちは悪口や馬鹿げた言葉を増やしているばかりだ」。また「多くの場合、文法の決まりにいちいち反している」。スウィフトは、王政復古によって生じた「規律無視」の風潮は最初は宗教、そして道徳、それから言葉に伝染した、と述べている。これは「気取った言葉遣い」や「新しく思いついた言葉」であきらかだという。咎められるべきは大学で、コーヒーハウスに群れる教育ある男たちの話から「ひどく汚ない言葉」や「気取った名称」が聞こえる。英語をさらに大きくし、磨き、固定するためにアカデミーがなければならない、とスウィフトは論じた。彼の予測では、その会員なら「多くの言葉は、わが国の言葉から一掃されてもおかしくないのがわかるだろうし……おそらくずっと時代遅れとみなされていた少なからぬ言葉が、その力と響きゆえに復活されるべきだと気づくだろう(5)」。一六八九年から一七一四年までほとんどイングランドで暮らしたイングランド系アイルランド人でプロテスタントのスウィフトにとって、英語を安定化することは愛国的——国にとってもその支配者であるアン女王にとっても誉れとなる——行為だった。そうすれば、未来の世代が、歴史を記録した文書を確実に理解できるようになるだろう。固定化された言語は伝統と国の記憶の継続を保証することができるだろう。そうではなく変わりやすい英語は、彼や彼の雇い主である政治家が大事にしていた社会的価値の先行きを脅かす恐れがあるという。

スウィフトは自分の嫌悪感を楽しんでいた。彼は曖昧さを忌み嫌っていた。ダブリンでは乞食はおのれの境遇を示すようにバッジをつけたほうがいいと提案した。また文化的健忘症——言葉の歴史を無視するような言語に対する無頓着さにあらわれる——を心配していた。会話の貧しさも心配していた。魅力ある話は社会を束ねるエネルギーのひとつだが、つまらない話は社会が崩壊する原因だった。これらすべての懸念が彼の諷刺を煽った。彼の奇抜な考えのひとつが、教育のない田舎の民は、都会のエリートのような見せかけの洗練さによって損なわれることがないため、ひとりでに上手に話せるようになるというものだ。

彼は縮めたり省略した表現を驚くほど目の敵にしていた。この点では文筆家ジョゼフ・アディソンの流れを汲んでいる。アディソンは『スペクテイター』誌に、イギリス人についてこう書いている。「イギリス人の生まれつきのおしゃべり嫌い」の素質のせいで、言葉を「子音のかたまり」にまで縮めてしまっている、と。スウィフトとアディソンは十七世紀に大いにはやっていた短縮形に対する実感を述べていたのだ。悪いのは詩人たちだ。彼らは自分たちの考えを詩形に当てはめやすいように愚かな省略形を取り入れたからだ、と。スウィフトによれば、このような縮小された不自然な言葉の耳障りな音に我慢できるのは北部地方の人だけだという。could've に反対するのは、それがたやすく「could of」になってしまうから。話しているときはまったく自然に聞こえる when'll や how're は活字になったのを見るとそのぎこちなさがはっきりわかる。しかし、スウィフトには——mobile vulgus［移り気な群衆］の短縮形である mob［暴徒］は言うまでもなく——disturb'd［不要な］でさえも耐えられなかった。

『提言』を出してから一週間のうちに歴史家ジョン・オールドミクソンがその反論を出版した。この中で彼は、スウィフトの省略形に対する嫌悪を一笑に付している。オールドミクソンはスウィフトの固定化への願いも次のように述べて反対している。「いつの世代もどこの国でも、時代が変わるにつれ、考え方も変わる(6)」。しかしながら、スウィフトが mob を退けたことを笑いものにし、彼は何も達成しなかったと考えるのは少し安易にすぎる。というのは、彼がけなした流行の省略形には使われなくなったものもあり、そうなったのは彼の敵意のせいかもしれないからだ。

スウィフトは気取った言い方を吐き気を催すほど嫌っていた。『司祭になったばかりの若い紳士への手紙 *A letter to a Young Gentleman, Lately Enter'd into Holy Orders*』（一七二一）——この題に使われている短縮形 Enter'd は彼の好みではないのだが——で、彼は「英語の勉強」の必要性を強調している。「それを怠ることがこの国の学者たちにもっともよく見られる欠点だ」と。彼にしてみれば、「ちゃんとした所にちゃんとした言葉を使うことが真に明確な文体をつくる」。人びとの英語の使い方の間違いは、「十中八九、気取りと理解力不足のせいだ(7)」。彼は一七三八年に出した「上品で利口な会話」のパロディー集でこのことについて再び触れている。一七〇四年頃にまでさかのぼったこの本は、機知や優美さや抑制された知性の代わりに、陳腐な決まり文句、間違った発音、悪意に満ちたうわさ話、当てこすり、個性のない愚かな言葉、流行のうたい文句でいっぱいだ。スウィフトが言う「礼儀正しい」座談の名手たちは実際には驚くほど無礼だった。

スウィフトの怒りは時代を超えたものだろうが、語法の規制は当時の流行だった。裕福で社会的に自意識の高い中産階級の勃興で、都市部に住む紳士階級の人たちが自分たちの優越を示す方法を探すようになるにつれ、まさにこの象徴として、正しい語法と道徳的な卓越性とがひとくくりにされた。日常の話し言葉——社会的成り上がり者の言葉——は非難され、それを食い止めたいと願う者のために標準的な優美さを維持することが必須とされた。「礼儀正しさ」、デフォーとスウィフト両者のキーワードが、十八世紀の言葉についての議論のいたるところに登場した。

ジョン・ノールズ著『英文法の原則』(一七九六)の冒頭には「文法は、礼儀正しい読み書きの仕方を教えてくれる(8)」とある。ノールズが並外れているのは、ただちに核心を突いた点だけだ。「礼儀正しさ」は道徳的であると同時に美的でもある重要な概念だった。正確な定義は難しいが、人は礼儀正しい行動というものを見たときにすぐわからねばならなかった。会話や手紙文がよい関係のための鍵となり、洗練された繊細さで実行されるような正しい社会的行動の模範が存在した。

礼儀正しくちゃんとした社交性に関連する原則を確立した人びとの中に、作家で印刷業者のサミュエル・リチャードソンがいた。フラムの自宅——友人のジョン・ダンカムによれば「あの陽気な館で教育の神殿」——で多くの女性ファンをもてなすとき、リチャードソンは自分の小説を論じた。もともと書簡集が始まりとなった小説の中で彼は、道徳的規範と、正確であると同時に率直で好感が持てるような話し言葉の形をした文体とを結びつけようとした(9)。リチャードソンはその人柄においても、作品の中でも、人間関係の複雑さに敏感だった。演劇はあまりにもしばしば社会無秩序の原因だと批判しながら、それでも、彼は社会をかなり劇場的に捉えていた。礼儀正しくすることはひとつのポーズだった。ジョンソン博士はこれを「偽りの好意」、つまり、きわめて伝統的な友情の表現、と呼んだ。それでもスウィフトが早くも気づいたように、礼儀正しさ崇拝の成果は、無礼に振る舞うという驚くべき、そして際だってイギリス的と言わねばならない才能だった。

なぜスウィフトが英語を規制したいと思ったのかを理解するのはたやすい。彼が暮らしていた社会は拡大しつつあった。これによって、より重要でより難解な思想が十分に行き交うようになった。印刷文化が伸びつつあるとき、基準が制度化されることは望ましく思えた。しかし、スウィフトの提案に従って行動することを誰も真剣には考えなかったし、それ以降の同じような提案も受け入れられなかった。イギリス人は一般的に中央集権的な規制に従わなかったので、政府肝いりの言語の規範作成という考えはタブーだった。その上、外国でのアカデミーの業績は、その有効性について前向きな見方を勧めるようなものではなかった。

しばし現代に話を戻してみれば、われわれはアカデミー・フランセーズがフランス語の中への英単語の流入を阻止できないでいるのを知っている。かといって、フランス語を英語から守る手立てがあるわけでもない。一九九四年に可決されたトゥーボン法は、フランス語は「個人とフランス国家遺産の基本的な要素《アン・エレモン・フォンダモンタル・ド・ラ・ペルソナリテ・エ・デュ・パトリモニ・ド・フランス》」であると主張しており、おおやけの生活、教育、職場、報道機関における言語を守るとしている(10)。たとえば、それで成功した訴訟もある。ゼネラル・エレクトリック・メディカル・システム社に対するもので、その子会社GEヘルスケアがフランス人の労働者にフランス語で安全指示を出すのを怠ったとするものだ。しかし、官僚による大きな努力と、言語的愛国心を維持しようとする個人個人の努力にもかかわらず、フランス語は英語から言葉を吸収し続けている。アカデミーの出した『辞典』第九版には、「le chewing-gum チューインガム」、「la cover girl カバーガール」、「le jackpot 大当たり」といった言葉が入っている。

冗談がうまい人ならアカデミー・フランセーズの主な目的はフランス語を話す人たちの態度を何とかしようというのではなく、外国のジャーナリストたちに娯楽の種を提供しようとするものだと言うかもしれない。けれども、デフォーやスウィフトの時代に成り行きを見守っていた人にとって、この学識ある団体は——創立の際のモットー「不滅に《ア・リンモルタリテ》」も含めて——強烈な印象を与えたようだ。英国アカデミーを先頭に立って支持したひとりが、詩人で劇作家のジョン・ドライデンだった。彼は十七世紀の後半におけるイギリスの卓越した文士だった。劇『張り合う婦人たち』（一六六三）を同じ劇作家の第一代オーラリ伯に捧げるとき、彼はフランスの機関に相当するものがイギリスにないことを嘆いている。シェイクスピアの『トロイラスとクレシダ』を書き直して（一六七九）、有力なサンダーランド伯に捧げたときにもこの一文を献辞で繰り返している。

ドライデンはイギリスの文芸復興を進めるのに没頭しており、これに対する政治的支持を得ようとすることや、同じような考えを持った人びとと連携することのどちらも大事だとわかっていた。これまでドライデンに触れるのを避けてきたのは、英語の用法に関して彼が主に口をはさんできたことはテーマからの逸脱が必至――もしくは、少なくともそうなりそうだからだ。

　アメリカの大学で定着している次のようなジョークがある。新学期の最初の日に新入生が上級生に近づいて、こう尋ねる。「Hey, excuse me, do you know where the freshman dorms are at? ねえ、ちょっと、新入生の寮はどこ?」。それに対して上級生はこう答える。「プリンストンでは文章を前置詞で終えたりしないんだよ」。新入生はもう一度聞く。「Excuse me, do you know where the freshman dorms are at, motherfucker? ねえ、新入生の寮はどこ?　このくそったれ」

　どうして、文章を前置詞で終えてはいけないのだろうか。よくある答えのひとつは、「前置詞」の語源に関係している。これはラテン語の「場所」と「前」から来ているのだ。つまり、前置詞はそれが規定する言葉の前に置かなければならない。たとえば、「She sketched his likeness with crayons. 彼女はクレヨンで彼の肖像画を描いた」のように。また、文末の前置詞は取り残された感じがするため、論理と美意識からいって望ましくない、とも言われる。

　けれども、取り残された前置詞への敵意はたったひとりの反対者から始まった。ドライデンである。自分の英語の純粋さを、いかに滑らかにラテン語に翻訳できるかという点から自己採点するのがドライデンの習慣だった。彼はそのあとラテン語を英語に翻訳し直し、その過程で何も失われたものはないかをみた。これはただの気まぐれではなかった。彼は、英語が英雄的な主題を扱うのにふさわしくなるよう心を砕き、その潜在的な可能性を引き出すためにラテン語との関係をできるだけ強調した。一六六〇年代の彼の名声からすればもっともなことだが、彼は王立協会の「英語改善委員会」の委員であり、改善という考えが常に念頭にあった。一六六八年に桂冠詩人となり、彼はこのテーマに戻った。前置詞は常に修飾するものの前に置くというラテン語における使い方に影響を受けていたのと、語源意識が高かったために、彼は英語の場合も前置詞の使い方に過敏になっていた。ベン・ジョンソンの作品における取り残された前置詞は「よくある間違い」と断言したのち、自分自身もこの点ではやましいと自覚して、ドライデンは自分の出版物の再版からは必ずそれらを削除した。だから、「such Arguments ......as the fourth Act of *Pompey* will furnish me with 『ポンペイ』の第四幕がもたらすような議論」は「such

Arguments.....as those with which the fourth act of *Pompey* will furnish me」となった。

ドライデンの修正が正確にはどのようなものだったのかは、次の世紀の末にシェイクスピア学者のエドモンド・マローンがドライデンの散文の再版を準備するときになってようやく発見された。マローンはドライデンの『劇詩論』の一六六八年版と一六八四年版とを比較し、違いに気づいた。もっとも衝撃的だったのは文末から前置詞を削除してあったことだった。自分の散文を推敲するにあたり、ドライデンはひとつの規則を考え出したのだが、この間の事情についてはマローンが発見するまで誰にもわからなかった。しかし、それが存在する事実はわかっていた。人びとはただドライデンのやり方を真似しただけだった。それは十八世紀の文法家に強い印象を与え、その世紀の終わりには取り残された前置詞は従来どおり重大な誤りとみなされた。しかし、何が何でもそれを避けると不格好になることもあった。ウィンストン・チャーチルは、文章を前置詞で終えるところを公務員から反対され、よくこう答えたとされる。「This is the kind of pedantic nonsense up with which I will not put. それこそ学者ぶった戯言というもの。いいなりになる気はないね」。この話はでっちあげだろうけど、このスッキリしない言い方は、異議を呼ぶだろうと予測して避けようとするとよけい悪くなる、ということを示しており有益だ。

「文末」の前置詞への反感は句動詞非難へとつながる。句動詞というのは小辞（たいてい前置詞）が動詞の意味を変えたり、限定したりするものだ。このような動詞はくだけた感じになりがちだ。よく使われているし、混乱の元にもなる。よく似た句動詞で、意味が大きく違うのに、それがよくわからない場合もある。たとえば、「compare with 比較する」と「compare to なぞらえる」だ。確かに、どちらも同じように使われる。しかしながら、しきたりに従うと、I compare myself to Christ と言えば同一性を示していることになり、compare myself with Christ となると、主に両者の間の違いに関心があることになる。句動詞は代々洗練されていないとされてきた。この見解に従うと、「carry on」は「continue」に劣るし、「open up」は「enlarge」や「expand」に劣り、「put up with」は「tolerate」に劣る。英語を勉強している外国人にとって句動詞は当惑の種だ――「He put me down」はいくつか違った意味があるし、「What are you up to? 何をたくらんでいるの？」や「Are you having me on? 僕をかついでいるの？」はややこしいパズルみたいだ。句動詞で使われる up はとくに奇妙に思える。上に向く、というよりもたいてい完結することに関わるからだ

――「I'm closing up もう何も言わない」、「Eat up your sprouts 芽キャベツを食べてしまいなさい」、「He finished up the season as the club's top scorer 彼はクラブの最高得点者としてシーズンを終えた」――そして、余分に思えることもしばしばだ。こんにち、外国の英語学習者向けの授業では句動詞に特別注意を払っている。広く使われていることと混乱を招く可能性もあることから、それは重要な課題となっている。句動詞を使うと文末に前置詞がぶらさがる機会が増えるので、それを避けるという議論に用いられてきた。しかし、ここでも、よくあるように、文法違反を恐れると不自然な表現になりうるのだ。

しかし、ドライデンに戻ってみると、彼が前置詞のあるべき最適の場所にこだわったのは、ひとつに文章の形を改善しようというより大きな関心があったからだ。彼はシェイクスピアの文章（とくに『テンペスト』）をより簡潔でもっと現代的なイディオムに翻訳し、言葉と、とくに構文を滑らかにしようとさえした。ドライデンは難解さを避けた。彼はシェイクスピアの文体は比喩的な言い回しを「詰め込んで」いるとし、そのあいまいさを心配した。[11] 彼は、文体上の飾りを虚栄心のみならず、魔術とも結びつけてしまう時代を代弁したのだ。

ドライデンは今ではまったく異質に思える人物だ。文法制定者兼詩人なのだから。ひとりでアカデミー・フランセーズに匹敵するような人物であり、詩というものが、社会の周辺で起こることというより、文明と教育の主要点であった時代をもっとも代表する人物だ。詩人は、政治や愛国的な行動にかかわることが多く、先を読んだり、革命的な思考をしたり、民衆の好みを誘導したり、決定したりする能力があり、実用的で有益な人物とみなされていた。今でも詩の治癒的力を大事に思っている人もいるが、英語圏では詩人が自分の癒しの力を広く民衆に施す――もしくはおやけの場で施すことはめったにない。

詩人、劇作家、評論家として、ドライデンは英語を他の言語――あきらかにフランス語――と堂々と競えるような地位に固定する計画に関わっていた。十七世紀の末になると、フランス語は弱々しく女性的とする一方で、英語は男らしいと特徴づけることが普通になってきた。ドライデンはこれに一役買っていた。しかし、彼は英語について、いわゆる「異性愛的」理想を抱いていた。[12] ドライデンにとっては、男性的な作品は、女性的なものと共存するときが最高だったからだ。つまり、柔らかく調和のとれた女性的な表現と思えるものが、気高く、理性的な文章という豪放で男性的な資質と彼がみなしているものとバランスを保つために欠かせないからだ。彼は男性的資質と女性的資質が慎重に、誠実に共謀しあうような文体を好んだ。言い換えると、貞節さだ。このことからどうしてぶら下がった前置詞は削除しなければならないのかの説明がつくだろう。それは少しも貞節ではないからだ――文章を品よく閉じるどころか、あんぐりと開けたままで、だらしない挑発なのだ。

6 英語綴りという出来損ないの魔術

「ほとんど信じられない」物語

ドライデン、デフォー、スウィフトの作品の原本を見て、驚くことのひとつは大文字の使い方だ。今では考えられないところが大文字になっている。十七世紀から十八世紀初頭までの本を覗いてみると、こんにちのドイツ語のように、名詞の最初の文字が大文字で印刷されているのがわかる。そのような慣習をもたらしたのは大陸からやってきた印刷業者たちのようだ。それを支持した人にＡ・レーンなる人物がいる。彼はマイル・エンド〔ロンドン東部地区〕の教師で、彼の書いた『文字の書き方の鍵』（一七〇〇）には、「強調したり注目すべき語すべて」の他に「固有名詞すべてと固有名詞から派生した形容詞すべて」[1]を示すために大文字を使わなければならないとしている。名詞を大文字にするのがピークに達したのは一七二〇年から一七三〇年頃のようで、それまでの百五十年ほどの間にじわじわと増えてきたらしい。しかし、当時、多くの作家たちの大文字の使い方は定まっていなかった。詩人ジェイムズ・トムソンのようにその使い方に慎重だった人からすれば、とりわけいい加減なデフォー式の間違いをする人が何人もいた。

綴りに関する本の書き手たちは、十七世紀半ばから、大文字の使用法を指導するようになった。彼らの指示はまちまちで、大文字を使うことを修辞的手段と見ていた作家たちが、統一されたシステムを達成するのに熱心な印刷業者たちと争わねばならなかった形跡がある。(2) 一七九〇年代に文法家リンドリー・マリーは名詞を大文字で書くと「書き物や印刷物が混み合って混乱しているようにみえる」(3) ともっともな指摘をしたものだった。しかし彼にとって、それは昔の話だった。この種の大文字の使い方はイタリックで頻繁に言葉を強調するのと同じく、その世紀の半ばにはすたれてきていた。影響力の大きい『ジェントルマンズ・マガジン』は一七四四年に名詞を大文字で書くのをやめている。(4) 一七五六年に元教師の著述家ダニエル・フェニングは『万人の綴りの本』に、「名詞は大文字で書くべきだ」と書いているが、(5) よく読まれたフェニングの本も後の版ではこの指示はなくなっている。

印刷業者と作家との間でもっとも甚大な衝突を起こした分野が綴り字だった。このことについては第三章のカクストンのところで触れた。さて、十八世紀のもっと一般的な標準化の話に向かう前に、英語の綴りについて、その全史を概観しながら、ときにはその詳細についても見る必要があろう。綴りの難しさとそのシステムを改良できないかというのが長年の関心だった。正しい書き方に携わる学者は正書法学者と呼ばれている。英語の正書法学者は中世の頃から存在しており、彼らの主な関心はどのように綴るか、だった。一五〇〇年頃以降、印刷された本がだんだん一般的になるにつれ、印刷業者たちは決められた綴りを受け入れて実践するようになる。しかし、その進展は遅々としていた。ウィクリフの聖書をみると、綴りが一貫していないのがわかる。shall は shal となっているところもあれば、schal となっているところもある。stood は stod となることもある。同じような矛盾がカクストンの印刷した本にもたくさん見られる。boke と書くべきか booke か？ hous か hows か？ そのような頼りなさが今では実に愉快にみえる一方で、綴りに関する不安はいまだに残っている。結局、われわれが書くあらゆる文章に綴りはあらわれるのだから。手紙や、仕事のメモ、メール、日記、買い物リストのような家事の覚え書きなどでわれわれは間違いや文法違反を犯している。

あざけりをものともせず、綴りの苦手を自慢するものもいる。くまのプーさんは自分の間違いに何らかの美点を見つける古典的な例だ。彼は自分の綴りが「ふらついている」のをしぶしぶ認めるが、すぐに、それでも「申し分ない綴りだ」と言い張る。プーは「小さな脳みそしかない態」なのは周知のことだが、ふらふらすることにいつまでもこだわると、親しみが持てるにしても、その印象は強まる一方だ。特異な綴りは、本人の特異性、つまり実際には知力が劣っていることを示すものと解釈されることが多い。多くの読者はみすぼらしい綴りによって社会的な制裁を加えられることをよく知っているだろう。おそらく、失読症がかつて（そしていまだに頻繁に）愚かさの証拠と誤解されているところを見てきているからだ。アンソニー・トロロプは『三人の事務員』（一八五八）の中で、「blue の綴りは語尾に e をつけないと主張し」、「その結果、もはや世間の信頼を得るに値しないとされる」ひとりの若者を描いている。小説家ウィリアム・ゴールディングは、いつか「嫌な奴」が自分の原稿を編集し、綴りを直し、本文中に醜い括弧を割り込ませる日が来ることを予期している――「しかし、悪い文法も悪い綴りもわたしそのものなのに」(6)。ときには、ある人のつむじ曲がりな綴りが、その人となりの価値を大きく疑わせる標的となることもある。一九九二年、アメリカ副大統領で無駄話好きなダン・クウェールは子どもに黒板の上で potato の綴りを potatoe に直させた。この場面は中継され、「beakon of hope for the world［世界の希望の灯台――beacon が正しい］」と公用のクリスマスカードに書いてすでに引き起こしていたあざけりをここで増幅させてしまった。

しかし、われわれは皆、ある時点で英語の綴りの矛盾に気づいている。われわれの多くはそれを呪ったことがある。英語をドイツ語のように、綴りから言葉の発音が推測できる言語と比べてみるといい。そうすれば、問題点を把握できる。英語では、見ているものはしばしば聞こえるものと異なっている。多くの言葉の綴りは見慣れているけれど――よく考えてみると――奇妙だ。たとえば、night、knife、psalm、diarrhoea、colonel、aisle、biscuit、rhythm、daughter。これまでに述べたように、英語の綴りを形づくるのに影響した鍵となる要素はノルマン征服だ。それに続く時代で、重要な学びの中心（修道院）における筆写人の多くはフランスで修行してきた人たちで、彼らは自分たちが筆写している英語の本文にフランス風の綴り方を取り入れた。いくつかの古英語の文字は捨て去られ――たとえば æ ――新しい文字が導入された。k、q、x、z だ。筆写人の仕事にはたいてい個人的な選択というものが含まれるため、取り入れ方も一貫していなかった。古英語の模範的綴りがフランス風にねじ曲げられたため、不規則性が増した。

さらに、語源がいくつかの異様さの説明となる。ルネサンス以降、借用した言葉の綴りに証拠となる語源を残そうという熱気があふれていた。十六世紀には、フランス語から借用された多くの言葉があたかもラテン語から借用されたかのように扱われた。英語の綴りと語源に関するすぐれた研究の中で、ウォルター・スキートはこう説明している。「古い綴りはだいたいにおいて語源にきわめて厳密だ。ほとんど意識されなかったからだ」。しかし、十六世紀になるとこれは変化する。「学問の復興が……古典語と、それにともなう古典的な綴り方を前面に出してきたからだ」。これには「意識的に語源に基づこうとする、つまり、英語の綴りを出来る限り借用元のラテン語やギリシア語と見かけを正確に一致させようとする試みがかかわっている」。アングロ・サクソンやスカンディナビア由来の言葉は一般的にそのままだったが、フランス語からの借用語は「学者ぶる人たちによってさんざんな目にあってきた(7)」。

チョーサーに「parfit 完璧な」騎士というところがある。この言葉は一三〇〇年以前にフランス語からもたらされた。しかし、シェイクスピアやベン・ジョンソンの時代になると、それ以前のラテン語 perfectus への意識——そしてあからさまにラテン語風な perfection と perfective のような言葉の使用によって——perfect と綴るのが普通になるのは当然の成り行きだった。こんにち使っている victuals［飲食物］はもともとフランス語の vitaille を借用したのだが、綴りは一五〇〇年より後にラテン語に victualia というのがあるのがわかり、それに影響された。これは、なぜ victuals の発音が c や u を発音せず、ヴィトルと発音し、whittles と語尾が同音なのかの説明となる。しかし、ラテン語風の綴りが発音にも影響を与えることもある。名詞の aventure はフランス語から借用され、三百年以上も使われてきた。それが、一五七〇年頃にラテン語の adventura の形にならって d を発音する adventure に変わった。また doubt や salmon のように、ラテン語への語源学的配慮から導入された子音は、変人で学識を大袈裟にみせる人物、たとえば、calf の l や debt の b を発音すると言い張るシェイクスピアの『恋の骨折り損』に登場するホロファーニーズのような人の話の中でしか発音されない。

また違った種類の語源学的説明ができる奇妙な例がいくつかある。イタリア語の colonello はフランス語経由で英語に入ってきた。それをフランス語が二回借用し、一度目は colonel となり、二度目は coronel となった。英語では十七世紀の半ばまで、この二つの形がまぜこぜに使われてきたが、その後、前者の綴りが一般的になった。しかし、r

の発音は残った。そのほうがたやすいのと、この言葉をラテン語の「冠」を意味する corona と結びつけるという暗黙の間違った習慣のせいだった。

正しく提示されるよりもねじ曲げられることのほうが多く見える——ここで「見える」を強調しなければならないのだが——言葉や表現がいくつかある。次のような表現のいくつかに出くわしたことがあるだろう。「soaping wet〔本来は soaking wet びしょびしょに〕」、「chaise lounge〔chaise longue 長いす〕」、「preying mantis〔praying mantis カマキリ〕」、「tarter sauce〔tartar sauce タルタルソース〕」、「baited breath〔bated breath かたずをのんで〕」、「straight-laced〔strait-laced 厳格な〕」、「just desserts〔just deserts 当然の報い〕」、「duck tape〔ducktail 長髪の〕」、「dough-eyed〔dove-eyed 目もとの優しい〕」。これらの置き換えは——独創的で、風変わりだが、混乱のもと——「エッグコーン」と呼ばれている。これは言語学者のジェフリー・プラムが提唱したもので、いつもきまってどんぐり acorns をこう呼んでいた女性を当てこすったものだ。

時折、英語の綴りは五〇パーセント規則的だとされる。こう信じられるようになったのは、一九六〇年代にアメリカの教育局の基金でスタンフォード大学が実施した調査計画にさかのぼる。この計画にはコンピューターを使い、一万九千語の「音素 - 書記素の一致」を分析するということが含まれていた——つまり、これらの言葉の発音についてのデータを詳細に入力されたコンピューターのプログラムがどれだけ正確な綴りを計算できるかをみるものだ。けれども、このよく引用される五〇パーセントというのは、アルゴリズム〔プログラムの解析手順〕が不純物を取り除いて改良されたことにより改善された値だ。しかし、逆に、アルゴリズムに入れられたデータには、あきらかに正確な綴りがもっとよくあらわれるように、音素を操作した部分がある。したがって、五〇パーセントという値は気をつけて扱わねばならない[8]。

他の多くの言語では綴りをもっと予測しやすいというのは確かに本当だ——たとえば、イタリア語、スペイン語、それに、おもにヤーコプ・グリムによって固定化されたドイツ語において。厄介なことに英語では、同じ発音だが綴りは異なり、意味も異なる言葉の例がたくさんある。数例を挙げると、freeze〔凍る〕と frieze〔小壁〕、key〔鍵〕と quay〔埠頭〕、stationery〔文房具〕と stationary〔静止した〕、semen〔精液〕と seamen〔船員〕。これらは駄洒落のおかしさの宝庫だけれど、学習者にとっては混乱のもとだ。たいてい、綴り間違いのある言葉には予測不可能な要素が入っている。たとえば、rhythm〔リズム〕、parliament〔議会〕のような、無音の文字がある。ee の音を含むのだけど、はっきりとわかるパターンがない（litre、protein、people、beneath、achieve）。一般的に教わる規則に従うと子音が二つ重ならないはずのところに二重子音がある場合（dissolve、palette）と、あるべきところにない場合（linen、melody、element）などなど。

話すときの音をまったく正確に書き言葉で再現できると思うのは単純すぎるだろう。話にかかわるのは忠実な筆写というより、一連の視覚的パターンだ。音の形は話し手によって異なる。話は連続している。話をするとき、絶え間なく音が流れ続け、ページの上であらわれるような語と語の間のスペースはない。目で見る記号のシステムは音を正確に再現できない。書くシステムは慣習的だ――話の複製ではなく、発明された方策であり、指導を受ける必要があるものなのだ。さらに、書くことには音を再現するのとは別の機能があり、話をするのと書くことでは脳の働きが異なっている。この二つの活動ははっきりしたやり方で言語の抽象的なシステムを実現している。フィンランド語のように、書記素と音素の関係がほとんど完璧な言語もある。日本語のように、どんな文でも書かれたものには異なったシステムが混在している言葉もある。日本語を学ぶ人は、言葉を構成する音から推測するというよりも、言葉の書かれた形を記憶しなければならない。(9)

実際には、英語綴りの五分の四がパターンに従っていることがすぐわかる――アメリカの心理学者スティーヴン・ピンカーは八四パーセントの数字を挙げているが(10)――そして英語のたった三パーセントがまさに変則的といえるやり方で綴られている。ただちにもっと役に立つのは、話される英語が四十以上のはっきりした音――普通言われるのは四十四音――からなると知ることだが、四十以上の文字で書かれるわけではない。われわれの二十六文字のアルファベット、これはラテン語の二十三文字の増幅版で、間違いなく余分な三文字（c、q、x）を含んでいるのだが、それ以外の文字はひとつ以上の仕事をしている。英語の音は実際、おおまかにいって千百通りの異なった文字の配列であらわされる。英語でもっともよく使われる母音は、われわれがよく知っている母音のどれとも違う。それはシュワ――ヘブライ語から来ている言葉――として知られている、すばやい「uh」の音だ。それが聞こえるのは、bottom、supply、cadet、eloquentだ。

長い間、正しい綴りを書く能力は社会的、専門的技能で、学校や仕事場で信頼を得るための、ささやかながら大した技――そして立派な社会的地位に欠かせないしるし――とよく言われてきた。一七五〇年に自称行儀作法の偉大な権威者チェスターフィールド卿は、息子宛の手紙に[1]、たったひとつの綴りの間違いで一生笑いものになってしまうこともありうると書いている。息子が induce［引き起こす］を enduce、grandeur［壮麗］を grandure と間違って書いているのに気づき、チェスターフィールドは、そのような間違いは家政婦のうちの誰かのせいだろうと決めつけた。これについては彼の誤解だと思うが、いずれにせよ、長い間、その逆の見解もあった——広まってはいなかったにせよ、頑固な思いこみ——つまり、正しい綴りは権威というより学者ぶることのしるしであるというのだ。したがって、綴りについて騒ぐのは愚鈍さに結びつけられた。このもっともうまい文学的な例のひとつが一七二八年に出版された、アレクサンダー・ポープの詩『愚人列伝 *The Dunciad*』だ。ポープはメモに、あの小うるさいシェイクスピア学者ルイス・ティボルド Theobald の気分を害さないために、題は本当は *The Dunceiad* とすべきだったと書いている。ポープは以前、シェイクスピアという綴りの末尾の e を省略することにしたのだが、ティボルドは復活させるべきだと主張していたからだ。ポープの詩の「主人公」は愚人の国の王ティボルド Tibbald だ。ポープは、ティボルドの編集計画を当然の結果が出るまでとことんやり抜けば、彼の名前の綴りはこうなってしかるべきだと暗に示したのだ。

英語の綴りの邪魔物や難問を心配する人たちには、系統だった改革があきらかな解決策のようにみえた。少なくとも一五三〇年代以来あからさまにそう主張されてきた。改革者たちは二つの陣営に分けることができる。十分対処できない音を考慮してアルファベットの数を増やすという人たちと、もっと謙虚に今あるアルファベットを堅持しながら、より厄介な矛盾のいくつかを解決していくという人たちだ。

一五三〇年代の主な改革推進者はケンブリッジのギリシア語学者サー・ジョン・チークだった。チークはケンブリッジの同僚サー・トマス・スミスの応援を受けた。二人はギリシア語の音を研究するのにエラスムスに従った。つまりギリシア語の古典を発音するのに、彼らと同時代のギリシア人の発音に従おうとはしなかったのだ。当時のギリシア語では音素と書記素の一致がほとんどなかったので、両者が正確に一致して、音に混乱がなかった正統な古代の発音と彼らが信じるものを取り戻そうとしたのだった。ギリシア語の音の再建を果たして、彼らは英語に同じことをしようととりかかった。チークは一五五七年に四十三歳で亡くなった。スミスはもう二十年長生きし、彼らの仕事をより進める時間があった。彼は英語の用法の手引きを（ラテン語で）書き、その中で、長さや質を指示するために母音の上にアクセントをつけた三十四文字のアルファベット案に賛成している。

一五五一年から一五七〇年の間に、文法家で急進的綴り字改革を目指したジョン・ハートは英語の綴りと発音に関する本を三冊出版し、より継続的なキャンペーンを行なった。最初の一冊は次のようなきっぱりとした題で飾られている。『英語の理不尽な書き方の暴露』。規則に従わない英語の書き方のせいで外国人や「無教養な田舎者のイギリス人」が難儀をしているのに驚き、彼は現在の綴り方を「謎めいた書き方」と述べている。ハートは新しいアルファベットと発音に即した綴りが必要だとし、それによって、「今、われわれが書いたり印刷したりするときにふんだんに消費している紙、インク、時間の三分の一もしくは少なくとも四分の一を節約することができるだろう」と考えていた[11]。スミスのように彼はアクセント符号を使った。彼はまた ch の代わりに、g がなんだか酔っぱらったようにねじ曲がった記号を使うように提案している。彼は話し言葉の英語におけるイントネーションについて書いた最初の人物であり、他にも独創的な意見を述べている。しかし、彼の本はあまり読まれなかった。

スミスとハートの考えは一五八〇年代に文法家ウィリアム・ブロカーによってさらに拡大された。ブロカーの英語綴りについてのゆがんだ考えは、教師としての経験によって形づくられた。彼は綴りの改革を、英語の異様さに関する三方面からの攻撃の一環として提唱した。他の二方面は、権威ある文法と辞書だった。彼はまた、自分が聞き分けた四十四のはっきりした英語の音をあらわすために、アクセント符号や、のたくった形のいくつかの新しい記号を使った。彼のやり方は理解されることはなく、事を複雑にしただけだった。その特質は『イソップ物語』の彼の翻訳から推測できる。彼は「A frog being desirous to match to an ox 雄牛と張り合おうとした蛙」のいうところの *desirous* を次のように綴っている。通常の *d* と *e* に続いてうたたねしているような *3*、それから鋭いアクセントのある *y*、*r* がきて、そのあと、セディーユのようなのがついた *o* と下に点がついた *o*、そして普通の *s*。数行先に行くと、「though」というのが「thowh」となっており、まったく見慣れた形であらわれるのは、when と the と ox にすぎない[12]。

十六世紀における典型的なパターンは、改革は議題にのぼるものの、大雑把であるか奇妙な改革案しかできなかったことだ。英語の綴りの欠陥を声高に非難するのは簡単だったが、それを解決する計画を概念化するのは難しかった——まして、そのような計画を実行に移すなんてもってのほかだった。もっとも広く認められた案はリチャード・マルキャスターによって考案されたものだ。彼の『初歩の第一段階』（一五八二）はその題からわかるように、教育改革を目指す本格的な書物の導入たることを意図したものだった。新しい綴りのシステムを構築する代わりに、マルキャスターは今あるものを固定化する方を好んだ。これを成し遂げる手段として、辞書は計り知れないほど重要だと彼はみていた。マルキャスターのかなりうまくいった考えのひとつが、短い母音を持つ単音節の言葉は語尾の子音を二つ重ねてはならないというものだ——つまり、当時普通だったbeddあるいはbeddeではなく、bedと書くべきだという。これが前進した証拠としては、一六二三年のシェイクスピアの戯曲のファーストフォリオ[2]（死後出版された）をみるといい。haddeはたった一回しか出てこないのに、hadは一三九八例ある。

マルキャスターは次のようなことに気づき、綴りと手書きとを興味深く関連づけてみせた。たとえば、末尾のlが一つであるべきところによく二つ書かれるのは続けて書く手書きの思わぬ速さのせいだという。「それは確実なペンの速さによる。そのためひとつのlでとどまることができずにlを重ねることになる」(13)。詩人サー・フィリップ・シドニーの筆跡が示しているのは、十六世紀には作家が結論に近づくにつれ、筆跡の勢いが増す傾向にあったことだ。一五六〇年頃から流行していた書体は、小さめで素早く斜めに傾いた字で、それはしばしば判読不能な殴り書きに陥った。この頃、ラテン語や英語の「書記」体のためにイタリック——よりデザイン的で、独特で、たやすい——を使うのが普通だった(14)。十七世紀の終わりになると、ジョン・ドライデンのような作家たちはもっと丸みのある書体を使った。

この頃出版された本を見ると、これらの改革者たちが何に困っていたのかがわかる。同じページの中で、目にするのはcoronationについてだったりcrownacionだったり。またはrogueだったりroageだったり。been, bin, beeneだったり。これは多分、作家というより印刷のために活字を準備した植字工のせいだろう。人名の綴りでさえも一貫していなかった。もっとも有名な例がシェイクスピアで、Shakspere、Shaxper、Shackspeare、Shexpere、その他まだいろいろある。アルファベット順という考えの重要性はわかるだろうが、これが言葉を整理し、順番に並べるために使われる主な法則となったのはようやくルネサンス時代になってからだった。一五八〇年以前にはアルファベットという言葉の記録はない。古英語ではabecedeかstæfrewだった。Alphabetical、alphabetary、alphabeticが最初に『オックスフォード英語辞典』に入れられたのはそれぞれ一五六七年、一五六九年、一六四二年だ。アルファベットを学んだり、研究したりしている人を意味する名詞 alphabetarian は一六一四年に登場する。

十八世紀まで、実際にアルファベットを構成するのはどの文字かについてはやや曖昧だった――たとえば、i と j は別ものとするか、基本的に同じものとして扱うか、など。綴りの本を著した人の多くは q という文字は役に立たないと信じていたし、c や x について同じように思っていた人もいた。若い学生のための綴り方の本、『イギリスのサクラソウ』（一六四四）の中で、リチャード・ホッジズは w という文字は wee と呼ぶべきだとしている。百年以上たってもその呼び方は議論の最中で、チェルシーの教師ジョン・ヨーマンズはそれを oo と呼ぶべきだとする幾人かのひとりだった。

英語を整理しようとするこのような試みにはいくらか奇妙な考えが含まれていたかもしれないが、その背後にある動機は実利的なものだった。教師たちは印刷屋たちの頑固さを嘆き、改革を進めたいという願いは綴りの本の中に明白にあらわれていたし、そもそも綴りの本は数多くあった。これらの薄っぺらい本には学習者をアルファベットの理解から完璧な読書力に導く学習からなっていた。これらの綴りの本の特徴は、一語につきひとつの綴りしか認めないところだ。本当に成功した最初の本は、一五九六年にエドマンド・クートによって出版された『英語の教師』だ。クートはこの本をベリー・セント・エドマンズ〔イングランド東部の町〕の学校の教師に任命されてから書いた。皮肉なことにそれが出版されてまもなく、彼は――理由は定かではないが――この職を辞めざるを得なくなった。しかし、彼の実用的なやり方は広く真似された。ほどなく、綴りの本は「たやすい」「簡潔」「楽しい」「真実」「面白い」という名目で売り出されるのが普通になった。十七世紀にはたいてい長たらしいが人の気をそらさない題がつけられた。その例には一六八六年のトマス・クロスの『経験豊かな指導者、もしくは綴りの規則に正確に従ってはっきりと読むことができるよう貧しい両親とその子どもたちに提供された遺産』や、一六九三年のジョージ・フィッシャーによる『プルーリムム・イン・ミニモ、もしくは新しい綴りの本、本当の英語の読み書きをもっとも簡単に早く楽しく学ぶ方法』といったものがある。十八世紀の後継者たちになるともっと厳格な調子になり、完璧さ、幅広さ、すべてを網羅していることが強調された。

満足のいく進展はあった。十七世紀の本当の成果は、標準化と合理化だった。十八世紀の終わりになると、基準が固まるとともに、不規則な綴りへの批判が普通となった。一七五〇年までには言葉の綴り方にほとんど疑問の余地はなくなり、その結果として、自信がなさそうに見える人をますます軽蔑するようになった。それでもやはり、公の場でやることと私的な場でやることとの間の溝は完全には埋まらなかった。ジョンソン博士でさえも一貫していない。『英語辞典』で彼は正しい形として、chapel、duchess、pamphlet を挙げている。しかし、別のところで chappel、dutchess、pamflet とも書いている。ディケンズは手紙では trousers よりも trowsers と書いている。ジョージ・エリオットは surprize〔surprise〕と書き、ダーウィンは cruize〔cruise〕、ヴィクトリア女王は cozy〔イギリスでは cosy〕と書いた[15]。エドワード・ブルワー＝リットンの小説『カクストンズ』（一八四九）では、ハーマン博士なる気まぐれな人物が登場する。彼は「現存するあらゆる指導法を批判するたくさんの学術書」を書いたとされ、「もっとも騒動を引き起こしたのが、悪名高いでっちあげの綴りの本に関するものだった」。ハーマン博士の考えでは、「呪われた綴りの仕組みにおいて、われわれの明晰な真実を見抜く力を混乱させる、嘘ばっかりで回りくどく、頭を混乱させる妄想——欺瞞の父でさえもそれを上まわるような妄想をでっちあげはしなかった」。また、「これほどまでに途方もない偽り——それは耳で聞いただけで十分わかると思うが——そこから出発した教育の仕組みがはたして繁栄できるのだろうか」と疑っている。「教育における最新の権威」のひとりであるハーマン博士は「学校であまりにも疎かにされている多くのこと」、とくに専門の「有益な知識」とこんにち呼ばれている漠然とした無限のもの」を教えるという。

英語の綴りの仕組みを改善したいという要望は衰えなかった。スコットランドの教師ジェイムズ・エルフィンストンは十八世紀末の四十年間、そのことに専念した。彼の努力の特徴は彼が書いた次の一文から推測することができる。「Scarce creddibel doz it seem, to'dhe anallogists ov oddher diccions, dhat hiddherto', in Inglish exhibiscion, evvery vowel and evvery consonant ar almoast az often falsifiers az immages ov dhe truith. 別の話し方を分析する人にとってはほとんど信じがたいかもしれないが、これまで英語での表現では、すべての母音と子音はほとんどの場合、真実の姿として曲げられてきた」。それよりましな試みは、まだ二十四歳だった一八三七年に表音速記術を初めて出版したアイザック・ピットマンの案だ。結局、ピットマンはよく知られたアルファベットは新しい三十八の文字に取り替えたほうがいいと提案した。彼の孫のジェイムズはラフバラ選挙区から出た労働党議員モント・フォリックとともに、子どもの教育のために最初に習うアルファベットを確立しようとした。フォリックは実際には最初から英語を作り直したいと考えていた。そして、彼の提案には a と the をなくし、複数形もなしにするということが含まれていた。

一九〇一年に H・G・ウェルズは「綴りの自由のために。ひとつの技術の発見」[3]と題するエッセイを発表した。それは次のような観察から始まっている。「正確に綴らなければならないということに人びとがあまり愚痴を言わないのは興味深い」。ウェルズは続ける。「われわれが正しい綴りというものにこれだけ執拗にこだわっているのは不思議だ。それでも、学校の先生たちの卑劣なやり方を思い出せば、これも幾分か理解できる。綴りの神聖さは幼年の頃に叩き込まれるのだ。著者は綴りの勉強に週六時間が費やされ、四時間が他のすべての宗教的な指導に費やされた幼い頃を思い出す」。このようなやり方によって麻痺を引き起こす結果になることを思い起こして、彼はこう自問する。「結局、正しい綴りというのが、絶対的に必要なひとつの文学的美点になるのだろうか。というのは野心的な筆記者にとって違った風に綴ることは、ホックストン［ロンドン東部］のように退屈であることほど致命的ではないからだ」。ホックストンが退屈だという考えにはびっくりするかもしれないが——それはどうでもいいことかもしれないし、あるいは、今では活気あふれるロンドン近郊の描写が間違っているのかもしれない——しかし、ウェルズは大事な点で的を射ている。つまり、「綴りは道徳的な感情と混同されるようになってしまった」(16)と。

簡略化綴り字協会は一九〇八年に設立された。英語の綴りの不規則性によって引き起こされる問題に注意を喚起するとともに、それらの改善策を進めるためだ。それは現在でも存在する。そのウェブサイトでは綴りの現代化を通貨の十進法化になぞらえている——もっともらしい対比だ。アメリカにおける同様の機関である簡略化綴り字連盟は一九〇六年に設立された。それは巨万の富を持つ鉄鋼王で慈善家のアンドリュー・カーネギーのお得意の分野で、彼はそこに年二万五千ドルという巨額の援助をした。セオドア・ルーズヴェルト大統領はこれを真に受け、連邦印刷局にその新しい綴りのうち三百を取り入れるよう命じた。その中には insril、good-by、thorofare があった。しかし、彼はあざけりを招くことになる。『ボルティモア・サン』誌は、大統領は自ら進んで自分の名前を Rusevelt にする気があるのだろうか——あるいは、「真剣に事実を認め、「お節介屋《バティンスキー》」［ルーズヴェルトは一九〇五年に日露戦争の和平会談を仲介し、翌年ノーベル平和賞を受賞した］と綴るのだろうか」——とまで書いた(17)。ルーズヴェルトの情熱は萎え、数年後にはカーネギーの情熱も萎えた。連盟のやり方をあまりよく思わなかったカーネギーは出版者ヘンリー・ホールトにこう述べている。「これまでにないほどの役立たずども の集まりだ」[18]。連盟はマンハッタンのマジソン・アヴェニューからニューヨーク州北部のレイクプラシッド・クラブに移り、やがてそこで忘れ去られることになる。一九二二年にそのクラブで朝食をとっていた会員たちは「sausaj」「cofi」「hunigridl cakes」と書いてあるメニューに目を通したのだろう[19]。しかし、彼らにとって正書法の改革よりもゴルフやテニスのほうがずっと大事だった。

全体的に見てさらに極端だったのが「ショー・アルファベット」だった。これはジョージ・バーナード・ショーが考案した新しい字体からなる四十字の記号システムで、この資金として遺言で豊富な援助が約束されていた。自称「下層階級」出のショーは、一八七〇年代、まだ若い頃綴り字の改革に興味を抱くようになった。そしてまさに一九五〇年に亡くなるまでこの問題を追及し続けた。有名な話がある。彼は英語のどこかで見つかる字と音との関係を念頭に、fish という言葉は ghoti と綴ることができると指摘して、英語綴りの一貫性のなさを強調したという。結局、gh は enough の中では f と発音し、o は women では i と発音し、ti は nation では sh と発音する。実際、ghoti の例を最初に言い出したのは多分ショーではないだろうが、いずれにせよ、その提案がどうして駄目なのかには理由がある——women の i の音はまれで、gh が f と発音されるのは形態素の終わりにあるときだけだ。また ti を sh と発音するには母音があとに続かなければならない。しかしショーは熱心に綴りの矛盾を直すのにかかわっていた。彼は、debt という言葉を綴るのに det と答えた子どもが、ジュリアス・シーザーがラテン語の原語を b を入れて綴ったのだから b を抜かしてはならないと罰せられるのは不当だとして、これを不当性と結びつけたのだった。これまでも斬新な考えには勇敢に手を出してきたH・G・ウェルズはそのような修正の価値は原則として認めたが、ショーの改訂綴りは「イバラのツタのように、意味の小径を這いずり回り、気になってしょうがない」と告白している[20]。

過激な改革は、その大風呂敷の提案とともに、誇張によって特徴づけられる。もっと信頼できる福音者の主張はずっと控えめだ。改良英語の見事なパロディーがある。これはマーク・トウェインの作とされることが多いのだが、M・J・シールズなる人物が書いたもののようだ。

In Year 1 that useless letter 'c' would be dropped to be replased either by 'k' or 's', and likewise 'x' would no longer be part of the alphabet. The only kase in which 'c' would be retained would be the 'ch' formation, which will be dealt with later. Year 2 might reform 'w' spelling, so that 'which' and 'one' would take the same konsonant, wile Year 3 might well abolish 'y' replasing it with 'i' and Iear 4 might fiks the 'g/j' anomali wonse and for all. Jenerally, then , the improvement would kontinue iear bai iear with Iear 5 doing awai with useless double konsonants, and Iears 6-12 or so modifaiing vowlz and the rimeining voist and unvoist konsonants. Bai Iear 15 or sou, it wud fainali be posibl tu meik ius ov thi ridandant letez 'c', 'y' and 'x' —— bai now jast a memori in the maindz ov ould doderez —— tu riplais 'ch', 'sh', and 'th' rispektivli. Fainali, xen, aafte sam 20 iers ov orxogrefkl riform, wi wud hev a lojikl kohirnt speling in ius xrewawt xe Ingliy-spiking werld.

1年目にあの無駄な字「c」をなくしてその代わりに「k」か「s」を使うことにする。また、同じように「x」はもはやアルファベットの一員ではなくなる。「c」が残されるただひとつの例外は「ch」の形であり、それについては後に述べる。2年目には「w」の綴りの改革だろう。その結果、「which」と「one」は同じ子音を持つことになる。3年目は「y」を廃止して、その代わりに「i」を使う。4年目には不規則な「g／j」をきっぱり改める。すると一般的に年々改良が進み続け、5年目には不必要な二重子音がなくなり、6年目から12年目ぐらいになるとウムラウトのついた母音や、残りの発音したり発音しなかったりする子音もなくなる。15年目ぐらいまでなると、余分な「c」「y」「x」の文字——今では時代遅れの人の心に残っているだけ——をそれぞれ「ch」「sh」「th」の代わりとして利用することがようやく可能になる。こうして20年にわたる正書法の改革の末、ついに、われわれは英語世界の隅々に至るまで論理的でわかりやすい綴り法を手に入れることになるだろう。

この提案の最後で、著者の名はM. J. ShieldsからM. J. Yilzになってしまった。

改革後の正書法がこれよりもう少し柔軟であるとしても、綴りの改革に抵抗する経済的な理由がある。たとえば、出版者たちがすべて、多額の費用をかけて、改革された綴りを採用しなければならないとしたら、膨大な書類や本があっという間に廃物になってしまうだろう。また、変更を強要するには難題があった。その言葉がどこから来たかといった歴史的な情報が失われてしまうだろう――世界が嘆くほどの理由ではないだろうが、われわれの伝統の落胆すべき消滅だ。しかしながら、根本的な反対の理由はこうだ。綴り字の改革は、それが普遍的であるときのみ成功する。ある地域、たとえばオックスフォードで適切にみえる改革は、ウィニペグ［カナダ］やウェリントン［ニュージーランド］では奇妙で受け入れがたく思えるだろう。それはその改革が何百、あるいは何千マイルも離れたところで話されている英語ではなく、ほとんどオックスフォードで話されている英語の音声をもとにしているからだ。

英語の綴り字改革を達成するために国際的な投票をすることを考えてみよう。誰の意見を求めるのだろう。そして誰が勝つのだろうか。イギリス人ではない、それは確かだ。英語の綴りは、それが位置する場所によって、様々な発音に適合している。より広範囲にわたる困難を理解するために、自分自身が属す社会の範囲内での発音の違いについて考えてみるだけでよい。新しい綴りのシステムの基本となる発音が自分のと違ったらどう感じるだろうか。多くの地域でメートル法に対する敵意があるのを思い出す読者もいるだろう。新しい綴りのシステム導入に比べたら、その嫌悪感はほんのわずかに思えるだろう。メートル法採用と違って、この変化は一回限りのものではないはずだ。大きな変化なのに、繰り返されねばならないだろう。発音はゆっくりと変わり続け、その新しい発音に適応するために綴りもときどき更新せざるを得ないだろう。いわゆる一般の人に簡略化された綴りはいいものかどうか聞いてみるといい。彼はおそらくいいものだと答えるだろう。それにともなってどういうことが起こるのか説明すれば、おそらく彼は考えを変えるだろう。いずれにせよ、改革への意欲が広く行き渡っているわけではない。改革支持者は騒ぎを大きくすることができるが、ほとんどの人びとは、扇動者たちが問題視するほどに気にかけてはいない。

いずれにせよ、言葉を突然歴史的重みから分離することはできない。十六世紀、英語を話す人がたった数百万だった頃、改革反対の言い分は隙だらけだった。いまや、教育的な議論にもかかわらず、それは難攻不落だ。現在の形の英語の綴りのままで、まったく異なった風に英語を話している人びとと同じ文章を読むことができる。それを失うのは悲劇だろう。

7 よい英語の多くの利点

文法の改革と十八世紀的正しい用法

文法の改革は綴りの改革ほど難しくないようにみえる——というのは、扱う範囲は広大だが、ひとつひとつ実行することで改革を行なうことができるからだ。しかし、文法とは何だろうか。この言葉は頻繁に使われ、権威をもって使われる。けれども、その中身を支持者や弁明者に聞けば、曖昧な答えが返ってくるだろう。

文法 grammar という言葉にはいくつもの意味がある。人は「悪い文法」とか、誰かの文法を「直す」とか、まるで文法そのものが何であるかについてあたかも一致した意見があるかのように話す。しかし、この言葉は伸縮自在だ。『オックスフォード新英英辞典』に載っている定義のひとつは「言葉の正しい使い方に関する実際の、もしくは想定された規範的概念」とあり、多くの議論や疑念を巻き起こすのが文法のこの側面なのだ。「実際の、もしくは想定された」というのが核心をついている。つまり、概念というものがあり、単に概念の概念というのもある。どんなに理論的に魅力的だとしても、文法家がまとめた言葉の分類は穴だらけだ。エドワード・サピアは非常に影響力の大きい二十世紀のアメリカの思想家で、その研究は人類学から言語学にまたがるのだが、彼の「すべての文法には漏れがある」[1]という言葉はそれを簡潔に表現したものだ。

「grammar」と「a grammar」との間には重要な区別をつけねばならない。基本的に、「grammar 文法」というのは言語の一定の形をあらわす規則のシステムであり、「a grammar 文法書」はそのシステム特有の模範を示す本だ。こんにち、文法書には、言葉の使い方と思われることが表示してある。理想的な形としては、言語の完璧な記述書であるはずなのだが、われわれも知るように、文法書は必ずしも記述的ではない。

わたしがつけた区別が重要なのは、文法は本に記録されようとされまいと存在するからだ。人は文法を知っているが意識することはない。実際、たいていわれわれはその作用に気づくことはない。言語を学ぶにはその文法的な規則を習得する必要がある。だが、一度それを習得すると、それについて説明するのにじたばたしてしまうようだ。

「よい英語」と言うとき、それは文法的に確かだという意味だ。しかし、「よい文章」とか「よい話し方」というときは別のことを意味する。ここでは文法的な整合性というよりも達成された効果のことを考えており、これらの成果はだいたい文法的には正しいものの、必ずしもそれが必要とされているわけではない。

文法的に正しく話したり書いたりしても、魅力的な、またとくに効果的なやり方で意思疎通ができるわけではない。逆に言うと、文法的な規則を守らなくても自分の考えを伝えることができるということだ。きっと、こう言えばわかってもらえるだろう。「I would of loved one of them chicken pies what you done cook. 君が作ったチキン・パイが大好き」。次に、多分、今ひとつわかりにくいだろうが、何の意味も通らないことを文法的に正しく書くことができる。ノーム・チョムスキーはこの原則を次の文で示してみせた。「Colourless green ideas sleep furiously 色彩のない緑の考えは猛然と眠る」。文法的には十分だ。形もいいし、同じ言葉を逆に使ってみた文「Furiously sleep ideas green colourless」と違って。しかし、それは何も意味しない。直感的に最初の方があとの文よりいいと思う。そこから、ひとつの文の形がいいかどうかを決めるのはある程度まで意味の理解とはかかわりがないのがわかる。

しかし、これは学校で教わることではない。教師たちは根本的な哲学よりも、上手な文章を形づくることができる手順を重点的に教える。今の二つの文を読んで眉をひそめるかもしれない。というのは、こんにち、イギリスの学校で英文法が教えられているとしても、漫然とでしかないからだ。この文法と呼ばれるぱっとしないものが存在するという考えに曝されるのは、外国語を教わるときだけかもしれない。「属格」とか「大過去」とか「前置詞」という概念に出会うのはここでだ。そして、フランス語には接続法大過去（'O toi que j'eusse embrassee!' ああ、君にキスしていたら！）なるものが存在するという情報が学生の英語への意識に引き継がれることはない。

教師が文法を疎かにするのは最近のことだと不平を言う人がいる。しかし、一九二一年に政府の支援で行なわれたイギリスにおける英語教育報告書には「一般的に文法はたしかにうまく教えられていない」とあり、続けてこう問いかけている。「英文法を誰も正確には知らないというただそれだけのせいで、現在の時点で学校で教えるのは不可能だというのだろうか」。報告書は、現代の報告書では使われそうにもないのんびりとした調子で書かれている。「われわれは幸いなことに」と著者は続けて「われわれの祖先が自由に話すことの足かせとなり、われらが親類である野暮ったいドイツ人が自由に話すのを今でも邪魔している厄介な語形変化の多くから解放されている」。この議論には優勢なパターンがあるのがわかる。「学校で正しい話し方」を教えるのに基本とするのは、「まず、問題が生じたときに間違いを正すこと、次に大いなる模倣の力、そしてようやく三番目……標準的な話し方が従う一般的な規則を教えること」。この優先順位はおなじみだ。もっと驚くのは、中学校で文法を教えることについての既存の報告書に賛成して、著者がそこから引用する決心をしたことだ。その報告書にはこうあった。「いわゆる文法という用語で意味されるような英文法などというものは存在しない(2)」

このような「厄介な語形変化」というのは現代においては価値がある。非常に語形変化の多い言葉、たとえばロシア語とかアラビア語を学ぶ学生を驚かせるのは、その語形変化によって多くの情報が言葉につめこまれることだ。英語はそうではない。けれども、古英語は主に屈折や接辞を多用する総合的な言語、つまり多くの語形変化をもっていた。たとえば、名詞は四格（主格、対格、属格、与格）あり、三つの性変化があり、それらはみなはっきりと区別されていた。このシステムは衰退し、中英語[1]は主に分析的だった。語形変化は、とくに名詞と形容詞において少なくなり、典型的な例では、Xという言葉の文法的な役割を示すのに、Xに情報を束ね込むよりも、別の言葉Yを使うようになった。このように変化してきた理由は本書での関心事ではない。しかし、語形変化がないという英語の性質は、別の手段によって文章を構成しなければならないことを意味する。すなわち語順が決め手となるのだ。ラテン語を学ぶ初心者にとって魅力的なのは、語順をごちゃ混ぜにしてそれでなお完璧に意味を伝えられることだ。言葉に標識が組込まれることで Caesarem occidit Brutus も Brutus Caesarem occidit もブルータスがシーザーを殺したという情報を確実に伝える。これって素晴らしくみえる。英語はといえば、あまり面白くないことだけど、そういう風にはならない。でも、英語には語形変化がないというのは馬鹿げている――今、infection〔語形変化〕にsをつけて複数にしたし、adding〔つけて〕はaddの活用した形なのだから――だが、英語に複雑な語形変化という体系がないのは本当だ。ラテン語やロシア語に比べて語形変化がないことが、英語には文法がないとする共通の認識の説明となっている。しかし、語形変化がないためにまさに文法的な言葉の配置――すなわち統語――が英語では重要になってくるのだ。

文法はかつて今よりずっと精力的に教えられていたが、そのような教えの背後にある哲学は常に不明確だった。英文法の原則は、学校の生徒たちに教えられるように、つぎはぎだらけだ。生徒たちは一般的に文法を、不注意な者を陥れるために張り巡らされた罠として理解している。意思疎通の方法であることは無視されている。むしろ、文法を教えることは伝統的によくある間違いをなくすことに焦点が絞られてきたし、やり方としては、前向きではなく、懲罰的だった。今ではクラスで文法を間違えたからといって生徒が叩かれるのは異常〔違法でもある〕だろうが、読者のうちでも年配のかたならそのために鞭や革紐で叩かれたことを覚えているだろう。けれども、多分、文法教育でもっとも記憶に残っているのは、われわれに科学として教えられているものの中に大きな矛盾が存在することもある、という印象を生み出したことだ。これではやる気を失ってしまう。なぜって、正しく行なうという原則がこれだけ例外だらけだったら、どのようにしたら正しくできるのだろう。このような経験を再度味わうことになりそうだ――たとえば、法律と遭遇するときとかに。

十八世紀は文法家の時代と表現されることがよくある。これまで見てきたように、それ以前にも文法の話はあったし、それ以降も多くある。しかし、一般的にわれわれの文法的な概念の多くが作り上げられたのはこの時代なのだ。この時代は一般的に、規制、鍛錬、論理、命令の時代――アメリカのスターリング・レナードの研究「十八世紀の英語使用法における無謬主義」（一九二九）という題に要約されている――と特徴づけられる。

この頃、英語について不満を言うことが団結のための力になっていた。これより前の二世紀の間、作家たちは英語の状態がやがて良くなるだろうと楽観的に期待していた。しかし、十八世紀になると、評論家たちは英語の黄金時代が過ぎ去ってしまったことを嘆くほうへと転じた。ジョンソン博士は「エリザベス朝時代に名をなした」作家たちを「汚れなき英語の泉」と称した（この言葉はもともとスペンサーがチョーサーを語るのに、正確ではないが、せつせつたる思いで使った）。彼は、エリザベス朝時代の人たちは「本物の言葉遣いの純粋な源泉」と信じていた。本物の言葉遣いは一六六〇年の王政復古まで続いたとされる。この考えにおいてジョンソンはスウィフトに近い。スウィフトは卓越した時代は一五五八年にエリザベス女王の治世が始まったときから一六四二年の大内乱勃発までの間だと感じていた。この時代への郷愁は広く共有されていたが、普遍的なものではなかった。

だが、ずるずると劣化していくという感覚は広がっていた。これはなぜ十八世紀が無謬という考えに取り憑かれるようになった時代なのかを説明するのに役立つ。これ以上の退化を防ごうとして作家たちは、何が良い語法で何がその反対に言語道断の悪い語法なのかについてはっきり宣言し始めた。彼らは、商業用語がこれまでになくはびこっており、言葉遣いがわざとらしく、大袈裟で、上流気取りとなっている背景に対抗するために行なったのだ。

一七二四年に『いかなる国にとってもたくさんの利点となるよい言葉』という本の著者（ソードー・アンド・マン［ヘブリディーズ諸島とマン島から成る中世の教区］の主教トマス・ウィルソンとされる）は英語の状況を調べ、ちゃんとした辞書がないこと、大学に来る学生たちの未熟さゆえの無知、女性たちの「愚かな」言葉の選び方、アルファベットの不十分さを嘆いた。「名のある学校なら必ず教えられているような英文法はない」(3)と彼は書いている。ウィルソンは一七五五年に亡くなった。ジョンソンが有名な『英語辞典』を出版した年である。彼はジョンソンの傑作が出版された後の数十年の間に、過剰なほどの文法があらわれるのを生きて見届けることはなかった。

ウィルソンの本の題名は重要だ。特定するのを避けている――わざとらしい間接的言い回し――が、本当は『イギリスにとってたくさんの利点となるよい英語』とすべきだった。英語をきちんとすることは国への帰属意識を高める方法だと、ますますみなされるようになっていた。平等主義の使命とみなす者もいた。また、イギリス各地域間の亀裂をとりつくろう手段とみなす者もいた。文法による保証は憲法を固める別のひとつの方法とみなされた。しかし、ここではっきりしておこう。イギリス憲法を形づくる書類というものはひとつも存在しない。あるのはむしろ法律群だ。憲法のような性格をもった鍵となる制定法はある――一二一五年に出たマグナカルタから始まり、たとえば二〇〇〇年の情報公開法に至るまで――だが、書かれていない事実上《デ・ファクト》の憲法という要素もある。その原典は散在しており、実際的な目的のために発展してきた。それは無定形であり、多くのところが曖昧で、その結果、かなり論議の的となっている。

　十七世紀と十八世紀に広まった文法のシステムで印象的なのは、そのおびただしい量だ。英語教育の研究者イアン・マイケルのこの問題に関する現代の標準的概説によると、一五八六年から一八〇〇年の間に生まれた二百七十以上の文法を調査した結果、この中には五十六もの異なったシステムがあり、またラテン語の基本型に密着している文法の中にさえ二十の異なったシステムが存在しているのがわかった[4]。これらの文法書の作者たちは先人の本から頻繁に材料を仕入れており、独創性を主張できる人はほとんどいない。しかし、驚くのは、これだけ多くの人がこの分野に有利に貢献できると思ったことだ――つまり金が儲かり、価値あることを言うことができる、と。

『ブリタニカ百科事典』の第九版（一八七五―八九）の「文法」の項で、これまでの英文法家の尽力について、アーチボルド・セースはこう書いている。「英文法の中にラテン語文法の特色を見つけ出そうとする努力は、グロテスクな間違いや英語の用法の全くの誤解につながるだけだ」。この見解は当時からするとまるで正統からはずれていた。一九一四年にＨ・Ｇ・ウェルズはまだ次のように問いかけている。「教師の信条である、この最新の、このお得意の、それでいて陳腐な項目とは少なくとも永久におさらばするときではないだろうか。この問題に注目する人は誰でも気づいているはずだが、語形変化の多いギリシア語やラテン語と、英語のようにほとんど語形変化しない言葉とでは知的なふるまいはまったく異なっている。また英語の文体をよくするためにギリシア語を学ぶのは、フェンシングがうまくなるために泳ぎを習うようなものであり、ギリシア語を知っているとかえって英語で明確、かつ力強い表現がまったくできなくなることが多いようだ[5]」。彼はこれまでにも次のような意見を持っていた。

　現在、われわれの英語の教え方はラテン語の教え方を愚かにも真似ている。かなりの時間をかけて子どもたちに八種類の主格についての分類上のたわごとを教え、また、かなりの時間をかけて彼らが理解しない言葉の「派生」について教えている。アングロ・サクソンやグリムの法則の方はおずおずと一瞥し、構文解析と呼ばれるラテン語の教え方への特別な思い出に浸り、より近代的に発展した文章の分析と呼ばれるものでそれを補い、書き換え練習（ほとんどの場合よい英語は悪くなる）の授業をし、「作文」でおしまいにする。これが嘘だと思うなら現場を見てみるがいい(6)。

ウェルズの「分類上のたわごと」という表現を聞いたら十八世紀のほとんどの教師たちの感情は傷ついただろう。それまでは、英語はいわゆる非国教徒の学校でしか教えられていなかった。しかし、その頃、学校での英語の重要性がますます高まり、言語理論やそれを教えるための事業計画が一大産業となった。スターリング・レナードが指摘するように、「この頃なされた英語学習への要望は、正式な学科という考えと絡まり合っていた」。また、「微妙な類似性を追求すること」と「間違った統語法の解決において抽象的な差異に精通する」ことには「あきらかな教育的価値がある」。その結果は「形の上での優雅さの増加」(7)だ。ここで言う「教育的価値」とは、教育する相手というよりも教育者自身の側の見解だ。教えるという仕事は、練習や試験といった個別の作業になるともっとシンプルだ。

ラテン語教育の確立された方法がこの模範となった。英語はラテン語から発達したものではない。だから、それをラテン語の型に適合させたいとするのは奇妙に思える。ドイツ語のやり方に似ているとするほうが理にかなっている。というのはこの二つの言語は先祖を同じくしているからだ。もっとも先祖から離れるにつれ、両方とももちろん変化しているのだが。しかし、ジョン・ウィルキンズのような多くの十七世紀の文法家たちがまったく新しいシステムを構築するのを望んだのに、十八世紀には、英語にあてはまる一連の文法概念をラテン語から取り入れるということを無批判に受け入れるのが普通だった。この流れを作った本のひとつが、一六四九年出版のジョージ・スネル作『有益な知識を正しく教える』だ。これには「見事で複雑な今の時代は……われわれの英語を……確定するにはもっとも都合がいい」としており、ラテン語を「優雅で確実で完璧な、正しい文法の言葉」として讃え、「本の言葉はいかなる武力をもってしても変えることはできない」としている(8)。後の著名な貢献には、まずエライシャ・コールズの『否応なしに』（一六七五）。これは初歩読本で「否応なしにラテン語をものにすることになる」と約束しており、ラテン語をよい英語の模範として勧めている。次にリチャード・ジョンソンの『文法解説』（一七〇六）。これはほぼ二百年になろうとするリリーの文法の欠点を挙げるのに力を注ぎ、それでいてラテン語を普遍的な言語としてほめそやし、そればかりか日常の話し言葉としてもふさわしいとしている。

　文人で政治家のサー・リチャード・スティールは、一七一一年の『スペクテイター』誌上で、教会の主たる業務である説教の貧しさについて不満を述べている。そしてそれはもともと「読み上げることにほとんど配慮がされておらず、他方、学校に行っている生徒たちは、学校でラテン語を習うと、英語しか知らない生徒よりも上に見られる」と述べている。十八世紀が進むに従って、すでにヨーロッパの学界での共通語ではなくなっていたラテン語は、教室で習う言葉でもなくなってきており、ますます近代社会ではもはや達成不可能に思える知的峻厳さの象徴になっていった。知られているのは文語体のみで、完璧に格調高く、安定しているようにみえた。それは鍛錬、正義、平衡を意味した。英語について書いている保守的な人は、英語をラテン語のように正確で安定した言葉にしたいと望んだ。

　「ローマに入ったらローマ人のようにせよ」――あるいは、むしろ、ローマ帝国の熱情を再び作り上げたいと夢見ているのなら、その言語の精神を高揚させることから始めよ。十八世紀の後半と十九世紀のほとんどにわたって、イギリスは新しいローマであるという考えが文法学者たちを魅惑した。そして彼らのラテン式やり方への情熱は郷愁というより自己正当化だった。ラテン語の物語は実際は警告的なものであるべきだった。当時よりも今の方がそれはあきらかなのだが。かつてここにひとつの言語があり、それはその言語を母語とする人びとによる政治的侵略を通じて広まり、地中海西部のあらゆる国の都市間の通商における共通語となり、文学という媒体を通して、またキリスト教によってさらに普及し、後には一種の深遠な衒学的な記号となり、あわれな生徒たちの頭に叩き込まれ、そしてさらに後には単になんだかよくわからないものとなってしまった。[9] さらに警告的な点は、ラテン語の衰退はその敵よりもその支持者によってもたらされたところだ。

　修辞学者ジョン・スターリングの『簡略英文法概観』（一七三五）に楽しい表が載っている。それは――ラテン語式語形変化のやり方で――wise という形容詞の様々な形を示している。男性形、女性形、中性形、それぞれの単数形と複数形、そのそれぞれの主格、呼格、対格、属格、与格、従格。楽しいと言ったのは、表の三十六箇所に記載されているのが、いずれも同じ wise だからだ。序文でスターリングは、自分のこの小さな本は「とりわけ若いご婦人のお役に立つことは間違いなし」と請け合っている。[10]

　スターリングは、ウェルギリウスやオウィディウスの翻訳もしているのだが、十八世紀のもっとも重要な文法学者のひとりとされているわけではない。しかし、彼は当時の言語に関する洗練された愛好家を代表している。スターリングが書いた wise の格変化が彼の読者にとりわけ役に立つことがあったかどうかは疑問だが、無謬主義という考えに対する新しい聴衆の台頭を念頭に、彼が若いご婦人を挙げたことが重要だ。十八世紀後半のイギリスにおいて、文法教育はひとつの商品だった。当時の広告からこれがあきらかになる。学校、とくに若い女性向けの新しい学校が教師を求めるとき、「ちゃんとした」「文法にかなった」英語教育ができることがまず第一だった。生徒となるはずの子どもたちの、主に中産階級の親たちは、文法を使いこなすことを社会で成功する好機を保証するものとみなした。つまり、ちゃんと教育された子どもたちはより高い社会階級に入ることができるのだ。

英語は紳士化され、商品化されてきた。この世紀の前半には印刷術が台頭し、印刷物への欲求も増大した。新しい商業的な貸本屋のおかげもあって本は自由に回覧され、古本は露店や手押し車で商売をする売り手から安く手に入れることができた。ささやかな収入しかなくても行商本を買うことはできた。そこには、料理の作り方、冗談、衝撃的な事件の記事も載っていただろう。最も注目すべき新しい文学形式が小説だった。ダニエル・デフォーはこの草分けで、歴史や神話や伝説ではなく、自分の創作した登場人物だったらこう行動するだろうという自分の感覚に従って筋書きを創りだした。独創的な創作にはかなりの女性の読者がおり、また小説を書くことは女性が金を稼ぐ手段となった。もちろん、多くの場合、公正な評価を得るために匿名だったりペンネームで出版することが必要と思われはしたが。世紀の半ばには女性がこれらの作品の読者であろうと考えるのはあたりまえになったが、このことは文学の民主化について——賞賛はもちろんのこと、冷笑といった——論評を盛んにした。

同時に、他の印刷物も豊富に出回った。暦や広告、値札、ラベル、入場券、地図に加えて、新聞、雑誌、パンフレットなどだ。読者は言葉の消費者となり——たいていはひとりで黙ってだが——そして社会はインクとペンのマニアに飲み込まれた。こうなると印刷物はそれほど貴重なものではなくなってくるようだ。本は日用品となった。本がますます大衆の目に触れ、よく売れるようになると、作家たちには大衆の好みを先導する好機となった。あらゆる文学のシステムは刷新されたようにみえた。ジョンソン博士が生きていた社会は、こんにちわれわれが心配しているのとは正反対の「文学的危機」を体験している。(11) 社会の上流層以外の人びとの本を読む力が増していくにつれ、既定の文化・政治秩序が混乱するのではないかという大きな不安が生じた。

一七五〇年代から、文法書だけではなく、辞書、綴りの本、言語論が洪水のようにあらわれ、また同時に習字の手引きや手紙の書き方、その他、「ちょっとした文学的行為」に関する手引書もあらわれた。手紙をどう書くかを書いた本には、文法についていくつか基本的な助言も書かれていた。その最良の例がチャールズ・ジョンソンの『手紙を書くための完璧な技法』（一七七〇）だ。それは、求婚、友情、仕事、教育、お世辞などにふさわしい手紙の書き方について指導する前に、「役に立つ」文法に二十ページを使っている。同時にまた、文法書は手紙の書き方についての手本を示している。ラトガース大、英文学史のジャック・リンチはこう説明している。「これらは貴族が貴族のために書いた本ではなく、野心に燃える中産階級の作家が他の中産階級の作家の卵たちをともに躍進させたいと思って書いた本だ」。そして「中産階級の人たちは上の階級の人たちを手本とし、彼らの間にいても素性がばれないよう願っていた」[12]。正確にいって体制転換させようというものではないが、これらの本は現状をしかつめらしく是認するものからは程遠かった。

基本的に、書かれた言葉を共有することが増えていった。十九世紀にはこれがますます拡大した――たとえば、一ペニー郵便制[1]は一八四〇年に導入され、三十年のうちに毎年ほぼ十億通の手紙がイギリス内で行き交うようになった[13]――しかし、この言葉の往来への態度が具体的に表現されたのは十八世紀においてだった。言葉はまだそれほど変動してはいなかったが、言葉についての議論やそれについての意見の形成には熱がこもっていた。チャールズ・ワイズマンの『新しい計画に基づいた完全英文法』を一七六五年に『マンスリー・レヴュー（ロンドン）』誌で論評するにあたり、皮肉っぽい考え方をする批評家ウィリアム・ケンリックはこう問うている。「これまで、いくつもの新しい計画に基づいた完全英文法があったのではないか、あるいは、そういって脅されてきたのではないだろうか」[14]。これらを提案した作家たち誰もが、自分には真に独創的な提案ができると信じていた事実を見落とすのはたやすい。

そのような計画に関する考え方には本来二つの流派があった。一方では、言語は改造、少なくとも規則正しくすることができると信じている人たちで、彼らによれば、理性と論理でこれを達成することができるという。もう一方は、言語というものは形を整えるのが不可能な複雑怪奇な習癖のジャングルと見なす人たちだ。前者のほうが多数派だ。

一七〇〇年頃から始まって、とくに一七五〇年以降、正統的な英語への対し方は規範的だった。ほとんどの場合、その意図は新しい規則を確立することではなく、既存の規則について明確にすること、そしてそれを主張することだった。残念ながら、これらの既存の規則はしばしば誤解されていた。さらに、文法家は同時に幾種類かの英語が存在できる可能性を無視している。言語が使われている異なった状況や、その状況が、人びとの使い方に影響を与える面を考慮しなかった。

言葉が神からの贈り物であると考えるのはよくあることだ。言語をひとつの統一体と考えるのもよくあることだ。また、それが「天才」と呼ばれる何か、独創的な理論家である創造主によって定められた理想を持っていると信じること、そして、それをその使用者の資質を照らし出す鏡とみなすこともよくあることだ。だから英語の驚異と豊かさは英語を話す社会のすばらしさ――その純化、その成し遂げたことの大きさと多さ――の結果だったという。ロックの思想はそれとは異なった見解――すなわち、言葉は振る舞いのひとつの型で、いかなる現実とももともと類似点はない――を伝えるのに利用できた。しかし、十八世紀の素人言語学者たちのほとんどは彼にかかわらなかったようだ。ロックへの関心がかなり複雑な形であらわれた例がひとつの小説にある。それはアイルランド生まれの小説家ローレンス・スターンの『トリストラム・シャンディー』（一七五九―六七）で、作中ではロックの思考様式が想像力豊かに具現化されている。言語全般――そしてとくにわれわれの言語――に関するこんにちの誤った考えの多くが十八世紀にロックの哲学を疎かにしたことに端を発しているのがわかる。

ロックがニュートンとともに十八世紀のイギリス思想に多大な影響を与えたことからすると、このような言い方は奇妙だと思われるかもしれない。さらにこの二人は振り返ってみると、より高尚な思想と学問の言葉としてのラテン語の役割に終止符を打った功があるとみられている。ニュートンは『プリンキピア』（一六八七）をラテン語で書いたが、『光学』（一七〇四）は英語で書いた。しかし、ロックは主に政治思想家として評価され、ニュートンの思想は、著書の簡略版や公開講義によって大衆化された。ほとんどの人にとって、広く流布している声とは当時の文法家の権威ある声だった。これらはたいてい敬虔な性質をもつ引退した紳士たちだった。つまりたいてい聖職者や教師だった。彼らはラテン語の優雅さを崇拝し、ギリシア語の優雅さに至ってはもっと崇拝した。英語の構文はラテン語やギリシア語の模範との比較で評価された。両者と異なるとこれらの模範から不運にも外れたものとみなされた。文法家たちは日常的な用法における実際の問題にはほとんど関心がなく、そのかわりに言葉を文脈から取り出すのを好んだ。彼らはそれを微細にわたって吟味したが、彼らの言葉の概念には限度があった——簡潔でわかりやすい要約というのが彼らの目標だったが、簡潔さと容易さはいつでも結果に反映できたわけではなかった。

これまでにも述べてきたように、文法規則の作成の需要は社会的流動性が増加しつつある結果だった。しかし、規則や手引きを望んでいたのは社会的に上昇志向にある人びとばかりではなかった。中産階級の俗悪さに汚染されるのではないかと思った上流社会の反発が十八世紀の文法制定の強い動機だった。言語的寛容さと上昇志向と不安感といった対のエネルギーとの間に複雑に入り組んだ関係があり、それは今もあり続けている。

けれども、無謬主義を推し進めた本を綿密に調べてみると、それほど教条的ではないのがわかる。「十八世紀の規範主義者」を非難し、彼らがばかげた規則を作ったのを咎めるのが一般的に正しいとみなされるようになっている。実際にこの時代に筋金入りの規範主義者がいたのは確かだが、十八世紀の英語に関する考えが軍隊式に厳格だったというのはあまりにも単純化しすぎだ。本当のところは、十八世紀に言葉について書かれた本の中に見つけることができる不確かさとあいまいさが、もっとも長く残っている彼らの遺産なのだ。

8 「ラウス主教はおバカさん」

規範主義者をいらいらさせる

サミュエル・ジョンソンの一七五五年出版『英語辞典』は十八世紀言語学の偉大な記念碑としての地位を占めている。偉大な記念碑の多くと同じく、それには古ぼけた部分もあり、全体から感銘を受けるものの、個性的な小さな装飾のほうに心を打たれる。ジョンソン以前には権威のある英語辞典は存在しなかった。ただし、この種の作品といえるものが何もなかったというのは間違いだ。実際、これより遡ること百五十年の間に英語の辞書はあった。しかし、最初は難しい言葉を集めて解説しただけで、規模が野心的に拡大されたときでさえも、その内容は寄せ集めのままだった。ジョンソンのは最初の本当によい英語辞典だ。一七四〇年代後半に彼がそれに取りかかり始めた頃には、そのような参考書がないことは国として当惑すべきことだった。フランス人やフィレンツェ人はすばらしい辞典を持っていた。それに匹敵するイギリスの辞典はいったいどこに？「われわれはずっと憲法を守ってきた」とジョンソンは『英語辞典』の序文に書いている。「われわれの言語のためにもう一踏ん張りしようではないか」(1)

ロバート・ドズリー率いるロンドン書籍販売業者組合は、よい英語辞典の出版はかなりの金を稼げる好機かもしれないと気づいた。出版業に携わる前は奉公人をしていたドズリーは、市場の隙間を見つける才能を持っていた。ジョンソンの作品を以前出版したことがあったドズリーは、彼の中にこの特別な仕事にふさわしい作家としての資質があるとみていた。

ジョンソンは当然選ばれるべき人物というわけではなかった。彼は自虐的なところのある、病弱な人間で、その家庭生活の在り方も尋常ではなく、やる気をそぐ憂鬱の発作にみまわれていた。学位も持っておらず、学校を経営しようという試みも、裕福な生徒の親たちを当惑させる痙攣や激しい発作に苦しんでいたがゆえに失敗に終わっている。けれども、ドズリーは彼が困難な仕事をやりたがっていること、畏敬の念を起こさせるほど博識なのを知っていた。ジョンソンの辞典編纂の主たる動機が経済的なものであっても——書籍販売業者たちは彼にあきらかに巨額の一五七五ポンドを支払う用意があった——この事業計画が彼の教育者としての満たされない野望に訴えかけることにほとんど疑いの余地はなかった。

ジョンソンは辞典の趣意書の発表で、自分は本の中で見つかる言葉のみ記録するつもりだと宣言した。その結果、『英語辞典』は当時話されていた俗語の多くを収録していない。原則として、フリート・ストリートを通りかかったとき、あるいはセント・ジャイルズ教区のジンがぷんぷんするスラム街で言葉を耳にしても、それだけでは彼としては十分とは思えなかったのだ。ある言葉や表現を印刷されたものの中に見つけることができなければ、それは辞典には取り入れられなかった。実際には、彼は「勤勉によって見つかるか、偶然巡り会った」言葉を拾い上げた。しかしながら、印刷された書籍を重視するという主義が彼の業績には必須だった。彼が文書による証拠を挙げることを主張し、自分の定義を、言葉がどのように使われているかを示す引用によって立証することを主張したおかげで、彼は先駆者たちよりもずっと豊かな言葉の叙述を達成することができた。

言葉の一覧表から始める代わりに、ジョンソンは本から、つまり遡ること二百年間の文学を広範囲に読むことから始めた。言葉についての証拠を本から得るということで、彼は、言葉の意味というのは人びとが使っているときの意味でしかないとそれとなく認めていることになる。一七四七年に出版した『英語辞典』の「趣意書」では語源は定義を示すための方法となるだろうと述べている。しかし、最終的に仕上がった辞典の中では、彼はそれをほとんど重視していない。前例が彼の手引きだった。ほとんどの場合、言葉が何を意味「すべき」かについて宣言することはなかった。当初、彼はそれぞれの言葉の意味を区別するのに厳密で限られたシステムを提示していたが、最終的にはいくつかのありきたりの言葉のために膨大な数の意味を区別している。「語源」という言葉の引用例から、彼がそのシステム戦術への信頼をまったく失ってしまったことがわかる。たとえば劇史家ジェレミー・コリアーからの引用例、「言葉が、普通に使われることによって、ある特定の意味に制約されるとき、語源にまで遡るのは……ひどくばかばかしい」。

だが、言葉の異なった意味を見つける技能すべてにもかかわらず、また定義を書くあらゆる沈着さにもかかわらず、ジョンソンはある偏見を示し、特定の言葉や言葉の型に烙印を押している。「低俗」、「隠語」、「野蛮」とみなした言葉もあれば、「馬鹿げた」、「不適当」、「余分」、「悪い」、そして「悪意ある」というのさえある。しかし、彼はこうしたことをした最初の辞典編纂者ではなかった。そして、実際に、彼のつけた用法のレッテルの多くは評価というより記述的だ。膨大な言葉のほとんどはまったくこのような烙印を押されたりはしていない。そして、もし彼が本当に言い伝えられているような強硬な規範論者だったら、自分が嫌いな言葉をただ除外したはずだ。それでも、彼の評価の仕方は際だっている。

ジョンソンはフランスから輸入された言葉をうさんくさいと思っていた。序文で彼は険悪な口調でこう述べている。翻訳者の「怠慢と無知」が「黙認されたまま進めば[2]」、「われわれはフランスの方言を意味もわからずにしゃべる」ことになる、と。彼は『英語辞典』から、**bouquet**［花束］、**liqueur**［リキュール］、**vignette**［小さな風景画］といった言葉を除いた。多分、彼が参考にした本にはそれらがなかったのだろうが、**ruse**［計略］（「優雅でも必要でもないフランス語」）とか、**trait**［特色］（「ほとんど英語ではない」）のような言葉の借用への非難から、彼の態度はあきらかだ。彼は**Frenchify**［フランス化］という言葉を「フランスのやり方に汚染させること。バカな伊達男にすること」と定義しており、「フランス化した」懺悔王エドワードの不人気[1]について、ウィリアム・キャムデンが書いた辛辣な文を用例として挙げている[2]。

ジョンソンのフランス語嫌いは珍しいものではなかったが、彼と同時代の人びとの多くはフランス語を崇拝していた。そのような状況についてはヒュー・ブレアの『修辞に関する講義』（一七八三）に十分述べられている。そこには彼がエディンバラの大学で教えていた二十年以上の間、ずっと使用していた資料が収められていた。ブレアはこう述べている。「実際のところ、われわれの言葉がその表現力を発揮するのは、主に、深刻な問題や強い感情に関してなのだ。あらゆる種類の怒りの激情を示すのにわれわれは少なくとも三十の言葉を持っているとされる」。けれども「フランス語は性格の微妙な陰影を表現するのに、われわれの言葉よりはるかに勝っている。とくに互いに社交的な交わりを行なうときに示される、様々な物腰、気質、振る舞いについては」。そして「何であれ、繊細で陽気で楽しいものに関してはフランス語ほど豊富な言葉はない。恐らく、世界中でもっとも会話をするのに満足のいく言葉だろう」。ブレアは次のように締めくくっている。「国民気質というものは、常に言葉にある程度知覚できる影響を与えているものだ[3]」

国民気質についてのジョンソンの見解は『英語辞典』を見ればあきらかだ。たとえば、彼はこう説明している。ブルドッグは「あまりにイギリス特有のものなので、他国に連れて行かれると衰弱してしまうと言われている」。彼の主張のうちのあるものは信じがたい。彼は、「英語にはまったく方言というものがない」と主張している。暗に国がまとまっていると言っているのだが、時空を越えて一七五五年にこの国を旅してみればこれを認めるのに苦労するだろう。(4) 他にも言語的えこひいきを思わせる発言がある。「坑夫の言葉を学ぶために炭坑にもぐることも、航海用語を完璧に操れるよう航海に出ることもできなかった」としており、また商人や店を訪ねることもできなかった。しかし、「働き者の商人たちの言葉遣いはかなりいい加減で変わりやすい」。この部分を多くの近代の批評家は、労働者階級の人びとや貧しい人びとの言葉を高慢にも排除していると解釈してきた。しかし、「働き者の商人たち」には多くの中産階級の人びとも含まれるし、いずれにせよ、ジョンソンは読者の期待になんとか答えようとしてこう述べているのだ。実際問題として、『英語辞典』の強みのひとつは、まさにこのような領域をも網羅していることにある。彼は、そのような人びとの「移ろいやすい隠語は常に増加か衰退の状態にあり」、「言葉についての永続する資料の一部とはみなせない」と述べている。従って、「他の保存するに値しないものとともに消え去る」ままにしなければならない。(5) これもまたジョンソンの、庶民の話し言葉を排除する中産階級気取りの証拠とみなされてきた。しかし、『英語辞典』に収録された隠語を検証すると、彼が考えていたのは労働者階級の言葉ではないのがわかる。むしろ、上昇志向のある流動的な階級の人びとの気の利いた話し方――スウィフトを悩ませたような流行りの偽善的な言葉であることが多い。

多くの点でジョンソンは驚くべき思索家である。辞典編纂の仕事を終えた後、彼はこう回想している。最初、「われわれの話し言葉は豊かであるが秩序がなく、エネルギーに満ちているが規則がない、と思った。どちらを向いても解きほぐさねばならない当惑だらけだった」と。しかし、苦労してこのもつれをほどいているときでさえも、彼は半分それに感嘆している。そして、彼が「果てしなく混沌とした生きている話し言葉」と「あふれんばかりの意味の豊富さ」と書くとき、そこに畏敬の念を読み取ることができよう。彼は「移ろいやすいものを維持し、侵入者を阻止しようと言葉の大通りの守りを固める」権威者たちの努力を虚しいものとみなした。というのは、言葉は気まぐれで、「風」を「音節を鎖でつなぐ」ことができると考えるのは、「lash」――つまり、繋ぎ止めることができると信じるのと同じぐらいばかばかしいことだから。(6) これは詩人の言葉であり、ジョンソンはまさに詩人だった。

ジョンソンの努力は友人や崇拝者たちから英雄的に描か

れた。俳優デイヴィッド・ギャリックは、『英語辞典』がアカデミー・フランセーズの『辞典』よりもはるかに優れているると主張して、こう書いている。「ジョンソンは、ずっと昔の英雄のようにすっかり武装して／四十人のフランス人を打ちのめし、さらにもう四十人も打ちのめすだろう」と。ジョンソンは辞典編纂を「単調な仕事」とみなしていたが、それは血のにじむような努力を必要とする仕事で、その結果、イギリスの言語学的・文化的遺産という力強いイメージを確立することになった。言葉の使い方を示すために彼は十万以上もの引用を収録しており、彼が選んだ作家はイギリスの文学的規範となった。

ジョンソンが『英語辞典』に取り入れた文法手引きには限界があった。秩序だって作られたものではなく、その多くは借り物だった。ジョンソンはジョン・ウォリス、ベン・ジョンソン、ウィリアム・リリーの文法を頼りにしていた。『英語辞典』本文の中で、彼は自分が正しいと思う用法を豊富に示しているが、引用した作家のやり方についてはほとんどふれていない。『英語辞典』の文法への主たる貢献といったら、英語をもっと綿密に吟味するよう他の人を駆り立てたことくらいだ。

『英語辞典』の進展はジョンソン自身の英語に対する態度の変化も反映している。この事業にとりかかったとき、彼は言葉をそのまま保つことができると信じていた。しかし、それを完成する頃までには、英語の変化する力が必要であることに気づいていた。また、辞典編纂にはいかにあるべきかを特定するよりも、むしろいかにあるかを述べる必要があることも認識していた。一七四七年の「趣意書」においてさえも、彼は積極性と受動性のイメージの間を揺れ動いていた。固定し、守ることについて書きながら、観察し、記録することについても書いているのだ。そして自分自身については征服者と収集家の両方を思い描いている。八年後、完成した本の序文では、規範の制定者というよりも一種の清掃人のように聞こえる。「辞書を書く人」は「何かいいことを期待して、というより悪いことが起きるのではないかという恐怖に駆られて……この世の卑しい仕事に汗水たらす人」であり「学者や天才が勝利と栄光に向かって脇目もふらず行く道からゴミを拾い、邪魔物を取り除くよう運命づけられており、彼らの歩みを助けるための卑しい骨折り仕事に対して微笑みすら受けることのない人」として描くことから始めている。仕事を始めたとき、彼は、自分が「入ってくまなく探す」であろう学問の「奥深くの暗がり」や、「あらゆる科学に深く分け入り」、「厳密に論理的な定義であらゆる考えを特定する」ことができると夢想していたという――「しかし、これらはやがては辞典編纂者として目覚める運命にある詩人の夢だった[7]」。彼が立てたもともとの計画の壮大さは幾分残ったが、現実がそこに侵入した。ジョンソンが『英語辞典』の作成について書いたことすべてからこれは感じ取ることができる。彼の知的良心の中での争いは規範主義者と記述主義者とのせめぎあいを反映しており、それは二十世紀になると周知の大問題となってくる。

　ジョンソンは英語をめぐる論争の歴史において重要な人物だ。それは彼が『英語辞典』を作ったからだけではなく、文化的大御所としての彼の存在そのものが、幾世代にもわたる作家たちにとって語法に関する判断基準になっていたからだ。次の世紀の間、ジョンソンの遺産に対して、これみよがしで軽蔑的に戦いを挑むというのが英語を論じる作品の目玉だった。その著者たちは、彼の業績を論じたいという欲望、あるいはこれらの業績は一掃されるべきだという狂信的な思いこみによって駆り立てられたようだ。

　こんにち規範主義の伝統について耳にするとき、ジョンソンはしばしば誤ってその創始者とみなされている。もう一人の創始者とよく言われるのがロバート・ラウスで、彼は一七六二年に『英文法入門』と題する本を出版した。よく売れたにもかかわらず、近年この本は繰り返し酷評されている。現在における評価は不当なほど低い。ネットでラウスに関する情報を探せばたちまち「ラウス主教はおバカさん」（彼は一七七七年から一七八七年までロンドン主教だった）というサイトに出くわすだろうし、こういった傾向のものはほかにもたくさんある。

　しかしながら、ラウスは偏屈な間抜けというより、大変な博識の人で、オックスフォードの詩学教授であり、後には王立協会の正会員となったヘブライ語の学者だった。聖書にあるヘブライ語の詩に関する彼の講義は、聖書解釈の異なった伝統にも鋭敏に注目しており、彼の聖書研究はその精緻さゆえに賞賛された。だが『英文法入門』を書いたのは、当面、必要だったからだ。つまり年若い息子トマスの教育だ。彼はこの本を、英語を広くゆるやかに概観したものにするつもりだった。彼が一七六二年にこれを出版したのは友人のロバート・ドズリーの勧めに従っただけだった。ドズリーは、これまでに見てきたように、ジョンソンを『英語辞典』に取りかからせた人間だ。その時でさえ、彼は自分の名を辞典には入れなかった。ドズリーが両方の友人だったことからすると、ラウスとジョンソンとの出会いを想像したくなるが、二人が出会った証拠は何もない。それでも、ドズリーが両方の作品を市場に出すのに関わっていたのは驚くべきことだ。『英語辞典』におけるジョンソンの文法記述の限界に気づいたことが、彼がラウスに出版を勧めた背後にあるのだろう。当時流行の雑誌にも精通しており、そこで批評家たちがよく作家の文法を批判していたことも、この問題について、判断力のある概説を求める読者がいるはずだと彼に思わせたに違いない(8)。

『英文法入門』の初版は一種の試運転のようなもので、この種の本に対する大衆の興味を見積もるために使われた。ラウスがその調査結果を求め、そのいくらかを取り入れたのが二版だ。三版もまたこの経過をたどった。小型版と大型版の両方で出され、次の二十年の間、ラウスが繰り返し少しずつ手を入れたこの『英文法入門』は、イギリスだけではなくアメリカ、ドイツでも人気があり、その出版から百年たった今でもハーヴァード大学のようなアメリカの名門大学で積極的に使われている。

ラウスの『英文法入門』の核をなしているのは、今の世界における言語問題への解決策は古代にあるという概念だとよく言われる。この見解に従えば、ラウスの文法論は彼のラテン語の知識に基づいていることになる――実際、彼の文法の真髄はラテン語だとされる。ラウスは英語を分類し、安定化させる――その混乱状態に一貫性を与える――手段としてのラテン語の有用性を強調する伝統の最高峰とみなされている。

しかし真実はそれほど単純なものではない。ラウスは「最良の作家たち」と彼が呼ぶ人たちの作品から選り抜いたもので作業をしたようで、これらの一流の作家たちでさえも下手な英語の使い方をした瞬間に着目した。彼は彼らの誤った使い方と思われる例を挙げている。単に永続する一連の規則を刻み出すというよりも、こうして使用中の言葉を示し、それについて論評したのだ。

ラウスの読者は有名な作家の文法的過ちの暴露が好きだった。シェイクスピアはラウスのお気に入りの標的で、二版にシェイクスピアの三十八の新しい断片を付け加えたとき、その二十三をけなしている(9)。だが、ラウスが自分の判断が優れていると考え、ちょっとした間違いを見つけて楽しんでいたらしいときでも、もっとも押しつけがましくなったのは、本文ではなく脚注の中でだった。さらに彼は規範論者というよりも聖書主義者だ。そして彼のラテン語礼賛はヘブライ語礼賛に比べたら大したものではなかった。

論理と礼節という概念がラウスにとってあきらかに重要だった。彼はてきぱきと真剣に規則を定めた。読者に向かって、終止符《フル・ストップ》（.）はコロン（:）の二倍の休止を意味し、コロン、「もしくは脚〔コロンはギリシア語で手足の意味〕」はセミコロン（;）の倍で、セミコロン、「もしくは半脚」はコンマの倍だと述べている(10)。彼はまた worser がドライデンの詩行に出てくるのに気づいて、その使い方を嘆いている。また、thou という代名詞はほとんど時代遅れ——ウィリアム・コベットは半世紀以上もあとでまだその正しい使い方に心を砕いていたのだが——とみなし、「動機とか目標を表現するのに使われる」because という言葉は「ふさわしくないか、時代遅れだ」と考えている。[11] 他にも彼を悩ませていたのは次のようなものだ。副詞の代わりに形容詞を使うという、彼からすれば間違った使い方。たとえば何かが「marvellously graceful 驚くほど上品」と言う代わりに「marvellous graceful」と言うとき。「you was」という言い方（「ひどい間違い」）。彼の言うところの「目的格」には whom ではなくて who を使うこと。lay［横たえる］と lie［横たわる］との混同。[12]

「you was」というのはとくに興味深い。私的書簡集から判断すると、この形は十七世紀末から広がり始め、ラウスが書く二、三十年前に最高潮に達していたようだ。多くの教養ある作家たちは「you was」と単数形の「you were」とを明確に区別せず、一貫していなかった。男たちが女たちより早く「you was」と書き始めたのはあきらかで、女たちがその形を長く維持したのだった。[13]「you was」を非難したのはラウスが初めてではなかったが、彼の公然たる非難——「ひどい間違い」と書きながら、彼が鼻をつまんでいる姿が思い浮かぶ——は、次の世代の文法家たちが再び主張することになるような原則を打ち立てた、将来性をはらんだ瞬間だった。

おそらくもっとも影響が大きかったこととして、ラウスは would と should の区別を普及させている。そして二版では、前者が「何よりも意志の傾向」を示し、後者は「義務」を示すと付け加えてそれを強調している。[14] 彼はまた二版に二重否定は避けるべきという規則を入れている。それは肯定と等しい。それぞれが互いを「打ち消す」から、と。[15] それ時にはこの打ち消し合いは修辞的目的を果たすことができる。「彼は愉快でないわけではない」は「彼は愉快だ」とは微妙に異なる。違いは微妙なんてものではないと言う者もいるだろう。しかし、ラウスの本当の標的は、「I didn't steal nothing」と抗議するときのような言葉だ。この言葉はぎこちない感じがするし、誤解を招く、と文句を言いたくなるだろう。しかし、実際にこれを聞いて、それが肯定、つまり罪を認めたことになると思う人はほとんどいないだろう。デンマークの言語学者オットー・イェスペルセンによれば、英語では、否定は論理的には重要だが、形式上は重要ではない。だからその表現は控えめだ。does に -n't を付けるように。その結果、否定を補強したいという気持ちが強くなるという。[16]

それでも、ラウスの二重否定についての一文はずっと人気があった。彼が書いていた頃、二重否定は文書ではあまりなかったので、ラウスが非難した動機は、それが教育のなさや育ちの悪さのしるしと見なされ、息子（そして他の学習者）が避けねばならない種類のことだったからと思われる。『英文法入門』の初版ではそれについて触れていないので、執筆中に二重否定に出会ったわけではなく、最初の頃の読者のひとりによって注意が向けられたとするのが妥当と思われる。あるいはまた、他の文法書でそれが非難されているのを見たのかもしれない――一番ありそうなのがジェイムズ・グリーンウッドの『英文法実践論』（一七一一）[17]だ。ラウスが二重否定の例として挙げたのは百年以上も昔の本からだったが、彼と同時代のロバート・ベイカーは『英語省察』（一七七〇）の中でこう書いている。「とても生き生きとした演説で、熱のこもった激情で話をしているとき」、二つの否定は「多分、品の悪さから使われたものではないだろう[18]」。

ラウスは二重否定と「you was」では断固たる調子だが、ときにはためらいがちだ。『英文法入門』でまず言っているのは、「文法はわれわれの考えを言葉で正確にあらわすわざである」。それをわざと呼ぶとき、それは獲得した能力であり、美によって支配されることを意味している。それから彼はこう述べている。「いかなる特定の言語でも、文法は……確立された用法とその慣習に従って……共通の原則を……適用する」。「確立された用法」も「慣習」も揺るぎないものではない。少し後で、彼はこう書いている。「言葉は考えをあらわすしるしという共通認識のもとで使われる明瞭な音である[19]」。またもや、彼の模範的用法は抜け道を示唆している。彼は自分が定めた規則のうちのいくつかは根拠が薄弱であることを認めている。would や should について、初版では認めていないが、二版で「どちらも意味が変動する[20]」と認めている。句読点について、「それぞれの休止や音の正確な量や持続時間は定義することができない」と認めている。そして、「多くが作家の判断と好みに委ねられねばならない[21]」。さらに、彼はアポストロフィの使い方についてははっきりしていないし、所有代名詞の hers、ours、yours、theirs を s の前にアポストロフィをつけて綴っている。his は本当は hee's だ、と彼は説明している[22]。アポストロフィの使い方は十八世紀の間、とても変わりやすく、ラウスは問題を解決していない。彼は it の所有格は its であると述べているが、it's ではなく its と書く必要があるとは強調していない。

十八世紀には its にするか it's にするかが決まっていなかったとは今では驚きだろう。両者を混同するのは、ずさんで大人げない間違いとあまねく見なされているのだから。

だが、所有格の its は十六世紀に新たにできたもので、十九世紀の初めにおいても多くの教養ある人たちが所有をあらわすのに it's と書いていた。『オックスフォード英語辞典』は学識あるアイルランドの聖職者トマス・シェリダン――もっと有名な役者で雄弁家のトマス・シェリダンの父親――が一七二八年に所有格の it's を使っているのを記録しているし、小説家で教養のある作家マリア・エッジワースも一八〇二年に使ったとしている。『アリスタルコス、もしくは作文の原則』（一七八八）という題の本の中で、フィリップ・ウィザーズは、「英語は、it's Share of Improvement［進歩の分け前］を受け取るだろうと思う[23]」と書いている。十六世紀まで、書かれた英語では his が it の所有格だった。そして、このような his の使い方は十七世紀まで続いた。しかし、十六世紀に作家たちは男性形ではないものに his を使うのは避け始め、それをあらわすのにまわりくどく「of it」とか古英語の「thereof」を使ったりした。欽定訳聖書には its はたった一回しか出てこない。レビ記の「That which groweth of its own accord of thy harvest thou shalt not reap. 収穫物の中に自然に生えてきたものは刈ってはならない」で始まる詩文だ。its はシェイクスピアが生前に出した作品ではどこにもないが、一六二三年のファーストフォリオには所有格の it's が九回、its が一回あらわれている。

ラウスは話すことと書くときに使わねばならない表現形式とを区別した。彼は、正式な書き言葉では、文章を前置詞で終えることは許されないが、「くだけた」言い方で使うのは容認している。強調するために、彼は「This is an Idiom which our language is strongly inclined to. これは、われわれの言葉によくありがちな熟語なのだ」とさえ書いている。それからセミコロンを使って文章を続けているが、その言い方は彼の側のちょっとした冗談のように見える。というのは、その直前に彼は「Horace is an author, whom I am much delighted with. ホラティウスはわたしがとても楽しんでいる作家だ」という書き方は美しくないと述べているからだ[24]。ラウスにはユーモアのセンスがあった証拠は他にもある。彼は話す力は創造主によって「授けられた」ものとしている――「しかし、ああ！　なんとしばしばわれわれはそれを最低の目的のためにゆがめることか」と述べている。そのすぐ後で、彼は「ああ！　という感嘆詞は話し手の懸念や後悔を表現する。入れ方が適切だとしても、削除しても文章の構造を損ねはしないだろう[25]」と書いている。わが身をかえりみたりして憎めないところがある。

とても印象的なのは、ラウスが手紙では何度も何度も自分の規則を破っているし、その振る舞いも矛盾だらけなところだ。彼は「you was」と書き、文章を前置詞で終え、'twill［it will の省略形］というような短縮形を使い、予期せぬことに語尾の子音を二重にし（「admitt」とか「successfull」など）、過去を示すのに「to have」ではなく「to be」を使って、「a letter is just come 手紙がちょうど来た」としている。[26]この点で彼の振る舞いはごく普通なのだ。つまり、格式張らない通信文と正式な文書とにはそれぞれ別の規範があるのだ。それでもラウスの矛盾は彼の遺産の重要な部分だ。規範主義（そして彼の本当の専門である聖書主義）における彼の後継者たちは自分たちの判断を科学という名で伝えるが、そのメッセージは科学的ではない。彼らの骨折りは調査と哲学の厳密さから生じたのではない。人生を浸食してくる混沌と無数の不確かさという感覚の中から生じている。

ラウスは用法にこだわるが言葉の構造にはこだわっていない。彼は英語に関する本の慣習を維持し、言葉に関しては簡単なことしか言わず、脚注（ほとんど誰も読まない）の中でより複雑で理論的なことを述べている。十八世紀文化の研究家ジョン・バレルが述べているように、十八世紀後半に「文法の論理的領域はほとんど消え、それらは異なった種類の本の主題と見なされるようになる」。ラウスは個々の言語についての事実というよりはあまりにも心理的な直感に頼っているような普遍文法探求に関しては懐疑的で、その方面に興味を持つ人たちには文法学者ジェイムズ・ハリスの『ヘルメス、あるいは言語と普遍文法に関する哲学的考察』（一七五一）を紹介した。これは文法を哲学的観点から調査した難解な作品だ。フランスの文法家たちが文法的な構造と現実の構造との関係に興味を持ったのに対して、イギリスの文法家たちは抽象的なものをうさんくさいと見た。「文法から理論が消えるとともに、それは、いかに従うかを教える、単なる規則の手引き書となる」とバレルは記している。理論は文法書から遠ざけられた。文法書は学習者を相手にしており、手頃な長さである必要があったからだが、それだけではなく、いかに言葉というものに問題が多いか大衆が気づくのを抑えるためでもあった。それは慣習を、議論の対象というより、心地よいものにみせた。[27]ラウスの『英文法入門』は二十世紀に至るまで英文法の一般的な状態をあらわしている。つまり、難解な問題との格闘には乗り気ではなく、動詞の様々な様態を説明するために文学を使うことを強調し、より大きな論理的な手順ではなくむしろ実例や学ぶべき点に愛着を抱き、いろいろな用途のある一群のレッテルを受け継ぎ、これらすべてのどこかが間違っているのではないかと探ることはめったにない。

どうしてラウスはこれほど人気があったのだろうか。ひとつには、恐らくロバート・ドズリーが出版者だったからだろう。ドズリーは当時もっとも力があった出版者の一人で、影響力の大きい『ロンドン・マガジン』誌と『ロンドン・イヴニング・ポスト』誌の主要株主の一人だった。本の商業的な成功は、誰がそれを出版するか、いかに出版されるか、いかに効果的に販売促進されるか、にかかっているところが大きい――それは今でもそうだ。ドズリーは才能がやってくるのを待っているよりも、こちらから探しに行くという新しく先進的な書籍業の大家だったのだろう。

外交の仕事にくちばしを挟んでいたラウスは重宝する友人たちを他にもっていた。彼はまた論客で知られた聖職者ウィリアム・ウォーバートンとヨブ記について公で論争して注目の的となった――彼が勝ったのだ。彼の本が人気を博したことの反響のひとつは聖職者ジョン・アッシュの『文法原論』が一七六三年に再発行決定となったところにみられる。それはもともと一七六〇年に出版されたのだが、今回は新しい副題「ラウス博士の英文法へのやさしい手引き書」がついていた。ジョンソンが『英語辞典』の四版（一七七三）を出したとき、彼は謹んでラウスの作品について二度触れており、野心的な学生に読むべき本の一覧を聞かれたとき、自分のよりラウスの文法書を勧めた。

ラウスが他の作家たちの間違いを披露するのが好きだったことは、規範論者で聖書主義であった彼の後継者たちに感銘を与えてきた。こんにちでも、正しさを言い立てる作家たちは、他人の文体上もしくは構文上の失敗例を示して、読者とともにそのばかばかしさを楽しんでいる。ラウスのやり方がヴィクトリア時代の学者ぶった評論家たちに人気があったのは不思議なことではない。エディンバラ大学政治経済学教授ウィリアム・ホジソンは一八八一年に『英語用法の間違い』という題の本を出した。その冒頭の言葉は「実例は規範に勝るという原則のもとに、スパルタ人は暴飲の愚かさを見せて子どもたちに節酒の知恵を認識させた……同じようにこの本は、不正確さという欠点のある文例を示すことで、英作文における正しさという価値を示そうとしている[28]」。しかし、実例は規範に勝るだろうか。実例が役に立つのは、それが議論の支えによって整理されたときで、単独のときではない。ホジソンの本によって生徒たちは正しい言い方よりも間違いに馴染んでしまう。読者は間違いを避けるよりも、それらを徐々に吸収し、その間違いを再生する恐れがある。

学生たちはたしかにラウスの文法を勉強させられた。彼らは規則を暗記してそれを復唱することを求められた。例文も同じだ。これまで何度か触れたウィリアム・コベットは、チャタム〔イングランド南東部の都市〕の駐屯兵だったとき、それをしてやろうと思った。カナダに配置されるのを待つ間、彼はラウスを写し、本文を暗記し、見張り番の間それを復唱した。この経験がコベットの『英文法』の本質をなしている。これは一八一八年にニューヨークで出版され、翌年ロンドンで出版された。この本は十代の息子ジェイムズ・ポールに宛てた手紙という形をとっており、読者は「学校と……一般的な若い人たち、だが、とりわけ……兵士、水夫、見習い、農夫」とされた。コベットはラウスの名を幾度かあげている。彼の影響を振り払うのに一所懸命だったようにみえる。

ジョンソンとラウスは書かれた英語の文体が著しく格式ばってきた時代の始まりを示している。この堅苦しさの特徴について、H・G・ウェルズはこう書いている。当時、「人の生まれつきの髪は、鼠の尻尾のようだったり、あひるの尾のようだったり、あちこち向いた巻き毛だったり、はげていたり、と千差万別だったのに、きちんとしたかつらをかぶるか、少なくともたしなみよく髪粉を振りかけるようになった。スカートの張り輪は女性の身体上の欠点を補正し、庭師はイチイの木をお上品に刈り込んだ。あらゆる詩は当時ひとつの韻律に合うよう書かれ、少なくとも上品な美術になるだろうと女性会員を入れた美術学校が設立された。辞書ができはじめた。ハノーヴァー朝〔2〕文学を飾る栄誉は偉大な辞典編纂者だ」(29)〔3〕。ウェルズはいたずらっぽく全体像を描いており、彼が挙げた事実もすべて正しいわけではない。しかし、彼の評価は挑発的な魅力を持っている。

たしかに、英語を効果的に使う技術への関心は高まっていた。そして、作家の技についての自意識は、しばしば大袈裟で技巧を凝らし、抽象的な文体を生じさせた。スウィフトが如才なく会話体にしたようなところで、十八世紀後半の真面目な作家たちはもっと威厳あるものにしようと試みたようだ。彼らの文はごてごてしている。スコットランドの著述家ヒュー・ブレアにとって、日常の言葉をたくさん使う作家は自分の議論の品位を下げることになる。つまり、修飾語は威厳を増すのだ。語彙はますます品よく上流階級風になっていった。ジョンソンは、雑誌、とくに『ランブラー』誌に載せた論文で、日々使われることなくまだ色褪せてない「哲学的な言葉」を使った。『オックスフォード英語辞典』によれば、colloquial〔口語体〕という言葉は一七五〇年代には非難するときの用語になっていた。この意味での最初の権威者は『ランブラー』誌のジョンソンだ。雑誌の論文やもっと長い散文の作品で、ジョンソンは建築家のような均整のとれた正確さで議論を構築した。彼の文体から、文法家は書かれた英語において、対句や明確さを好み、くだけてうち解けた文を避けたことがわかる。[30]

けれども、多くの人にとって、どうすれば最良に書けるかということよりもずっと切羽詰まった関心があった。それはとりわけ、よい話し声をもっているという俗物的な価値であり――商人階級の間では――商いをするのにふさわしい物腰で自分を表現することだった。その人の発音はその人の交際範囲を示す証拠だったのだ。息子の方のトマス・シェリダン――彼についてはこの先もっと話題にあがることになる――は、娘たちにジョンソン博士の作品から長い部分を読むように言った。それから彼女たちの間違いを直した。そのようなことに対して敏感であるのは、社会の上層や下層よりも中間層においてずっと重大だった。役者のジョン・フィリップ・ケンブルはジョージ三世に、かぎタバコをひとつまみいただけない（obleedge）かね、と聞かれたとき、「喜んで、陛下。しかし、「oblige」とおっしゃるほうがよろしいかと思います」と答えたそうだ。[31]

この時代、記述主義を語ったひとりはジョゼフ・プリーストリーだ――あるいは、少なくとも記述主義的だったというのが通念だ。神学者、教育者、政治改革者、科学史家、多作のパンフレット作者だった彼は、今日では主に実験化学者として知られている。何よりも彼は酸素を発見し、それを「脱フロギストン空気」と覚えやすい名で呼んだ。プリーストリーは、政治や宗教的な事柄に関して正統ではない意見を持っていたため、一流の大学に務めることはできなかったし、後に教会での地位も危うくすることになる。一七六六年に三十三歳で彼は王立協会会員に選出された。しかし、政治や神学問題に関して論争を煽る作品のせいで、物議をかもす人間とされ、フランス革命を支持したことがきっかけとなって、彼が非国教徒の会衆の議長をしていたバーミンガムで暴動事件が起こってしまった。これに対して彼はフランスからの市民権を受けることにしたのだが、それでもおおやけのイメージはよくなることはなかった。のけものにされ、自分の子どもたちの行く末を案じ、彼は一七九四年にアメリカに移住し、ペンシルヴェニア州ノーサンバーランドに落ち着いた。

言語に関する考えでは、プリーストリーは同時代の人びとのほとんどと異なっていた。彼の考えには矛盾があったが、理論から出発して、それを支える事実を探すよりも、用法を調べるのに専念し、自分の前に現れた事実から結論を導き出した。彼の小さな本、『英文法の初歩』（一七六一）はチェシア州ナントウィッチで学校経営をしていたときに文法を教えた経験の結果だった。プリーストリーは正しい英語の基準を規定する教育機関などありえないと主張した。「公設の高等教育機関については」と彼は序文で述べている。「自由な国の天才にとってふさわしくないというだけではなく、それ自体、言語を改革し固定化しようという有害な意図があると思う。最良の話し言葉の形は、いずれ、それ自身のすばらしさによって確立されるものだとわれわれは確信する必要がある。そして、あらゆる議論においても、あわただしく無思慮な会議《シノッド》の決定を採用するより、ゆっくりだが確かな時の決定を待つほうがよい[32]」

　プリーストリーが見なしたように、慣習が「すべてを支配」していた。言語上の問題に取り組むのに二つの異なった方法があるとしても、普通の使い方という民主主義は結局一方を好ましいと決める。そのうえ、文体のことになると、「無限の多様性」の余地がある。「誰にも独自の振る舞い方というものがある……〔そして〕同じように、誰にもものごとを思いつき、自分の考えを表現する独自のやり方があり、幸運にも自分の才能にふさわしい問題に行き当たったとするなら、そのやり方は適正さと美に欠けることはないだろう[33]」。プリーストリーはまた先駆者や競争相手の努力を当てこすって、「無用な言葉が詰め込まれている」ものもあるとし、彼らの資料は「整然と徹底的に整理」されておらず、彼らの規則は「実際に話したり書いたりする、言葉の現状に答えていない」とした。今流布している用法のおそまつな現実を検証することに関しては、プリーストリーは、「悪い英語」の例を示す付録は「実際に役に立つ」だろうが、このような汚い文章は「印刷されるとあまりにも優雅さに欠ける」と思っていた[34]。

　けれども、プリーストリーが一七六八年に『英文法の初歩』の第二版を出したとき、それは目を引くほど異なっていた。一七六一年には彼の序文は自信に満ちていたが、七年後には悲観的になり、英文法を理解するのは当初思っていたよりもずっと大仕事だと認めている。彼はラウスの成功を意識して落ち着かなかった。ラウスの『英文法入門』は彼の『英文法の初歩』の初版の直後に出版された。ラウスを読んでプリーストリーは自分の考えに疑問を抱くようになった[35]。一七六八年版でプリーストリーは次のように書いている。「ラウス博士に対する感謝を述べなくてはならない……友好的な共同作業の結果……あらゆる知識を合理的に拡大することになろう[36]」。ラウスは多くの版を重ねた『英文法入門』でプリーストリーのことについて何も言ってはいないし、この「友好的な共同作業」は空想だった。

　プリーストリーのことを英語の純粋な記述論信奉者と考えるのは間違いだろう。彼は頻繁にどういう形を「must 使わねばならない」とか「should 使うべき」と述べている——ラウスが好んだ「ought to 使うほうがよい」よりもずっと厳しい表現だ[37]。彼は繰り返し、「proper 正しい」と「propriety 適切な」という言葉を使っている。しかし、プリーストリーの言い方には、ラウスの『英文法入門』にはあまり見られない寛容さがあり、「言語は芸術性をかなり帯びているが、科学性はあまりない[38]」と心からあきらめたような調子で述べている。

ジョンソン、ラウス、プリーストリーの重要性はそれぞれ異なるが、彼らの努力は英語を使うということは何を意味するのかという考えが変化するのに貢献した。その経験は新しい自己認識を伴った。統一された発音によって、共有するイギリスの国民性という感覚を強めることができると思われた。もちろん、統一へ向かって邁進する間中、アクセントの多様性と社会内での意見の不一致が脚光を浴びるという効果も生まれた。その多様性の問題にはこの先戻って論じることになるが、まず、今は舞台を変えるときで、紹介がてら、ジョンソンが言ったとされる二つの言葉をお目にかけたい。「喜んで全人類を愛するが、アメリカ人は別だ」と「彼らは犯罪者の種族ですから、絞首刑以外のことなら何でも、われわれが彼らにやらせてあげることに感謝すべきです」

9 おお、わたしのアメリカ、新しく見つけた土地よ！

トマス・ペインから朝食のシリアルまで

一七五二年、『ジェントルマンズ・マガジン』誌で、ある作家が「白いアメリカ人」と述べ、それから「わたしがアメリカ人と言っているのはアメリカ・インディアンのことではなく、イギリス人の両親を持ちアメリカで生まれた人のことを意味する[1]」と説明した。この説明は衝撃的だった。当時のイギリスの読者にとって、「アメリカ人」の定義は明確ではなかった。この用語はかつて先住のネイティヴ・アメリカンのことだけに使われていたが、イギリス人移民の子孫――『ジェントルマンズ・マガジン』誌で使われたように――に使われることでぼやけてしまった。けれども、一七五六年から六三年までの七年戦争［1］の間、アメリカ生活についてのイギリスの見方は研ぎ澄まされた。アメリカ先住民はイギリスの側に立って植民地開拓者を相手に戦った。そして、「アメリカ人」というレッテルは先住民ではなく、イギリスに反旗を翻して移住した白人に貼られるのが普通となった。この新しい命名は政治的風潮の変化を反映していた。

一七七六年にアメリカの独立を達成した独立戦争は、イギリス政府と同時に英語に対する挑戦だった。この挑戦が起こるまで、イギリス英語という概念はなかった。イギリス英語はただ英語と呼ばれていた。アメリカ独立への動きは言葉の戦争としてだけではなく、言葉についての戦争として始まった。アメリカ側では、サミュエル・アダムズやダニエル・デュレーニーといった、ジョン・ロックの政治的文書を読んで鼓舞された人びとが、地理的には遠く離れた支配者たちの言葉による非難を痛烈に嘆いていた。彼らの奮闘を評して、南カリフォルニア大学のトマス・グスタフソンは、これがどのようにして「キングズ・イングリッシュを拒絶し、新しい話法……もっと普通の感覚に忠実で自然な言葉」へと向かわせたか、そして最終的には、「母国語を倒し……新しい政治科学を達成する」[2]ところまで至ったかを述べた。この議論において鍵となる言葉には、liberty［自由］、equality［平等］、taxation［納税］、tyranny［暴君］、representation［代議権］があり、これらが大衆相手の演説、説教、パンフレットを繰り返し賑わせた。

国家としてのアメリカを設計したひとり、ベンジャミン・フランクリンが印刷工で新聞記者だったことは意義深い。というのは、アメリカ独立戦争で印刷機は他の武器と同じぐらい重要だったからだ。暴力の前に雄弁術あり。書くことは独立への種をまき、イギリスの規則の不公平さについての物語を寄せ集めた。アメリカの独立派は自分たちが闘っている相手と基本的に同じ言葉を使った――これは決して革命時の典型的行動様式ではない――そしてアメリカの人びとの権利についての事前の議論はパンフレットや新聞記事に掲載され、両陣営が読むことができた。

ジェイムズ・オーティス、リチャード・ブランド、ジョン・ディキンソン、トマス・ジェファーソンが書いたものには一七六〇年代と七〇年代において高まる危機感が表現されている。この危機についての議論にはしばしばrights［権利］という言葉が使われたが、この言葉の理解はジョン・ロックの『市民政府論』（一六八九）によって形成された。ロックはすべての人びとは自由と財産の権利を持っていると論じ、また同時に、公共の利益を育まない政府は取り替えることができると示唆している。独立宣言は結局、ロックの原則を奉ることになる。政治的想像力で突然電撃的に生まれたというよりも、それはアメリカの悲しみと切望を示す一連の文書の蓄積だった。それはまた、説得と声明による独立派の雄弁なキャンペーンの極致でもあった。

アメリカの権利をもっとも激しく主唱したのがトマス・ペインだった。ノーフォーク生まれのペインは最初の三十七年間は何をやっても——タバコ屋でさえ——うまくいかず、一七七四年にアメリカに移住した。それが、移住してきてから二年もたたないうちに『コモン・センス』というアメリカ独立を要求するパンフレットを出すと、それは三ヵ月の間に十五万部以上売れた。ペインは情熱的にアメリカの大義のために闘い、『コモン・センス』は大きな影響を与えた。とくにその執拗な文体が、見慣れた政治的議論の言葉とはあまりにも異なっていたからだった。「われわれは世界をもう一度始める力を持っている」と彼は書いた。「新世界が誕生する日はもうすぐだ……ホイッグの名もトーリーの名も消滅させよう。そしてわれわれの間では善き市民、率直で大胆な友、**人類の権利と自由で独立したアメリカ合衆国**の誠実な支持者という名だけで呼び合うようにしよう(3)」

十五年後、『人間の権利』の中で、ペインは事の成り行きを思い起こして「アメリカ憲法と自由の関係は、文法と言葉の関係と同じだ」と述べている。自由を生み出すための憲法の役割は「品詞を定義し、実際にそれらを構文に仕立て上げることだ(4)」と。ペインは言葉を政治的抑圧を達成する手段と見ていた。「Duke［公爵］のような無意味な言葉の信奉」は不和を生じさせる。称号の存在は「人の幸福の領域を狭め」、人は「言葉の牢獄に閉じこめられ、遠くからうらやむべき人の生活を眺める(5)」。ペインは政治的大言壮語の霧を貫通して道を切り開いた。既定の政治的秩序の語彙は途方もなく古ぼけて見えるようになってしまった。

政治的に独立したアメリカ合衆国は言語的な独立も宣言する必要があり、その進展はペインが騒ぎに加わる前から始まっていた。一七七四年に匿名の作家がアメリカ言語協会の創立を提案し、次のように述べている。「英語は一世紀の間にイギリスで大いに発展したが、人間の知識の他のあらゆる分野とともに、それがもっとも高い完成をみるのは光と自由のこの「国」に委ねられているのかもしれない。この広大な国中の人びとは英語を話すだろうから、その言葉を磨き上げる利点は大きく、イギリス人がこれまで享受していたよりもはるかに上回るだろう(6)」。このような文は「アメリカの知識階級の人びとへ」と題した手紙に書かれた。それは多分、後にアメリカ合衆国第二代大統領となったジョン・アダムズによって書かれたようだ。

この作家が誰であれ、彼はようやく百五十年以上を経たアメリカ英語について考えていた。アメリカに航海してきた人びとの多くは、この旅をはっきりした主体性を築く好機とみていた。彼らは当時の発音と語彙を携えてきており、それらは新しい環境で、本国のイギリスで起こった言語変化を免れ、生き延びてきた。その結果は、古めかしさでイギリス人が驚いてしまうような形の英語となった。そのうえ、彼らの英語の使い方は、フランス語、オランダ語、ドイツ語、スペイン語などを話す他の植民者とともに、先住のネイティヴ・アメリカンとの交流によって形づくられてきた。彼らの新しい状況によって新しい経験と行動様式が生まれた。こんにち、イギリス英語とアメリカ英語の語彙を比べると、食べ物、教育、輸送機関、野生の動植物、買い物、基本的な家庭用品のような分野であきらかな違いがある。このようなことは早くから始まっていた。

大西洋をはさんだ両側でひとつの言葉が違った意味を持つことを最初に活字で評したのが一六六三年のジョン・ジョスリンで、アメリカでは名詞 ordinary は食堂だが、イギリスでは宿屋を意味すると書いた。後に、評論家たちは、両者の間の差がだんだん大きくなっていくのを認識し、アメリカ英語の中でも地域差があるのを認めた。一七五〇年代にベンジャミン・フランクリンは、植民地同士で意味が通じないような独特の表現が存在することについて語っている。彼はペンシルヴェニアに移住したボストン市民で、自分自身のどぎまぎした体験から語ったのだった。[7]

一七八一年に「Americanism アメリカ語法」という言葉がジョン・ウィザースプーンによって造られた。彼はスコットランド人で、十三年前にニュージャージー長老派大学の学長としてプリンストンに赴任してきた。そのような語法が存在するという考えは古くからあった。アメリカへの移住者は、新しい生活様式を表現するために、十七世紀初頭の英語に、借用語や新造語を付け加えてきた。H・L・メンケンは、彼の大著『アメリカ英語』の中でこう述べている。「初期のアメリカ移住者たちは、言葉の正確さをおおらかに無視し、それがそれ以来、子孫たちの特徴となっている」。彼はこの例として、彼らが「動詞を名詞に、名詞を動詞に、形容詞をそのどちらか、または両者に」替えていることを挙げている。意味は変化し、イギリスよりもずっと長く続いた言葉もある。そして、アメリカ人たちは「言語的緊急事態に遭遇し……見事な想像力」を発揮した。[8]こういった相違は論評する格好の材料だった。一七五四年、ジョンソン博士の『英語辞典』の出版が大西洋の向こうで迫っていたとき、友人で詩人のリチャード・オーウェン・ケンブリッジはそれにアメリカ植民地独自の用語集一覧の補遺をつけるべきだと提案した。補遺は出なかったが、ジョンソンは currency を「イギリスの植民地において当局がスタンプを押した紙で、貨幣として通用している」と定義した——古くは一七二九年にベンジャミン・フランクリンが使った当時のアメリカ用語を諒承したことになる。語彙における相違を示したいと願う人びとは、一八一六年まで待たねばならなかった。その年、アメリカの言語学者ジョン・ピカリングはアメリカ語法を集めた最初の本を出版した。[2] 彼が集めた例には backwoodsmen〔田舎者〕、to deputize〔代理を務める〕、to graduate〔卒業する〕、package〔小包〕がある。ピカリングはこれらの言葉を賞めているわけではない。その代わりに彼は、イギリスの読者がアメリカの本を読んだときに理解を妨げる言葉の手引きを作って、イギリス英語とアメリカ英語の溝を埋めようとしていた。彼はずばり、アメリカ語法は「正しい英語」の一部ではないと述べている。

旅行者たちはアメリカ独自の言葉だけではなく、アメリカ式話し方をも観察している。一七九六年にトマス・トワイニングは「英語をフランス人の流暢さで話すアメリカ人がいた」(9)[3] と記している。イギリスからの訪問客たちはその地で聞いた奇妙なアクセントや下品きわまる言葉についてしばしば触れている。メンケンは bloody〔どえらい〕や bugger〔畜生〕といったイギリスでは長い間不謹慎とされていた言葉がアメリカではそうではなかったとしており、一七五九年にメリーランドから祖国に宛てたイギリスの聖職者ジョナサン・バウチャーの手紙から次のような引用をしている。訪問客たちは「わいせつな考えやあけっぴろげな表現を無理矢理聞かされ、こういったものから、男女、階層、物腰を問わず、逃れられないときがある」(10)。しかしまた、逆もあてはまる。イギリスを訪れた裕福なアメリカ人たちは労働者階級のロンドンっ子の不快で下品な言葉にビクッとし、上流階級の人びとの歯切れのいい早口に困惑した。

アメリカがばらばらになる可能性に気づき、ベンジャミン・フランクリンは大衆教育を、彼の言葉によると「個々の家族にとっても国家にとっても幸せ」である状態――結束した共同体――を達成する鍵と見なした。彼は一七三〇年代からこれに取り組み始め、会員制有料図書館を展開させ、通信社を改善し、自国民に大学建設を呼びかけ、「互恵主義の一般化」（「将来への投資」という表現に要約される）といった社会変革を提案し、科学を社会に広めた。言語はこのすべてにおいて重要だった。アメリカはバベルではなくエデンになる予定だった。

初期のアメリカ移民たちは教室でイギリスで出版された教科書を使っていた。英国の聖職者トマス・ディルワースの『新・英語の手引き』（一七四〇）は、十八世紀の後半、大西洋の両側でもっとも広く使われた綴り字の教科書だった。最初にそれを印刷したアメリカの印刷屋はフランクリンで、一八〇〇年以前の百以上の版がいまだに残っている。[4] ディルワースの本の調子は注意深く、退屈で、生徒たちは代々、口絵になっている彼の肖像画にいたずら書きをしている――その現象についてはディケンズが『ボズのスケッチ集』の中で触れている。[5] ディルワースは『新・英語の手引き』に、若い生徒たちに書き写させるための文章を載せており、それらは明確に道徳的な内容のものだ。「少年が自分の頭をよい読み書きの勉強に用いるのは賞めるに足ることだ」、「高慢はまさに驚くべき罪だ」、「個人的な長所のみ、人は自分のものと呼ぶことができる」、「富は肥料のようなもの、山積みにされると臭うが、あちこちにまけば土地を豊かにする」などなど。(11)

やがて、ディルワースの本のように輸入した模範では不十分なことがはっきりしてきた。国産の英語教育計画が必要とされた。おそらく、実際に、英語の構造そのものを作り替える必要があったのだろう。一七八〇年に、ジョン・アダムズは議会で「英語を洗練させ、改善し、正確にするために」協会を作らねばならないと述べた。彼が使った三つの動詞のうち二つまでが、ほぼ七十年前にスウィフトが使った言葉だ。アダムズはアメリカ学士院を思い描いていた。連邦議会の委員会はその考えを一蹴した――何語を選べと人びとに命令するなんて政治の仕事ではないはずだろう？――しかし、議論は続いた。決定的だったのは、どこに国家的な規範を求めるべきかで意見が一致しなかったことだ。一方の陣営は、アダムズのように、イギリスからの言語的独立の必要性を強調した人びとからなっていた。アダムズはイギリスの辞書には特別税を課すべきだと提案するほどだった。もう一方の陣営は、ジョン・ピカリングのように、アメリカにおける英語はイギリスの用法の規範からはずれないように守らねばならないとする人びとからなっていた。

新しく独立した国の言葉として英語の地位は確実なものではなかった。独立戦争の頃、英語を第一言語とした人びとは国民の半分にも満たなかった。スペイン語やフランス語が広く使われていた。ペンシルヴェニアでは大多数がドイツ語を話していた。こんにち、ペンシルヴェニアでドイツ語を話しているのはアーミッシュや古いメノー派信徒などの小さな一団だけで、数にするとおそらく八万人ほどだろう。けれども一七五〇年代に、ベンジャミン・フランクリンはその州で英語を話す人びとは数において劣勢だと危機感をもって記している。この国の言葉がどうなるか定かではないので、トマス・ジェファーソンは娘たちに英語以外の言葉にも習熟するよう勧めた。ジェファーソンやアダムズと共に独立宣言に署名したベンジャミン・ラッシュは多言語主義を全面的に支持していた。政治家たちは自由の大切さを強調した。英語至上主義を主張することはまさに独立派が振り払おうとして闘った一種の君主制支持の態度だった。一七九〇年代の初め、アメリカの銀貨には「エ・プルリブス・ユヌム」――「多数からできたひとつ」――という標語が刻んであった。それは政治的統一を示唆しながら、この統一を作った多様な要素も認めている。

　実際には、その多様性はしばしばぞんざいに扱われた。十九世紀におけるアメリカ合衆国の拡大は土地の買収だけではなく戦争によっても達成された。ルイジアナはフランスから買い取り、アラスカはずっと後でロシア帝国から買収、フロリダへの侵略、西方に向かって怒濤の如く移住してオレゴンに達し、テキサスの併合、メキシコから土地を入手、というように、事務的に語るのは簡単だ。その土地が故郷である人びとにとっての衝撃を考えに入れなければだが。さらにネイティヴ・アメリカンの土地の接収や大規模な奴隷の輸入にかかわる苦悩をじっくり考えることなく認識するだけなら簡単だ。驚くべきことに、インディアン局は一八二四年から一八四九年まで、政府の陸軍省に組み込まれており、第七代大統領アンドルー・ジャクソンは一八三〇年に「インディアン強制移住」として知られている政策を始めた。「明白な天命《マニフェスト・デスティニー》」という言葉は、ジャーナリストのジョン・オサリヴァンが一八四五年に『ユナイテッド・ステーツ・マガジン・アンド・デモクラティック・レヴュー』誌で言い出したのだが、拡大主義者の権利意識を忘れがたいほどに示している。その言葉を使った記事ではメキシコのことを「低能」と呼び、テキサスとカリフォルニアの併合は「年々何百万人と増加しつつあるわが国民の自由な発展のために神から授かった大陸の全土に広がる」壮大な計画の達成であると意気揚々と宣言した。勝利は当然だった。「アングロ・サクソンはすでにその境界に足を踏み入れている。すでに、アングロ・サクソン移民という抗しがたい軍隊である先発隊は、鋤《すき》とライフルを手にそこになだれ込み始めている[12]」

　アメリカ北部諸州が拡大しつつある最中でも、英語は公式の地位を認められてはいなかった。むしろ、その地位を強化するのは個人に委ねられていた。もっとも重要な役者がノア・ウェブスターで、国の言葉――アメリカの独立を例証するアメリカ英語――を広めようとする不屈の運動家だった。学究的であると同時に愛国者でもあったウェブスターにとって、アメリカ英語の偶像化は、前世紀の間に、あるいは流行とか軽率さによって英語から失われた優れた精神を取り戻すことを約束するものでもあった。

　ウェブスターは一六二一年から一六五一年までプリマス

植民地を治めていたウィリアム・ブラッドフォードと、一六五〇年代にコネティカットを短期間治めていたジョン・ウェブスターの子孫だった。それでも、彼は自分を賤しい生まれにもかかわらず名をなした敬虔な努力家だとみなしていた。これはあながち誤りではなかった――たとえば彼の父親は、イェール大学入学準備のための家庭教師の支払いに家の農園を抵当に入れる必要があった――しかし、ウェブスターは自分について麗しい神話を作り上げた。筋金入りのイギリス嫌いだった彼は、自分の主要な意図は自国の栄誉を高めることだと主張した。彼が書いたものから判断すると、自分の栄誉を高めるのにも少なくとも同じぐらい熱心だったようだ。一七八四年三月、彼は当時アメリカで一番政治的先見性のある人とみなされていたサミュエル・アダムズに手紙を書き、その冒頭でこう述べている。「この手紙の重要性を考えると、まだお目にかかったことのない方に手紙をしたためるという遠慮のない振る舞いへの十分な弁明になるものと自負しております」[13]

他の言語専門家を凌駕したいとの熱望がウェブスターを駆り立てていた。彼はサミュエル・ジョンソン、リンドリー・マリー、トマス・ディルワースの作品をさらに改良したいと思っていた。とりわけマリーには頭にきていた。ウェブスターのマリーへの軽蔑と、彼はずっと自分の考えを盗んでいるという確信が、偏執狂すれすれともいえる、ますます事細かい骨折りにウェブスターを駆り立てた。彼はマリーを非難する論文や小冊子を出した――そのいくつかは匿名で何度も繰り返された――それと同時に新聞に自分の作品を奨励する広告を出したり、自分の本を学校に寄付したり、代理人を立てて自分のために行動させたり、伝え聞くところによると甲高い声で公開の講義を精力的に行なったりした。[14]

しかし、最初にウェブスターが引きずり下ろしたのはディルワースだった。ウェブスターの『英語文法提要』（一七八三―五）はディルワースの『新・英語の手引き』を手直しした程度にすぎなかったが、彼はディルワースの本を酷評するのに力を注ぎ、「もっとも不完全」で「恐ろしく馬鹿げている」ことでいっぱいだとけなした。彼によると、ディルワースの文法説明は「最低」で、「間違いへの手引き」となっている。「それがあまり害にならないのは、ほとんど使われず、ほとんど理解されないときに限られる」。ディルワースの弊害は、彼の文法が「もっぱらラテン語の原則をもとにしている」ことだという。[15]

後に続く数多くの出版物の中で、ウェブスターは画期的だと自画自賛する自分の実績を強調している。フランス革命の年に出版され、ベンジャミン・フランクリンに献呈された『英語に関する論述』は、一七八五年から八六年にかけて十三ヵ月にわたる講演旅行で行なった講演集だ。真面目で、ときおり面白く、そこからは彼が当時の理論に広く精通しており、攻撃的に議論を進めがちなところがわかる。ウェブスターは自分の民主的な哲学を吹聴し、「国民の一般的なやり方が礼儀作法の規則だ」[16]と述べている。彼は自分に、専制君主のようなやり方で規則をちびちびと分け与えるイギリスの言語学者たちとはおおいに違った、国民の権利を守る英雄的な人物の役を振り当てた。「人びとは正しい」と彼は断言した。そして「普通のやり方は一般的にいって正当と認められる」[17]。それでもウェブスターはアメリカ的用法を従順に記述したのではない。彼はアメリカ英語をいかに体系づけるかについて、ニューイングランド出身という背景に影響されたはっきりした考えを持っていた。

ウェブスターは綴りについて深く懸念していた。彼は『英語文法提要』で基本について詳しく述べており、その最初の部分は一七八七年に『アメリカの綴りの本』というもっと覚えやすい題をつけた改訂版として出された。これはその青い表紙のせいで「青表紙本」として知られるようになった。その後四十年でおおよそ一千万部が印刷された。これに匹敵する部数が売れたのは聖書しかなく、結局売れた総数は一億部になる。ウェブスターは彼の『英語に関する論述』の補遺の中に改革案を示している。彼の提案は、不必要だったり、無音の字——bread の a や friend の i——をなくすこと、発音をはっきりさせるために綴りを修正すること——たとえば、key は kee と、believe は beleev とし、architecture に代わって arkitecture とする。彼は、laugh よりも laf を、tough よりも tuf を、blood よりも blud を好んだ。フランス語から来た言葉は、そのフランス語らしさをなくすべきだ。たとえば、oblique は obleek となるべきで、machine は masheen とすべきだという[18]。後に、彼は他の改変した綴りを提唱している。そこには island ではなく ieland（前者は「本の中にだけみられる馬鹿げた複合語だ」）、bridegroom（「ひどく訛っているか間違いだ」）より望ましい bridegoom ——というのは語源となったサクソン語では「花嫁」と「男」を複合して brydguma となっているのだから。

ウェブスターの他の修正の多くは採用された。彼は英語の言葉が「フランス語のお仕着せを着せられ」、いらない文字で汚されているのを見るのが残念でならなかった。英語を使う人が public の語尾に k を書かなくてもよくなり、tailor［仕立屋］、conqueror［征服者］、donor［寄贈者］、censor［検閲官］のような「動作主をあらわす名詞」の末尾を一貫して -our ではなく -or にし（saviour［救済者］と比較的使われることのない paviour〔舗装工〕は例外）、cyder ではなく cider〔リンゴ酒〕と書き、connexion ではなく connection〔接続〕を好ましいとするようになったのはウェブスターのおかげだ。北アメリカ以外では受け入れられなかったが、彼が導入して、標準となった綴り字には、ax〔斧〕、jewelry〔宝石類〕、theater〔劇場〕がある。またよく知られているアメリカ好みの綴り、color〔色〕、odor〔臭い〕、humor〔ユーモア〕、labor〔労働〕も彼の功績とされる。かなり奇妙な考えにもかかわらず、ウェブスターはもっとも成功した綴り字改革者のひとりと見なさねばならない。

ウェブスターは大人になってからの人生のほとんどを言語の勉強とそれについての説教に費やした。これが頂点に達したのが、一八二八年に出版された、二巻からなる『アメリカ英語辞典』だ。これまで既存の辞書には記録されていない五千語の言葉を収録した初期の『簡明英語辞典』（一八〇六）をもとに作り上げた『アメリカ英語辞典』は彼が改訂した綴り字を固定化した。それはまたジョンソン博士の権威を越えようとした一世一代の試みをあらわしていた。このイギリス人の作品、とくに彼の『英語辞典』は十八世紀の終わりまでアメリカのいたるところでみられたのだが、この『英語辞典』を引いた人のうち、America と American という言葉がないのに気づいた人はほんの少数に違いない。ウェブスターはマリーやディルワースを軽蔑していた一方で、ジョンソン博士は尊敬していた。しかし、彼は英語についてのジョンソン博士の展望を自分のアメリカ的展望に取り替えようと骨折ったのだ。

これを達成するのはあらゆるジョンソン博士の痕跡を消し去ることではなく、彼の努力を修正し、拡大することだった。だからウェブスターは詳細な定義を示したが、そのいくつかはジョンソンからそのまま取ったものであり、アメリカの作家から引いた実例としての引用がほんの少数しかなくても、作家の選択は主にジョンソンに従った。ジョンソンのように、彼は自分の辞典に道徳を吹き込んでいる。彼独自のキリスト教観は強烈で、五年後に聖書の翻訳を出したときも、主に注目すべきは「卑俗さ」を削除しようとの決心だった。彼は「子宮」や「乳首」を削除し、「姦淫」を「みだら」に替え、「乳を飲ませる」を「滋養物を与える」にしている。

『アメリカ英語辞典』はたちまち成功したわけではなかった。二十ドルという価格では、それを欲しいと思っている多くの人の手には届かなかった。すぐに、対抗する出版物があらわれた。ジョゼフ・ウスターの本だ。彼は、ニューハンプシャーの生まれで、ウェブスターの辞典の出版に携わり、その簡略版を出版し、そして一八三〇年に、自分自身の『発音解釈総合英語辞典』を出版した。主に学校の生徒を対象にしており、注目すべきは言葉をどのように発音すべきかについて注意深く指導している点だ。ニューイングランドで普及している発音を好んでいるにすぎないウエブスターと異なり、ウスターは発音における多様性を認識していた。彼は多くの支持者を得た。それは彼が語源にはあまりこだわらず、上手に要約した定義を示し、より穏健で、それほど規範主義ではなかったからだ。一八三〇年の辞典の改訂版は一八四六年と一八六〇年に出た。前者は八万三千語以上を定義しており、それはウェブスターのより一万三千語多かった。一八六〇年の辞典は十万四千語を定義していた。さらにウスターは自分より前の多くの辞書編纂者から受けた恩恵に几帳面に謝意を表していた。他の人たちはそういったことにずっといい加減だった。ずるがしこいロンドンの出版者ヘンリー・ボーンはウスターの辞典を出版するのに題扉に「ノア・ウェブスターのものから編纂された」と書き、背表紙に両方の名を印刷したが、ウェブスターの方を先にしていた。

ノア・ウェブスターが一八四三年に亡くなると、スプリングフィールドにあるジョージ・アンド・チャールズ・メリアム社が、ウェブスターのブランドを存続させようと決め、版権を買い取った。ウスターの成功に刺激され、『アメリカ英語辞典』の最新版を出す気になったのだ。競争は大衆にとっていいことだった。よりよい辞書が生まれてくるからだ。一八六四年にドイツの言語学者カール・マンによって大々的に改訂された版は三千葉の挿絵入りだった。その頃ウスターは八十歳で、この新しい本に打ち勝つ機会はほとんどなかった。翌年彼がなくなったとき、ウェブスター陣営の勝利は動かぬものとなった。一八六四年のウェブスターの辞典は一八二八年に出たものとは非常に異なっている。しかし、それがウェブスターの名を留める一方で、ウスターの名は忘れ去られていった。

『アメリカ英語辞典』がウェブスターのもっとも印象的な業績とみなされているが、彼はもっと初めの頃に自分の使命について鍵となる主張を行なっている。『英語文法提要』で、彼はこう述べた。「この国はいずれその文学の向上によっても頭角をあらわさねばならない。すでに市民組織と教会組織の自由主義によって頭角をあらわしているように」。彼はヨーロッパを「愚かさと腐敗と圧制のうちに年老いてしまった」と非難し、「国体の基盤として、あらゆる国の知恵を選び抜き……言葉の統一性と純粋性を広め――このまだ幼い帝国と人間性に、優れた品位を付け加えるのはアメリカ人の仕事だ」と論じている。(19)『英語に関する論述』の中でウェブスターは「独立した国家として、政府においても、言語においても、われわれ独自のシステムを名誉にかけて持つべきである。大英帝国は――われわれはその子どもであり、その言葉を話しているのだが――もはやわれわれの基準であるべきではない。彼の地の作家の趣味はすでに堕落しているし、彼の地の言葉は衰退しつつある」と述べている。[20] この親子関係のイメージはアメリカ独立を語る重要な修辞の部分だ。子どもは専制的な親の支配を振り払おうと行動しているが、これが達成されると、自称「自由の息子たち」は自分自身に「建国の父たち」の役割を当てはめるのだ。

　ウェブスターは自分の辞典で「Americanism アメリカ英語」を「アメリカの慣用句」と定義している。けれどもその前にその本来の意味とみなしているものについて明らかにしている。「アメリカ市民が自国に対して抱いている愛、もしくはその利益を優先させること」。ウェブスターのもっとも永続する業績は、英語と「アメリカらしさ」とを固く結びつけたことだった。彼はまたこの二つが繋がっているという空想を掻き立てた。エミリー・ディキンソンは、自分の所持している『アメリカ英語辞典』は長い間唯一の連れであり、そこで見つける言葉はエネルギーの源だった[6]という思いと同時に、動詞は自己表現の大きな促進力だとするウェブスターの考え方に感銘を受けたとしている。ハーマン・メルヴィルの『白鯨』ではウェブスターの辞典はやや違った風にとらえられている。それは「箱舟」と表現されているが、語り手は辞書を引く必要があるときは「いつでも、ジョンソンの四折版を使っている。わざわざそのために買い求めたのだ。なぜなら、かの有名な辞典編纂者個人の並々ならぬ巨体からすると、わたしのようなもっぱらクジラのことを書いている人間が使う語彙を編纂するのにそれはまさにふさわしいはずだと思ったからだ」[7]

　ジョンソンとウェブスターが編纂した辞典のそれぞれはっきりした性格は、当時の文法論争を要約した本で論じられている。これは一八五一年にロードアイランド生まれの文法学者ゴールド・ブラウンによって出版された『英文法の文法』だ。その題名はその規模と密度の鍵となっている。びっしり印刷された一〇二八ページは、三十年にわたり文法問題に没頭してきた成果である。ブラウンはシェイクスピアに文法的な誤りがあるのを指摘して辛辣な喜びを味わうような書き手だった。彼はウェブスターを無学と同類だとして非難し、ウェブスターの文法に関する認識はただ軽蔑に値するのみと主張した。彼はまた、今も続いている用法――ジョンソン博士も論じはしたが、実際つかわれているとは述べていない――つまり、二人の人の間で何かを分け合うときは between を使い、三人以上のときは among を使うとした張本人だ。

いわゆるアメリカ英語における学校教師らしい伝統と呼ばれるものを体現しているのがウェブスターで、間違い探しの王様がゴールド・ブラウンだとすると、もっと柔軟で実験的な取り組みを雄弁に擁護したのがウォルト・ホイットマンだ。これは現在分詞——「身体的、知的移動性」を可能にする「踏み切り板」——にあきらかにとりつかれた彼の詩に見事に例証されている。[21] 彼の詩の多くは starting, chanting, singing, facing のような言葉で始まっている。詩人としてホイットマンは雄弁家であり、役者であり、利己主義者であり、平等主義者だ——自分自身に熱くなり、自分のアメリカ人らしさに熱くなっている。それでも彼が自分の考えを生き生きと表現するために使う言葉について腹蔵なく書くとき、彼はわれわれ皆がまさしくよく知っている葛藤をみせている。一方では英語の柔軟性を讃えるのに熱心でありながら、もう一方では英語を改革してもっと正確なものにしたいという願いだ。規則にとらわれない大らかなホイットマンは、英語の自由を満喫しながら、それを制限しようと提唱しているのだ。

一八五六年頃から、ホイットマンは英語や他の言語についてのメモをスクラップブックに集めていた。ここには彼が好きだったり、興味をそそられた言葉（monolith 石柱、centurion 百人隊、vendetta 血の復讐）や、歴史の断片、発音に関する考察、ウェブスターの「融通のきかない頑迷さ」への当てこすりなどが入っていた。[22] あるところで彼はこう書いている。「ジョンソンの英語辞典、一七五五年に初めて出版（これは初めてのよい英語辞典だったのだろうか？）」。彼は後にその答えを出している。「いや、ちがう」。[23] 彼はリンドリー・マリーも批判している。この二人のあきらかに狭い言語観では生命力や自由意志に富んだ想像的文章は生まれることはない、と。

一八五五年から一八六〇年の間にホイットマンはある講義のための覚え書きを集めていた。その講義は実際には行なわなかったのだが。主題は「あきらかな主体性を持つアメリカ英語の成長」だった。一八八五年に出版されたアメリカの俗語についての論文から、いかにして「言葉に活力を与えるか」ということへの興味が続いているのがわかる。彼の考えでは、俗語は「あらゆる詩の背後にある……無法状態の……要素」であり、「味気ない直写主義から逃れようとする人間共通の試み」だという。ホイットマンは文学に、これまでは記録されてこなかった日常の言葉や労働の言葉を採り入れたいと願っていた。というのは「市場の周りで、小ぶりの漁船の中で、波止場の界隈で無数の言葉を耳にするが、それらはいかなる辞書の項目の中にも一度として印字されたことがない」。その結果は、すでにこの文の中で見え始めてきたように、一覧表への愛着だ。ホイットマンの書いたものは、散文と詩との境界を越えた音楽的な資質を示しており、彼は一覧表を、自分にとって本質的にアメリカ的なもの──勤勉と実質的な労働を尊ぶこと──への賛辞とみなしていた。(24) ホイットマンが考えたアメリカ英語は、多くの声と多くの熟語と自国について多くのイメージを取り込んだ言葉だった。

これはホイットマンが一八五〇年代に書いた『アメリカ語の手引き』で十分明確に述べられている。ここで彼はこう主張している。「アメリカ人は世界中でもっとも流暢で音楽的な声を持った国民──もっとも完璧な言葉の使い手──となるであろう」。これを証明するかのように、彼は流暢で音楽的に次のように書いている。「いかにアメリカでは、膨大な数の新しい言葉が必要とされているか。それは新しい政治的事実を具体的に表現するため……インディアナ州、ミシガン州、バーモント州、メイン州などの人びとすべての生活や経験にふさわしい流儀で言われるべきことすべてを述べるため──また、現代の、急速に広まりつつある、男女は決定的に平等であるという信念にこたえるために。……またあらゆる新しい知識の中から生まれてくる、豊かな一連の事実、事実の周縁、議論や、附帯する事実を補うために言葉が必要とされる」。彼はこう約束する。「英語やその発音について語るとき、歓喜の気持ちなしに語ることはないだろう。これは法律を拒む言葉なのだ」(25)

ホイットマンもウェブスターも、それぞれ異なったやり方で、国語の形成に向けて模索していた。アメリカ英語とそれをめぐる議論は、民主主義、実用主義、詩作表現の共通の場となった。ホイットマンはアメリカ英語の豊かさ──その幅、含意、広がり、創造力──を好ましいこととみなしていた。未来を見通すとき、彼は異なった声の合唱が腐敗した政治的な言葉にとって代わると見ている。その声の多くはこれまでないがしろにされていた場所から現れてくる。彼はこう述べている。「黒人《ニガー》英語は何百もの突拍子もない言葉を供給し、その多くは大衆の日常語に取り入れられている」。そして、「黒人《ニガー》英語には、あらゆる英語の言葉を、音楽的な目的やアメリカ原産のグランドオペラのために改良しようという未来へ向けた理論のヒントがある」(26)と。彼が今では不愉快なニガーという言葉を使ったからといって、彼がアメリカ英語を形づくるのにアメリカ黒人の重要な役割をみとめていたという先見性から目をそらせてはならない。

ホイットマンは実際に文化的催しで人気のあった作家で、文化会館で行なわれた演説や修辞の教育が黒人文学の増加を助けた。最初のアフリカ系アメリカ人のための自助協会は、おそらく一七八〇年にロードアイランドのニューポートに設立されたアフリカ連合協会だろう。ニューヨークやフィラデルフィアの同じような協会は巡回図書館やコンサート、科学の講演会を催した。協会の会員は男性のみというのもあったが、フィラデルフィアのギルバート文化協会は多くの協会に先駆けて女性にも入会を許可した。大農園の黒人奴隷の間には、牧師やキリスト教宣教師たちのおかげで、小説家ラルフ・エリソンが後に「浮動性読み書き能力」と呼ぶことになる人たちが存在していた。一八六一年から六五年までの南北戦争の間、軍隊生活が討論術や共同体教育を培った。とくに黒人兵向けの新聞があり、南北戦争が終わった後は工場の黒人労働者の中には教会の朗読奉仕者による新聞や小説の朗読を聞くことが出来る者もいた。世紀の終わりに向けて、『読み応えのある、輝く宝石のような人種についての知識』〔ジェイムズ・T・ヘイリー、一八九七〕といった題を持つ黒人の自助文学が花開き、フレデリック・ダグラスという手本と、彼が一八四〇年代に発刊した奴隷制廃止の新聞によって触発された活気溢れたアフリカ系アメリカ人の新聞も登場した。[8][27]

ホイットマンがアメリカのあらゆる声をひとつのオペラの各パートであるとみなそうとし、ダグラスが奴隷制の廃止は、新しい言葉でというよりも、既成の政治の枠組みの中で強い言葉を使うことで達成できると論じ、アレクシー・ド・トクヴィルが『アメリカのデモクラシー』（一八三八）の中でアメリカ英語が多様性に富んでいるという考えをまるで見くびったその一方で、アメリカ英語の明確な要素は議論において誇張され、後に南北戦争へとつながっていった。これはアメリカの国民性という概念が危機に瀕した紛争であり、南北両陣営は言語的な相違を強調した。双方とも自由のために戦うことになろうと公言したが、これが何を意味するかについては互いに相手の考えを揶揄した。重要なのは、この戦争の呼び方そのものが議論を呼び、現在でもそれが続いていることだ。南北戦争は今でも南部の人にとっては「北部の侵略戦争」、もしくはそれほど挑発的ではない「南部の独立戦争」として知られている。「州間戦争」という呼び名はある程度普及した。戦争にまつわる言い方はどれもがはっきりした視点をあらわしている。南部の人はそれをヴァージニア州の防衛という言い方をし、北部の人は反乱という言い方をしている。さらに、その二つの勢力は多くの異なった名前で知られている――北部はユニオン〔北部同盟〕、ヤンキー〔北軍兵士〕、ナショナル・アーミー〔国民軍〕、フェデラルズ〔北軍〕、南部はレベル〔南軍兵士〕、ディキシー〔南部諸州〕、コンフェデレ[9]

シー〔南部連邦〕、略してビリー・ヤンクとジョニー・レブ[10]——彼らは自分たちが闘った戦争にそれぞれ異なった名前をつけた。

同時に、どんな戦争にもつきものだが、刺激的な軍隊俗語が発達した。兵士たちは「amused the enemy 敵を楽しませた」——すなわち対戦するが死闘にまでもちこまない——また「saw the elephant 象を見た」——言い換えると、戦闘経験を持った。スパイは遠回しに「guide 偵察隊員」、シラミは「crumbs くず」、不慣れな兵士は「veal 子牛肉」。「going down the line 前線から後退する」は実際にはこっそり売春宿にしけこむことで（そこで「diseases of indulgence 道楽病」として知られているものを拾う危険がある）、また「to fire and fall back 発射してのけぞる」というのは嘔吐の俗語だった。南北戦争の俗語の重要な部分は、戦いに向かうのではなく、むしろ避けることに関連している。多くの兵士たちは、肉体的な対決の可能性が強いとき、「played off うまくごまかした」——病気のふりをしたり、戦術的な混乱を演じてみせたり、単に逃げてしまったり。忌避者を言いあらわす言葉はたくさんある。「stragglers 落伍者」、「skulkers こそこそ隠れる人」、「sneaks 密かに抜け出す人」、「coffee-coolers 楽な仕事を欲しがる奴」、「bummers のらくら者」、「whimperers 泣き言を言う人」。戦闘員のほとんどは戦争の経験がなく、楽天的な気分で兵士となり、義務感を持ちながら、上機嫌だった。しかし、たちまち彼らの態度は変わった。南北戦争の言語的遺産には次のようなものがある。carpetbagger〔南北戦争後、金儲けのために南部に渡った者〕、bull-doze〔しゃにむに前進する〕、ante-bellum〔南北戦争前の〕、double-quick〔駆け足〕、reconstruction〔北部による南部改造〕、そしてまた驚くほど遠回しの言い方——南北戦争は「the late unpleasantness 最近の不快な出来事」であり、奴隷制は「peculiar institution 一風変わった制度」というように。

南北戦争にいたるまでの時期には、disunion〔分裂〕という言葉は内乱という悪夢を喚起した。それは威嚇的に——批判的に——振りかざされた。戦後、アメリカは新しい用語で表現された。union という言葉は、disunion という言葉との関連と、北部の表現に大量に使われたこと、また永続する堅固なものというよりも任意の組織を暗に示していたために、損なわれていた。その結果、nation がそれに取って代わった。その転移はエイブラハム・リンカンの演説に明らかだ。一八六一年三月の大統領就任演説で、彼は繰り返しユニオンという言葉を使ったが、ネーションという言葉はまったく使っていない。だが、一八六三年十一月のゲティズバーグの演説では、それが逆になった。[28] 歴史家シェルビー・フットによって有名になった魅力的な話では、南北戦争以前は「The United States are flourishing. アメリカ合衆国は繁栄している」と複数で表現したが、戦争後は「The United States is flourishing.」と単数に変わったという。しかし、現実はそこまでうまくいってはいない。一九〇二年になってようやくアメリカ議会下院の委員会は法改正にあたり、すべての公式の記録でアメリカ合衆国は単数扱いにするとした。しかし、この話は再統一における言語の役割をたくみにあらわしている。語彙とともに文法はイデオロギーの変化をあらわすことができる。

南北戦争以後の主な変化のひとつはアメリカの都市化だった。もちろんこれはただちに起こったわけではなかった。しかし、一九二〇年度の国勢調査ではアメリカ合衆国は公式には都会化された国とされた。市民の大半が町や市に住んでいた。一八八〇年から一九二〇年の間に都市に住むアメリカ人の割合はほぼ倍増したのだ(29)。アメリカは十九世紀の終わりにその発展を祝ったのだが、その政治的前進よりも教育、製造業、国の天然資源の開発の前進が高く賞賛された。シカゴは急速にアメリカ第二の大都市としての姿をあらわしてきており、新しい精神を具現化しているかのようにみえた。シオドア・ドライザーはその小説『シスター・キャリー』(一九〇〇)の中で、シカゴを「希望に満ちた人も希望を失った人も……引き寄せる巨大な磁石」にたとえた。都市の磁力と田舎の磁力とが一八九三年にシカゴを舞台にしたシカゴ・コロンブス記念万国博覧会で生き生きと表現された。アメリカの繁栄をあらわす商品はここで展示された。非常に魅力的な電力を活用した展示に加えて、客はシュレディドフィート［朝食用ドライシリアル］やジューシーフルーツ・ガムやクエーカーオーツ［オートミール］を見せられ、また大観覧車とトマス・エジソンが発明したキネトスコープのおかげで活動写真も見せられた。シカゴ万博は都市が新しい「フロンティア」であることを証明したのだ。その標語の「I will」は国のよいイメージを世界化することに深く関心を抱くことになるアメリカの未来を暗示している。

このよいイメージはまんまと広く行き渡った。多くの人はかつて――そしていまだに――アメリカを次のような国だと思い描いている。機会と発見、情熱と発明、成功を愛し、野望を果てしなく支える国。平等、自由と、もっとも魅惑的な幸福の追求という可能性を与えるために、冷静に慎重に作られた憲法を持っている国。摩天楼、荒野、ジャズ、ロックンロール、チアリーダー、マーチングバンド、ジーンズ、ソフトドリンク、埃っぽい古い野球のミットの国。しかし、それに劣らず悪いイメージもある。猛威をふるう銃文化、大袈裟な物言い、人工的な楽しみ、狂信的愛国的軍国主義、肥満するほどのドーナッツ食い、綿菓子のような感傷、宗教的原理主義、自身の考えに酔いしれ、その良さと価値を全世界に押しつけようとしている国、アメリカ。

アメリカ英語はこのような属性の宝庫として扱われている。イギリス英語を話す人に言わせると決まって鼻にかかって品がないという。アメリカ人に言わせるとイギリス英語は冷たく気力に欠けるという。二つの形の際だった特徴はすぐさまわかるが、表現するのは難しい。違いはいくらかある。綴り字や発音、日常のたとえ、挨拶や人の呼び方、「to get」の過去形や、directly や immediately といった副詞の使い方、特定の感嘆詞やののしり言葉の許容度、お気に入りの間投詞（「bloody hell ちくしょう」、「crikey これはこれは」、「bugger me えっ！」、「not a bit of it それどころか」、「hear, hear そうだそうだ」──どれもイギリス風──とあきらかにアメリカ風の「uh huh いいよ」）など。[30]この本を読んでいる人なら誰もこのことに気づくだろう。

イギリス英語とアメリカ英語はあきらかに一続きのものであるにもかかわらず、意見が言われるのは当然のことながら相違点についてだ。H・G・ウェルズは『人類の成り立ち』（一九〇三）の中で次のように書いている。「表現する英語がないと気づいたとたんに、知らないものを見つけたときの天真爛漫さの中から新しい語句が生まれてくる。この種のことに驚くほどむいているのはとくにアメリカ人だ。彼らが絶えず増やし続けているわけのわからない言葉を、彼らはとても誇りに思っている──それを自慢し、披露してみせ、それを大陸の共和国の頂点で花開いたものと見なしているようだ──まるで旧世界は shoddy［まがいもの］など聞いたことがないかのように」。彼の憎悪が主にアメリカ人に向けられていると誰もが思わないように、ウェルズはこう述べている。「われわれなりの生真面目さで、この島に住む者も、共通の遺産を汚すのに同じぐらい忙しくしているのは本当だ。アメリカに言語学者のチームを送り込むこともできるだろうが、彼らはアメリカ人が選ぶどのような十一人のメンバーにも反対して、言葉を殺し誤解するだろう」[31]

ハンガリーのエトヴェシュ・ロラーンド大学言語学教授ゾルタン・ケヴェチェシュによる最新のアメリカ英語研究は、イギリス英語と目に見えて異なる特定の資質を示している。つまり、それは簡潔、規則的、直接的、民主的、寛容、形式張らない、お堅く、大袈裟で、創意に富み、想像的、「成功と行動志向」なところだ。[32]これらすべてが一度にあらわれることはほとんどないだろうが、ここにとりわけウェブスターの遺産を見ることができる。さらに根本的には、自分で新世界を築き上げる国民の影響を見ることができる。

10　リンドリー・マリーの長い影

衒学趣味……と俗語の「現実的な美しさ」

イギリスで、アメリカにおけるノア・ウェブスターの影響に匹敵するのはリンドリー・マリーの影響である。重要な人物だが、これまではついでに触れたにすぎない。マリーはアメリカ人で、特異な状況のもとでイギリスにやってきた。最初は不運な始まり方をしたが、彼の書いたものは思いもよらないほど重要な地位にまで高まった。マリーの出版物の売上高を綿密に調査したチャールズ・モナハンによると、彼の本は十九世紀の前半で千四百万部あたりを推移していたという。それより売れたのはウェブスターだけだった――それも数パーセントという僅差にすぎない。マリーの『英語読本』という散文と詩の選集は、アメリカ人の作家によるものを何一つ含んでいなかったにもかかわらず、アメリカで一八五〇年までの間に六百万部以上売れている。(1) そうは言ってもアメリカではウェブスターという好敵手がいた。しかし、イギリスではしばらくの間、文法家としての本物の競争相手はいなかった。

リンドリー・マリーのもっとも重要な作品は一七九五年に出版された『英文法』だった。一七九〇年代には、文法書執筆は一大産業の規模にまで達していた。市場はすでにあふれていたが、それでも新しい本がそれぞれ華やかな自己宣伝とともに紹介された。文法に取り組んでいる作家たちは、よくある誤解を直せると主張しがちだった。実際には他人の小さな間違いを指摘するのに滑稽なほど汲々とし、優雅な古典語の過去への郷愁と、冷静な質疑からなる勇敢な新世界へと前進したいという欲望との間で引き裂かれているかのようにみえることが多かった。[2]

当時、言語について書いてイギリスで大人気を博したのはマリーひとりではなかった。ジョン・ウォーカーの『英語の批判的発音辞典』は一七九一年から一九〇四年までの間に百回以上版を重ねた。その五四七箇条の「英語発音の原則」――たとえば、「gigantic〔巨大な〕は第一音節に常に長音のiがある」とか「yes, this, us, thus, gas といった単音節の末尾にある s は鋭いシューという音」――は徹底した独断主義によるもので、それによって大衆の心に「発声法のウォーカー」のイメージが植え付けられた。[3] しかし、このウォーカーの主題はマリーとは異なっていた。だから、この二人は直接の競争相手とはならなかった。言語に関する他の本のほとんどは忘却のかなたに消え去ってしまった。たとえば、トマス・スペンスの『英語の大宝庫』(一七七五)は「労働者階級の人びと」を対象にした非常に独創的な言葉の案内書だったが、たった二部しか現存していない。また、当時の本には現代の目から見るとまったく奇妙にみえるものもあった。代表的な例が『言葉によってものに至る方法、ものによって言葉に至る方法』(一七六六)で、ポルノ小説『ファニー・ヒル』の作者としてのほうが今ではよく知られているジョン・クレランドによるもので、古代のケルト語を再発見しようとするものだ。

リンドリー・マリーの成功はロバート・ラウスと違って社会的な有力者と交友関係があったからではない。マリーはペンシルヴェニアのスワタラで、アイルランド系クエーカー教徒の家系に生まれた。フィラデルフィアの商人のところで見習いとして働いたが、その後、ニューヨークで法律の仕事に就き、ロングアイランドの農場で塩の生産実験も行なっていた。一七八四年、四十歳を目前に、彼はイギリスに移り住んだ。彼は一七六〇年代後半から一七七〇年代の初めまでロンドンで過ごしたことがあったので、そこでの生活には慣れていた。彼の家族はその当時、ロンドンの商人フィリップ・サンソムとの業務提携を進めていた。

けれども、今回、彼は永住する気だった。マリーは後に健康のために移住したと述べている。しかし、彼がアメリカを去った本当の理由はもっとどろどろしたものだったようだ。一七七五年に家業は、ニューヨークへの不法な商品輸入——八十四反ものロシア製ズック、帆布も含む——の罪に問われ、その隠蔽工作がマリー家の評判を悪くした。続く数年間、アメリカ独立戦争の間、ロンドンに取引先があったせいで愛国的脅迫の対象となり、リンドリー・マリーは一家のうさんくさい商取引の身代わりとなった。これは事件の中心人物である父親のロバートから注意をそらすための計算尽くの動きだった。マリー家全体が心情的には転向しがたい英国擁護派で、多くの英国擁護派たちの財産が没収されているときに自分たちの商業利益を享受し続けているという非難を抑えるのにリンドリーのイギリス移住は、役立ったのだろう。気の進まない亡命者のマリーは、クエーカー教徒のコミュニティーのある、ヨーク近くのホールドゲイトに落ち着いた。彼は後の回想録でヨークシアは医者が勧めたところだと主張することになるが、これは疑わしく、新しい住まいで健康になるどころか、次第に重いリューマチを初めとするたくさんの病気を患うようになった。(4) 人生残りの四十二年の間、彼はイギリス紳士の習慣を磨きながら、ほとんど座業生活を送った。

マリーの英語教本作家としての経歴は順調に始まった。『英文法』は妻ハンナが経営していたヨークのトリニティー・レイン・スクールの女子生徒のために書かれたものだった。それは最初の三十七年間で五十版以上を重ねた。一七九九年の第五版から、ヨークだけではなくロンドンでも出版された。簡約版はその前年にすでにロンドンで出ていた。『英文法』に続けてマリーはさらに幾つかの成功を収めている。「無理なくやさしいところから段階を踏むことで学習者を前進させることをねらった」とする小型できれいに印刷された『英語の綴りの本』(一八〇四年)は一八三四年までに四十四版を重ねた。マリーの本は海外でもかなりの読者を得た。『英文法』はロシア語、スペイン語、フランス語、日本語を含めてたくさんの言語に翻訳された。そして、その英語版は、ダブリン、ベルファストからコルカタ、ムンバイまで広く増刷された。視覚障害者用の版が一八三五年にニューイングランドで印刷され、ストランド街ジョン・ベッツ商会——折りたたみ式携帯地球儀で主に知られている——は「リンドリー・マリーの英文法への旅」という名のボード・ゲームを販売した。

マリーの『英文法』の成功は独自性とは関係がなかった。ヒュー・ブレアの『修辞に関する講義』とロバート・ラウスの書いたものにすっかり寄りかかっており、剽窃の非難を受けることになった。この告発に反撃するためにマリーは、後の版に詳細にわたる参考文献を挙げている。彼は新しい考えを生み出したふりは一切しなかった。他にも、自分の役割を同じように見なし、独自の思想家ではなく編者として演じる文法家もいた。その一人ピーター・ウォークデン・フォッグは、資料の大半を他の本から取ってきたものであることを弁解――「この仕事におけるわたしの役割は作家と収集家が混じり合ったものだ」――しながら、奇妙なことに、自分の先駆者たちは「わたしから見れば剽窃者」だと述べ、自分には「金持ちから奪って貧しいものに与えたロビン・フッドの酌量すべき取り柄がある」と主張している。(5)

マリーにとって、選択する力こそ重要だった。それでも彼はきわめて厳格な規範主義者でありえた。ラウスから取ったものの多くを彼は固定化させ、ラウスが柔軟性を含ませたところに規則を打ち立てた。マリーの本の要は構文の部分だ。ここには二十二の基本的な規則が並んでいる。たとえば、マリーはラウスの二重否定についての議論を繰り返している。それは「相殺、もしくは肯定と等しい」。まるで優雅ではないが、彼はこうも述べている。「文のあらゆる部分はたがいに一致しなければならない。そして一貫して、規則正しく互いに支え合った構成が注意深く保たれねばならない」(6)。たまに、彼は確信なさそうに規則に到達する。たとえば、「This is the weaker of the two. も The weakest of the two. も「二つの内こちらの方が弱い」の正しい言い方だと言えるが、たった二つのものを比較しているのだから、前者のほうが好ましくみえる」(7)と説明しているようなところだ。うるさ型ならこの最終判断に賛成するだろうが、マリーが「The weakest of the two」も許容したのに驚くだろう。

マリーはちゃんとした構文と道徳的正しさとの間に関係があると考えた。彼が構文の二つの基本的原則につけた名前は「Concord 一致」と「Government 支配」だ。そして、彼がよい文章の基準を探求するにあたって強調したのは、純粋さ、礼儀正しさ、正確さ、文の「統一性」と「力強さ」であり、また、プリーストリーが以前強調した資質であり、今やマリーによって「明白な美」とされた「明快さ」だった。「純粋さ」は、「英語ではない……言葉に対峙するものとして、われわれが話している英語の慣用語に属する言葉や構文の使い方」を意味するとしている。「礼儀正しさ」は「topsy turvy めちゃくちゃの」とか「hurly burly がやがや」といった「低俗な表現」を避けることも含んでいる。われわれが言いたいことをはっきりさせるのに必要な言葉はどれも抜かさず、「同じ文章の中で、同じ言葉を異なった意味で使うのは避ける」。不可解な専門用語や曖昧さと同時にもっと一般的な意味で「わけのわからない言葉や語句」を避けながらかじを取る。「われわれが表現しようとしている考えにふさわしくないものすべてを……われわれの言葉や語句」に含ませないこと。明瞭に書けば「その意味を探し求めて疲労困憊させることはなく」、その「文体は常に澄んだ流れのように、底の底まで見通すことができる」(8)。

ラウスのように、マリーも間違いを並べたが、有名な作家のものから例を引いたというよりも、自分で作ったほうが多かった。彼は will と shall の違いにあくまでこだわった――これはノア・ウェブスターによれば、アイルランド人とスコットランド人がしばしば混同しているとのことだ。「一人称単数、複数において、will は決心とか見込みを暗示する」と彼は書いている。そして「二人称と三人称においてはただ予告するだけだ」。彼は前者の例を挙げている。「I will reward the good, and will punish the wicked. 善に報い、悪を懲らしめよう」。後者の例は「You or they will have a pleasant walk. あなたや彼らは気持ちのよい散歩をするでしょう」。それから彼はこう説明する。「それと反対に、一人称の shall は単に予告するだけで、二人称、三人称の場合は見込みを言う、命令する、威嚇する」。この例として「I shall go abroad. 外国に行きます」と「They shall account for their misconduct. 彼らに不祥事の償いをさせよう」を挙げている。最後に、「would はもともと will の傾向を示す。should は義務をあらわす」(9)。周知の如く、これらの区別はマリー独自のものではなく、ウォリスやラウスから引いたものだ。しかし、マリーはそれらを揺るぎないものにした。彼はまた次のような綴りの規則を一般に広めた。「子音の次に y がきて終わる語は、y を i に変えて……複数形を作る。例 spy は spies となる」。「末尾が ll の語が ness, less, ly, ful を取るとき、l をひとつにする。例 skilful」。「無音の e で終わる語に able や ible をつけるとき、ほとんどの場合 e を落とす。例 cure は curable になる。しかしもとの語の e の前に c とか g が来るときは e はそのままにする。例 change は changeable となり、peace は peaceable となる」(10)

マリーの本はしばしば批判にさらされた――なかでも評論家ウィリアム・ハズリットは中傷で有名だった。ひとつには彼が自分でも売り出したい文法の教科書を書いていたからだ――また諷刺されることもあった。とくに注目すべきなのが、滑稽な例や真似でいっぱいのパーシヴァル・リーの『おかしな英文法』(一八四〇)だ。またパロディーもあった。作者不詳の『滑稽なリンドリー・マリー』(一八七二）で、彼の文法を簡素化し、真面目な例を軽薄なものに替えていた。しかし、英語を話す人にとっては何世代にもわたって、マリーといえば「英文法」だった。ディケンズの本には一度ならず登場する。『リトル・ドリット』の中で、いやいやながらの家賃集金人のパンクス氏は「ここにいる紳士方で英文法をご存じの方は？」と尋ねる。ブリーディング・ハート・ヤード（ロンドンのクラークンウェル）で彼の回りに集まっている人びとは「なかなかそれを知っているとは言わなかった」[1]。問題の「英文法」とは無論マリーの本だ。だが、ディケンズ自身がその本をよく知っていたかどうかは疑わしい。一八四五年にトマス・クレグホーンは『マーティン・チャズルウィット』の書評で「リンドリー・マリーの亡霊を怒らせる」教養のない文法だと酷評した(11)。

『アンクル・トムの小屋』の最初の章で、ハリエット・ビーチャー・ストーは奴隷商人のヘイリーを「けばけばしいチョッキ」を着て「これみよがしのネクタイ」をしているとけなし、「彼の会話はマリーの文法を気ままにあっさりと無視したもので、適当にいろいろな卑俗な表現を合間に挟んでいる。話を生き生きとさせたいと思っていても、それを書き写す気にはならない」と結論づけている。『白鯨』では、ピークオッド号で皆が捕鯨に出払ったあとの留守番係である朗らかな黒人少年ピップはこの貴重な本を暗唱する[2]。彼は頭が少しはましになるかと思ったのだ。マリーについての言及で一番忘れられないのは、一八三二年の選挙法改正案の頃を舞台にしたジョージ・エリオットの『ミドルマーチ』だ。その小説で、元学校教師のミセス・ガースはマリーが書いたものを大事にしている年代を代表している。「社会全体が難破したような状態にあっても（彼女は）自分のリンドリー・マリーの文法書を波の上高く持ち上げようとしただろう」という。文法が不完全だと世間から認められないとミセス・ガースは信じていた[3]。マリーの本は、彼女が台所でパイを作りながら、ちびちびと教えるという目的には理想的だった。それらはきちんとした教育をあまり受けていない学習者が使うようにとくに意図されていたからだ。

リンドリー・マリーの保守的な信条は、文法をめぐる十九世紀の考えに浸透している。たとえば、彼は、形は違うが同じく妥当とされる語法もあるという考えに抵抗した。彼の目には常にひとつの形が好まれるべきだった。ただ二、三の例外はあった。彼は「expert in」と「expert at」の両方を認めるのにやぶさかではなかった。また「He was never seen to laugh. 彼は笑い顔を見せたことがなかった」は「He never was seen to laugh.」と比べて良くも悪くもないとみなした。しかし、彼の理論では、語法の規則に選択の余地をもたせてはならなかった。彼は「明瞭さ」なるものを主張したが、この言葉で何を意味するかは定義していない。また、同じように主観的な観念「上品」あるいは「優雅」な表現をするよう主張した。彼は純粋なる言葉の「本質」という理想に向かって突き進んだが、それが何かは詳しく説明することはなかった。[12] 彼が「文章は、一般的に、長すぎてもいけないし、短すぎてもいけない」[13] と述べているところは、笑いたくなるほどいい加減だ。彼の書いたものにはいじましさがある——誇り高い確信を求めるあまり、ときに滑稽なのだ。現在では奇妙に思えることが彼と同時代人にとっては驚きとはならなかった。こんにち、子どものことを話していて関係代名詞 who を使う——「A child who likes swimming 水泳の好きな子ども」というように——のは「耳障り」だと聞いたらびっくりするだろう。というのは、「子どもはまだ人とはみなせない。人という言葉からは理性と熟考という考えが浮かぶからだ[14]」。

回想録でマリーは『英文法』のことを次のように述べている。「この本が受けた賞賛と売れ行きから考えると、この問題をわかりやすく説明しようとしたわたしの努力はかなったし、英文法の教師と生徒の努力を助けることができたと信じていいだろう」。こう言いながら彼は「すべての実例と例証の妥当さと純粋さ」に対していつも払っていた「特別な配慮」を繰り返している。[15] マリーは、健全な文法と徳との繋がりを強めるため、そして同時にもうひとつ、間違いと悪との繋がりを強めるために多大な尽力をした。

マリーが書いたものの性質から考えると、彼が俗語について何も語っていないのは驚きと思えるかもしれない。彼がそれを品のない逸脱として無視したのは確かだと思う人もいるだろう。しかし、俗語は彼にとってたいして意味をなさなかったのかもしれない。『オックスフォード英語辞典』にこの言葉が「きわめて口語的な言葉」という意味で挙げられたのは一八一八年だ。いかがわしい人びとの一団が使う特別な語彙を指す用語としては一七五六年に登場している。今われわれが俗語とみなしているものはこれまで、jargon〔難解な表現〕、cant〔隠語〕、lingo〔耳慣れない言葉〕、あるいは——あまり一般的ではないが——speciality〔特別なもの〕として知られていた。綴り字改革者アレクサンダー・ギルは一六二一年に発音通りに綴るシステムを擁護して、「さまよい歩く乞食たちの不快きわまるくず」である「隠語」を非難した。彼らの言葉は「毒を持ち、悪臭ふんぷんたるわが国の汚点」として彼は描いており、「治安判事がその作者をはりつけにするまで」消えてなくならないだろうと述べている。[16]

もともと鳥のさえずりを意味する用語だった jargon［難解な表現］はホッブズ、スウィフト、ジョンソンによって批判的に使われていた。それは専門職特有の言葉を意味していた――あるいは、まれには、徒党とか特定の民族集団に特有の言葉も意味した。しかし、この問題に関しては、ただひとつだが、広範囲にわたり実質的な見解が出版されている。これはフランシス・グロースによる本で、金持ちのスイス人宝石商の息子で古物研究家だった彼は、一七八五年に『正統俗語辞典』を出版した。たしかに、十六世紀の昔にも俗語が収集されたことはあった。初期の収集がトマス・ハーマンの『よくあるののしりに対する警告、もしくは忠告』（一五六五）に出てくる。この作者は二十年間病床にあり、その間、戸口に物乞いが現れると、話をし、その結果を集計することができたのだった。だが、この種の一覧を言語学の信頼できる一部門にしたのはグロースだった。彼はまた、英語の俗語が膨大なのは国の腐敗ではなく、その自由度の反映であると論じた。「われらの気質から生じ、その特典として与えられている自由に考え話すことが、一般大衆の表現に、専制政府のもとでは見られないような力と鋭さを与えている(17)」

グロースの本で顕著な点はひとつに、こんにち大衆文化と言われていることに対する彼のほとんど千里眼的興味にある。『正統俗語辞典』は大量の読書と彼のお気に入りのホルボーンの居酒屋から、近くの貧民街に――最初は従僕のバッチとともに、後にはテンジクネズミと呼んでいたもう一人の友人に付き添われて――何度も夜間お出ましになったことの成果だった。『正統俗語辞典』の中でグロースは三千語を説明している。その中には、兵士や船乗り、娼婦に拳闘家、仕立屋に商人などに特有の言葉があった。しかし、グロースはただの面白いがらくた収集家ではない。彼は俗語は言葉の命の中心をなしていると論じ、巷の言葉がなんと素早く政治の世界に入り込み、雑誌を書いている人びとの文章の中にも入りこむかに気づいている。

言葉が、他人との関係を構築するのに中心的役割を果たすことは今ではあきらかだ。とくに俗語の場合はまさにその通りだ。というのは、俗語は他のいかなる言葉にも増して連帯感を醸し出す。俗語は一種のスポーツだ。オットー・イェスペルセンによれば、あらゆるスポーツ同様、それは基本的に若者のものだという。俗語は陽気だ。また、きびきびした感じがする。「わたしって俗語が好きなのかもしれない」とトロロプ作『アリントンの小さな家』（一八六四）の登場人物リリー・デイルは言う[4]。「ほら、辞書の言葉しか使わないと、もたもたするのよ」。辞書にない言葉はお洒落で粋だと思われる。まだ野性味がある。一九九七年から二〇〇三年まで放映されたアメリカのテレビ番組『バフィー　恋する十字架』では、ひどく独創的な形の十代の俗語が、題名の女主人公が持つ武器のひとつになっている。それによって彼女は生き延びることができた。伝統的な吸血鬼物語のワクワクする展開の中で、彼女の言葉は敵に対して使えるもっとも鋭い武器なのだ。もちろん、その考えをまったく逆の視点から見てみると、こういった種類の語法の陣頭に立っている人びとには何か少し滑稽なところがある。時代の先端にいるように見えたいという欲望は、しばしば見た目も言葉遣いも若くみえることにこだわるところにはっきりあらわれるのだが、他人にとってはおかしさ、または当惑のもとともなりうる。

　ウォルト・ホイットマンは俗語をげっぷ（彼は「おくび」と呼んだ）にたとえているが、それはまさに暴露的なげっぷだ。われわれが使う俗語は、われわれがどういう人物で何になりたいのかについて多くを語る。社会的な集団はそれぞれ特定の専用語を持つ。電気工は、大学の特権的クラブの入門者にはほとんど意味不明の隠語をもち、逆もまた同様だ。高校の運動選手、落ちこぼれ、みなそれとわかる異なった特別の語彙をもっている。宝石商は宝石やそのはめ込みについて本物の泥棒とは違ったやり方で会話する。そして、水夫やトラックの運転手や銀行家やコンピューターゲームにはまっている人には、それぞれ彼らだけに通じる専門用語がある。「チキンサラダ」はスノーボーダー［スノーボードではジャンプ台の飛び方を意味する］と料理人ではまったく違うものを意味する。シャーロット・ブロンテの小説『ヴィレット』（一八五三）で、語り手のルーシー・スノーはこう述べる。「辻馬車の御者の奇妙な話し方といったら……風変わりで外国語みたい。こんな風にずたずたになった英語なんて聞いたことがない」[5]。ずたずたになった英語とは、読者の見方によっては、きびきびして便利だったり、チンプンカンプンだったり、あるいは詩みたいなのだろう。その最後の詩であるとする限りでは、大衆の詩だ——精力的な集団の創造的表現。一九五〇年代に、デイヴィッド・マウラーは『スリの集団』という本を書いた。これは一冊丸ごと、アメリカのスリの特殊な言葉についての研究だ。彼らの隠語は豊かだ。銀行の外で人のポケットからするのは「jug touch 金庫番」、巧みで抜け目のないスリは「grift sense いかさま感覚」によっているとされ、とくに器用で素早いスリは「lightning tool 電光石火の技」だ。また他方、公共のため働くより情け容赦ない策士は「crapper hustlers スリ狙いのスリ」だ。おそらく、このどれもが少しばかりジェイムズ・エルロイ風に聞こえるだろう[6]。部外者にとっては、「donickers」や「dinging the poke」、「double duke frame」になるところまでやるかと思うほどわけがわからない。しかしこの秘密の言葉は微妙で細部にこだわり、スリの心理のあるものをあらわしている――精巧さ崇拝、意外にも専門家としての誇り、スリの手口とセックスとの同一視。当然のごとく計り知れない。

一流の俗語研究者のひとり、ジョナサン・グリーンはこの分野での自分の仕事を顧みて、「標準的な英語の語彙にくらべると、俗語は小さな水辺の地区ほどだが、なんという深さだ。酔っぱらいについては三千、性交については千五百、陰茎、女陰についてはそれぞれ千語ある」と述べている。これらの言葉はたいてい「社会のどん底から生み出され、上昇していく」。彼は俗語を次のように特徴づけている。標的であり、「断固として人間らしい」、「もっとも下品な陳腐さを歓迎」、フォールスタッフ的[7]、「偉大なる再発明家[18]」。この章に手を入れているとき、ロンドンのバスに乗っていて、話題に取り上げたくなるほど奇妙な俗語のめくるめくパノラマで歓待された。それはグリーンの描写通りだった。歓待されたというか、曝されたというか――だが、実際にはその両方なのだ。というのは、二人の十代の少年が実に汚い性交用語を一つ一つあげて相手を出し抜こうとしているのにぎょっとするとともに興味をそそられたからだ。多くの言葉はわたしには新しいもので、二人のやりとりが終わったとき、わたしは汚されたという思いよりも、ひとつ利口になったような気がした。

ここから、どうして俗語辞典が人気があるのかがわかる。ひとつには自己防衛のためにその辞書に向かうのだが、主として、われわれのまわりの世界のゆがみのようにみえるものを理解する助けとなるからだ。実際に俗語はたちまち時代遅れになり、俗語辞典の中に見つかる多くは古ぼけている。この種の本は、実用としてわれわれの助けになる代わりに、トイレの中の手の届くところにある棚に行き着くことになるだろう。フランシス・グロースの『正統俗語辞典』の読者は、次のような情報を知って利口になったような気がするよりは、面白がったりあきれたりする、と思って間違いない。「風の吹いてくる出口を使ったり、通り抜ける人」とは「男色」のことである、とか、張形は「男性的な器官に似ており、尼さん、寄宿学校の娘、その他、独身を余儀なくされている人がその代わりにしているとされる道具」など。

古物研究家であるグロースがそのような細部を見つけ出した頃、息子（やはりフランシス）はアメリカ独立戦争に従軍していた。一七九一年、息子のグロースはニューサウスウェールズ州の副総督に就任するためにオーストラリアまで旅した。彼はほどなく病身の上司で、シドニーに囚人たちの植民地を作ったアーサー・フィリップのあとを引き継いだ。彼が継いだとき、ニューサウスウェールズには四二二一人のヨーロッパ人がおり、そのうち三〇九九人が囚人だった。父と子の対照的な人生は英語の拡大しつつある地平線を思わせる。父親のフランシス・グロースは泥棒の間で bloody という言葉がはやっているのに注目した。半世紀後に紀行作家アレクサンダー・マージョリバンクスは、ニューサウスウェールズの生活を描写して、それはイギリスからの主な輸入品のひとつだと認めた。マージョリバンクスは雄牛を運搬する運転手が十五分の間に二十五回 bloody という言葉を使うのを聞いて感心し、そうすると毎日「十時間会話する」として、この男は五十年間で千八百万回以上この言葉を使うことになると考えた。

マリーとグロース（父）が行なった仕事は、次の世紀に英語の語法の権威者を惹きつけることになる英語に対する二つのまったく異なった取り組み方を示している。保守的で道徳的な規範を出そうという決意と、言葉をあらゆる色合いにおいて描写したいという願いだ。息子のグロースとアレクサンダー・マージョリバンクスの経験はそれに代わる展望を示している。これまで英語が知られていなかった大陸での英語の発達にむけて、そして新しい共同体の個性形成におけるその役割である。

さらに、マージョリバンクスのちょっとした計算は、bloody という言葉がオーストラリアの国宝として神聖化されるための第一歩だった。歴史家で教育者のエドワード・エリス・モリスが一八九八年に近著『オーストラリア英語――オーストラリアの単語、句、語法についての辞書』が認められてメルボルン大学から名誉博士号を贈られたとき、大学の学生たちはこの辞書に bloody という言葉が欠けているのに憤慨のあまり、ガウンを着た人物が「偉大なオーストラリアの形容詞」というレッテルを貼った大きな本を引きずりながら登場するという、模擬表彰式をやってみせた。[20]

11　国の由来

言語、アイデンティティー、葛藤

リンドリー・マリーは他人の成果をかき集めて満足する、言わば伝記編者のような人だった。しかしながら、彼がこのようなことをしていた頃と時を同じくして、英語とその用法に関する独創的な理論も芽生え始めていた。言語に関する議論は、驚くほど、目に見えて政治的になりつつあった。標準的な英語の語法への欲求は、当然、政治的安定への欲求とかかわりがあると考えるかもしれないが、地域によっては急進主義の名残だった。

言語の状態への関心は、これまでに述べてきたように、実用的な使命だけではなく、社会的、または政治的指針と常に繋がっている。一七九〇年代になると、既存の権力構造への挑戦は、文学的・言語学的努力で達成することができるとする考えは一般的になっていた。その時期の特色は、言語と国家との関係をとくに認識したことだ。この認識が形成されたのはアメリカとフランスの革命によるところが大きい。ヨーロッパにおける愛国主義的感情の高まりのただ中で、アイデンティティーのしるしとしての言語という考え――われわれに連帯感があるというだけではなく、彼らに連帯感が欠けていることも含める――は通例となってきた。これは新しい考えではなかったが、意識してそこに注目するというのは新しい発展だった。

政治的因習打破と言語学的探究とをつなげた扇動者がジョン・ホーン・トゥックだった。彼の反権威主義はさまざまな形をとったが、その中には議会改革運動、トマス・ペインの『人間の権利』の配布、イギリス軍によって殺されたアメリカ兵士の未亡人のために寄付を募る広告もあった。けれども、もっとも重要だったのはトゥックが言語をもっと民主的なものにしようとしたことだ。彼は従来の文法を退けた。彼の本『パーリー閑話』――その最初の部分は一七八六年に出版されたが、完成したのは一八〇五年――は、まるっきり抽象的な政治の言葉をわかりやすくする試みの中で語源を利用した。それは、重要な言葉がときを経るにつれてまとってきた異質な部分をそぎ落としたのだった。

トゥックの過激な論は、あらゆる言葉は元をたどると名詞と動詞に行き着くことができるというものだ。ジョンソン、ラウス、リンドリー・マリーが品詞は九つあるとはっきり述べているのに対し、トゥックは、言葉というものは物質世界において行動のうちに始まったという信念のもとに、文法を解体した。彼はこう書いている。「言葉の第一の目的はわれわれの考えを伝えることで、第二はそれを迅速にやることだ(1)」。おそらく彼は『ガリヴァー旅行記』の中に登場する、言葉から名詞以外のあらゆる品詞を削除するのが使命である人物[1]のことを思いだしていたのだろう。私生活でもトゥックは素早い感情の伝達を高く評価しており、女性は、こちらが話したことに満足したらただのどをごろごろ鳴らせばいいとさえ思っていた(2)。彼が好んだ簡潔さには実用的な長所があり、言葉は基本的に諸感覚それぞれにつけた名前であるという考えは多くの支持者を獲得した。

　トゥックの語源研究と彼の政治活動との間には緊密な関係があった。彼が本の最初の部分の第二版を用意していたのは、大逆罪で牢屋に入っていたときだった。彼の罪は憲法改正の必要性を論じたことであり、言語に関する自分の本の中で、彼は政治的権威をもつ語彙を分析した。訴訟手続きをじかに経験したことで、不正義と法律家の専門用語との関係について彼の感覚は研ぎ澄まされた。彼は、法律と政治の言葉がわかりやすくなければ自由はありえないと断定するジョン・ロックやジェレミー・ベンサムなどの思索家の系譜に連なっている。法律や政治の言葉がわかりやすくなってはじめて説明責任を問うことができる。つまり、法律制定により影響をこうむる人びとがそれを理解することができ、それとなんとか関わることが出来るように。トゥックは議会改革を実現しようとしていた政治改革推進協会における主要な発起人だった(3)。

　トゥックの主な業績は言語学と哲学とをつなげたことだった。彼の考えは面白いが、誤りもたくさんあり、彼の影響によって、英語学は新しい大陸の学問、（なかでもとりわけ）ヤーコプ・グリムの学問から遠ざけられ、発達が遅れてしまった。十九世紀前半、言語学は作家たちの間で流行っていた。サミュエル・テイラー・コールリッジやウィリアム・ハズリットはトゥックに夢中になったそのような作家であり、トゥックのことを上流社会の洗練されたわけのわからない言葉の中に分け入り、原初の状態の言葉を見いだした人物と信じていた。ハズリットは自分が書いた一八一〇年の「学校で使われるための」文法書の題扉に「ホーン・トゥック氏の発見を……初めて取り入れた」と書いている。この方面への情熱は長くは続かなかったが、英語によって可能になったあらゆるもの、イギリスと遙か遠方の自治領との間の品物や考え方の行き来、国民的意識の固定化、ドイツ人が「標準語《ホッホシュプラッヘ》」と呼ぶような、一種の理想的な市民の標準語を造り出す機会などに対する一般的な情熱はあった。また、それは、個人的な手紙を通しての急進的な思想のやり取りや、文学的なジャンルの再構築や、文法的に正しくない話法や方言の魔力、そして解放された自国語の自由——知的、政治的、創作上において——をあらわしていた。

一七九〇年代にウィリアム・ワーズワースは、トゥックのように、フランス革命の中にイギリスにおける急進的変化の可能性を見いだした一人だった。一七九一年にパリを訪れたとき、彼は破壊されたバスチーユの小さなひとかけらをポケットに忍ばせた——それは彼がフランスを訪れたことの思い出であり、フランスの急進主義の象徴だった。政治改革推進協会の会員の一人だった友人のサミュエル・ニコルソンを通じて、彼はイギリスのもっとも熱心な政治改革運動家たちの考えに触れていた。後に彼はフランス革命に対する自分の態度を査定しなおすことになるが、詩作を始めた頃にフランスで起こった出来事は、彼に新しい文学の言葉を構築する必要があると確信させた。その言葉は国民的な詩歌の手段となるはずだった。

コールリッジとともに一七九八年に出版した詩集『リリカル・バラッド』の序文は、ワーズワースの声明書だ。その中で彼は、貴族的な伝統の英詩と決別するとはっきり述べている。二年後の第二版につけた序文では、「実際に人びとによって使われている中から選りすぐった言葉」を読者に提供しているとしている。詩人は「人びとに語る人」であらねばならないと論じ、詩には社会の状況を改善し、一般的にレベルが低くなりがちな大衆の好みを逆方向に戻す力があると述べている。「本来われわれの本性にある原則」は「賤しく素朴な生活」において認識できるものであり、このないがしろにされてきた分野の生活を自分の主題にしながら、自分は「哲学的な言葉」の源を見いだしたと確信している、と。

『リリカル・バラッド』の詩の言葉は序文の約束を果たしてはいない。しかし、ワーズワースと彼の同時代の人びとは実際に新しい文学の言葉を創り出した。ロマン派の時代に英文学はラテン語とギリシア語の文学の真似を止め、そこからの独立を宣言した。けれども、これが起こると、文学の言葉はもはや国の言葉を代表することはできないようにみえた(4)。堅固で利用しやすい言葉ではなく、活気ある方言、廃れた言葉、古文体、美文、他の言語からの行き当たりばったりの借用、不用意な悪い文法、感情のほとばしりといったものに対する新しく混乱した情熱が生じた。ワーズワースの作品にはいたるところに即興と発明による粗雑さが存在している。ロマン派の詩の登場は、小説がもはや新参者ではなくなり、日常生活に根付いた国の文学となったときだった。それに対して、詩は、十八世紀の間ずっと文化についての大衆の会話の中心課題だったのだが、もはやそうではなく、次第に謎めいたものとして取り扱われるようになった。ワーズワースは共同体を提唱したが、それを達成することはなかった。しかし、彼の、文学の言葉を新たに作り直すことは富を再分配する手段であるという考えは時代の精神を彷彿とさせる。すなわち、古い権威は、言語においても法律においても曖昧模糊としていると思われた。新しい共通の言葉の発明が人びとを解放することができ、国の真髄は日々の素朴な雄弁さにあるというのだ。

nation〔国〕という言葉の歴史をひもとくと、最初に使われたときには政治的な意味はなく、民族集団を意味した。その語根となるラテン語は、出生、血統、民族――信念ではなく家系の問題――という考えを伝えていた。しかし、十七世紀以降、nation という名詞とその同系の形容詞 national は感情に訴え、一体化を促す言葉として使われてきた。アメリカの政治学者ベネディクト・アンダーソンの簡潔な定義では、nation とは「想像上の政治的共同体」であり、「本質的に限定的で独立していると仮定されている」。なぜ、「想像上」なのか。「それは最小の国であっても、そこに含まれる人びとは同じ仲間たちのほとんどを知ることはないだろうし、会うこともなく、彼らのことを聞くこともないだろうが、それぞれの心の中には心情を共にしているというイメージがあるからだ(5)」

ある国の一員だと感じることは、ひとつの作り事に荷担することだ。その作り事は、嘘ではないが、アンダーソンが強調するように、想像すること――切望という機能であり、具体的というより、心理的なもの――だ。だからといってどうでもいいことだと言うのではない。人びとが感じている国に対する愛情はしばしば宗教的な資質を持っており、十八世紀のヨーロッパにおける愛国主義の台頭が、宗教の衰退とときを同じくしているのは偶然ではない。愛国主義は宗教にただちに取って代わるものではなく、古い確信をゆっくりとなし崩しにするいくつもの変化の産物なのだ。たとえば、印刷の進歩と印刷された読み物の増加は宗教の布教活動を助けたが、宗教的集団を不安定にし、また、異なった（世俗の）集団――読者層――というものを確立した。

この種の愛国的な感情が、かつては夢であったのに、今では悪夢となっていると言うのはたやすい。しかし、実際はそれには二面性がある。人びとをともに束ね、小さな地域的な忠誠から引き上げ、ともに営む公共生活という豊かな可能性を作り出す一方で、他の人びとに対する集団的反発を増長させる。愛国心には必ず敵対心がともなう。国の統一という考えを進めることは、そこに住む人たちの中でわだかまっている不一致を強調するという皮肉な効果があると論じても、あながち間違いではないだろう。けれども、これをわきに置いておくとしても、愛国心の喜びと利益は憎しみと暴力の能力とわかちがたいのはあきらかだ。軍隊を堅持する社会は命そのものより大切なものがあるという信念のもとにそうしている。[6]これらの「もの」はその人の国民性の原則なのだ――それのために特に二十世紀には何百万もの人が死を覚悟したり、死を強要された。そのような原則は日々、われわれのまわりに掲げられている。文字通りなのが国旗の掲揚だ。しかし、また、われわれは国民性のしるしで囲まれている――われわれの多くにとって、それは気にならず、馴染みのもので、安心のもとだ。これらの多くが、社会科学者のマイケル・ビリグが「作られた永続性」と呼ぶものだ。これらはまるで常に存在していたように感じるが、実際にはわれわれが想像するより遥かに近年になって作り出された観念なのだ。

ある国の国民であるという観念は経験を共有しているという感覚によって安定したものになっている。つまり、われわれは過去を共有しているらしいし、未来も共有するだろう（もちろん、「われわれ」というのは面倒な代名詞だ――やっかいにも集団志向で、多様な経験を包括し、集団的道徳を押しつける。しかし、便利でもある）。言葉はわれわれが何を共有し、他の国の人びとと何が異なっているかをあきらかにする指針だ。哲学者のミシェル・フーコーは、近代は言葉というものの解釈における変化の証人だとしている。言葉の機能はもはや「真似と複製」ではなく、それを話す、もしくは書く人の「生来の意志」――そしてまさに「すべての人びとを生き生きとさせる」意志――の提示なのだ。[7]十九世紀以降広く行き渡っている考えは、ひとつの言葉を話す人びとは、その言葉が最高となりうる故国を選定すべきだというものだ。ナポレオンに対するドイツの抵抗運動を必死で煽り立てようと、哲学者ヨハン・ゴットリーブ・フィヒテは今から二百年以上も前に、どこであれ、独自の言葉があるところには、独立した国が存在すると主張した。いまひとりのドイツ人ヨハン・ゴットフリート・ヘルダーは、人は誰でも、食物とその食物を育てている土壌によって形づくられると主張した。異なった国々を分ける川や山があるが、ありがたいことにははっきり区別できる言葉と性格というのもある、と彼は記している。

国の言語についてのこの種の牧歌的な言語観は、少数民族の言語を抑圧するというあまり美しくない事柄を含みがちだった。国語というのは捏造された永続性の見本である。

フランス語は模範的事例だ。というのは、十九世紀まで、フランスのある地域の人びとが別の地域の人びとの言葉を理解するのは一般的にむずかしかった。フランス革命の頃、フランスの周辺部は別の言葉に支配されていた。ブルトン語、バスク語、フラマン語、高地ドイツ語のアルザス方言だ。その他にも別の言葉はたくさんあった。リヨンは「極小方言の巣」だった。一八八〇年になっても、フランス語を楽に話せると述べたのは人口の五分の一の人にすぎなかった。(8)

　一八八二年にソルボンヌで行なわれた有名な講義で、哲学者エルネスト・ルナンは「国とは何だろう《クエスキュンナシオン》」と問いかけた。彼はブルターニュで生まれ、父方には生粋のケルトの血が流れており、どこの国民かということは民族的なことではなく信念の問題だと主張した。国という意識は今の時代に人間の意志によって作られたものであり、過去の栄光を共有しているという感覚によって高められるのだと。ルナンによれば、それはまた忘却をともなうものでもある。ベネディクト・アンダーソンの説を言い換えると、意識における急激な変化は記憶喪失という手段なくしては達成できない。ある国の国民であるという幻想の一部は不完全で誤った、もしくは意図的に選択した歴史の印象なのだ。同様に、われわれが英語について話すとき、そうするのが便利だし満足がいくのだが、それが、強固で永続するもの、浸透しやすいというより堅固なものであるふりをしている。われわれは英語の多様性を、この場所、今の時点から考えていて、他の時代や場所は無視している。そして英語の永続性という幻想を投射するのだ。しかし、言語は正式に制定された存在であるというわれわれの考えはそれほど古いものではなく、このような考えを作り出したのは愛国主義なのだ。

　こんにち、国が民族的ではなく政治的統一体を基盤にしているのはあたりまえのことである。EUは、過去にぞっとするほど血なまぐさい戦争をしてきた民族が政治的・経済的にひとつの共同体に統合するという計画を達成したもっとも驚くべき例だ。印象的なことに、ユーロ紙幣はポンド紙幣やドル紙幣のようにはその上にたくさんの言葉を印刷していない。それはヨーロッパの政治的・経済的連合の道具として、「神を信ずる」とか「君主を信ずる」という声明から新しく明瞭な信頼に基づく行動、「金銭を信ずる」(9)への移行を示している。

　それにもかかわらず、EU内で言語をめぐって激しい衝突がある。これらは特定の場所でひとつの言語を話す権利についての議論という形であらわれる傾向にある。スペインではカタルーニャ語がカスティリャ語［スペイン標準語］

の地位を脅かしている。カタルーニャ語はカタルーニャ地方だけではなく、バレアレス諸島やバレンシア自治州でも話されている。一般的にバスク語として知られているエウスカラは、ビルバオ周辺のバスク地方でカスティリャ語とともに公用語となっているが、過激なバスク語主義者にしたらこれでは十分ではない。ベルギーではフラマン語とフランス語との間に緊張関係があり、とくにブリュッセル・ハレ・ビルボールド地区では議論が絶えない。さらに遠くに目を転じてみれば、言語の権利をめぐっての戦いが近代史にもみられる――数例を挙げてみるが、そのうちいくつかはいまもなお続いている懸案事項だ――モルドバのガガウズ人、オーストリア東部ブルゲンラントのクロアチア人、トルコのクルド人、ニュージーランドのマオリ人、ノルウエーのサーメ人、ナイジェリアのクワ語を話す人、スロヴァキアのハンガリー人、マケドニアのアルバニア人、バンガロール［インド］のタミール人、ウクライナのロシア語を話す人。

母語を話す権利を認めるべきだと主張することは文化的・社会的にわたる不満を表現する手段となりうる。比較文学の著名な学者であるマーク・シェルはこう述べている。「これまで単に「宗教戦争」とか「民族戦争」と呼んでいた多くの戦争は実は……「言語戦争」でもあった」(10)。反対者に対してどんなに風変わりな考えを持とうと、異なった言語を話す人同士が相まみえると、円満にではなく険悪になるのがほとんどだ。実際に二つ以上の言語が話されているところでは、ある種の対立が避けられない。そのような社会では、特定の言語が支配的な社会集団によって使われるようになる。この集団に属さない人は異なった言語を使うことによって簡単に特定され、それゆえに差別されてしまう。公式に国語が定められているところでは、それが話せない人は国が提供するサービスを利用しにくくなりがちだ(11)。

言語をめぐって紛争があるとき、それは言語を通して、つまり、声明、威嚇、否認、論証によって行なわれる。これには双方の立場を強化する効果がある。支配的な集団はれには双方の立場を強化する効果がある。支配的な集団は自身の言語を使い、少数集団もまた、その論拠を主張しようとすると、支配的集団の言語を使う（ひどく不愉快な作戦）か、自分たちが好む言語を使って、誰にもわからないか、ただ無視される危険を犯さねばならない。

そのような紛争の中では、人びとは「間違った」言葉を話したがために殺害される。彼らの言語的好みは、隠すのが難しく、不忠実、分離主義、反逆のそしりを招くことになる。政治的忠誠を替える方が言語を替えるよりもずっとたやすく、宗教的信条（あるいはそのなさ）を隠すほうがさらにたやすい。間違えたほんの一言で素性がばれてしまうのだ。shibboleth という合言葉の概念にこのことが要約されている。旧約聖書の士師記十二章曰く、

そしてギレアデ人はエフライムに渡るヨルダンの渡し場を押さえた。そのため、逃れてきたエフライム人が「通らせてください」と言ったとき、ギレアデの人は彼に「あなたはエフライム人ですか」と尋ねた。「違います」と答えると、「では Shibboleth と言ってみなさい」と言った。そして相手が正しく発音することができず「Sibboleth」と発音すると、その相手をつかまえてヨルダンの渡し場で殺害した。このときここで倒れたエフライム人は四万二千人だった。

この話から、ある特定の言葉の発音がその人がある集団に属しているかどうかのしるしとなるという考えが浮かんでくる。第二次世界大戦でアメリカ兵は、フィリピン人、さらにはアメリカ人に扮した日本人のスパイを見破る手段として lollapalooza という言葉を使った。l の音は英語に自信のある日本人にとってでさえ難しいものだった。

このように試されることは、まるでまだ炸裂していない手榴弾を手渡されるようなものだ——「言葉は武器だ」というありきたりな決まり文句のありきたりでない例だ。最良の作家たちはこの決まり文句の力を新たにする。伝道師ジョン・バニヤンは十戒は魂に向けて発射される大砲だとしている。『憂鬱の解剖』(一六二一)を書いた神学者ロバート・バートンにとって、「剣に打たれるより言葉に打たれるほうが深く突き刺さる」。スウィフトは「言葉の大砲」と書いており[2]、パーシー・ビシー・シェリーのプロメテウスは復讐の女神たちの言葉を「翼のある蛇の一群」[3]にたとえている。それにもちろんハムレットは母親のガートルードに対し「舌剣をふるう」。われわれは他人に不愉快な考えを押しつけるのに言葉を使うことができる。多くの宗教の抽象的論議において、もっとも敬虔なる信者が言葉のない孤独の中に引きこもり、魂は最終的に物質世界から沈黙へと昇天するのはもっともなことだ。

この分野でとりわけ重要な思想家はトマス・ホッブズで、彼は言葉は人びとを敵対的な態度に向かわせると論じた。ホッブズにとって、言葉は変身させる力をもつ発明であり、論理的思考を可能にする技能であるが、われわれの権力欲と名誉欲を増大させ、これをおおやけに宣伝することに踏み切らせ、われわれを怪物にする技能でもある。話すことができるというのは密かな欲望をおおやけのものにすることであり、われわれの欲望を満足させんがため、なりふり

かまわず有利な地位を得ようという、複雑で不愉快なことに没頭することである。われわれは現在についてのみ話すのではなく、未来についても話している。そしてこれによってわれわれは不安でいっぱいになる。[12]

たとえば、あらゆる事柄をわかりやすい対立関係において報告するニュースの傾向について考えてみよう。東洋対西洋、テロリスト対政府、黒人対白人、伝統対現代性。これらは粗雑な二元化だ。しかし、粗雑な二元化は理解しやすく、注目を浴びる報道となりうる。要するに、われわれが真実と呼ぶであろう、よりあいまいなしろものはまさにまとめて提示しがたく、真実はそれ自体の大使ではない。「戦争」というのは実際にはまったく散漫で共通点のない活動からなっている言葉だ。たとえば「核戦争」(けっして起こったことのない総力的な形)、「テロ戦争」、テロリズムはそれ自体で一種の戦争である、市民戦争、ゲリラ戦争、聖戦、セックス戦争、文化戦争、そして――そう――言語戦争。戦争というのは意思疎通の失敗だ。意思疎通が枯渇、あるいは不可能になったときに戦争は起こる。そして戦争の美辞麗句は緊張と反感を結晶化させ、議論の余地のある問題を困難な局面に追いやるのだ。

さらに、戦争における成功はその成功した側の本体を正当化する。歴史的な例を挙げると、一七〇七年に連合法によって作り出されたイギリスは十八世紀には不安定な存在だった。しかし、外国での戦争、とくにフランスとの戦争による勝利によってより現実的でより統一されてみえるようになった。われわれは自分たちが誰でないかを強調することで自分たちが誰であるかを決めている。実際に戦争は、敗者の主体性の意識も強化するのかもしれない。紛争は「われわれ」と「彼ら」との間のわかりやすい違いを作り出す。そして、双方においてこれが統一を強める――あるいはむしろ統一ということを意識に強く刻みつけるのだ。

国というものについての考えは、ものに名前をつけると、本来の相違ではなく、相違の認識の実例を示すことになるのと関係がある。というのは、われわれが国について話すとき、その名前を口にすることで、われわれは地理的・社会的に連続したものを部分へと分割してしまう。その分割には歴史的な理由があり、その境界は地理的に、そしてほとんどの場合、言語的に決められる。しかし、その結果としての構成体は脆弱だ。自分の国の言語の永続性を信じることは、恣意的もしくは脆弱な領土をひとまとめにしておく方策であり、言葉に対するほんの小さな脅威でさえもひどく有害に思ってしまう理由のひとつでもある。

12 フィッシュナイフとフィストファック

ヴィクトリア朝英語の慎み深いカリスマ性

「ヴィクトリア時代は消え去らないだろう」と歴史家ローレンス・ジェイムズは書いている。それは六十年以上続き、「まだすっかり消え去っていない社会的、道徳的環境を作り出した……イギリスが、道徳的内省という周期的な発作を起こすと、ヴィクトリア時代の中産階級の慣習と自信が、賞賛もしくは恐怖のもとで思い起こされる[1]」。この時代は政治的不安定とともに始まり、豊かな「平衡の時代」を経て、大胆な科学的進歩と尊大さ、神経質な厭世気分、帝国としての自信の喪失といったものが混じり合ったところで頂点に達した。イギリスらしさ《イングリッシュネス》の神話――イギリスが世界中に自己宣伝するのに使った、作られた伝統と余計なものを排した歴史的隆盛の総覧――の大半は、ヴィクトリア女王が一八三七年に十八歳で王位を継いでから一九〇一年に亡くなるまでのヴィクトリア時代に帰すると言うことができる。今、わざと「ブリティッシュネス」とは言わず「イングリッシュネス」と書いた。というのは「ブリティッシュネス」とはあまり美しい空想をともなわない一連の資質を指すからだ。多くのヴィクトリア時代の思想家たちはイギリスらしさを定義し担ぎ上げるのに骨董趣味的思いこみを示しており、エリザベス女王のイングランドに国の誇りと力というとくに魅力的なイメージを持っていた。彼らはイギリスの富を統制することが強力な国の基盤であるというエリザベス朝の考えに執着していた。こんにち広く認められている英語の用法に対する態度の多くはその起源をヴィクトリア時代にまでさかのぼることができる。

この時代と精神について手短かに概観することはこれらの態度を分析するのに役立つだろう。当時の文法家たちの多くは、高尚な思考に根差した問題に比べ、現実に目の前にある問題に対しては解答を示さなかった。ヴィクトリア時代の医師たちは気の病を治療することで収入のほとんどを得ていた。そしてヴィクトリア時代の英語の欠点を直そうとする医者のようなタイプの人の多くもそうだった。十九世紀の英語はノルマン征服以来のいかなる時代よりも変化が少なかった。しかし、言葉の変化が劇的ではなくても、人びとはそのように感じる。言葉の運命と社会の運命とは否応なしに議論されてきた。

Victorian［ヴィクトリア時代の人］という言葉は常に上品さと礼儀正しさを連想させる。『オックスフォード英語辞典』の一九八六年版の補遺で、その定義の一部は、「上品ぶって、厳格。古風な、時代遅れの」となっている。これに「控え目な」が加わるだろう。ヘンリー・ジェイムズの『ある貴婦人の肖像』（一八八一）で、アメリカ人であるイザベル・アーチャーは「イギリス人がこの上なく自然に見えるのは黙っているときだ」とはっとするようなことを言っている。[1] そうできないとき、ヴィクトリア時代のイギリス人は婉曲表現に頼った。masturbation［自慰］は「末梢的興奮」であり、limb［脚］はときには「下の方の先端」、prostitute［売春婦］は「堕ちた女」だった。避けるべき別の言葉に trousers［ズボン］というのがあった。emolument［給与］とか honorarium［謝礼金］のような名詞は金銭に関する汚い話をきれいにした。ジャーナリストで社会改革者のヘンリー・メイヒューは pure-finder という職種を記録している。これは、皮なめし業者が使う犬の糞を毎日集める人のことを表現したものだ。[2] メイヒューはロンドンのもっとも貧しい人びとの生活を記録しており、自分が聞いたことは正確に書き写していると主張した。しかし、彼が描いた貧しい人びとはめったに罰当たりなことを言ったりしない。彼らの実際の言葉は編集されていた。言葉の上の回避というのはヴィクトリア時代の人びとの意識の中心にあった。その時代の典型的な名残として、子どもの頃のことをまざまざと思い出すのだが、七面鳥とか鶏肉を切り分けてどの部位の肉が欲しいか聞くのに、胸とか脚とか言わずに、「白いところ」か「黒いところ」（もしくは「茶色のところ」）と言ったものだった。

他にも基本的ヴィクトリア風の徳と悪——たいていつながっている——があった。ローレンス・ジェイムズはその全体像をうまく示している。彼はヴィクトリア時代の中産階級の活力、実用主義、労働倫理に焦点を当てるとともに、その時代の商業的活気、（その対極にある）現実逃避の中世趣味、大量生産と都市の復興、自己満足と世界を改善したいとの衝動を強調した。そこにあったのは、公共事業と市民精神の文化、国のインフラ開発への関心、永続性とその公共的象徴への欲求、現代的な建築材料と時代遅れの美意識の組み合わせ、そして、市場の支配力への熱烈な信仰だ。産業化と都市化とが手に手を取って進行し、これまでにないほど異なった人びとの集団を団結させていた。

家庭生活は賛美された。ヴィクトリア時代の文学を読むと、それがどんなに重要なものになったかに気づかないわけにはいかない。歴史家の G・M・ヤングはすでに古典となった彼の『ある時代の肖像——ヴィクトリア朝イングランド』（一九三六）で、「ヴィクトリア時代の逆説――知的進歩の奔流のような速さと社会的・道徳的考えの静かな進展」について書いており、この時代の「外に向かって全方向に広がった……進歩」が可能だったのは、それが「安定して堅固な中心」から始まったからだと述べている。[3]家庭という堅固な中心は、文字通りの意味でも比喩的な意味でも、しみひとつなく清潔にしておく場所だった。とくに一八七〇年代には、ばい菌に関する知識が増え、衛生が不安の原因となった。粗末な排水設備や不十分な換気装置は悪しきものとされた。現代性とは汚染をさっと洗い流す新しい仕組みを作り出すことを意味していた。本当の不潔さが厄介にも根絶できないとわかったところでは、言葉の不潔さを取り除くことで安心を得ることができた。けれども上品ぶって神経質になり、ますます英語の修正や規制を煽れば煽るほど、それに対する反抗や否定する動きが増加した。今と同じく当時も嫌悪と欲望は混じり合っているものだ。ポルノ本が流行り、熱狂的な読者のために喜んでみだらな作品を書く作家が存在していた。『ポーキンガム夫人、あるいは、誰もがそれをしている』は驚くべき例のひとつで、一八八〇年に書かれた凌辱とか性の饗宴とかでいっぱいの小説だ。『わたしの秘密の生活』はとても長くて繰り返しが多く、驚くほどあからさまにエロチックな回想録で、そこから引用して『オックスフォード英語辞典』は fist-fuck［アブノーマルな性戯の一種］、frig［自慰］、fuckee［ファックされる人］、randiness［欲情した］という言葉を初めて掲載した。ヴィクトリア時代の特徴はまるで分裂気味だと言いたいところだ。外側の立派な態度と内側のあさましさという組み合わせはくり返し登場する。

ヴィクトリア朝は自由放任主義の時代とよくみなされるのだが、その一方で野心的に法律を作った時代でもあった。そこにはこれまで存在していた法の見直しも多く含まれていた。その結果のひとつが中流の官僚――機械や記録、印刷された資料や手際のよい機械的手続きといったものを美化した新しいブルジョワの重要な一角を成した、学識のある法律制定者というひとつの階級――の増大だった（「法律家の隠語」という観念があらわれたのは十九世紀初め）。境界を印して、支配の仕組みを作りたいという衝動は言葉の扱いにおいてもあきらかだった。十九世紀の間に世界的に英語を話す人の数は、二千六百万人から一億二千六百万人へとおよそ五倍に増加した。[4]イギリスでは千以上、アメリカではおそらく八百もの文法書が出版された。英語は、一八三一年にロンドン大学にキングズ・カレッジが開設されたときから大学の科目となった。それは詩人のマシュー・アーノルドに後押しされ、一八五〇年代にインドの高等文官志願者たちが英語と英文学の試験を課されるようになった頃から急激に伸びていった。英語の地位が大学の正式科目にまで上がったことが官僚をめざす若者たちの教育にかかわってくるとは驚くべきことだ。

読み書きの能力は著しく向上した。印刷技術がますます改良され安価になり、紙の値段が下がり、一八六一年には原紙（新聞用紙）税が廃止されたおかげで、読むものはさらにたくさんになった——月刊誌、新聞、廉価本、とくに子ども向けに書かれたものも豊富にあった。一八五〇年代から始まった公開試験は大学によって管理され、これまで混乱していた学校制度の整備に役だった。それまで労働者階級の子どもたちはほんの少数しか学校に通っていなかったのだが、一八七〇年に初等教育法が成立してから、五歳から十二歳までの子どもたちが学校に行くのは義務となり、イギリス全土において学校教育は英語で行なわなければならなくなった。一八八〇年までには英文学は学校でもっとも人気のある科目となった——力点が置かれていたのは名文抜粋の諳誦だったにもかかわらず[5]。ついでに言うと、十九世紀の著名人のいかに多くが学校に行かなかったかは思い起こすだけの価値があるだろう。例を挙げれば、ジョン・ラスキン、ジョージ・エリオット、ジョン・スチュアート・ミル、あまり学校に行かなかったのはディケンズ、ダーウィン、ディズレイリなどだ[6]。十九世紀後半の教育の特徴のひとつは、読み書きが出来ない人をなくし、それに伴う様々な悪をなくすという楽観主義の他に、地域の独自性を超え、保守主義の美辞麗句と一種のロマンチックな外国嫌いをまとった国民的伝統の宣伝だった。

しかし、ヴィクトリア時代の英語の主な問題は階級だった。ヤングの『ある時代の肖像』の題扉のページにはヴィクトリア時代の格言「召使は人びとについて語り、紳士は物事について論じる」が書かれている。今ではなんと異質にみえることか。われわれは「物事」についてこれまでになくたくさん語っているとはいえ、人びとについても語っているし、それもおそらくどちらにとってもよかれと思う以上に語っている。けれども、十九世紀においては、話す物事やそれについての話し方が身分の象徴だった。したがって、言語と道徳的礼儀正しさを同一視するという十八世紀風のやり方が教育の実態となった。その結果、会話の様式は抑圧的なほど限られた形になってしまった。いかにも熱のこもった形容詞はそのわかりやすい特徴のひとつだ。ディズレイリは、英語はたった四つの言葉「nice［立派な］、jolly［楽しい］、charming［すてきな］、bore［うんざり］、それにある文法家が付け加える fond［大好き］」からなっているようだと冗談を言った[7]。階級はわれわれが想像するよりもっと流動的だった。ひとつのレベルから次のレベルへ上がることもできた。伝統的な階級間の防壁は自意識と不安から浸食されていた。古くからの階級のしるしが安泰でなくなるか、消えてしまうようになるにつれ、人びとの社会的身分に関する情報の源としての言葉に対し、もっと注意が集中するようになった。ヴィクトリア時代の生活を笑いものにした品物の多く——それがあらわすものと同じぐらいにからかわれた——言葉は、は新しい中産階級の身の回り品だった。食卓用ナプキン、ティーポットカバー、魚《フィッシュ》用ナイフ、ナプキンリング、ひだ飾り、縁飾り、など。ディケンズの小説『われら互いの友』の中では「真新しい」持ち物が成り上がり者の虚飾とされている。たとえば、家具、馬、馬車、絵など、赤ん坊でさえそのひとつだった。彼らは人びとをその役割という点からのみ見ている。ディケンズは彼らの振るまいを描くときには、その浅はかな現代性を強調するかのように現在形で表現した。そして彼が選んだ名前は、そのみかけの華やかさが単なるみせかけにすぎないことだけではなく、彼らの空っぽな貪欲さが深刻な病（性病）かもしれないことをほのめかしている。

class［階級］という名詞は、一六五六年出版の「難解な言葉」の辞書であるトマス・ブラントの『語彙注解』で、「いくつかの等級に従った人びとの順列、もしくは分布状態」と定義されている。その百年後には社会構造の論議にその言葉が使われるようになった。しかし、この言葉が活気づいてくるのは十九世紀になってからだ——社会の区分の仕組みを示し、そしてこの世紀の終わりには「気品」とか「高い資質」を意味するようになった。次第にそれは身分についての判断の領域も含むようになる。『オックスフォード英語辞典』には「class interests 階級の利益」（最初に認められたのが一八二八）、「class morality 階級の道徳」（一八三三）、「class feelings 階級間の敵対感情」（一八三九）、「class prejudices 階級の偏見」（一八五〇）、「class grievance 階級による不満」（一八五二）、「class system 階級組織」（一八七七）、「class barrier 階級の壁」（一八八九）、「class conflict 階級闘争」（一八九八）が載っている。階級は、実際の根拠に基づいているとして容認されていたものから大衆の議論の的へと変わっていった。そして、こういうことが起こるにつれ、ゆゆしきことには、正しさについての関心の焦点が、文法から語彙と発音のこだわりへと移行していった。ジョンソン博士が「文法違反」とか「野蛮」と書いたようなところで、十九世紀になると、批判の言葉には「社会的な意味が込められる」ようになり、「下品な言葉遣い」「俗語」「エチケット」が問題となった。[8] この最後のエチケットについて書かれた本が一八三〇年代から、大量に出版され始めた。それまでの振る舞いに関する本が個人に焦点を絞っていたのに対し、これらの新しい本は上流の人びとをひとつの階級とする考えを打ち出しており、道徳的な振る舞いというより社会的地位を強調した。

ウィリアム・コベットにとっては、文法を知っている人と知らない人との区別が階級制度のかなめだった。貧しい人は文法を教わっておらず、その結果、無知な隷属状態の生活を強いられているという。彼は、労働者階級の人びとが不当な扱いから身を守れるように『英文法』を書いた。同時に彼は、ジョンソン博士の書いたものから文法の間違いの例を挙げたり、国王の演説から馬鹿げた例を挙げたりして、権威的人物を笑いものにした。彼はノア・ウェブスターに「うすのろ」というレッテルを貼った[9]。また、リンドリー・マリーを非難し、ヒュー・ブレアの講演の間違いに飛びついて攻撃した。彼のとりわけ際だった考えは、思いついた言葉をそのまま書くべきであり、推敲という誘惑には負けてはならないというものだ。彼によれば、慎重に言葉を選ぶためにペースを落とすのは間違いであり、そうすれば不自然になるという。

コベットの文法は内容そのものというより目的においてすばらしかった。文法の表し方は平凡だが、彼は文法の知識を得ることで労働者は、いわゆる「区の暴君」たちから自由になれると主張した。自分の新聞『ポリティカル・レジスター』に、文法の本を出して「横柄で血統のよい圧制者の手強い敵をたくさん」作り出すのが自分の願いだと書いている[10]。数の多さに関する限り、成功だった。彼の本はその出版から十五年の間に十万部売れた。しかし、学校では採用されず、その政治姿勢を評価する独学の労働者からは賞賛されたが、その価格（二シリング六ペンス）のせいでコベットが買って欲しいと思った人びとの多くは躊躇したようだ。そのかわりに彼の読者はだいたいが下層中産階級《ロウアー・ミドルクラス》だった[11]。

コベットの息子のジェイムズ・ポールがその文法書の新版を一八六六年に出版したとき、そこには彼が階級について父とは異なった感受性を抱いていることが反映されていた。彼はよくある発音の間違いを指摘し、正すという項目を付け加えた。父親はそのようなことは重要ではないと考えていた。ジェイムズ・ポールは父親の本を改訂したときには六十三歳になっており、半世紀にわたり父親と違って無視することのできない目に遭ってきた。話の中に間違いがあると「この上なくいらいらさせられる。というのは、聞き手に、発言者には「下品」なところがあるのではないかとたびたび思わせるからだ[12]」。

ジェイムズ・ポール・コベットはこの推測があながち間

違いではないことに気づき、階級と身分をあらわす言葉がどの程度道徳性に染まっているかを調べた。この興味深い例がvillain〔悪党〕という言葉だ。十四世紀には、その言葉は「おひとよしの田舎者」のような意味だった。十九世紀初めになると、ときにはふざけてだが、犯罪者のことをいうようになった――それも劇や小説にあるような、典型的大悪党だ。十四世紀から十七世紀まではとりわけ「普通の」の意味だった形容詞のvulgarは一五五〇年と一六五〇年頃にはそれぞれ「平民の」と「野暮ったい」の意味を持つようになった。これらは十九世紀にはもっと一般的になり、とくにただ「vulgar 野暮ったい」振る舞いをいうだけではなく、そのような振る舞いをする人のことをいうようになった。その頃、また形容詞vulgar-minded〔卑しい心根〕、vulgar-looking〔卑しい姿〕が現れた。rascal〔ならず者〕は社会の最下層の人――それと一般の兵士――のことをいったのだが、その後道義をわきまえない人に使われるようになった。ignoble〔下品な〕は十五世紀と十六世紀の間は貴族の生まれでない人について使われていた。一五九〇年代から以降は次第に下品さや恥を意味するようになり、ヴィクトリア時代になると、古い意味で使うと、わざと古風に振る舞っているとみなされた。beggar〔乞食〕はこのような、単なる描写から感情の表現へと推移したもうひとつの言葉だ。wretch〔卑劣漢〕は何百年も前は追放者を意味していたのだが、やがて軽蔑の言葉となった。C・S・ルイスはこの現象を「身分をあらわす言葉の道徳化」とうまく要約してみせている。それはディケンズやディズレイリの時代よりずっと前から始まっていた。しかし、都会の人びとが田舎の生活やそれほど裕福ではなかった先祖たちからの距離をますます喧伝するようになるにつれ、身分をあらわす言葉の感情的な使用は拡大していった。

社会の特権階級の人びとがそうではない人びとを無定形な集団、もしくはおびただしい肉体群として退けるのがごく普通のこととなった。そしてこれは二十世紀の初頭にはさらにはっきりと宣言されるようになった。それはひとつにフリードリヒ・ニーチェの、はいずりまわるキリスト教の下層民についての雄弁だが不愉快な非難[2]の影響のせいもあった――この考えについては文芸評論家のジョン・ケアリーの本『知識人と大衆』の中で徹底的に究明されている[13]。しかし、十九世紀の語法についての論議は紳士と庶民との間の溝を強調しがちだった。

「紳士らしさ」の定義は論議を呼んだ。誰の基準を採用するかによって、その意味は、馬車を維持することであったり、金銭に無関心なことであったり、職業をもたないことだったりした。チェスターフィールド卿は一七五〇年代に嘲るように記している。gentleman〔紳士〕という言葉は「見苦しくない一揃いの服を着て、脇に剣を携え、ポケットに時計とかぎタバコ入れを持ち、自分はそのように扱われるはずであり、それに反対する人は皆のどを掻き切ってやると力強く誓う者すべてに適用される」[14]。チェスターフィールドは、道徳に即繋がるわけではない礼儀作法について話すために、フランス語から etiquette〔エチケット〕という言葉を借用した。ある手紙に彼は、世間に明るい人はカメレオンになるべきだと述べている。正しいことを行なうのは、他の人と同じような行ないをすることほど重要ではない。言葉に関していえば、これはすんなりと体制順応派を意味する。自分のことは話さず、集団にうまくとけ込むべきだ。「目立ってはならない」と彼は警告した。

道徳に関するところでは、チェスターフィールドの対極にいたのがサミュエル・リチャードソンで、彼の小説は礼儀作法の手本のようだった。『サー・チャールズ・グランディソン』（一七五三―四）の中で、リチャードソンは彼の主人公が紳士であることを証明できる場面を次から次へと描いている。リチャードソンは十八世紀版キリストとでもいえる慈悲心の権化のような人物を描いたのだ。グランディソンは名誉を重んじる人だったが、商人でもあった――家族を大事にし、結婚を奨励し、いつでも争いを解決し、他人の生活に調和をもたらし、女性たちに賞賛され、至るところで高い尊敬を払われていた。口に出された彼の徳のひとつは「彼はけっして言葉の意味を曲解しない」だ。それでも、彼の言葉の使い方はあまりに感傷的で、リチャードソンのフランス語の訳者プレヴォはその度合を弱める必要があると思った。

リチャードソンもチェスターフィールドも紳士らしさというヴィクトリア時代の概念について語っている。しかしリチャードソンが主に女性の読者から愛された一方で、チェスターフィールドは男性の読者にとってより一般的な模範だった――これは重要な相違点だ。後者が礼儀を道徳から離したことはすばらしく好都合だった。それによって「ちゃんと」することがずっと容易になった。一方でジョゼフ・アディソンとサー・リチャード・スティールが『スペクテイター』に書いた論文もまた高く評価された。書かれてから一世紀以上も後になって読んだ、十九世紀の読者は、彼らが勧めた慎みに気づいた。それは上品であると同時に狡猾でもあった。アディソンは、その論文は「多くの大衆の間に良識が広まるよう計算されたものだ」と述べていた。実際に、彼らは、人は毎日の生活という舞台で役者にならねばならないとしている。人の振る舞いを読み取るのはこの重要な部分であり、人が置かれた環境の枠組みを解釈することも重要だった。スティールはこれより前に『タトラー』で、「紳士という称号は決して人の境遇に付けられるものではなく、その境遇における彼の振る舞いに付けられるものだ」と述べている。『スペクテイター』ではしばしば、good-breeding〔育ちの良さ〕とかconversation〔会話〕といった特定の言葉に特別な注意が払われ、それが暗に意味する振る舞いを論じている。理想的な振る舞いがこのような言葉の繰り返しによって示され、それらが振る舞いの規則の一種の省略表現となった。ヴィクトリア時代の英語についての議論では、そのような繰り返しが真実を調査することの代わりだった。

ヴィクトリア時代のイギリスでは、紳士的な振る舞いとは何かが様々に定義されたが、常に排他性――紳士的でないものを寄せ付けない――という考えを含んでいた。ジョン・ラスキンは「紳士の精髄は、その人が純粋な氏族の出であるか、完璧にしつけられたかだ。その後で、優しさとか思いやり、あるいは親切な気質とか優れた想像力がくる」と述べている。(15) ウィリアム・メイクピース・サッカレーは『俗物の書』（一八四八）でひとつの定義を定めているが、それは実質的には信仰の告白である。

紳士であるというのはどういうことだろうか。正直なことか、穏やかなことか、寛容なことか、勇敢なことか、賢いことか、これらの資質すべてを持ち、それらをもっとも優雅で外向きなやり方で行使することだろうか。紳士は忠実な息子で、真実の夫で、正直な父親であらねばならないのだろうか。彼の生活は立派であらねばならないのか――勘定はきちんと支払い――好みは高尚で優美――その人生の目的は高邁で気高くあらねばならないのか。つまり、ヨーロッパ随一の紳士の伝記といったら、女学校ではためになる読み物で、若い紳士たちの寄宿学校では大いに得になる勉強であるような性質のものでなくてはならないのだろうか。[3]

サッカレーがもくろんだのは、ひとつに、彼が生きた間（一八一一年から一八六三年）に起こった勢力図の変化、つまり地主から新しい中産階級への移行を反映した形で「紳士らしさ」を再定義することだった。サッカレーは、中産階級はその上の階級の例を模範として真似るよりも退けるべきだと考えた。それでも、紳士らしさの理想は凝り固まっており、その言葉そのものがやっかいになってきた。それはひとつの判断基準だったが、ひとつの罠でもあった。政治学者ハロルド・ラスキは一九三〇年代に出した「紳士であることの危険」という論文で、紳士的な行動の反民主主義的、反知的性質について考察した。ラスキが思い描いた紳士は、想像力に欠け、命令するのに慣れ、社会的忠誠心の乏しい有閑人だった(16)。

ヴィクトリア時代の紳士は外見の物腰とともに内面の資質によって評価されたのだが、その内面の資質は言葉によって推測された。ウィルキー・コリンズの『バジル』（一八五二）は彼が同時代を描いた最初の小説だが、その中で、ある登場人物は、「純粋な英語」を話すことで「紳士」とみなされる。発音がこの純粋さを感じさせる決め手となったはずだ[4]。彼の後期の小説のひとつ『わたしはノーと言う』（一八八四）では、従僕の軽薄な妻が、自分が今し方失礼な振る舞いをした相手の女性にこう言う。「わたしの言葉にお気づきになって？　母親から正しい英語を受け継いでおりますの。母は教養ある人で、身分違いの結婚をしたんですよ。母方の祖父は紳士だったのですから」。そしてもっと有名な『白衣《びゃくえ》の女』（一八五九―六〇）ではペスカという人物が出てくる。彼はイタリア人の教授で、「服装、物腰、娯楽の他に言葉においても完璧にイギリス人であることを自慢に思っている」。彼は「われわれにとても馴染みのある口語的表現を二、三拾い上げ」、それらを会話にちりばめるのだが、「そうするときはいつでも、音に対しては関心が高いのに意味についてはほとんど無知であるため、それらの言葉を自分なりの複合語や、反復語にしてしまう。こうして、それぞれの言葉をたがいにひとつにつなげてしまうので、まるでひとつの長い音節からなっているかのように聞こえる[5]」。自分を言葉において「完璧なイギリス人」と思っている人はよくいる喜劇的な人物だ。正しいことと、自分の正しさを信じて自慢に思うことはまったく別のことだ。

『わたしはノーと言う』の登場人物によると、あれほどえらそうに口にしていた「正しい英語」というのは、彼女の目には、高い社会的地位のしるしと映っている。しかし、コリンズから見れば、そこに注意を向けさせようとする彼女の下心がこのしるしが偽りであることの証拠なのだ。自分が正しいかどうか思慮深くあるべきというのが当時の「淑女」崇拝の症候だ。一八三五年に匿名で出版された『女性、あるがままとあるべき姿』は、「いかなる自然や法則が女性を閉め出していても、女性たちは技巧と密かな影響力を行使してすべてを手に入れることができる」と論じている。作者は、女性は「偽りの崇拝によって崇められており」、「不健全な自由」を持っていると主張する。「精神的な強さが天賦の才能として与えられておらず、女性の栄光にもなりえない」とあり、「それは彼女にとって公に、あるいは私的に行使する影響力の正当な源泉ではない」。

淑女らしい振る舞いの理想を作り出すことはこれを補完する手だてなのだ。女性は「健全な知識に関して、決して闇の中に留められているべきではなく」、「賢明な男性との会話と傾聴するという徳」において訓練されるべきだ。[17]高い社会的地位の特徴を備えた女性に対する言葉としての lady［淑女］はこの世紀半ばの現象であり、それに付随して ladydom、ladyhood、ladyish、ladykind という言葉も誕生した。こんにち、多くの人が lady という言葉を蒙昧な時代のばかばかしい遺物と思っているが、その言葉はやや漠然とした形だがまだ続いている。一九八三年から『リーダーズダイジェスト』のスタイルガイドを作成している人が正しくこう記している。「あまりにも社会的な色づけや性差に組み込まれた想定であふれているので、誰も他人のためにその用法についての規則を示すことはできない[18]」

ヴィクトリア時代のレディーにとって、重要な関心事は声だった。女性の声で望ましいと考えられる資質のうちには優美さ、正確さ、純粋さ、洗練されていることなどがある。これらを説明しようとしてもまとまりがないが、強勢の置き方や息継ぎの仕方についての注意深さとともに、口跡の良さが不可欠だった。『ジェイン・エア』（一八四七）はヴィクトリア女王が夫のアルバート公の前で朗読した小説のひとつだが（社会的に高い地位にある女性の間で、朗読は必要なたしなみだった）、その中でテンプル先生は「ものの言い方が洗練されて礼儀正しいところ」を見せ、「それは熱狂的になったり、興奮したり、必死になったりすることがなく、彼女を見、彼女の話を聞いている人の喜びを、畏敬の念という抑制的な感覚で浄化するようなものだった」。『黒衣』（一八八二）の中で、ウィルキー・コリンズはこのような意見を述べている。「ほんの些細なことでも、現代社会のわざとらしさに染まった偽りの言葉や物腰は女性の品格を落とす」

俳優だったジョージ・ヴァンデンホフの『淑女の読み物』（一八六二）は、若い女性がこの期待されたわざとらしさを達成するための助けとなるのを目指した、かなり重要な本のひとつだ。彼の冒頭の言葉は「話の優雅さは女性にあってはとりわけ魅力的だ」。続けて「きらめくアクセント」と「好ましい声の調子」という言い方で優雅さの特徴を述べている。「淑女はすべからく散文もしくは韻文の本を手に取り、いかなる節も滑らかに知的に音楽的に読むことができねばならない。それも効果を期待したり、これ見よがしであったりはせず、賢く心地よく、優雅な様子で行なわねばならない」と彼は述べている。この調子で続け、「多くの淑女たち」がロッシーニやヴェルディを「品よく、優美に、趣をもって」演奏したり歌ったりすることができるのに、「明瞭に、感情を込めて、表現力豊かに朗読できる」人はほとんどいない、と嘆いている。ヴァンデンホフはある程度の技能的事項——「唇歯鼻音［ɱの音］」、「唇歯音［v、fの音］」について少々——も添えているが、一八六二年においてさえ、女性は朗読するときに「言い間違えたり、つっかえたり」しがちなところが男性とは違っているという彼の前提には賛成しかねると思っている人が多かった(19)。けれども、ヴァンデンホフの推測があたっていたのは読者の学ぶ能力だった。うさんくさい性差別論者に聞こえるかもしれないが、女性のほうが男性より言葉の形によって格が上がると思う傾向にあるのを示す説得力のある現代の調査がいくつもある。たとえばノリッジ［イングランド東部］出身の社会言語学者ピーター・トラッジルの研究がこれを例証している。トラッジルは、男性たちは伝統的に何を成すか（「ああ、それではあなたは弁護士というわけですね？」、「羊毛刈りですって——なんて面白そう」）で評価されるのに、女性たちは外見や彼女たちの身分を示すしるし、そのひとつが言葉の使い方なのだが、そのようなものによって評価されると主張した。「われわれの社会の女性たちは、一般的に言って、男性たちよりずっと身分というものを意識しており、その結果、言葉の違いによる社会的重要性の変化にもっと敏感だ」と彼は論じる。男性は「下から」影響される傾向にあり、女性は「上から」だという(20)。

面白いことに、十九世紀の小説はそのような関心事について考えを巡らせている。小説家たちは読者が規範的な規則をよく知っていることを利用して、登場人物の社会的階層を正確に位置させるためにアクセントや方言についての意見を語っている。『ミドルマーチ』［ジョージ・エリオット］で、うわさ話好きなカドワラダー夫人は、成金たちを「耳障り」なアクセントがあり、「世界をお造りになった神様の構想にはなかったはずの人びと」と見なしている。カドワラダー夫人やロザモンド・ヴィンシーのように、「階級の香り」を嗅ぎ出す人はこの鋭敏さゆえに狭い料簡をしている。彼らはそのせいで偉くなった気になっているのだが[6]。

ディケンズの登場人物たちはよく知られている多くの妙な癖や、この時代の典型と思われる癖をあまさず披露する。『荒涼館』（一八五二—三）には、早口でしゃべるときに音節を抜かしたり、ときには幾つかの単語を刈り込んでしまう弁護士が登場するし、検事たちは法廷だけではなく、その外にいる人びとに向かっても反対尋問をしがちなのだ。彼の小説を賑わせている登場人物の多くは、それぞれおはこの名せりふによって定義されている。ちょうど職業的な陽気さで個人の人格が消されてしまっている現代のクイズ番組の司会者のように。それから、お馴染みの口語体のマンネリズムを体現している登場人物もいる。『デイヴィッド・コパーフィールド』に出てくる決して最上級を使わない従僕のリティマーや、同じ小説の医者のチリップ氏。彼のいくじのなさは、誰にも言葉を「投げかける」ことができず、その代わりに狂犬に食べ物を出すかのように切れ切れの話をそっと差し出すところにあらわれている。『ハード・タイムズ』の「話が行ったり来たりする」紳士たち、『荒涼館』の痛風病みのレスター・デッドロック氏。彼は口にするどんな言葉でも人類にとって重みがあり重要性があるとあまりにも長い間説得されてきたので、実際に「彼の言葉にはあたかも何かがあるかのように聞こえるようになった」[7]。また、外国人の話に対する横柄な態度もある。『リトル・ドリット』のカヴァレットはあやしげな活用やいじくりすぎた形容詞のせいでからかわれている。そして、彼が付き合っている人びとは「彼がまるきり聞こえないかのように、大声で話しかける」[8]――これは今でも英語ができない人に話しかけるときの標準的な話し方だ。

もっとよく知られているのが、ディケンズがロンドンの普通の民衆の日常会話をとらえる器用さだ。彼がわざと意味ありげに綴りを間違えてみせた言葉には、arternoon、sov'ring、tremendjous、earnins、fi'typunnote、particklery、gen'l'm'n、hinfant、everythink などがある。また大量の砕けた構文があり、中でもお気に入りの例は『大いなる遺産』のジョー・ガージェリーの一文だ。「it were understood...and it are understood 了解したことだし……了解しています」。ディケンズが間違った発音で話をわからなくする人物のことを扱っているとき、話し手と登場人物とを隔てる皮膜に穴があいてしまうこともある。『ピクウィック・クラブ』のサム・ウェラーは v とか w を発音できないが、mottle-faced［顔にしみのある］という言葉（語り手が地の文で使っている――もちろん、それをサムは知らないことになっているのだが）を使うことができる。登場人物が、従属節だらけで普通の話し言葉の決まりからは遥かに離れた芝居がかった気取った話を披露して腹話術の人形になってしまったようにみえることもある。

作家としてのディケンズはいつでも役者だ――わざと遠回りをしたり、期待をひっくり返したり、おびただしい人物群でいっぱいにしたり、大げさに強調したり――そして言葉について語ったところを見ると、彼がそれを楽しみの源であり、また対象でもあるとみていたことがわかる。『われら互いの友』には、軍の将校の娘で「（綴り以外の）人生のあらゆる贅沢に慣れてしまった」若い女性たちが出てくる。他方、『ニコラス・ニックルビー』には「馬は quadruped 四足獣で、quadruped はラテン語で獣の意味だ。

文法をちゃんとやったなら誰でも知っていることだ。そうでなかったら文法なんてやる意味がどこにあるというのだ?[9]」と自信たっぷりに言う厳しいスクウィアズ校長もいる。本当にどこにあるのだろうか。ディケンズの登場人物たちは plunder［略奪する］とか must［しなければならない］（「君はそれをしなければならないと思う」というように）という言葉は嫌いだと言っている。barber［床屋］は hairdresser［理容師］の恥ずべき貧しい親戚と非難されている。しかし、一方でディケンズは当時のより大きな現象をだしにして面白がってもいる。『リトル・ドリット』に出てくる遅滞局はヴィクトリア時代の行政の冗長なばかばかしさを諷刺したものだし、『オリヴァー・ツイスト』では下層の犯罪社会の「隠語」をいくつか取り入れている。その小説の中でありとあらゆる色合いでおぞましさや邪悪さをディケンズが再現しているのに感銘を受け、十代のヴィクトリア女王はそれをメルバーン子爵に勧めた。彼は惚れ込むどころか、スリとか棺桶屋とか、その他、現実生活でも芸術作品の中でも見たくもないものを小説家が描いていることを嫌がった。メルバーンは旧世代の遺物だった。ヴィクトリア女王は日記にこう記している。「彼は Rome や gold を Room とか goold と発音する。だから、who と whom の違いを説明してもらうには最適の人物かもしれない[21]」と。

サッカレーのものにはさらに大きな歴史的幅が見られる。彼はまったく知り尽くしたかのような態度で言葉の問題に照明を当てている。彼が頻繁にほのめかすのは、この一世紀半にわたる標準語の変遷だ。十七世紀末から十八世紀の初頭までを舞台にした『ヘンリー・エズモンドの生涯』（一八五二）では、当時のスタイルを模倣しており、それはおかしなほど古風でいてまったく自然にみえた。また、時代背景を彷彿とさせるために廃れた言葉や当時の俗語を注意深く使い、古くさい綴りを取り入れ、「綴りは当時の世界では一般的な日用品ではなかった」と実際に述べている。やはり十八世紀初頭が舞台となっている『キャサリン』（一八三九年）で、彼はこう記している。「当時、人びとは、現在礼儀正しいと思われているよりもずっと簡潔で表情豊かな言葉を使うのに慣れていた。だから、一八四〇年という今の時代に、一七二六年にヘイズとその妻との間で交わされた非難の言葉そのものを口に出すのは危険だろう[10]」。登場人物のアクセント、綴り、筆跡は絶えず彼らの社会的地位を示すのに使われている。ある貴族の女性は「十三歳の女学生のように書いた」、また、別の女性は「キングズ・イングリッシュをうち負かし、彼女のテーブルに半ダースもの公爵たちを引きつけた[11]」。悪い筆跡を非難した十九世紀の新語には、形容詞の spidery［蜘蛛の足のような］、

scrawly［走り書きの］、cramped［小さくて読みにくい］、shaky［よろよろした］、stiff［堅い］、niggling［読みにくい］、unreadable［判読しにくい］があり、すでに存在していたillegible［読みにくい］、foul［汚い］、scribbled［殴り書きした］、scrabbled［走り書き］、loose［いいかげんな］といった在庫に加わった。悪い筆跡は、暗黙のうちに、悪い姿勢の結果であるとされ、十九世紀の書記 penman（もしくは penwoman――一七四七年に認められた言葉）にとって重要な品物が吸い取り紙だったとわかってもそれほどの驚きではない。

『ニューカム家の人びと』（一八五三―五五）で、イギリスびいきのフランス貴族フロラックは完璧なイギリスの郷士になろうという大志を抱く。「馬丁や従僕との会話では彼は自由にののしる――自分の私的な会話でののしり言葉を使い慣れていたからではなく、これらののしり言葉の使用はイギリスの地方の大地主として必要なことだと思っていたからだった」[11]。自分の作品の登場人物についていつも論評を加えていたサッカレーはこのテーマに関して無数の余談を提供している。そんなわけで、たとえば、「貧しい家庭教師は文法を気にしなければならないが、金持ちの准男爵は気にする必要はない」。また、会話において、真の「気品のあるイギリス風」には「のんびり話す」ことも入る。紳士もしくは下級貴族になるには、いわば首尾一貫せず、筋が通らないことを明瞭に話すべきなど。また、ある言葉の癖は、労働者階級がやると実におかしいのに、社会的ピラミッドの頂上近くにいる人の間では普通だ、ということを見つけたのはサッカレーが最初でもなければ、確かに最後でもなかった。『英語の下品さと不作法さ』（一八三三）という題の本でW・H・サヴェッジはこう述べている。「英語の新聞をちゃんと読むにはかなりな量のギリシア語やラテン語を知らなければならないと勘違いして恥ずかしく思っている人がたくさんいるのを知っている」[22]。アンソニー・トロロプは、彼の小説『スカーバラ氏の家族』（一八八三）の中で、ベルギーの役人グラスコールについて、「彼が外国人だとわかるのは、ひとえに英語の正しさからだ」[12]。これをアメリカの批評家ハリー・サーストン・ペックの一八九〇年代の判断と比べてみるといい。「こざっぱりした言葉をまとった話し手や書き手は……おそらく「教育を受けた」人だろう。しかし彼の教育は、十中八九、とても浅薄なものだ。というのは彼は受けた教育を使いこなすほどには十分教育されていないからだ」[23]

一連のメロドラマで人気をあつめた女流作家マリー・コレリは別の視点を示している。彼女の登場人物のひとりは（自分自身の）「まずい文法……に異様な喜びを感じている」、また別の小説で彼女は「上流社会の御婦人」のことを次のように皮肉っている。「自分の社交界での体験談をあやふやな文法で語り、最良の文学にも匹敵すると考えている」[13]。コレリは自分のことを言葉を清める人と考えていた。彼女はスコットランドの詩人で『驚くべき大衆の錯覚と群衆の狂気』（一八四一）の作者チャールズ・マッカイの庶子だったが、彼からは着想ではなく精神を受け継いでいた。英語に対するマッカイの態度は『英語の失われた美』（一八七四）にたっぷり表現されている。その中で彼はこう述べている。「古英語は……議論をする言葉というよりも情熱的な言葉だ。だから、ともかく情熱的であるべき詩人は……この古代の源に帰らねばならない」。彼は古代の言葉を蘇らせるのに熱心で、英文学は「民族の言葉からの借用によって得るところが大きいだろうに」と論じた[24]。彼が復活させたいと思っていた言葉には、trendency「強い偏向」、flaucht「稲妻」、whommle「突然ぎこちなく向きを変える」がある。しかし、lodestar［北極星］、chancy［幸運な］、after-word［あとがき］のように今では奇妙でも何でもないものもある。

マッカイにとって、良い文体というのは「生命力」が典型的な特徴である英語という富を十全に活用したものだった。文体は魂の表現と理解されていた。その世紀の終わり頃に、文体の定量分析法が登場した。T・C・メンデンホール[14]の論文「文章の特徴的な曲線」は一八八七年に『サイエンス』誌に掲載され、文体分析の手法についてはルシアス・シャーマンが別個に開発した。それでも、われわれのほとんどにとって、文体は計量の対象ではなく効果と印象のレベルに留まっている。それを分類するとき、われわれは記述的なしるしを使う。これらはほとんど明確とはいえない。たとえばフランシス・ベーコンは「magistral 主人の」と「probative 証拠となる」を対比させ——一方は権威主義で教条主義で、もう一方は実験的で調査主義だという——わたしのお気に入りとなっている。かつてマサチューセッツ大で教えていたウォーカー・ギブソンによって提示されたもっと現代的な見方によれば、現代の散文は、少なくともアメリカでは、常にタフ［直截簡明　たとえばヘミングウェイの文体］か甘い［調子がいい　広告文］か退屈か［官僚の作文］だ。構造上のものと装飾的なものを区別したり、説明的か論争的かを比較したりすることもある。もっと簡単に、正式と略式が対照されることもある。「口語的」という形容詞は、話し言葉に似ているような書き言葉につけたレッテルだ[25]。

文体に対する態度の変化は、新聞や雑誌の勃興と関係が深い。一七〇〇年にはロンドンに日刊紙はなかった[26]。しかし一八一一年には五十二紙あった。地方の週刊誌もこの頃に急増した。これらの出版物のあるものは文体に関する意見を特集し、一七五〇年頃から専門的な文芸誌の評論家は彼らが悪い英語と判断したものを批判するようになり、そうすることで驚くほど大きな影響を与えた。しかし、評論家の業績よりももっと重要なのは、自分たちがやっていることについて――とくに事実に基づく散文に関連して――作家の意識が根本的に変化したことだった。十八世紀の終わりになると、パンフレットや新しい記事の書き手たちは、立派な言い回しと正直さとは同じものではないとますます確信するようになった。この見解は十九世紀に至ってさらに成熟した。一八三六年から一八八〇年の間にイギリスの新聞の数は二二一から一九八六に増え、ニュースの報道は、ときにはメロドラマ的なこともあったが、一般的には、正確で理論的で情報をうまく伝えるという報道機関に共有された文体で行なわれた。[27] その間、文体に関する他の考えも数多くあらわれた。感情に溢れた文体、活動的な文体、「雄々しい」無骨さを持った文体など、支持者がそれぞれいた。トロロプの『ユースタス家のダイヤのネックレス』（一八七一―三）の中ではある登場人物についてこう語っている。「彼は月並みな言い方を避けて無骨で真実味のある話し方をした」そして、この無骨さを真実と同一視するのは珍しいことではなかった。トマス・ペインの『人間の権利』は、けばけばしい色合いの形容詞や副詞なしで過激な文書を書き、それがひとつの伝統となったことから、この点で創設的作品とみなされた。実際にはペインの文体は正確に言って簡潔ではない。彼はやや異なった伝統に属している。政治的な作家が敵の修辞的美辞麗句を非難し、これらが相手の議論の中身のなさを示していると主張しながら、その非難したやり方をいろいろ使って自分たちが書くものを飾り立てるという伝統だ。それでも、ペインの文体は飾りのない啓蒙の例と見なされた。

ウィリアム・ハズリットは英語散文の会話体を擁護した。彼はどんな作家でもその作品が朗読できないようなものなら、読むに値しないと主張した。一八二〇年代に書いたものの中で、ハズリットは、学術論文の低俗さ、気取り、単調さを猛烈に非難した。彼はジョンソン博士の多様性のなさを批判し、もっと柔軟になる必要があると論じ、自分で「馴染みのある文体」と呼んだものを強硬に主張した。これは無意味な華やかさや学者ぶった美辞麗句や芝居じみた大袈裟な表現を排した書き方のことだ。そのような、自然でくつろいでいるが、それでいて技巧に富んだやり方なら「人生の本当の目的にふさわしいだろう」（同じような取り組みはもちろん『リリカル・バラッド』の中でワーズワースやコールリッジによって進められていた）。ハズリットは、うまい文章は、簡潔な言葉や率直な表現を使い、読者のために尽くすべきだという原則に固執していた。さらにもうひとつの原則は、これは当時と同じく今でも重要なのだが、自分の主題に合わせなければならないことだ。多くの状況で、その人の書いたものはその人の個性を伝えることができるし、伝えるべきだ。しかし、ときには厳粛さとか美意識のために、個性は抑圧されねばならない。

詩人マシュー・アーノルドは簡潔な文体を支持し、それを「アテネ風散文」と呼んだ。「アテネ風」で彼はプラトンが書いたような文章を意味した——直接的で、節度を持ち、簡潔に書くこと。彼は大袈裟な誠実さの代わりに近づきやすい簡潔さを望んだのだ。カナダのコンコルディア大学のジェイソン・カムロットが説明しているように、「ヴィクトリア時代の文体論でもっともよくあった議論のひとつは……イギリスの大衆の手に入る読み物はその読者すべてを結びつけるべきであり、こうしてイギリス人をひとつの国民として統合しなければならないというものだった」(28)。その結束の達成を望む人びとにとって、ハズリットの主張する言葉はふさわしくないようにみえたが、かといってフリルや渦巻きなどの装飾いっぱいのもふさわしくはなかった。

スコットランドの有力者トマス・キングトン・オリファントは一八七三年に『標準英語の起源』と題した注目すべき本を出版した。その驚くべき性格は冒頭のページで劇的に打ち立てられている。そこで著者はこう述べている。「イギリス人の目から見て神聖な場所はたくさんあり、世界各地に散在している。しかし、一番神聖な地は……われわれの先祖たちがインド人、ペルシア人、ギリシア人、ラティウム人、スラヴォニア人、ケルト人の祖先と一緒に暮らしていたところ——オクスス川〔アムダリヤ川。パミール高原からアラル海に達する〕からそれほど離れていない地点——だろう」(29)。三二〇ページにわたる言葉の「進歩」の歴史を完成し、キングトン・オリファントは「一八七三年の良い英語と悪い英語」を概説している。彼が認めた悪い英語は次の通り。中産階級の「驚くような難解なラテン語好き」、いらいらさせられるジャーナリストの「享楽的な話」、牧師の「長く曲がりくねった文章」、そして「煉瓦や石に漆喰を塗りたくる傾向」——これはアングロ・サクソンの語彙を補うための外国語輸入を意味している(30)。この最後のものがわれわれが次に向かうべき題材だ。

13 「われらが血、われらが言葉、われらが制度」

純粋主義と無知なるがゆえの快適さ

小説『定められた寿命』（一八八二）の中でアンソニー・トロロプはブリタニュラと呼ばれるかつてのイギリス植民地を想定している。そこではすべての市民が六十七歳になると大学と呼ばれる施設に移される。大学に「寄託」されて一年後に、彼らは次の段階に進むことになる――「出立」だ。これは彼らが殺されることの遠回しな言い方なのだ。ひとりの登場人物がタブーとなっている言葉 murder［殺人］を耳にし、「言葉として不適切だ」と苦情を言うと、まさに現実的な返答「英語は英語」が返ってくる。それはよくあるタイプの言い方で、類語反復のようにみえるが、最初の「英語」と二番目の「英語」は意味がやや違っているのをわれわれは承知している。そして、それが「ゴチャゴチャ言わないで」の別の言い方であることも理解している。けれども、その文章についてもっとよく考えてみると、もっと複雑な意味が含まれていることに気づくだろう。ひとつは、「人びとが実際に使っている言葉は、標準的なものとして受け入れなければならないものだ」と、もうひとつは、「英語は、イギリス人の国民性をあきらかにする資質と特性をもっている」というものだ。

「英語は英語」というのは、年がら年中、いかにもイギリス人らしく振る舞うことと、恵まれた自分の境遇を楽しむことに関心を抱いていた作家トロロプの小説で出くわすとびっくりする一文だ。トロロプの作品では、持てる者たちはたいていぼんやりしている場合が多く、そのありがたみを喜んで他人に与えている。よく出てくるテーマは、豊かさによる絆と愛国心の絆とがあたりまえと思われていることだ。

トロロプとキングトン・オリファントは異なったやり方でヴィクトリア時代の大きな議論のひとつにわれわれを導いてくれる。それは英語の本当の性質についてだ。とくに、その人種的性質だ。一八四一年にトマス・アーノルドは、オックスフォード大学現代史の欽定講座担当教授として就任講義を行ない、アングロ・サクソン史は斬新だったと主張した。「われわれ、この偉大なイギリス国、その民と言葉は今や地球の端から端までを覆っている――イギリスの民はサクソン人の白馬がツィード川［スコットランド南東高地に発し北海に注ぐ］とテーマー川［イングランド南西部から英国海峡へ注ぐ］との間をその領土としたとき誕生したのだ。われわれの血統、言葉、名前とわれわれの国の実際の区域、われわれの制度のいくつかの始まりをこの時点にまでさかのぼることができる。この時点にまで、われわれの国民性は広がるのだ」[1]と彼は宣言した。十七世紀のキャムデンとヴァーステガンの議論が復活したといえるこのテーマは広まり、アングロ・サクソン語学者ジョン・ミッチェル・ケンブルの『イギリスのサクソン人』（一八四九）でとくに生き生きと描かれた。ヤーコプ・グリムに師事し、ゲルマン語の分析に没頭したケンブルは、「われらが祖先のアングロ・サクソン人たちが公の政治生活の基盤とした原則と、これらの原則がもっともはっきりと実現された制度」について語るのは「われらの時代の幼年期の歴史を語ることであり、――その青壮年期の説明となる」と論じた[2]。アーノルドとケンブルの勝利主義は論議を呼んだが、それは広く繰り返され、同時にアメリカのジャーナリスト、エリアス・モレによる『アメリカ語、もしくはゲルマン英語に対する申し立て』（一八八八）の中に悲しみに満ちた反響を見ることができる。純粋な英語という現在の思い込みの原点はこの時代の論争にある。

　トマス・アーノルドの息子マシューはアングロ・サクソン時代の夢想を胸一杯に詰め込んだ同時代の人びとをからかい、彼らのことを「ゲルマンマニア」と呼んだ。この手の人物はけっこう多く、イギリス人はゲルマン起源の純粋な種族だと熱心に主張し、またフランスの歴史的影響を過小評価することにも熱心だった。もっとも熱烈な人たちによれば、イギリスらしさを決定する要素のすべては一〇六六年よりずっと前に確立されており、それ以降起こったことはすべて粗悪化でしかなかったという。歴史家エドワード・オーガスタス・フリーマン――オックスフォード大学のベイリオルカレッジの奨学金をマシュー・アーノルドと競って負けた――はこの見解をきわめて激しく主唱した。しかし、もっとも多くの読者を得たのは彼の弟子J・R・グリーンだった。グリーンの大いに成功した『イギリス国民の歴史』（一八七四）は次のような宣言で始まる。「イギリス人の祖国として、われわれはイングランドそのものよりも遥か遠くを見なければならない……それはシュレスヴィヒと呼ばれる、バルト海を北海から切り離す半島の中心にある地域だ[3]」。グリーンは徹底的なゲルマンマニアではなかったが、アングロ・サクソンに対する時代の情熱を取り込んだ。奇抜で感情に訴える文体は、彼の「民族の歴史」の物語が一大感動を引き起こすことを意味し、それは五十年にわたって標準的なイギリス史として人気があった。

　これらの歴史家たちは元々言葉に関心があったわけでは

なかった。だが、彼らは民族の記憶を呼び起こし、古英語の語彙の中にしっかりと体現されているアングロ・サクソンの過去への郷愁をかきたてた。この郷愁を詩人ウィリアム・バーンズほどうまく表現した人はいない。詩人のフィリップ・ラーキンが指摘したように、バーンズはむしろトマス・ハーディの作中人物、知識崇拝者ジュード・フォーリーの成功版のようにみえる。彼は貧しいドーセットの農家に生まれ、字がきれいだったために弁護士事務所の事務員として最初の仕事についた。精力的に独学したおかげで学校教師として活躍し、やがて歴史や文学といった題材の講義をして成功するようになった。主に文献学に焦点を絞るようになるにつれ、自分で「書籍の英語」と命名した外国風特質に反対するようになり、その代わりにアングロ・サクソンの簡潔さに戻ることを提唱した。彼の詩は、題材も語彙もその主張にふさわしく素朴であり、多くの崇拝者を獲得した——ハーディもそのひとりで、その他ロバート・ブラウニング、ジェラード・マンリー・ホプキンズもそうで、マシュー・アーノルドでさえもそうだった。

バーンズは bicycle［自転車］よりも wheelsadle を好み——その詳細については一八八六年のハーディによるバーンズの死亡記事に引用されている—— forceps［鉗子］よりも nipperlings を好んだ。medicine［医療］よりも leechcraft のほうがいいと提唱したことはおそらく警戒心を煽っただろう〔1〕。しかし、彼の提案すべてが遠ざけられたわけではない。異教信仰とサクソン王国との繋がりに夢中になり、古英語の Wessex［ウェセックス］という言葉を復活させたのはバーンズだった。また preface［序文］、manual［手引書］の代わりに foreword、handbook を使うところにバーンズ風の趣を見ることができる。

ウェセックスはバーンズよりもハーディと結びつけられることが多い。そして、『緑の木陰』や『遙か群衆を離れて』や『帰郷』の作者ハーディは当時のもっとも詩的郷愁を抱いていた人物のひとりのようにみえる。しかし、一八九〇年代になると、彼は過去を美化することをやめた。子どもの頃、ドーセットの田舎で土地の歌や儀式に浸って育ったハーディは、自分の書いたものの中に、田舎の会話の喜びを敏感に感じ取っていた。しかし、彼はそれに伴う欠点にも気づいていた。ハーディのウェセックスでは、言葉は不安の源でもあった。危機の時には、登場人物たちは自分たちが捨てようとしていた語法に再び戻っている。ハーディは古文体を危険な思い出として描いている。それらは読者を失ったものと繋げる。だから、『ラッパ隊長』（一八八〇）では、短気な自作農フェスタス・デリマンは「いらだちの中で思わず普段遣いの言葉をもらし」、女主人公のアンは「粉屋やその友達から方言や訛りをすぐさま拾ってくる」ので母親をがっかりさせる。『恋魂』（一八九二年にシリーズとして出版）では、無邪気なエイヴィス・ケアロウは「先祖たちの経験すべてを忘れ去るように教えられ、バドマウスの今流行の音楽店で買った歌で地元のバラードを掻き消し、家庭教師のまったく無国籍な言葉で地元の語彙を圧倒するよう」計算されたやり方で育てられる。『日陰者ジュード』（一八九五）では、教師のジリンガムが同僚の教師フィロットソンとの話に、奇妙な方言「lumpering〔積み降ろし作業をする〕」を使うのだが、ハーディはここで一言論評する必要を感じたようだ。「訓練を積み、有能な教師でさえも、私的な会話のときには子どものときの方言を使うこともたまにはある」と付け加えている。『テス』（一八九二）では、彼は言い訳をするように、テスの母親はよく方言を話すが、テス自身は「ロンドンで教育を受けた教師のもとで小学校の六学年を終えていたので、二つの言葉を話した。家ではだいたい方言で、外や立派な人の前では普通の英語を話した[2]」。

ハーディには、廃れたものや廃れかかったものを永続させようとするには、病的なほどの「忘却力」を要するとわかっていた。ウィリアム・バーンズの復古主義に与するどころか、彼は「文法においても、語彙においても、純粋主義というのはほとんどいつも無知を意味する」という意見を述べている。アングロ・サクソン主義の熱狂的支持者は、彼らが大事にしている言葉――五世紀にアングル人やサクソン人（その他フリジア人やジュート人）によってイギリスにもたらされた幾つかの言葉からなる混成語――そのものが純粋とは程遠い可能性があると考えるのが嫌なのかもしれない。その原始ゲルマンという源自体がまた別の言葉――フェニキア人の冒険家たちの言葉も含まれることは大いにあり得る――との接触によって染まっているはずだ。

作家で名ピアニストのパーシー・グレインジャー（一八八二―一九六一）の主張もそのような配慮によって和らげられることはなかった。彼は多趣味なオーストラリア人でノルウェーの方言や古英語の民謡に熱烈な興味を抱いていた。グレインジャーはウィリアム・バーンズの書いたものについては多分何も知らなかっただろう。しかし、彼もバーンズと同じく、「書籍の英語」よりもずっと詩的で直感的な過ぎ去った言葉といったものを愛していた。そして彼の計画でもっとも記憶すべきことは「青い目の英語」と彼が呼んだものの擁護だった。アングロ・サクソンは青い目をしていた、と彼は主張する。そして彼らの時代以降に輸入された言葉はどれもアングロ・サクソンの語彙を劣化させた、と。グレインジャーは外国の言葉を真剣に削除しようとした。しかし、彼の「青い目の散文」はあまりよい出来とはいえなかった。読者は enjoyed の代わりの joyquaffed や、othery（different の代わり）や、tone-tool（instrument）や、とくにばかばかしい thor-juice-talker（telephone）にはたちまちうんざりするだろう。さらに大義どころかグレインジャーは鞭打ちや人種差別、近親相姦の熱心な擁護者だった。

バーンズとグレインジャーは独創的だったが素人だった。ヴィクトリア時代末期の純粋主義に対する専門家としての見解を知るにはトマス・ラウンズベリーが参考になる。彼はイェール大学での at Yale University（もしくは彼の本の冒頭のページにあるように、イェール大学における in Yale University）英語の名誉教授だ。彼は『英語の標準語法』（一九〇八）の中で、「真の自国語を駆逐し、それにとって代わろうとする外国語、とくにフランス語からの借用語」について書いている。感情に訴える言葉――ラウンズベリーははっきりとこれは無駄だと考えていた。彼は続けて、「言葉の歴史は改悪の歴史だ」と述べている。それでも、「理論的には正しい語法であるものに戻ることは野蛮に戻るように見えるだろう」と主張している。(4)

「理論的には正しい」とは寛容だ。遙か昔を取り戻したいと思うのは奇っ怪だ。それは進歩を否定し、言葉の真髄ともいえるダイナミズムを誤解している。世界の言葉はたがいに留まることなく接触し続け、そうして変化していく。ひとつの言葉の特徴が別の言葉に入っていく。この地球にわれわれがもっと増えるにつれ、またもっと旅行をするにつれ、もっとこのようなことが起こるだろう。もちろん、もっとも極端な変化は死だ。二週間ごとにひとつの言語が消えていく。世界のおよそ六千の言語のうち五百ほどの言語を話す人はそれぞれ百人に満たず、われわれの言語の半分以上が瀕死の状態にあると言っても過言ではないだろう。ひとつの言語が消えるのはそれを話す人びとが死に絶えるからだ――紛争、政治的抑圧、病気、また地震などの地殻大変動の犠牲となって――あるいは、彼らの文化がもっと強力な別の文化に飲み込まれてしまったがために――おそらく都市化のため、あるいは商業広告に席巻されて。ときには自国語を捨てることが生き残るための戦略ともなりうる。言語の死というとき、それはその言語がもはや話されないという意味だ。書かれた記録が残っていれば、復活させることもできるかもしれない。しかし、実際には、ヘブライ語を例外として、[3] 消滅した言語が生き返ることはない。

言語の数が減ることを都合がいいと見るものもいる。この見解に従えば、理想的な世界では、ただひとつの言語――つまり彼らの言語――があればいい。その結果はバベル以前に存在していたと思われる完璧な状態に戻ることになろう。これはあまりに単純だ。世界平和は人類がただひとつの言語を共有すれば達成されるわけではないし、人間の複雑な思考をあますことなく伝えるのに適したメカニズムを持つ言語などもない。異なった言語は、異なった世界の見方を示してくれる。そのうえ言語の死は大きな損失だ。短期的に見れば、今では死に絶えた話し手たちが蓄積してきた知識のある部分を失ってしまうことであり、長期的には、われわれ自身の言語の創造性や活力が消えていくことだ。言語の多様性を維持することは複雑な生態系、進化に欠かせない遺伝子の多様性に似た豊かさを支えることだ。

純粋主義者たちは独占欲が強い。彼らは自分たちが言っていることの正しさだけではなく、他の人びとの失態や悪趣味にまつわる自分たちで集めた無数の例に対しても猛烈な支配欲をみせる。とくに彼らはしゃくにさわる語彙の例を並べたてた。一五五〇年代に、トマス・ウィルソンは、野心的な牧師が使った「domesticall 国内で」や「Archigrammarian 大文法家」といった不純な言葉を滑稽に模倣することもあった。百年後に聖職者ピーター・ヘイリンは先のチャールズ一世時代の「野暮な」言葉を一覧表にして楽しんだ。その中には現在われわれがよく使っている言葉も幾つか入っていたし（「complicated［複雑な］」、relax［力を抜く］」）、われわれの知らないのもあった（「accalladoes」「anomabous」）。アディソンは『スペクテイター』誌に、ある兵士のことを書いている。彼の「当世の軍隊仕込みの雄弁な言葉」のせいで、故郷に届いた手紙のひとつを読んだ父親は、「すごいニュースを伝えているのはわかるが、それが何か読み取れなかった」[5]。純粋主義者はこの種のことをやり続けている。もちろん、彼らの目から見れば、自分たちが見つける間違いは、個人的な好みの問題ではなく、永遠の真実に関わることなのだ。しかし、現在純粋と思われているもののほとんどが、かつては野蛮とみなされていた。純粋主義者は変化に抵抗して勝ち誇る。それは、彼らが言葉と時間との関係を厳密に理解しているからではなく、現状維持――あるいは、より多くの場合が現状維持の幻想――にかなりの精力を注いでいるからだ。「母語」という言い方は意味ありげだ。というのは、女性と同じく言葉もまた、伝統的に純粋さが理想とされてきたからだ。

外来の借用語嫌いは簡素なのが好きだからとされることもありうる。そこでの議論は次のようになる。借用語は人びとを混乱させるし、文書を理解するのがむずかしくなる。また、真実――たとえば聖書の――を見えにくくする、と。しかし、輸入した言葉に敵意を持つ純粋主義者たちは自分たちのまわりの世界が変わりつつあるという現実について行けない。借用語のうちには気まぐれなのもあるが、ほとんどはそうではない。借用語は必要に答えているのだ。言葉を拒絶することは多くの場合、現象を拒絶することだ。

パーシー・グレインジャーの例が示すように、純粋主義者の郷愁は不吉な側面も持ちうる。フランスの言語学者クロード・アジェジは著書『言葉の生と死について』の中で、純粋主義は言葉の衰退をあらわすことがよくあると主張している。言葉を儀式的に使う人、もしくは完璧に使いこなしているわけではないのに伝統的な使い方に神経質なほどのこだわりを見せる人びとは、受け身の狂信者で、彼らは「健やかな生のイメージにそむく厳格な規範をわざとらしく維持することで十分な能力があるという幻想を抱きたいのだ」[6]。

純粋主義者は相手にも自分たちのやり方を押しつける。徹底した場合、彼らは博識で、彼らの主張も注意深く構成されている。一九一三年に詩人ロバート・ブリッジズによって創設され、その後、E・M・フォースターやトマス・ハーディといった様々な有名な文学者たちも加わった純粋英語協会は一九一九年から一九四七年にわたって一連の論文を出版した。この協会の論文は印象的なほど学術的だ。この企画は近代的立場を打ち出していた。つまり、「自由・平等の尊重」を合言葉とし、「現在の発展」に介入しないという方針だった。それでも協会の名前は失敗を予想させるものだった。何かの「ため」の協会というのは膨大で逆戻りできない現実を前に、たえまなくせっせとけんかをふっかけていなければならない。そして、この場合の「純粋」は「伝統的」を意味するようになっていった。一九三〇年代になると協会は英語の名誉をアメリカの侵略から守るというようなことに囚われるようになり、その努力はヨーロッパで優勢を誇ったファシストの政治的領域のものに似通ってきた。

これらとは異なりもっと小さな純粋主義もある。それはある言葉がその本当の語源的な意味で使われていないという抗議によって始まり——そしてまた終わる。言葉は、もとの言語で扱われていたように扱うべきだという考えなのだ。しかし、candidate〔候補者　ローマ時代の執政官候補者 candidatus は白い衣を着た〕は白衣を着るべきだとか、meticulous〔きちょうめん　恐怖に満ちたという意味のラテン語 meticulosus から〕は恐怖につきまとわれているという意味だとか、sycophant〔追従者　古代アテナイでの中傷者を意味する、イチジク sukon と見せる plainein の合成語から〕はイチジクがどこにあるかを暴露するものにちがいない、などを本当に信じているのだろうか。語源に本当にうるさいのなら、ばかばかしくても、これらの定義が真実であると主張する必要があるだろう。

他の多くの言葉が今では英語圏のほとんどの人には忘れられている「語源的に純粋な」意味を持っている。わたしが子どもだった頃、荒れ果てた（dilapidated）馬小屋という言い方は間違っていると言われたのを覚えている。なぜなら、石でできたものだけ本当に dilapidated と呼ぶことができるからだという。もうひとつ思い出すのは、to decimate［滅ぼす］は十人のうちの一人を殺すことだと教えられたことだ。この行為は古代ローマ軍で実践されており、何らかの違反を犯した一団の、十人のうちの一人がくじで選ばれ、棍棒で打たれたり、石を投げられたりして殺されたという。それは古代ローマ帝国の消滅とともに終わりにはならなかった。歴史家アントニー・ビーヴァーはスターリングラードの戦いについての記事で、ソヴィエトの師団長が臆病なライフル銃兵を一列に並ばせ、ピストルの弾がなくなるまで十人毎に顔を撃ったところを記録している。(7) けれども、to decimate は今では「何かの重要な部分、あるいは何らかの集団を殺したり、滅ぼすこと」というような意味で普通に使われている。その動詞をラテン語の意味で用いる機会はめったになく、この意味だけが認められるというふりをするのは現実を否定している。to decimate は殺す場合だけではなく、十七世紀以来、課税や数学にも使われており、少なくとも二、三百年の間、「柔軟に」使われてきた。

それほど注意が払われる語源だが、とにかくいんちきということがときどきある。till の l はひとつに綴るべきだと言う人はそれが until の短縮形だと思っているのだろうが、実際には until はもともと untill と綴っており、もっと古い till を十三世紀に強化したものだ。同じようなことが none についても起こった。わたしは、いつもの習慣で、つい none を単数のように扱ってしまう。「None of us is going on holiday soon. わたしたちの誰もすぐには休暇に行かない」。この結果、ときにはまったくぎこちない言い方になってしまう。「I'm making extra mince pies even though none is likely to be needed. 誰も欲しがらないだろうけど、ミンス・パイを余分に作っている」。none が動詞の単数を取るという考えは、none が not one の短縮形だという誤解から来ている。よくあるこの思い込みはリンドリー・マリーにまでさかのぼることができる。しかし、実際には none は not any に近い。『オックスフォード英語辞典』ではこう説明されている。「none は単数形をとるべきだとする評論家は多くいるが、これは複数形を取る場合よりも一般的ではない。十七世紀から十九世紀の間ではとくにそうだ」。ロバート・ラウスが none には動詞の複数形を使っているのは注目に値するだろう。

そのような語源への忠実さを誓うことは、歴史とは何かを調べることなく自分たちの正当化のために歴史をたてにする人びとの作り事だ。この種の純粋主義は、過去を理解するよりもむしろそれを操っている。もっと遠慮なく言えば、純粋主義とは感情的な入れ込みであり、そこには不安が露呈しているし、無神経さに繋がっている。言葉の侵入を拒絶しようとする純粋主義者の試みについていえば、それは命そのものを否定することだ。というのは、今や、これまで記録されたすべての過去と同じように、言語というのは互いに影響を与えることができ、そうすることで、異なった文化の業績、展望、哲学、記憶といったものが混ざり合い、われわれの表現のための源泉を豊かにし、われわれの経験をもっと複雑なものにするからだ。

14 ヴィクトリア時代の宝庫を作り上げる

正しい語法の計画、大きいものから小さいものまで

ちゃんとした英語のもっとも手強い擁護者は決して大理論家ではない。それよりむしろ道徳の擁護者だ。スウィフト、ラウス、プリーストリーはみな聖職者だったが、彼らの敬虔さをもってしても、ヴィクトリア風の正しさを唱える聖職者ではない権威者たちにはかなわなかった。

十九世紀の大半を通じて、出版界における第一級の道徳家だったひとりはヘンリー・バターだ。彼はスウェーデンのキリスト教神秘主義者エマニュエル・スウェーデンボリの教えの信奉者で、教科書を何冊も書いた多作な作家だった。よく知られているのには、『語源に基づいた綴りの本』、『すぐ上達するバターの読み書きの本』がある。彼はまた多感な若者たちに、『お嬢さん方、幸せな妻になるよう準備しなさい』とか『その楽しみは罰に値するか』といった本の中から語りかけている。後者の本は若い男性に向けた

もので、「当時一番の悪とされたものについての常識的な意見」を提供している。『密通の悪とは何か』の中でバターはその主題についてさらに詳細に語り、「幸福と誤解している奔放な楽しみ」への若者の欲求を非難している。婚外セックスは確実に「彼らの道を狂わせ、健康の崩壊」へと導くのだと。[1] バターが面白いのは、あまりにもはっきりと、道徳の教えと言葉の訓練とは繋がった活動であるとみているところだ。一方の主題について書いた彼の本は他方の主題の宣伝となることがよくあった。

一八六〇年代には、もっとも声高な二人の権威者ヘンリー・オールフォードとジョージ・ワシントン・ムーンとの間で公開論争が繰り広げられた。オールフォードは信仰心篤い伝道者だった。八歳のとき、彼は「ユダヤ人の歴史」を書き、十歳のとき、「イエスに期待するとはどういう意味か」と「イエスに期待すべきとき」という説教を書いた。一八六三年に『クイーンズ・イングリッシュを求める嘆願』という題で、英語の状態に関する一連の記事を出したときには彼はカンタベリー首席司祭であり、詩人としても認められており、また幾つかのよく知られた賛美歌の作者でもあった。『よき言葉』という雑誌に掲載されたこれらの記事の中で、オールフォードは「雄々しい」英語が希薄になっていることを嘆いている。外国語から取り入れられた言葉を英語に「ちりばめる」ことほど彼をいらだたせたものはなかったようだ。そして彼は「軽薄な」外国語好みを道徳的恥として非難した。彼は h を落とすことや r が割り込むこと（「idea 考え」といった言葉の末尾のように）に気をもんだ。その他にも彼が気をもんだのは、新聞口調、子どもの祈禱書に使われている大袈裟な言葉、困惑する愛称の流行、フランス語からの借用語の「いつわりの輝き」、「恐るべき」「身の毛もよだつ」言葉（たとえば、desirability［望ましいこと］や to evince［あらわす］）、cucumber［キュウリ］の正しい発音、地方紙の間違った綴り、アメリカ語法——最後のこれは「無責任な誇張」や「道徳的義務や人間の本分といった感覚が鈍い」という欠点のある人に典型的特徴だとしている。[2] 彼のその他の批判は、もっぱら国内に焦点をあてている。「イングランド人で shall と will を言い間違える人はまったくいない。だが、これらを間違わないこともあるアイルランド人やスコットランド人にはほとんどお目にかかったことがない」。彼は「生まれつきの傾向はなんと直しがたいことか、それに気づくのは不思議なことだ」と付け加えている。[3]

ジョージ・ワシントン・ムーンは王立文学協会の特別会員であり、ほぼ四十年の間、著名な人物の言葉と道徳と宗教的信念の間違いを激しく非難することを自分の責務としていた。彼はアメリカ人の両親のもとロンドンで生まれ、あつかましくも英語の語法を説く人びと相手に議論を挑むことで次第に頭角を現した。オールフォードが『よき言葉』に寄せた記事への彼の反論は最初『クイーンズ・イングリッシュの擁護』として出版された。オールフォードはそれらの記事をまとめて一冊の本にし、『クイーンズ・イングリッシュ』としたので、ムーンの本の題はまるでオールフォードへの攻撃ではなくむしろ推薦のように聞こえた。そこでムーンは『首席司祭の英語』として強力にイメージチェンジをはかった。

ムーンが酷評したのはオールフォードが最初ではなかったし、最後でもなかった。彼の別の本は『英語に関するリンドリー・マリーと他の作家たちの悪しき英語』という題名で、マリーは自分が定めた文法の規則によって引き起こされた混乱に「ほとんど悪意のある喜び」を感じていたとしている。[4] ムーンがマリーに対して子どもの頃に文法の規則をまる暗記させられた苦しみの仕返しをしたのはあきらかだ。しかし、広く注目を集めたのは答えることのできる生きた標的であるオールフォードとの口論だった。ムーンはオールフォードに対し長い書簡形式で論評した。それは「尊敬を込めて」と結ばれていたが、無礼な言葉で飾り立てられていた。彼はこう論じている。「偉大な作家は言葉を作ったり、損なったりすることもある。責任は文法家ではなく彼らにある。というのは言葉というのは慣習が作るものだからだ。そして慣習は、これまでも、そしてこれからも規範によってよりも実例によって影響されることが多い」。[5] ついでながら、ムーンは文章を決して and で始めてはならないとはっきりと述べた数少ない権威者の一人だ。

二人のうちオールフォードはアマチュアを名乗る典型的な人物で、自分の書いたものは「ばらばらの覚書き」を寄せ集めたものだと述べている。だが、自分が提供しているのはばらばらな覚書きの寄せ集めだと言う人ほど実際には自分では大きな考えだと思っていて、それを押しつけてくる。たまたま謙虚を装ったのではなく、それは猛攻の戦略なのだ。このような、こそこそとした道徳主義（おまけに外国人嫌い）といった態度が典型的にあらわれているのが、ヴィクトリア時代のベストセラー『何でも百科』で、これは一八五六年から一八七七年の間に五十九万二千部が売れた。[6] そこに掲載されていたのは家政についての豊富な情報であり、ハイフンの使い方とか地域的な語法の欠点などのやっかいな言葉の問題にも触れていた。実際に、「とても愉快な田舎言葉の例」の一覧表もあった。[7] このがっしりした本——頭痛を治す方法とか、親戚の埋葬の仕方を教えますという広告もあった——は二百五十六の「正しい話し方のための規則とヒント」を記している。「規則とヒント」というところから、その規則がいかにいいかげんかがわかる。それによると「If I am not mistaken わたしが間違っていなければ」とは言うべきではなく、「If I mistake not」のほうがよいらしく、「two couples 男女二組」は受け入れられない言い回しで、ちゃんとした形は「four persons」であるとか、「Handsome is *as* handsome does. 見目より心」ではなく「Handsome is who handsome does.」と言いなさい、とか、「It is raining very *hard*. 雨が激しく降っている」ではなくて「It is raining very fast.」と言いなさい、とか。そして、「He must not do it. 彼はそれをしてはならない」より「He needs not do it. 彼はそれをする必要はない」のほうがすぐれた言い方だという——意味の違いなど気にしていない。といっても、一覧表のすべてが間違っているわけではない。「I enjoy bad health. 体調がすぐれない」ではなく「My health is not good.」のほうがよいという指示には誰もほとんど文句は言えないだろう。[8] しかし、作者が自分の体調を話題にしてもかまわないと考えていたのは驚くべきことだ。

『何でも百科』には面白いところもある——というか、作者が面白がっていたふしがある——それはアレクサンダー・ヒッチング夫人 Mrs Alexander Hitching という女性をだしにしているところだ。この女性は、おそらく作者の隣人だろうが、「Hの文字を間違って扱うという不愉快な癖があまりにもひどいので、われわれの敏感な神経は彼女と一緒にいるとしばしばショックを受けてしまう」。彼女はそれゆえ、ハレクサンダー・イッチング夫人 Mrs Halexander Itching として世間には知られている。[9] 隣人の意見への過剰反応は、その意見が本当であろうと単なる推測であろうと、日常生活でひどく頭にくる一面だ。そのせいで不安になり、浅ましくも同調したがるようになる。ヒッチング夫人と同時代のお高くとまった人たちの間では、hの場所を間違えた人をあざ笑うのはよくあることだった。これは比較的新しいことで、十八世紀の後半までは非難の的ではなかった。そのことに対し敏感になるきっかけを作ったのはトマス・シェリダンのようだ。辞書編纂者のジョン・ウォーカーは、この「悪」はロンドンによくあることと思っていたが、とくに強く非難した。いまや、『かわいそうなH』という六ペンスの小冊子までもあった。それは誤用されている文字自身の作品とされ、一八五四年の出版以来、十年間で四万部売れた。『何でも百科』の規模からするとほとんど成功とはいえないが、それでも英語の使い方で引き起こされる気取りと不安を示している。それは主に勉強のためではなく、娯楽として読まれた。そして、それが売れたことで儲けようとする人たちが出てきた。一八六六年に雄弁術の教師チャールズ・ウィリアム・スミスは『Hに御用心、Rを御大事に』（一八六六）という何やら痛ましい題の同じような本を出した。スミスは、英語は「おそらく世界でもっともひどい話し方がされている言葉だ」と考えており、「鋭敏で男らしい」rの音をぼやけた音にするのは「人よりも猿にふさわしい」と思った。(10)

発音について簡単に観察できるこの些細な点が、わたしに言わせれば「有害な二元性」と思われるものを生み出している。正しく発音したからといって必ずしも受け入れられるわけではないが、間違えるとのけ者にされてしまう。hを落とす発音がいつ始まったかははっきりしない。一八八〇年にアルフレッド・リーチが『文字Hの過去・現在・未来』という本を出し、その中で彼は、「Hを落とすことが今世紀だけ嘲笑の的となったのはなぜか」と問いかけている。(11) リーチはそれほど遠い過去にまでさかのぼってはいないが、「嘲笑」について語ったのは正しかった。そしてその後もそのような嘲笑は続いている。イギリスでは、hを発音するかどうかが今でも重要なものさしだ。リーチはこのことで奇想天外なイメージを思いつき、こう述べている。「化学者が硫黄の化合物を使い、その反応によって、ある物質が貴金属に属するのか卑金属に属するのか、を決定するように、社会も見知らぬ個人にHの試験をし、試練のもとでの彼らの振る舞いによってグループ分けをする」(12)

この対照がヴィクトリア時代の小説のテーマだ。異なった背景によって形成され、「異なった振る舞いによって順列が決められた」「二つの国民」[1]、それがディズレイリ（上の言葉は彼のもの）、ディケンズ、エリザベス・ギャスケルによって描かれた。(13)『デイヴィッド・コパーフィールド』でユーライア・ヒープは自分がいかに「謙虚 umble」かを裏付けるために戦略的にhを落として発音する。そしてこのグロテスクな人物の態度は読者の一部に影響を与え、彼らをこの音にしがみつかせたに違いない。といっても、あくまで理想的にであり、『ピクウィック・クラブ』の魅力的な従僕サム・ウェラーのようにふさわしくないところにもhを加えるというところまではいかなかっただろうが。一八六九年に、多作の音声学者アレクサンダー・エリスは「こんにちでは、非常に厳格にhを発音することが、教育があり社会における地位があることの証拠として要求されている」と認めた。一八九〇年にオックスフォードの学者ヘンリー・スウィートは、その音の発音は「ほとんど誤ることのない教育と洗練さのものさし」となっていると書いている。(14) スウィートについては、ジョージ・バーナード・ショーの『ピグマリオン』に出てくる音声学の教授へンリー・ヒギンズはほとんど彼がモデルだと言えば十分だろう。しかし、エリスはといえば、彼のたくさんの奇癖のいくつかについて触れないわけにはいかない。彼は毎日、服を着たままと服を脱いで体重を量り、常に二組の爪切りはさみと選り抜きの音叉を持ち歩き、二十八ものポケットがついた厚手の外套を着ており、それを弩級戦艦と呼んでいた。

　こういったひとつひとつはただ奇抜なだけではない。エリスは楽器の調子の研究に音叉を必要としており、比較音楽学における仕事が言語について考える素地となった。外套に二十八ものポケットがあったので持ち運びたい原稿やメモを整理することができたのだ。エリスはあらゆることにおいて体系的であり、五巻にわたる英語の発音分析という彼の傑作を完成させるのに、これは不可欠だった。冒頭の章で、彼は次のように述べている。「話し言葉というのは二人、もしくはそれ以上の仲間である人間から生まれる。それは生んでくれた社会とともに成長し、円熟し、同化し、変化し、合併し、排除し、発展し、衰退し、崩壊し、すっかり死んでしまう。そのどのときにも、カメレオンのようなその形を捕まえることは難しい……それぞれの話し手の異なった感覚、それぞれの聞き手の異なった受け取り方、彼らの知的成長度、彼らの環境、印象を伝える、もしくは受け取る素質、彼らのほかならぬ情熱などが言語をもたらし、変化させ、作り上げていく」。彼は続けて、「一律な発音で話すやり方は広範囲の地域にまで及ぶことはありえない」と述べている[15]。エリスの本には彼の同僚たちのような凝り固まった確信はみられず、明快な結論に達することの難しさを説明し、強調している。「音声学について書く人は、多くの場合、他人の発音能力を自分自身の力によって測る傾向にある」と彼は評している[16]。彼は先達たちの正誤についての考えに疑問を抱いていた。長いメモの中で、彼はジョン・ウォーカーが「書かれていない言葉」について非難したことについて次のように評している。「発話と語形成との有機的法則に従って実行できないのは話し手のせいではない……」。むしろ「それは頑固で、知ったかぶりで、哲学的な洞察に欠け、貧弱な知識しか持たず、それゆえにこのうえなく過信し、自信家でうぬぼれの強い正書学者たちのせいなのだ……彼らは自分たちの規則は絶対に正しいはずだ、その証拠に例外があるではないかと主張する[17]〔「例外があるということは規則がある証拠」という諺から〕」

　絶対というものはこわれやすく、微妙に相違のある事については権威を笠に着る《エクス・カテドラル》ような宣言を避けたほうがよいといった、このような感覚を、エリス以外の同時代の人びとの多くは持っていなかった。一八五五年にロンドンのある出版者が『学ぶのに決して遅いことはない。読み書き発音で日々起こる間違いを正しくする』という題の本を出した。それは毎日起こる四百以上もの間違いとその改善法に注意を向けたものだ。そのいくつかは今では奇妙に思える。「I *propose* going to town next week. 来週、町に行きましょう」は明らかに「I *purpose* going to town next week.」と言うべきだ、とか、ギボンの 'Rise and Fall of the Roman Empire' について話すとき、rise は price と韻を踏むように発音すべきだとか。[18] だが、これについては実際には口にしないほうがいいだろう。というのはギボンの本の題は *The History of the Decline and Fall of the Roman Empire*『ローマ帝国衰亡記』だからだ。翌年、ニューヨークの出版社がそれをさらに拡大した版を出し、思い違いの数はさらに増えて五百になった。

評論家エドワード・グールドの『よい英語、あるいは英語によくある間違い』(一八六七)は十九世紀の素人の熱狂的な確信の典型だ。それはさかのぼること二十五年にわたる英語の劣化を指摘している。アメリカ人であるグールドはアメリカでのオールフォードの人気について触れ、首席司祭の英語は「とても立派なところがある」と認めながら、「正直ではないところ」と首尾一貫していないという点では非難した。けれども、ジョージ・ワシントン・ムーンの反撃は「傑作」だとしている。[19] グールドの本当の関心はムーンやオールフォードではなく、彼が「誤用された言葉」とレッテルを貼ったものにあった。彼はとくに「a couple of days 二、三日」とか「a couple of dollars 二、三ドル」など、実際に、いわゆる「couple」と呼ばれるが、問題の品目が「結びつけられても、鎖でつながれても、一緒にされても、組み合わされても、繋がれても」いないものについて言うことにいらだっていた。子どもの頃、三つ以上の数について「couple」と言ったことで優しく咎められたことを覚えている。しかし、グールドの懸念は違った性質のものだ。彼は「a pair of dollars」とか「a brace of days」と話したほうがよいと信じているのだ。彼はまた、本当は「a many」を意味するところで「a few」が使われることが多いとも述べている。[20]

そのような語法についてはリチャード・グラント・ホワイトほどアメリカの立場を代表する人物はいなかった。彼はブルックリン生まれで、著名なシェイクスピア編者であり有名なチェロ奏者でもあった。一八七一年に彼は『言葉と語法』を出した。それは「新聞英語」や辞書の不十分さ、「言葉でない言葉」についての不満であふれている。彼はイギリス英語の項目さえも作り――「幾つかの……言葉の使い方にはイギリス的気取りというものがあり、少々注意が必要だ」――、そして例として to ride という動詞のイギリス的使い方を挙げ、アメリカでは馬車に乗ることを意味するが、「馬の背に乗る、もしくはもっと品の落ちる、快適ではない動物の背に乗って」行くときにだけに使われる、とした。「英語はほとんど文法のない言語」であり、「英語では、まるで磁気のように目に見えない力の働きで言葉が文章に形成される」と彼は論じている(21)。

グラント・ホワイトが今でいう狙撃兵のように狙い澄ましてみえるのは「言葉でない言葉」についての議論においてだ。enthused〔熱狂した〕は「馬鹿げた言葉……アメリカ南部で流行している」、gubernatorial〔州知事の〕は「廃語にすべき、ぎこちない大袈裟な言い方」、practitioner〔開業医〕は「医者の門から英語にこっそり入り込んできた醜い侵入者」などなど(22)。九年後にその続き、『日常英語』が出版され、そこで彼はとりわけアメリカ英語や綴りを取り上げ、そして言葉の優雅さにあまりにも注意を払いすぎて表現が「弱くなる」ことについて書いている。彼はまた一般的な言葉の誤用にも焦点を当て、次のような意見を述べている。「もっとも滑稽な言葉の間違いが行なわれるのは、もっとも害になりそうな場所――市街電車の中でだ(23)」

もう一人のアメリカ人、トマス・エンブリー・オズマンはアルフレッド・エアーズという筆名で『言葉遣いの達人、言葉の正しい使い方、間違った使い方について簡潔な議論にひたすら終始した手引書』（一八八二）と『雄弁の極意』（一八九七）を書いた。これらの本の前半で、オズマンは穏やかに語る人ではなかった。彼は「はなはだしい下品な言葉」と好んで呼んだものに専念している。たとえば、「How do you do? 初めまして」に「Nicely うまくいってます」と答えるのは「低俗な気取り屋のまさに典型」であり、手紙の末尾に「Yours, &c. 草々」と署名するのは「無知で鈍感な証拠――「下品な言葉遣いは無礼になることもある(24)」。『雄弁の極意』は「立居振舞」、「句切り――その重要さ」といった問題に章をさいている。エアーズは自分を社会評論家とうぬぼれ、聞き取りにくい教会の説教は参列者たちに悲惨な効果を与えているとし、法律家の言葉遣いは役者のよりも上等なことが多いと主張した。

大西洋の両側で、新聞や雑誌はよりよい英語キャンペーンにおいて主要な役割を果たしていた。一八七〇年代には、『ニューヨーク・タイムズ』、『ニューヨーク・イヴニング・ポスト』、『シカゴ・トリビューン』、『ボストン・デイリー・アドヴァタイザー』のどの紙面も、英語に関する保守的な評論をするための重要な場になっていた。イギリスでは、その役割はとりわけ『ザ・タイムズ』に属していた。執筆者たちは権威ある新聞としての地位を意識しており、編集部には頻繁に言葉の水準が維持できていないとする投書がきた。こうして、一八七二年二月十四日版には法廷弁護士のE・K・カースレイクなる人物からの投書が掲載された。それはcablegram〔海外電信〕という言葉について苦情を述べ、新聞の主な執筆者たちに喝采を送り、それから語源について論じ――ギリシア語にまで詳細に触れ――また、「海底ケーブルで送られる」電信は「thalassogram」と呼ぶべきだと提案し、「聞いた感じが悪くはない」からとしている。次のコラムにはアセニーアムクラブ〔ロンドンのクラブ。一八二四年に創立。もともと文学、芸術、学問に秀でた人たちの集まり。〕のJ・Tなる人物からの投書で、「よい英語を書くのはたやすい、という広まっている思い違い」を嘆いている。「改良しようという意図があれば、書き直してみるだけでもたいてい最初の着想にともなっているもやもやを見事に払拭してくれる」。そして、「個人が集団の中に埋没することは、立憲政治のもとではかなりの支持を得ることではあるが、よい作文という意味では深刻な欠点だ」[25]。この種の記事は『ザ・タイムズ』では普通であり、それらにかなりのスペースが当てられていた。

十九世紀の後半には、言語について真面目に執筆する人の間で語法調査への動きがあった。これは、膨大で手に負えなくなったかにみえた英語の語彙を整理するための大変な努力から始まった。科学用語はおびただしく成長した分野のひとつだった。もうひとつは芸術だった。さらにファッションの分野で専門用語や豊かな語彙があった。英語を話す世界の水平線が広がるにつれ、語彙もまた増えていった。接頭辞や複合語の使用が増え、新しい言葉を作る他のやり方も増加した。一部刈り込んだり（gym 体育館）、混ぜ合わせたり（たとえばsnort〔鼻を鳴らす〕とchuckle〔くすくす笑う〕からchortle〔得意げに声高に笑う〕）、名詞から動詞を作る（to reference〔参照する〕、to package〔を包装する〕）など[26]。これらの大量の新しい語彙を熱狂的に歓迎する人は軍団にたとえ、懐疑的な人はまるで厄災にどぶ川だとささやいた。

様々に入り乱れた言葉遣いを分類するのに忙しくしていた人の中にピーター・マーク・ロジェがいた。彼は著名な医師で、スイス人牧師の息子だった。彼の『英語の言葉と言い回しの類語辞典、考えを表現する助けとなり、文学的文章が書けるように分類、配置』――もしくはより短い題『ロジェの類語辞典』――の第一版は一八五二年に出版された。その概念は新奇なものではなかった。しかし、ロジェの提示の仕方、五段階からなる階層式は魅力的だった。それは多くの読者を得、一八七九年までに三十五版を重ねた。分類の傑作であるロジェの類語辞典は、歴代の参考書や言語に関する本によくあるたぐいの業績の一例だ。つまり、実際的な有益性を賞賛され、理論的堅実さで喝采を受けながら、持っている人はめったに使わない。
もっと大きな事業計画が始まろうとしていた。一八四二年に設立された言語学協会は今ある辞書に深刻な欠点があるのを認識していた。協会は一八五七年に、これまで登録されていなかった言葉や言い回しを集める委員会を設立した。その年、リチャード・シェニヴィクス・トレンチによって言語学協会に提出された二つの論文がやがて『オックスフォード英語辞典』と呼ばれる芸術的作品の基礎を築くこととなった。[2] これは英語の語彙の包括的な記録であり、ジョンソン博士とウェブスターの辞典の欠点を大幅に改善させたものだ。最初、新しい辞典はこの先駆者たちの辞典を補完するものと考えられていたが、それらよりずっと大きいものが必要だということがはっきりしてきた。それは歴史的原則に基づいて編纂されるはずだった。このやり方の有効性については、収録したすべての言葉に事実に基づいた正しい歴史をつけることを試みた辞書編纂者チャールズ・リチャードソンの『英語の新しい辞書』(一八三七)によって示されていた。『オックスフォード英語辞典』の作者たちはそれぞれの言葉の生涯を記録すべきだと考えた。あらゆる言葉、廃れた言葉でさえも、あらゆる意味を収録しなければならない、と。しかし、実際の仕事は、一八七八年にオックスフォード大学出版局がその事業計画を引き受け、言語学協会の会長だったジェイムズ・マリーをその編纂者として雇うことに同意するまで始まらなかった。三五二ページの長さの『オックスフォード英語辞典』の最初の分冊は一八八四年一月二十九日に出版され、最後の分冊はマリーが心臓麻痺で亡くなってから十三年後の一九二八年四月に出版された。完成した十二巻は一五四八七ページからなり、五年後にはこれまで漏れたものを集めた第十三巻が出版された。[3]
ジェイムズ・マリーの今でも色あせない有益な考えのひとつが、英語の語彙は無限だというものだ。その言葉の「膨大な集積体」は「天文学者におなじみの星雲のようなもので、その中ではくっきりとした紛れもない中心があらゆる方向に向かって拡散し、輝かしさを次第に失いつつ、終わりがないようにみえる薄ぼんやりとした周辺のもやに消えていく」。(27) 英語の核心となる部分はよくみえるが、その周辺はみることができない。誰が編纂するにせよ、どこかで線を引かねばならない。けれども、これは方針の問題であり、正確な科学的計算によるものではない。マリーは記述主義の辞書編纂者だったが、筋金入りの記述主義者の作品でさえも簡約版でしかないはずだ。それにもかかわらず、『オックスフォード英語辞典』は、これまでの辞書がたどりつけなかった英語の範囲にまで意識を巡らせていた。

それはマリーが十四歳のときに正式な学業を終えた出身地ロクスバラシアの田舎が彼の英語感を形づくったからに違いない。『オックスフォード英語辞典』を編纂するにあたり、彼は国の歴史の話を提示したが、スコットランドの出身ゆえに、ロンドンや他の大都市の周囲だけではなく、地方や田舎の社会の周辺にもたくさんの中心があるとはっきりわかっていた。

『オックスフォード英語辞典』の題名の歴史には紆余曲折があった。マリーは最初、『古代からの言葉の歴史を示した新英語辞典』という題名を選んだ。オックスフォード大学の副学長で精力的だがおせっかいなベンジャミン・ジャウェットがこっそりと校正段階で『言葉の連続的な歴史を示すために書かれた新英語辞典』に変えた。マリーは唖然としたが、妥協を試みた。『歴史に基づいた（on a Historical Basis）新英語辞典』。同僚の何人かが、これを「an Historical Basis」にすべきだとしたので、題名は結局また変わった。『言語学協会の会員によって収集された資料を主な根拠とした歴史的原則に基づいた新英語辞典』。一八九五年から、それは一般的には『オックスフォード英語辞典』として知られるようになり、一九三三年に再版されたときにはその題名となった。

マリーは自分は収集家であるとし、『オックスフォード英語辞典』は物語であるよりもむしろ事実の配列であるとした。しかし、完成したものは単なる目録ではなかった。それには物語特有の偏向がいくぶんかみられる。『オックスフォード英語辞典』の第一版は普通の文書よりも文学的なものにより重点が置かれており、ときおり医学文書を扱い、十九世紀に限るが科学的語彙を十分に収録している。そしてまさにこの時期と十六世紀は、その間に挟まった二百年よりもむしろ網羅的に取り扱っている。とはいえ、十六世紀の語彙の説明は十分とはいえない。[28] さらに、それは十九世紀の大きな新しい情勢のひとつにはほとんど注意を払っていない。つまり、労働者階級の読者に彼らの貧しさの理由を説明する一種の過激な出版物である労働者向けの新聞についてだ。『オックスフォード英語辞典』はすばらしい業績であり、その評判は好意的だった。しかし、何でも収録されていると思われている点がよい英語と悪い英語とを隔てる境界を崩してしまうのではという不安の原因となると同時に、まさに英語の語彙の範囲と色合いについて明らかにしない部分もたくさんあった。

あまり使われていない言葉 interlinguistic（「打打発止のやりとり」）と lexiconize（「言葉を編纂する」）を最初に『オックスフォード英語辞典』で引いて使ったのが小説家ジョージ・メレディスだったのは幸福な偶然だった。というのは、他のヴィクトリア時代の作家で言語を意識することについてこれほど鋭く書いた人はほとんどいないからだ。今ではほとんど読まれていないが、メレディスはかつては最後の偉大なヴィクトリア時代の文学者と賛美されていた。彼の英語についての見通しは、それをよそ者として見ることができる人間のものであり、この点では十代の時期をドイツのコブレンツ近くのノイヴィートの学校で過ごしたことの影響が長く続いていたのだ。

メレディス本人は誇張を好んだ。だから、彼の登場人物たちもそうだった。彼の政治的小説『ビーチャムの生涯』(一八七五)の中で、女性の主役のひとり、冷ややかで嫉妬深い美人セシリア・ハルケットにこう言わせている。「恋愛小説の言葉の下品さと決まり文句の味気なさとの間に……私たちの英語は何の選択の余地も与えてくれないのね」、というのは「単純なままで威厳を保つことはできませんから」。この選択の問題はメレディスが強調する考えのひとつだ。彼は頻繁に、英語はその使い手に何を与えることができ、何を与えることができないか、という問題と、英語の使い方への態度はしばしば階級と性差に対する態度の指標でもあることを追求している。『海辺の家』(一八七七)では、若い娘がずっと年上の男性の結婚相手としてふさわしくないことが次の言葉に込められている。「彼女は文法に厳しい。男は夫となったとき、それをあまり好まないだろう」。『オーモン卿と彼のアミンタ』(一八九四)では、ある登場人物がこう言う。「「一般的な大衆言葉」というものができるのではないか、とおっしゃいましたね。われわれイギリス人が、くすねてきた言葉を教え込まれなければ、と」。『われわれの征服者のひとり』(一八九一)の教養のない女性について、メレディスはこう書いている。「彼女の英語は上流の泉ではなく商業と下水のテムズ川英語に突然転落するというへまを犯した」。ひときわ忘れがたいのは、初期の作品で未完成の『ケルトとサクソン』(死後、一九一〇年に出版された)に出てくるジャーナリストのロックニーだ。彼は自分の手を「国の心」に置いているとされる。その理由は「長たらしくて難解なラテン語の時代にきびした英語を書いた彼の技のせいだった。その技の秘密は彼が言うことをそのまま意味しているところにあった。それは身をもって示した鼓動だった」。メレディスは彼の時代の、言われたことと意味が一致しないことに敏感で、「身をもって示した鼓動」に密接にかかわることを賛美することによって、文学的現代主義という改革、抑圧から表現上の自立へと芸術的に脱出することを勧めた。

一九二〇年代の文学の刷新には驚くほどだが、それは一八八〇年代に生まれた作家たち、ヴァージニア・ウルフ、ジェイムズ・ジョイス、エズラ・パウンド、T・S・エリオットなどによって生み出された。彼らの精密さは破壊の行為でもあった。ウルフの最初の小説、『船出』（一九一五）[4]の主人公レイチェル・ヴィンレイスの人生は最初、慣習にがんじがらめになっているようにみえる。「彼女の知性はエリザベス女王の治世当初の知的な男性の状態にあった」と語られる。それでも、彼女は自由になることを望む。それは彼女が読んでいる本からわかる。彼女はメレディスを好むが、「現代の本、ピカピカした黄色の表紙をした本［十九世紀に流行した黄表紙の通俗的煽情小説］」にとりわけ夢中になる。父親が所有する船で南アメリカへ旅するとき、彼女はきらびやかな現代性の中へと現れる。あるとき、「海に投げ出され、あちらこちらへと流され、世界の根元にまで押しやられる」ことを想像し、「その考えは支離滅裂で愉快だ」と思う。『船出』はヴィクトリア朝的考え方が消滅し、もっと断片化された視覚文化がとって代わるというウルフの不吉な予見だ。レイチェルが本を読むとき、「本の文字そのものが輝きにひたっており」、「まさに世界の始まりにまで遡る道を進んでいくようにみえた」。その先にあるのは「人がものではなく言葉を勉強するとき」知的生活は病的になるというフランシス・ベーコンの古い考えにある現代ではない。ウルフの小説は、先見の明でもって、言葉と表象に支配される新しい時代、そこでは哲学的な問題はたいてい言語的なものであり、そしてまた、個人が自分の声を見いだそうとする努力——生きるために使う言葉を探す——が重要となる時代を想像している。

15　英語の番人

ヘンリー・ワトソン・ファウラーと現代英語活用法

ヴィクトリア朝の価値観、質素とか独立独歩などを復活させることはイギリスの政治家によって繰り返し支持されてきた。中でも際だっていたのが一九八〇年代のマーガレット・サッチャーだ。しかし、これまでに述べてきたように、実際にこれらの価値観を復活させる必要はまるでなかった。なぜなら、決して消え去りはしないからだ。それは、レイチェル・ヴィンレイスと違って、現代のはらむ矛盾を少しもおかしいとは思わない人びとの日々の生活の中に生き残っている。

この中でもっとも影響が大きかったのがヘンリー・ワトソン・ファウラーで、彼は『ザ・タイムズ』の訃報欄担当記者によって、「簡潔さ、手際のよさ、何ものにも劣らない意外さ」を持つ「辞書編纂の天才」と描かれた[1]。小柄で、精力的で、一風変わったファウラーは、フリーの作家という第二の経歴に踏み出すまで、二十年にわたり教師をしていた。『キングズ・イングリッシュ』を一九〇六年に出版したときには、もう五十近かった。ファウラーは最初、題として『文学初歩者のための新文法違反』にしようと考えていた。完成した本――熱心なトマト栽培人だった弟のフランシス、愛称フランクと共同で行なった――は「度を超した」文法違反の例を収録しており、それは「どのように書いてはいけないか」の説明となっていた。間違いの多くは新聞やヴィクトリア時代の小説から抜粋している（マリー・コレリは「vexedly 怒って」とか「bewilderedly 困惑して」といった醜い副詞を好んだせいで、また、サッカレーは「which」と「that」を混同しているというので厳しくとがめられた）。ファウラー兄弟は率直な物言いをした。彼らは、「メンフィスのような街の名前で示される野蛮な風味をイギリス人に思いおこさせるアメリカの動詞がある」と述べている。彼らは「placate［なだめる］」、transpire［発散する］」、antagonize［敵対する］」に対して強硬な態度を取るべきだ。そのどれもを愛用するイギリス人がいる」と主張している。ファウラー兄弟が「メンフィス」の何に反感を抱いていたのかは記録されていない。しかし、彼らは断定するのが好きだった。fall［秋］のほうが autumn よりもずっと生き生きしていることに気づき、彼らはこう述べている。「われわれはかつてアメリカ人と同じぐらいその言葉に対する権利を持っていたが、その権利を失うことを選んだ。今その言葉を使うことは窃盗同然だ」

ファウラー兄弟の理想を示したもっとも名高い言葉は本の最初のページに出てくる。そこでは優れた作家としての「一般的な原則」が簡潔に書かれている。常に「率直で、気取らず、簡潔で、力強く、明快である」ことをめざすべきだ。そしてこの原則は「実際的な規則に置き換えられるだろう」。「どこからか引っ張ってきた不自然な言い方よりも馴染みのある言葉」、「抽象的なのより、具体的な言葉」、「遠回しよりも一語」、「長い言葉よりも短い言葉」、「ロマンス語よりもサクソン語」を目指すべきだ。ファウラー兄弟がこれらを「実際的な規則」と呼んでいることは意義深い。

『キングズ・イングリッシュ』がとんとん拍子で売れ、『コンサイス・オックスフォード英語辞典』を共に編纂したにもかかわらず、フランクよりもヘンリー・ファウラーの評判のほうがずっと大きい。それは彼がひとりで書いた『現代英語活用辞典』のおかげだ。この辞典は一九二六年に出版され、最初の年に六万部売れた。やがて、それはただ『ファウラー』として知られるようになり、半世紀以上もの間、他のどの本よりも英語の用法についてイギリス人の考えに影響をおよぼした。今でも多くのファンがいる。

言語学者たちが記述的な辞書編纂法をとっているときに、ファウラーは規範主義だった。『現代英語活用辞典』が出版されたとき、後ろ向き――「現代的」でないのは確か――に見えたにもかかわらず、それは一九六〇年代になるまで改訂されなかった。ファウラーがそれを「オックスフォードの学者ぶる人」という題にしたかったという事実からその傾向を推測することができる。彼はいいタイトルを思いつくのは得意ではなかった。しかし、『現代英語活用辞典』のある部分がオックスフォード大学の尊大さと微に入り細をうがつような衒学趣味を漂わせていた一方で、他の部分は驚くほどの合理性をあらわしていた。ファンの多くが思うよりも、彼はずっと柔軟な考え方をしていた。たとえば、彼は whose を無生物に使ってもよいと述べている――「These are designs the merits of which I appreciate. これらはわたしが評価する利点をもったデザインだ」というより「These are designs whose merit I appreciate.」。異議を唱える人はたくさんいるだろうが、「たしかによい文章は難しい。ただし、歴史的な文法、現在の明瞭さ、あきらかな便利さを有利な点として持っているが、堅苦しさに欠けているものを禁じなければの話だが」とファウラーは楽しそうに論じている。(2) parlous［抜け目のない］(「賢い人は使わない言葉」)

に対する彼の反感や、dialogue［対話］は「当然、あるいは必ずしも、二人の人間の間とは限らない」と述べているのには失笑してしまうかもしれないが、次のように言うときはその通りとうなずくのではないだろうか。beverage［飲料］、emporium［中央市場］という言葉は「仰々しい飾り言葉」だとか、hotel の h を発音しないのは「消える運命にあるので、闘う価値がない」、また、「短さは言葉の利点」とか、「余分な音節は力強さを増すことはなく減じる」や、sausage roll と言うとき、強勢は roll にあるとか[3]。反対に、彼のアンパサンド（&）好きは奇妙で病的な執着にみえる。

　ファウラーのよく知られた判定のひとつは分離不定詞に関するものだ。「英語圏は、1 分離不定詞のことを知りもしないし、気にもしない人、2 知らないけど、気にする人、3 知っており、非難する人、4 知っており、認める人、5 知っており、見分ける人、に分けられるだろう」。二番目のグループについてはうんざりするほどおなじみかもしれないが、彼らは「他人の誤解した意見をおとなしく受け入れる」というへまをし、分離不定詞を回避しようと「彼らの文章をまったくおかしな具合にゆがめてしまう」。われわれを唖然とさせるまさに「驚異的な」分離不定詞を見つけるところは彼らしい。「その主要な考えは（Its main idea is to）、歴史的に、出来事が円熟して神々しいものであっても――神の目から見れば――ヨーロッパの教会と国の制度を弾劾することだ（*impeach*）」。しかし、彼は、ほんの少しもったいぶって、「あいまいになったり、不自然になるよりもむしろ不定詞を分離させるほうがいいだろう[4]」という原則を打ち立てている。

　ファウラーは体系的な文法家ではない。だが、彼は勘がよく、そのうえ自分の勘を吟味している。彼が一番気にしたのは「慣用語句」だ――「普通のイギリス人が自然に言ったり書いたりするのが慣用的言い方だ」。ここに問題があるのがわかる。たとえば、「普通のイギリス人」とは？ それに、さりげなく書かれた「言ったり書いたり」という言葉をどう考えるべきだろうか？ 慣用語の用法についてのファウラーの印象はさまざまな無名の情報提供者たちから抜粋した意見に基づいているようだ。彼らはそれほど多くはないように思われる。ファウラーは南部の男性の話し手の例を好んでいる。そして、彼が何よりも自分自身の判断を信じていたことははっきりしている。彼はこう書いている。「賢い人なら、普通の教養人の会話での用法が……自然な権威であることを認識するだろう[5]」。「普通の教養人」とは、彼としても、より深く討議しようがないと思われた一団だったが、ただちに助言を求めることができる「賢い人」はいつもひとりいた。

ファウラーは、ときには尊大で、スポーツ・ジャーナリストや子どもたちのとんでもない言葉遣いに文句タラタラだったにもかかわらず、ずっと人気があった。dress よりも frock を使うのを「ばあや言葉」として退け、説明もなく pixy［小妖精］のほうが pixie よりいいと述べ、salad days［未熟な青年時代］は「人間の言葉よりもオウムに適している」[6]と平気で言えるファウラーを賞賛せずにはいられないと思う人は多かった。俗語を使う言い訳に引用符を用いる習慣に注目するなど、彼には抜け目なさもある。

だが、ファウラーが助言したことの多くは採用されなかった。われわれは、彼が提案した flutist ではなく flautist［フルート奏者：英の用法］と言うし、contradictious ではなく contradictory［矛盾した］と言う。二十一世紀初頭という有利な場所から見れば、彼の立場の多くは大義名分を失っているようだ。彼を敬う人たちは、ファウラーの小さな世界の内側に入り込みたいからそうしているのだ。ファウラーの考えは、彼が書いたことの実際とは違うにしても、あのイギリスらしさという雰囲気の一部なのだ。つまり、花や動物、ブラスバンド、ミルクティー、細かいレースのカーテン、切手の収集、村のクリケット、クイズとクロスワードパズル、どこも同じ郊外、発明された伝統と偏狭な島国根性といったものが大好きな。これらのすべては、細部への愛着と頑固な思いこみとが同一歩調をとる領域なのだ。一見無邪気な、熱いお茶やコーヒーを入れることでさえも、情熱的な議論の議題となりうる。

アメリカ人の間では、ファウラーはほとんど影響をおよぼさなかった。そのかわりに語法の密林を取り締まる大きな野獣はストランクとホワイトで、二人の名は、何世代にもわたってアメリカの高校生の頭に刻み込まれてきた。もともと一九一八年にウィリアム・ストランクによって、コーネル大学の学生向けに配布する小冊子として作られた『文体の要素』は、彼の生徒だったE・B・ホワイト——楽しい子どもの本『シャーロットのおくりもの』の作者——によって加筆され、一九五九年にストランクとの共著として出版された。『文体の要素』には多くのファンがいる。そこには疑う余地のない忠告（たとえば、「わかりやすく」）もあるが、主張の多くは今では筋が通らなくみえる。たとえば「six persons 六人」は「six people」より好ましいだろうか。「能動態を使いなさい」というのは決して受動態は使ってはならないということだろうか。「形容詞や副詞ではなく、名詞と動詞で書きなさい」という命令をわれわれが本当に認めると思っているのだろうか。そのあとには「形容詞は、進退きわまった弱い、あるいは不正確な名詞を救い出せるようには作られていない」——この文章には三つの形容詞が含まれている[7]——という主張が続いている。『文体の要素』にはあきらかに二つの美点がある。簡潔さと低価格だ。それは一千万部以上売れ、驚くほどの讃辞を得た。もっともありえないと思えるのは、バレエ付のテノールとソプラノのための連作歌曲——なんとタイプライターとバンジョーによる伴奏で——があったことだ〔1〕。成功しつづけている理由は、現代的であろうとすることを拒否しているところが大きい。その簡潔さは安心感を与えるようにみえるのだが、一見簡潔さを装いながら、実際には傲慢さの隠れ蓑なのだ。

　アメリカの出版物の中に、一九〇六年創刊の『シカゴ文体の手引き』というのがある。現在その文法の部はブライアン・ガーナーが執筆している。彼はテキサス人の法律家で、『現代アメリカ英語活用辞典』の著者でもあり、H・W・ファウラー協会の創設者だ。語法の手引きは他にも多くあり、現実の問題に対する実際の解決法を提示し、信頼を高めていると出版者によって売り込まれている。しかし、いわゆるファウラー好きの皮肉は活用辞典の全分野に染み渡っている。とはいっても、この種の本に非常な興味を示す人びとは、実はそれらをもっとも必要としていない人びとなのだ。

　ファウラーの強みのひとつ、それゆえ、彼に立ち返るだけの価値があるのだが、それは人間の状況についての彼の診断だ。「知識の誇り」、「使い古されたユーモア」、「見当違いのほのめかし」、「大衆化された専門用語」といったテーマの項目では、彼は一九二六年と同じぐらい今でもよくあることを扱っている。とくに有益と思えるひとつの部門が「お上品主義」で、それを彼は「最初に浮かんだ普通の自然な言葉をやめて……一般大衆の唇によって汚されていないと思われる同意語と取り替える[8]」と定義している。上品な人は「悪臭 bad smells」とは言わずに、「不快なにおい unpleasant odours」と言う。「下宿人 a lodger」が「床につく to go to bed」のかわりに「金を払う客 a paying guest」が「自室に下がる to retire」と言う。ファウラーを発展させて、ニュージーランド生まれの辞書編纂者エリック・パートリッジは自著『語法と誤用』でこの種の言葉を「上品な言葉」と呼んでいる。彼が一覧にした例には、「connubial rites 結婚式」、「floral tribute 献花」、「mine host わたしの主人」、「impecunious 無一文の」、「remuneration 報酬」、「bosom 胸」、「nuptials 結婚の」、「veritable 真の」、「umbrage 立腹」などがある。これらは「概して、文学的でもなく教養もない人の「文学の素養も教養もあるとされる英語」だ[9]」。パートリッジの本は一九四七年に出版され、これらの言葉のほとんどは、六十年以上もの間、皮肉、あるいは冗談で使われている。しかし、われわれには彼がどのようなものを対象とするかがわかる。ファウラーとしてはこの種の言葉を決して使ってはいけないと考えるのは間違いだと強調している。けれども、彼、およびパートリッジの見解によれば、それを使うときは、無意識に行なってはならない。そのようなやり方は気取りとなるからだという。

お上品主義がめざすものは、それが思想や人格からにじみ出る本物の威厳というよりも、上品ぶって取り澄ましている様を示すことだ。人びとがお上品主義を使う理由と、お上品主義によって得られる反応との落差については、一九五〇年代に貴族階級出身の作家ナンシー・ミットフォードによって表明されたのが忘れがたい。一九五四年、バーミンガム大学教授のアラン・ロスが「こんにちの英語における言語的階級指標」と題する論文を書き、それがフィンランドの学術誌に出た。ミットフォードはそれを読み、『エンカウンター』誌に掲載された自分の記事の中で引用した。この記事とロスの元の論文を簡略化したものが、「イギリス貴族とみなされる特徴の探求」をねらったエッセイ集『ノブレス・オブリージ』(一九五六)に再録された。『ノブレス・オブリージ』は編者ミットフォードの「からかい」好きを披露し、そのいたずらっぽい意見は多くの読者を怒らせた。この結果、ロスの論文は特定の興味を惹くことになった。主にそれが「U」(上流階級)と「ノンU」(Upper class 非上流階級)とのやり方を細かいところまで識別したからだ。つまり、たとえば、封筒に家の名前を引用符でくくって書いたり('The Old Rectory,' Little Slumberscombe)、golf とか Ralph という名の l を発音したり、table napkin ではなく serviette と言うのは非上流階級なのだ。

ファウラー、パートリッジ、ロス、ミットフォードがけなした語法の主な特徴は過度都会風にある。もちろん彼らはそんな言葉は使わなかったのだが。これは過剰修正の一形式だ——それは間違い、あるいは間違いと思われるものを避けようとするうちに犯した間違いのことをいう。過剰修正は言葉の変化における重要な要因だ。高級な形だと信じるものを追求している誰かが使った「間違った」形は、やがて何度も使われるうちに認められてくる。過度都会風のもっとはっきりした現象には、「下品」な間違いと信じられているものを避け、もっと高級と思われている言葉や発音を使うことがある。ただし、結果が実際にそうなるわけではないが。その例には「between you and I」とか、whom の誤った使い方(「Whom are you?」)、h の音を落とすのを恐れて「エイチ」ではなく「ヘイチ」と言うことなどがある。

「between you and I」という言い方はひどい憤慨を引き起

こす。優雅さをめざす無知な努力と非難されるのだ。一九七五年に『ハーパーの現代活用辞典』が出たとき、相談を受けた専門家たちはそれほど意見が一致したわけではなかったが、たがいにこの言い方を非難しあった。英語の書き言葉では九八パーセント、会話では九七パーセント認められないとされた。W・H・オーデンは「身の毛もよだつ!」と宣告し、アンソニー・バージェスは「『Give it to I〔わたしに頂戴〕』を使ってもいいときだけ」認めてもいいと皮肉った。気まぐれな詩人で伝説的なハーヴァード大学の基金調達者だったデイヴィッド・マッコードは興奮して叫んだ。「空飛ぶナマズだ。駄目!!」[10]。「between you and I」への非難は十九世紀に始まった。最初の章で見てきたように、この言い方は『ベニスの商人』に出てくるし、十七世紀の演劇では親密な会話に出てくる。劇作家ウィリアム・コングリーヴの風刺喜劇『二枚舌』のレディー・フロスは言う。「Between you and I, I had whimsies and vapours. あなたとわたしの間では、奇抜なことやとりとめのないことを考えてしまうわ」。マーク・トウェインも手紙に「between you and I」と書いている。評論家たちが思うほど目新しい誤用ではない。

「between you and I」と言うひとつの理由は、*you* と *I* が一体のものと感じるからではないかと思う。サブリミナル・メッセージのことを言っているのではない。「you and I」をまるで接続詞で繋がれた二つの代名詞ではなく、分解できないひとつの単位であるかのように人びとが使っているのを観察した結果だ。you-and-I は一体なのだ。われわれが一体ならば、世界は you-and-I のもの。さらに言えば、多くの人は、若い頃に、「You and me are friends.〔君と僕は友達だ〕」と言ったあと訂正された経験で混乱している。「You and I are friends.」と言うようたたきこまれたことは *you* と *I* が引き合う力を固めてしまう効果があった。

「身の毛もよだつ!」といったたぐいの反応は、なぜ人びとが自分たちの英語に不安を感じているかの説明となる。ファウラーやパートリッジといった作家たちが、他人に「空飛ぶナマズだ」と叫ばせる（思わせる）ような間違いをするかもしれないと悩んでいる人びとの役に立っている一方で、もっと直接的で実際的な指導という確立された市場がある。新聞や雑誌で「自分の英語に自信がありますか」と問いかけてくる広告を何度となく目にしたことがあるが、これは何度も繰り返された形式の最新版のひとつだ。変形には、「英語の誤用をやめよう」とか「あなたはこのような間違いをこれまで耳にしたことがありますか」などだ。

おおまかにいって前世紀の半分にわたり、この分野で先頭をきっていた広告主はシャーウィン・コーディだった。

「あなたの英語の間違いは何ですか」はコーディの宣伝文句のひとつだ。「自分で嫌になるのと同じぐらい他の人にも嫌だと思わせます」。それに続いてニューヨーク州ロチェスター市にあるシャーウィン・コーディ英語学校を売り込み、コーディ氏は「おそらく実用英語の教師としてもっとも有名」で、「あなたが無意識に犯す間違いをたちまち見つけて正す驚くべき方法の特許をもっています」とある。もとはジャーナリストで詩人のコーディは自己改善の主張者で、チャールズ・アトラスやデイル・カーネギーといったこの分野での他の伝道者と同時代人だった。彼の「驚くべき方法」は在宅学習だった――その言葉から小さな機械とか珍妙な人工装具を連想するとしたら、少しがっかりさせられる――それは毎週届く小冊子からなっていて、月曜日は「表現」、火曜日は綴り、水曜日は発音、木曜日は文法、最後の金曜日には会話を教えるといったものだった。

コーディのやり方は、素朴さゆえに今でも魅力がある。月曜日の「表現」の学科で、彼は生徒たちに自分たちの生活について詳しく話をするよう勧めている。例として彼は「一番昔の思い出――ネブラスカの嵐と火事」の話から、「田舎の少年の幼児教育」を経て、「愛の天国と地獄」にいたる自分自身の話をしている。彼はまた自分自身の成功をも強調した(11)。その結果は楽しくわかりやすく、技術的というより文学的だった――コーディはエマソンのような十九世紀のアメリカ思想家に従い、本を独学の手段として語っている。しかし、学習内容は小出しにした。彼が精神生活の発達とみなしていたものは、どうやら一日にたった十五分で達成できることになっていたようだ。彼の学習コースはほんの少しの文法とたくさんの例からなっており、すてきな語句で一杯の一連の道具を持つことが、職業的、物質的進歩につながるとはっきりと主張していた。ここでの危険は言葉の習得をあたかも奇術箱のようにみせたことだ。

H・W・ファウラーとシャーウィン・コーディの書いたものは大きく異なっている。しかし、人びとはだいたい同じような理由で彼らに関心をよせた。自分の英語についての不安が始まるのは一般的にいってある特定の規則に違反していると言われるときだ。あるいは、ある原則とかある慣習と言うべきだろうか。それもまるで岩のように揺るぎないものとして示されるのだ。辛辣で冷笑的な挑発者アンブローズ・ビアスは自著『悪魔の辞典』の中で文法を「独立独歩の人が目標に向かって進む路沿いに、足を引っかけるように綿密に計画された落とし穴の仕組み」と定義している。

少し前にわたしが学校時代に信じこませられていたのがそのような規則だったことを打ち明けた。七歳か八歳頃、決して文章を and や but で始めてはいけないと教えられたのを思い出す。また、同じ英語の先生に、短篇小説の登場人物をジョナサンという名にするのは認められないと言われたのも覚えている。わたしは若く影響を受けやすかったので、and や but で文章を始めてはならないという規則に十年ほど忠実に従ったが、その後は楽しく違反するようになった。

学校に行き始めた子どものときに、文章を but や and で始める習慣は最近始まった一時的な流行だと教えられていたので、ずっと後になって九世紀のアルフレッド大王の文章に出会ったときは驚きだった。そこではこのやり方を積極的に愛用している。いかなる修辞的切り出し方でも、使いすぎれば俗っぽくなるし、たくさんの文章が接続詞で始まっている文章は粗雑に作られているという印象を受けるかもしれない。しかし、すぐに騒ぎ立てるような人はそのような議論はしない。キングズレー・エイミスが、ファウラーを補足した『キングズ・イングリッシュ』（一九九七）で指摘したように、現代の「文法に厳しい人」はしばしば実際の文法知識を持っていない。しかし、彼らは文法という考えが好きなのだ。なぜなら、彼らはその構造の中に、どのような社会が好ましいか――つまり、組織化され、規則や厳密な階級制度で整然と支配されている――という模範をみているからだ。

16 「君が見えるように話しなさい」

方言とアクセントについて

ファウラーはやっかいな言葉の発音について手本を示した。しかし、多くの場合、こんにちの規範とは異なった発音を好んでいる。たとえば、waistcoat［チョッキ］は「ウェスクット」と発音すべきで、vertigo［めまい］の i は長くのばすべきだと助言した。けれども、意外なことに、方言についてはほとんど語っていない。ブルーベルという花の地域ごとに異なった呼び名についてふれたときに、ごくわずかに見解を述べているが、そのテーマについて別の項目を立てるのかと思ったら、専門用語の議論になってしまった。そこでは、方言の問題は取るに足らない一文で扱われている。「方言は基本的に地方のものだ。ひとつの方言は地域に広まっている言葉の変種であり、地域的な特徴のある語彙、発音、慣用句で彩られている[1]」

ファウラーのファンだったら彼の沈黙にがっかりしたに違いない。確かに何か痛烈な意見を持つべきだったのではないか？　ひとつの説明は、彼が自分には正規の教育による専門知識が欠けていると思っていたことだ。十九世紀の後期には、これまで郷土史のわき道にすぎなかった英語の方言の研究は、学術的に立派なものとなり、その頂点となる業績は言語学者ジョゼフ・ライトの『英語方言辞典』（一八九八―一九〇五）だった。この六巻からなる辞書はこの領域を網羅するのにどのような努力を要したかを示している。さらに、ファウラーはジェイムズ・マリーの方針に影響を受けていたのだろう。彼が『オックスフォード英語辞典』とマリーのやり方を賞賛していたところからすると。『オックスフォード英語辞典』は方言を一五〇〇までしか収録していない。その序文には、方言は「文学の言葉に適用されるのとは異なった扱い方が必要だ」としている。ファウラーは単に避ける方を選んだのかもしれない。

方言を研究し、分布図を作るにはかなりの言語学的精密さが要求される。多くの人はそれだけの努力を払ってどういう意味があるのだろうかという気になった。これは大学内で起こることとその外で起こることとの乖離がはっきりする分野だ。公共領域では方言はいつもきまって悪とされる。「方言」を何か「言語」に反するもの――言語の一部というよりもその敵――であるかのように扱うのが普通だ。

その言葉に含まれる否定的な意味は誤った概念と密接に関係づけられている。つまり方言は――信じられないけど――「よそ者」だ、とか、方言は自分たちの言葉をちゃんと支配しようとして失敗した結果なのだ、とか、方言は、それ自体のはっきりした型とか特徴を持つというより、正しい読み書きから逸脱した形なのだ、とか、社会的に劣った人たちによってだけ使われる、とか。これは英語に特有のことではない。デンマークは伝統的に方言が価値あるものとみなされていない国のいい例だ。反対に、ドイツでは方言の中にもかなりの地位を誇っているものもある。

このテーマに関するいかなる議論においても、「アクセントまたはなまり」と「方言」とは異なったものであることははっきりさせる必要がある。どちらの言葉も初めて使われたのは十六世紀になってからで、権威あるひとりの人物が正しい発音なるものが存在すると論じたときからだ。アクセントは方言のひとつの特徴にすぎない。そして方言は多様な言語の一種で、他の方言とは語彙も文法も異なっている。さらに、方言自体にも俗語があるからといって、方言は俗語だというのは間違いだ。

十五世紀に、英語の書き言葉から地域的特徴はほとんど消えたが、話し言葉には残っていた。それを研究するのは専門的な学問だ。けれども、われわれの多くはまるでこの分野の専門家であるかのように振る舞っている。H・G・ウェルズの小説『彗星の時代に』（一九〇六）の語り手は、ある登場人物が「アングリア方言のなまり」で話をし、「わたしのスタッフォードシアの耳には卑しくぶっきらぼうに聞こえる」と描写している。[1] この種の意見はわれわれの中の部族的優越意識をかいま見せる。また、よく知られているように、ローカルな発音というのがある――必ずしも地理的な意味のローカルではなく、ある社会集団にとってローカルなのだろう。ヴァージニア・ウルフの『燈台へ』（一九二七）で、ラムゼイ氏のこどもたちは、彼が地元の水夫たちに話すとき「声にかすかなスコットランドなまりがあらわれ、それが彼を農夫のようにみせた」のに気づく。そしてウルフの他の小説にはアクセントに触れるところがたくさんある――登場人物の中にはそれを恥じている者もいるし、ヨークシアのある男が「まるで自慢するかのように」という冷ややかな当惑に、これは作者自身が滑稽だと感じているのだとわかる。[2]

ほとんどの場合、人びとは特定のアクセントや方言そのものを選んで使っているのではない。英語の方言に関する一流の学者であるクライヴ・アプトンはこう説明している。「思いのままに使え、自由に変形できるどころか、〔それらには」社会的な意味がある」[2]。その社会的な意味というのは感情がこめられているのだ。社会言語学を創設したウィリアム・ラボヴは一九六三年に、マサチューセッツ沖の島マーサズヴィニャードで耳にした異なった話し方の研究を出版した。かつて捕鯨基地だったマーサズヴィニャードは百年以上もの間、休暇を取りたいニューヨーク市民にとって人気のある保養地だ。ラボフは、多くの住民がまるで保養客から自分たちを区別するかのように、無意識に地元のアクセントを強調するのに気づいた。学業を終えたらその地域を離れる予定の若い人たちは、感心するほどアメリカ本土の話し方を身につけていた。それに対し、島に残るつもりの人たちは、島の自立性をもっとも頑固に守ろうとしている中年の漁師たちのような話し方をしていた。彼らはこれをわざと——そう——誇りをもって行なっていた。六十年代にラボフはニューヨークのデパートの店員の話し方を分析した。サックスフィフスアヴェニューで、より高級品を扱っている上の階の店員たちはrの音を落とすことはなさそうなのに彼は気づいた。メーシーズで棚に品出ししている人たちはみなrを落として発音していた（三十三番街を「Toidy-toid Street」と発音するように）[3]が、店内の接客係がそうすることはめったになかったという。

広く行き渡った言語はすべて地域的な差異を示す。異なった英語の発音には目に見えて大きな違いがある。カナダで話されている英語はリベリア〔アフリカ西部の共和国、もとアメリカの黒人解放奴隷の入植地〕のとはかなり違っている。カナダ人とリベリア人は互いに理解しづらかったかもしれない。英語圏の国々の中でも差異はある。多くの人はオーストラリア英語と言えば均一なものとみなし、アンソニー・バージェスの「オーストラリア英語はディケンズの時代のコックニーが化石化したもののようだ」[4]という台詞に納得する。しかし、シドニー、アデレイド、ホバートと、たった三つの都市の名を挙げただけでも、そのアクセントには区別できるほど——外部のほとんどの人にはわからないにしても、たしかに多くのオーストラリア人には区別できる——違いがある。とはいうものの、ひとりのカナダ人はもう一人がどこの出身か、ただ彼の言葉を聞いただけではわからないというのが通説だ。しかし、ニューファンドランドで話されている英語とブリティッシュコロンビアで使われている英語は語彙と同時に発音も異なるし、たとえばケベックとオンタリオ南部との間でも相違がある。

アメリカでは、アクセントにははっきりした違いがある。たとえば、コネティカット州東部と南北両ダコタ州、あるいはウィスコンシン州とミシシッピ州など。ジョン・スタインベックの小説『怒りの葡萄』（一九三九）では、オクラホマ州の人びとが、マサチューセッツ州からきた女性の言っていることはほとんど何もわからないと言う。[3] 東海岸のアクセントの現在の分布範囲はアメリカが独立する前に確立した相違を反映している。これらはひとつに十七世紀と十八世紀にそこに次々と到達した開拓移民たちの出身地がさまざまだったことによっている。イーストアングリア〔ノーフォーク、サフォークの両州とエセックス、ケンブリッジシアの一部を含むイングランド東部地方〕からの清教徒たちはマサチューセッツ州、イングランド南部や西部からきた農民や職人はヴァージニア州、ミッドランドからのクエーカー教徒はデラウェア川流域に、スコットランド、アイルランド、イングランド北部からの家族はペンシルヴェニア州、ジョージア州、そしてその中間の地域に居を構えた。[5]

　アメリカ式アクセント、より一般的に言うとアメリカ方言を形づくるものには他の要因がかかわっている。ハドソン川流域地域の方言にはオランダの影響が見られる。ニューイングランド東部と西部との違いのあるものは、海を生計の手段としていた初期の東部移住者のせいだ。ニューイングランド東部の方言はあきらかに航海にまつわる要素を含んでいる。また地理的条件が変化の妨げになり、新しい形がほとんど影響をおよぼさなかった孤立した地域が存在している。アパラチア山脈やノースカロライナ州のアウターバンクスの人びとはエリザベス朝の英語を話すというのは根拠のない話だが、彼らの地元の方言にはよそでは消えてしまった名残の形を留めているものもある。西に行くにつれ、主な方言の地域は拡大する。十九世紀に開拓者たちが西に向かって扇のように広がっていったとき、彼らの方言は混ざり合い、違いは平準化されていった。もちろん、この数行で示されたよりも実際の話はもっと複雑だ。しかし、アメリカ合衆国における地域差は、イギリスにおけるよりも激しくはないものの、よく見かける人生の現実であり、異なった方言を使う人びとが出会ったときには、それぞれが相手は変な話し方をすると感じるようだ。相手が気の毒な言葉の使い方をしている――南部のまだるっこい発音、ボストン市民のrを落とした気取った言い方、しょっちゅう漫画のタネにされるニューヨーク市民（主にマンハッタンの外）のアクセント、たとえばdogが「ドーーグ」となる――と言われるほうが、言葉の使い方が上手と言われるよりも多い。

　イギリス国内では大きな格差がある。ダニエル・デフォーは『イギリス全土を巡る旅』[4]（一七二四―六）でこのいくつかに気づき、「粗野な」サマセット州の方言とノーサンバーランド州の耳障りなrの音について論評している。地域的な特徴は、シェイクスピア、ハーディ、D・H・ロレンス、ヘンリー・グリーンなどによって、文学的効果をねらってよく使われてきたし、[5] ノーサンバーランド州の領主が密猟者を制止させ、「You do realize there's no shooting here? ここで猟をしてはいけないとわかってるだろう」と言うと「Shootin' Aa's nivver oppened me mooth! 叫んだですって。何もしゃべっちゃいませんぜ」という答えが返ってきたという冗談のように、滑稽な効果をねらって使われることもよくある。

『ピグマリオン』でヘンリー・ヒギンズがこう言う。「君ならなまりを聞いてアイルランド人かヨークシア生まれか当てることができるだろう。ところが、わたしならどんな人でもどこ出身か、六マイルとたがわず当てることができる。ロンドンなら二マイルだ。ときには通り二つ以内だ」。ジョージ・バーナード・ショーは最高の音声学者の技に讃辞を呈している。後に、一九六〇年代から、このような技はこの分野の専門家スタンリー・エリスが犯罪捜査、とくにヨークシア切り裂き男の事件にこの種の専門性を振り向けたときからより知名度が上がることになった。[6] 学者の技を認めたうえで、ショーはイギリスで耳にする多くの異なった地方なまりについて考えながら、階級や経歴による微妙に異なった特徴に対するイギリス人の鋭い感受性をからかった。彼が『ピグマリオン』の序文に「イギリス人が口を開けば必ず、他のイギリス人から憎まれたり、軽蔑されることになる」(6)と述べたのは当然だ。ショーがこれを双方向的関係とみていたのは、イライザの父でごみ収集人のアルフレッド・ドゥーリトルが、道徳的なことについて講義するようヘンリーに勧められたときの辛そうな反応から明らかだ。「ちゃんとした英語を話すかわりに、おまえさんから中流階級の英語を習わなければならないな」[7]と。

ショーの見解は当時はまさに的確だったが、今では当てはまらないと思いたいところだ。しかし、その件に関しては確信が持てない。それにしても、トマス・ラウンズベリーのように現代の尊敬されている大学教授が一九〇四年に、「世界中の教養のある人なら誰でもがたちまち教育のない人の話し言葉だとわかるような特定の発音がされる一群の英語がある」と書き、このテーマについての見解を示すために「配慮されるべきなのは教育のあるほうの一群の語法である」と述べるなんて考えられない。ラウンズベリーは、「下品……ではないにしても、下の階級」であることがわかってしまうような発音をする人びとについては、「もっとも悲しいことは……彼らの状況が絶望的なことだ。彼らにとって何の救済策も見出せない」(7)と断言している。また一八八五年にウィリアム・ファイフが出した本『いかに発音すべきか』にも眉をひそめるだろう。そこで彼はこう書いている。「古代ギリシアの時代には、アテネ市民はひじように批判的で、演説者がたった一語発音を間違えても、たちまち野次の嵐になったそうだ……アテネ市民の正確さはとりわけ賞賛すべきだ[8]」

特定の発音に対する敵意には長い歴史があるようにみえる一方で、その物語は一筋縄でいくものではない。十四世紀にチョーサーは「親分の話」［『カンタベリー物語』］で北部なまりをからかっている。手書きのまま回覧されていた彼の作品を筆写しているうちに、彼の意図を汲み取り損ねて間違いだと思って修正した人もおり、また彼の冗談をもっと際だたせるためにさらに北部なまりを付け足した人もいる。同時代の作家でコーンウォール人のジョン・トレヴィサは、北部の人の「辛辣で、断片的で、まくしたてる」話し方への懸念を表明している。彼はそれを、王権の中心から遠い「未知の民族や外国の人」に近いせいだとした。シェイクスピアは『リア王』のエドガーが田舎の乞食に身をやつしているように見せるため、南西部出身者と観客にわかるような発音をさせている。swaggered［ふんぞりかえって歩く］ではなくzwaggered、fortnight［二週間］はvortnight、「I would」の代わりにchudというように。

十六世紀に指導的立場にあった権威者たちは、ひとつの書き言葉の標準に忠実であることは気にかけていたが、アクセントは違ってもいいと思っていた。「奔放な」アクセントと最初に書かれたのは一五三二年だ。「強い」アクセントという表現は十九世紀になるまでみつからない。ただし十七世紀には「特有の」アクセントがあると言われてはいたが。人びとの話し方について語るときにはどこの出身かよりもどんな風に話すかが問題となる。たとえば、シェイクスピアの時代にはmellifluent、gold-mouthed、tongue-gilt、nectar-tongued［どれも「流暢な」を意味する］だったり、fumbling［もごもご］、maffling［ひそひそ］、babbling［ペチャクチャ］、snuffling［グズグズ］、あるいはsnafflingだったりする。『お気に召すまま』で、オーランドーはアーデンの森でロザリンドと出会う。彼女は変装し、快活な森の住民のふりをするのだが、オーランドーは彼女の話し方がそれにふさわしくないのに気づき、こう言う。「君のアクセントはこんな辺鄙なところに住んで身につけたにしては洗練されすぎている」。ロザリンドの説明は「年取った信心深い叔父が話し方を教えてくれました」、そして叔父は「若い頃、都にいたのです[8]」。このやり取りは、田舎と都会の話し方の差にだんだん気づくようになっていた当時の聴衆の共感を得たはずだ。

一五八九年に出版された詩人への手引きでは、野心的な批評家で演説の名人ジョージ・パットナムが意味ありげに、王宮や「内陸の由緒ある街や市」で話されている言葉を使うほうがよいと助言している。彼は港や国境の街、また「学者たちが気むずかしく気取った使い方をする大学」や「貧しく粗野な人や野蛮な人しか頼りにする人がいないような高地の村や王国の端」で使われている言葉は避けるようにと警告した。パットナムは次のような人の言葉はまねすべきではないと述べた。職人、荷馬車屋、「言葉がもう古くさくなっている」チョーサーのような詩人、「北部の人」——彼によればトレント川以北に住む人すべてを意味する——そして「遙か西部の人」。よい英語は、ロンドンから六十マイル圏内でのみ話されていると彼は感じていた(9)。パットナムの助言の興味深い特徴のひとつは、標準英語はトレント川以北の地域まではまだ浸透していないと暗に示していることだ。六十マイル規則は実際にはケンブリッジからずっと先の地域で使われている言葉を避けるということを意味している。彼はミドルセックス州やサリー州で使われている英語は質がよいととくに触れてさえいる。

パットナムを真似て南部の英語をひいきにしても、別の嫌悪感を口にする人もいる。たとえば、文法家でロンドンの校長［セント・ポールズ校］アレクサンダー・ギル。彼については「さまよいあるく乞食たち」の隠語をけなしたとしてこれまでにふれたが、一六一九年に、サマセット州の人びとの田舎くさい話し方を、まるでまったく異なった言語を話しているかのように聞こえる、と揶揄した。それより数年前に、リチャード・ローランド・ヴァーステガンは、「北部にいる権威者に、教練について触れたのち、戦争の備品の供給」について手紙を書いたロンドンの廷臣の話をしている。廷臣は「何よりもまず馬具の装備をしてほしい」と書いた。手紙の受取人は equippe［装備する］という言葉にまごついた。それは「quipping あてこすりを言う」か「whipping むち打つ」に関係あるのだろうか、と。ついに彼は「その意味を学ぶ」べくロンドンに特使を送り返した、という(10)。

ロンドンが重要視されるのは驚くことではない。中世以来、政治力と商業力はロンドンに集中していた。イギリスのどの街もその重要性においてロンドンに匹敵するところはなかったし、十六世紀と十七世紀の間にロンドンはパリ、ヴェネツィア、ナポリ、マドリッドなどのヨーロッパの他の主要な中心地のどこよりも早く成長していた。人びとはより高い賃金とより大きな機会（とくに毛織物の商売で中心的な役割を果たしていたおかげで）によってロンドンに引き寄せられるとともに、他の地域での生活水準の低下にともなって押し寄せられてもいた。一五八〇年と一六四〇年の間に人口は爆発的に増え、ロンドンは全国的にみてもっとも高い識字率をもち、同時に医学、科学の革新の苗床となった[11]。ロンドン英語が正真正銘、純粋な語形であろうとなかろうと、繰り返しそれが洗練されて純粋であると断言されることでその地位は高まった。

外国人や地方からの人びとがロンドンに引き寄せられてくるにつれて、そこで標準とされる言葉への手引きが必要となった。ベン・ジョンソンが彼の文法書を出したとき、題扉によると、「よそから来たすべての人のため」を意図していた。彼の観察力とは語法の真の多様性を理解できることを意味する。そして、彼は自分の見解のいくつかを備忘録にまとめており、それは死後一六四一年に『森、または人や物事についてなされた発見』として出版された。彼はこう記している。「話は社会の道具である」。そして、「習慣は言葉をもっとも確実に支配している。ちょうど国の刻印があると通貨になるように」。『森、または人や物事についてなされた発見』にあるもっとも有名な言葉は、「いちばんその人をあらわすのは言葉。「話してごらん。そうすれば君がわかる」」。あまり知られていないのはベン・ジョンソンが当時これをさらに広げてみせたやり方だ。「それはわれわれのもっとも奥に秘められた部分から飛び出てくる。そしてそれは生みの親である心の化身なのだ。どんなガラス（すなわち鏡）でも、言葉ほど真に迫った似姿を映し出さない……国の偉大な顧問官が市民のかぶるような浅い縁なし帽をかぶり、流行のふくらんだ半ズボンをはき、腰に張りぼての馬をつけ、帯の下に手袋をしていたり、遙か彼方の服飾商人がクロテンの毛皮のついたヴェルヴェットのガウンを着ているのを見たら笑わないでいられるだろうか。ある程度の幅はあるが、こういったことで身分がわかるというものだ[12]」

ベン・ジョンソンは正しい。重要なのは、発音とアクセントが違うというだけではなく、他人のそれに気づくこと、そのせいで自分がからかわれたり、賞賛されるかもしれないこと、不完全とみなされる話し方によって出世に響くことだ。違いについて、われわれは固定観念を持っている。あるアクセントを聞くと、それを因習的でこじつけられた理由によって特定の行動形式と繋げ、もしその予想が証明されないと驚くばかりか、がっかりしてしまう。けれども、他人のアクセントを値踏みするときには、彼らの話し方によってどの程度わかりやすさが損なわれ、本来の意味や目的以外のところにわれわれの気持ちがそらされてしまうかは意識するのに、自分たちの偏見にはあまり気づかない。もちろん、ときには、実際には他人を理解しようという努力もせずに、わけがわからないと言う。

一七一一年の『スペクテイター』誌でジョゼフ・アディソンはこう主張できた。「われわれの英語の音は通常は弦楽器による音楽のようで、短く一瞬のもの」で「一弾で音が高くなったり、消えたりする」。他方、「他の言語は吹奏楽器の音のようで、甘く膨らむ」。同じ年に文法家ジェイムズ・グリーンウッドは「イギリス人は……言葉を前方に、口の外に向かって突き出し、開放的に話す。そのために音もまた明瞭だ。ドイツ人はむしろ言葉を口の奥に向かってのどの奥に引きこむ。だから彼らの発音はもっと強い。フランス人は言葉を口蓋に向かって内側に引きこみ、開放度が少なく話す……そうして、イタリア人、とくにスペイン人はもっとゆっくりと話す。フランス人はもっと早く、イギリス人はその中間の速さだ」[13]。ここには真実も含まれるが、音韻学の洞察をまとった民族的な特徴に関する偏見の傾向を示している。

　様々な発音に当惑するようになってきたのはアディソンが書いたときから半世紀後のようだ。ジョンソン博士は、最良の発音は言葉の綴りに従って、その通りに発音することだと信じており、リンドリー・マリーもその説を繰り返している。この信念がいかに不十分なものかがわかるのにはそれほど努力を必要とはしない。また、もっと確信をもって発音を扱おうとしたものもいた。これには質的な判断をしなければならなかった。はやくも一六五〇年にはバルサザール・ガービアーなる者［英国に移住したオランダ人建築家］が「上手に話す技術」（一六五〇）についての講義を出版していた。聖職者ジョン・メイソンの『話法の研究』（一七四八）を皮切りとして、ひとつのジャンルとしてこの種の出版が始まり、elocution［話の仕方］という言葉が現代の意味で使われるようになった。

　このテーマに関するもっとも著名な権威者はトマス・シェリダンだった。もともと俳優で劇場の支配人でもあった彼は経済面と胃腸の弱さの面で悩まされており、四十代になると、言語と教育の専門家に転向しようとした。一七六二年に彼は話法に関する一連の講義集を出版した。ロバート・ドズリーはその出版に関わったひとりだった。シェリダンは先駆者たちが何ともできなかった権威的調子を用いた。彼は「ひどい」発音をする習慣は乳母やお気に入りの召使いから受け継ぐもので、方言を話すことは「恥」だと信じていた。後に彼が辞書を出したとき、つい先頃のアン女王の治世の頃で、その世紀の最初の十年間の英語の話し言葉は完全な状態だったと主張した。彼の主張は真剣に受け止められた。ただし、娘のアイルランドのアクセントが――彼のかなりの努力にもかかわらず――ずっと直らなかったのは彼のやり方への完璧な宣伝にはちっともならなかったのだが。彼の社交的で野心的な息子、劇作家のリチャード・ブリンズリー・シェリダンでさえも小説家ファニー・バーニーに kind を joined と韻を踏むかのように発音するとからかわれた。それでも彼の公開講義は大いに人気を博し、それによってかなり儲かった。シェリダンの一講座に出席し続けるには若い事務員の週給の四分の一かかったし、一度に千六百人が受講登録することもあった。一講座でシェリダンはこんにちの金に換算すると十五万ポンドに等しい額を手にしたことだろう(14)。

オックスフォード大学のリンダ・マグルストーンは、社会的記号としての英語のアクセントの歴史を語る中で、シェリダンの主な成功は話し方の癖について一対の信念を生み出したことにあると述べている。彼は大々的な改革を実現することはできなかったし、その個人的な勧告の多くは何にもならなかったが、発音について新しい意識を創り出した(15)。彼の講義は標準的、もしくはちゃんとした英語のアクセントという考えを推し進めた。彼は標準的なアクセントはより大きな社会的平等を可能にすると信じていた。彼と同時代のスコットランド人ジェイムズ・ブキャナンは『優雅で均質な発音の標準英語をイギリス全土で確立するための試論』（一七六六）の中で、標準的なアクセントはイングランドとスコットランドの民を和解させるだろうと述べている。「この真に重大な企画をちゃんと実行するために、良識あるあらゆる人の助けを大声で求めよう。とくに……異なった話し方ゆえに、主に二つの王国の間で助長され、あまりにも長く残存する民族的な偏見を取り除こうと考えている人なら！」。統一された発音は「政治的な統合よりももっと好意的で寛容なつながり」を生み出すだろう。そしていわゆる「もっとも永続する兄弟愛と献身の絆」を「これほど効果的に徹底的にしっかり固定するものはないだろう！(16)」。

人気のある話法の一案を示したのはジョゼフ・プリーストリーの友人だった聖職者ウィリアム・エンフィールドだった。一七七四年に彼は『話し手』という、分厚い文学的抜粋集を出版した。抜粋は「まじめさについて」とか「迷信と独裁者の源」といった種類ごとの表題のもとに示されていた。この出版により彼が意図したのは、「若者がもっとうまく読んだり話したりできるように」することだった。エンフィールドの考えでは、明瞭度は「はっきりと、落ち着いて」、発音は「大胆に、強く」、声の「高さ」は「適度で多様性を持ち」、言葉は「礼儀正しく、優雅に」発音しなければならず、一音節以上からなる言葉は一貫して強勢を置き、いかなる文章においてももっとも重要な言葉は強調されねばならず、休止と抑揚は多様でなければならない。さらに「あなたの言葉が表現する感情と情熱にふさわしい調子、表情、仕草を伴う(17)」とよい。彼がここで並べた原則はまるでひとつの体系をなしているとはいえない。しかし、『話し手』の成功は、教育のある若者に期待されるたしなみとしての話術の隆盛を示している。

一八一一年に詩人で文芸評論家のアンナ・レティシア・バーボールドは『女性の話し手』を出版した。彼女は、エンフィールドと同じくウォリントンに住んでいたことがあり、当時、彼と親しくしていた。この本はこの技の指導を若い女性にも広げるものだった。バーボールドの選集は女性には違った話法が期待されていることを示唆し、「挿入した抜粋の上品さ」と、同時に「女性の義務、務め、性質に大いにふさわしい主題の選択」[18]に、より厳正な配慮を示している。その主題には、「女性の倹約」、「妻に必要とされる資質」、「青年の放蕩」といったものが含まれている。

けれども、この分野でもっとも影響が大きかった人物はジョン・ウォーカーだった。彼は自分が勧める発音を詳細にわたって描写し、強勢の違いを示すために言葉の音節に数字を使った——作家のウィリアム・ケンリックの『新英語辞典』(一七七三)で導入された方式だ。語法がさまざまであることに気づき、ウォーカーは自分の発音辞典につけた序文で、ロンドン式発音が最良であると論じている。それが優れているのはひとつに「礼儀正しい」言葉をより多く持っていることだという。これに加えて、ロンドンはイギリスの首都であり、エリザベス朝時代よりもさらに政治的・文化的影響の中心としての地位は高まってさえおり、それゆえそこの発音はすでに「より一般的に受け入れられている」。けれども、この利点は、英語の発音が下手なロンドンっ子は「他の地域の人びとよりもその奇妙さによってさらに面目を失う」ことを意味した。その結果、「ロンドンの下品な発音は、スコットランド、アイルランド、その他の地方の発音の半分も間違ってはいないのだが、正しい発音を好む人にとって、千倍も不愉快でうんざりさせられるものになってしまった」[19]

17　ちゃんと話す

アクセントを聞けばどんな連中かがわかる

不愉快でうんざりするロンドンの発音というジョン・ウォーカーの非難は十九世紀に頻繁に繰り返された。やがてそれが決まり文句となったが、その影響をひしひしと感じていたのが詩人のジョン・キーツだった。キーツは当時の人びとに、父親が馬丁をしていたムーアゲート沿いにある宿で生まれたと間違って信じられており、文字通り、あるいは暗に発音でいじめられた。とくに韻を非難され、他の人には違って聞こえる音が彼には同じに聞こえるらしいと言われた。thoughts と sorts が韻を踏んでいるとしたのがその一例だ。彼の r の音についての認識が『ブラックウッズ・エディンバラ・マガジン』で、書評家ジョン・ギブソン・ロックハートの酷評を招いた。彼はキーツの作詩法は「ずさん」で韻は「コックニー」だと非難した。批評家リー・ハントは偉そうに彼を「ジョンケット」と呼んだ。それは、コックニーの詩人が自分の名をこのように発音したらしいところからきている。

当時、コックニーという言葉はロンドンっ子にとって二百年来の侮辱語だった。それを自分たちの誇りを示すしるしとして使ったために、さらなる侮辱を招く者もいた。十七世紀の初めに辞書編纂者ジョン・ミンシューはコックニーの語源を示している。それは若いロンドンっ子の話で、彼は父親とともに田舎に行き、馬のいななきが「ネイ」だと知らされ、夜明けにおんどりの時を告げる声を聞いて「おんどり《コック》もネイと鳴いているかな」と言ったという。ミンシューによると、その言葉はそれ以来「田舎の事情にうとくて不慣れな人」[1]のことを示すようになったという。さらに、コックニーをボウの鐘〔ロンドン、セント・メアリ・ル・ボウ教会〕が聞こえる範囲内で生まれた者と定義したのもミンシューだった。

昔の発音の証拠がわかるのはキーツの詩だけではない。一般的に詩はこの種のすぐれた情報源だ。詩は、かつて韻を踏んでいたが今ではそうではない言葉や、一部の人だけが韻を踏むと信じていた言葉に注意を向けさせる。クリストファー・マーローが「わが元に来て、恋人（love）になって／そうすればすべての喜びを味わう（prove）だろう」[1]と書いているところから、十六世紀には love と prove とが同じ音を持っていたと推測できる。押韻辞典にはそのような例が集中している。ジョシュア・プールの『イングリッシュ・パルナッソス』[2]（一六五七）、副題「英詩の助け」では、aunt と chant と grant は ant と pant と韻を踏むとあるが、同時に want も韻を踏むとしている。一方エライシャ・コールズは『完全な英語の教師』（一六七四）の中で、oo の発音は boot と nook と could と同じだとしている。シェイクスピアが clean と lane で韻を踏ませるとき、もしくは彼の多くの駄洒落から彼が reason と raising を同じように発音していたとわかるとき、これがウォリックシアのアクセントの証拠ではないかと思いたくなるかもしれない。しかし、その証拠はジョン・キーツのロンドンアクセントの証拠ほど説得力はない。

過去の著名な人物たちの話し方に思いをいたらせるのはたやすいことではない。ほとんどの場合、証拠が限られているからだ。驚いてしまうのは、かの有名な『家政の本』[3]（一八六一）の作者（エリザベス）ビートン夫人がコックニーに近い話し方をしていたのと、上流の優雅さを思い浮かべる人が多いジェイン・オースティンが田舎風のハンプシアの喉音の発音をしていたことだ。さらに過去へさかのぼると、エリザベス女王の寵臣で探検家サー・ウォルター・ローリーは「強いデヴォンシアなまり」をからかわれていたが、それで不安を感じたりはしていなかったところを見ると、成功への障害でなかったことがわかる。十九世紀になり、階級意識が研ぎ澄まされてくると、アクセントについての評価は新しい辛辣さを見せてくる。一八三〇年代と四〇年代に二度も首相となったサー・ロバート・ピールは生涯スタッフォードシアのアクセントが残っており、ディズレイリにからかわれた。ウィリアム・グラッドストンはランカシアのアクセントが残っていたが、一八六〇年代と九〇年代に四回も首相となる妨げにはならなかった。しかし、批評家に、彼は紳士ではないと強調させてしまうことになった。

誰かが「地方の」方言を使っている、と言うことは、自分は標準英語の話し手であると示すことだ。イギリスで、考えもなしにこうする習慣は十八世紀に始まった。しかし、標準英語は、おそらく人口の十分の一からなるエリートが生まれたときから使っている形で、それ自体（社会的）方言だ。その「標準的」な性質は定義しがたく、公式の組織によって規定されたものではない。実際に、言語というのは方言の一群なのだ。「地方の」というとき、わたしにはこれが作り事であるという強い認識がある。あらゆる語法は地域的なものだ。ただ、地方によって、すぐさまそれとわからないこともあれば、もっと断定的に烙印を押されていることもある。

地方のアクセントや語彙を楽しむ人びともたくさんいる。リンカーンシアでダンプリングを water whelp と言うのや、ダラムでシーソーのことを shig-shog というのを聞くのは楽しい。これは新しいことではない。一六七四年に博物学者ジョン・レイは「一般的には使われていない」英語を集めた本を出版し、カンブリア州の towgher（持参金）やサフォーク州の毛虫の巣を意味する puckets を愉快そうに記録している。[2] この種の地方の言葉を使うほとんどの人は特に何も考えずにそうしている。食卓を整えるときは、lay the table だろうか、set the table だろうか、斜視については、cross-eye だろうか、それとも boss-eye だろうか。脇のことは、armpit だろうか、armhole だろうか。ののしりは curse か、cuss か。Tuesday は j が入るように発音するのか、ないように発音するのか。当然、自分はどちらを使うかは知っているが、それが自分の育ちや今の住まいをいかに語っているかとは考えたことはないだろう。

興味がないか、単に自意識に欠けているだけの人もいる。自分の話し方のほうがすぐれていると思い込み、特定の地域的特徴をあざ笑う人もいる。これまで見てきたように、彼らは自分たちと違った話し方を、愚鈍さ、分離主義、技術のなさ、自信のなさ、頑固さと等しいと愚かにも考える。これはとくに文法の地域的違いに当てはまる。ほとんどの学校や多くの仕事場でこれらは受け入れられないことと見なされる。しかし、うち解けた場面ではよく聞かれる。その証拠にはよく出会うだろう。デヴォンの田舎では「Good as gold, that there thing was. あれはすごく良かったな」、スコットランド語を話す人の間では、いわゆる「二重法助動詞」（'I didnae think he'll dae it, but I suppose he might could.' 彼がそれをするとは思わなかったけど、やるかも）、シドニー［オーストラリア］の都市部では、動詞の末尾に予期せぬ s がつき（'They were watching television so we gits on the floor and we crawls in my bedroom.' みんながテレビを見ていたから、腹ばいになって床をはって寝室まで行った）、アメリカの南部の州では強調のための副詞として使われる done（'You didn't know about it until it was all done planned and fixed.' すべてがすっかり計画され決定されるまであなたは知らなかった）、アパラチア山脈地方では、a- という接頭辞が、「He just kept a-beggin' and a-cryin' and a-wantin' to go out.' 彼はひたすら外に行きたいと泣いて頼んでいた」[3] といった発言にあらわれる。ときにはひとつの言葉がいつものとは違った機能を発揮することができ、知らない人は変だとびっくりしてしまう。その結果誤解が生じるかもしれない。ヨークシアの人についてのある話がある（本当かな?）。彼は車で踏切に近づき、「Wait while the red light flashes. 赤信号が点滅している間は待ちなさい」という標識を見た。そして、赤信号が点滅したとき、踏切を渡り、近づいてきた列車に押しつぶされたという。ヨークシアではwhileはuntilの意味もあったのだ。[4]

ジョージ・サンプソンという、ロンドン南東部で改革運動をしている教師がいて、一九二〇年代に、地域による差が不和のもとだと気づいて次のように書いている。「国は方言によって引き裂かれている……熱烈な「地域主義者」は自分たちの方言にしがみついている……正規の教育を受けていない大衆の話は必ずしも美しい方言の損なわれない新鮮さをあらわしているわけではない」。さらに続けて、「標準英語は地域の方言に破滅をもたらすものとは限らない。方言が真に根付いているところでは、それは生き続けるだろう。壊れやすいが妙に面白いところでは、熱狂者により人為的に生かされ続けるかもしれない。存続する本当の理由がないところでは、消えていくだろう。暫定的な制度が消えていくように」。お気に入りの鉢植えを大事に守るようなやり方で人びとが方言も大事に生かし続けるというサンプソンの認識は疑わしい。方言は装飾品ではない。すべての学校教育の手段として彼が提唱する通常の言語の形については、「標準的な英語の話し方を定義する必要はない。それが何かわかる、それでおしまいだ。犬を見れば犬とわかるように、標準英語を耳にすればわかるのだ」。サンプソンは続けて、教育の悲劇と思えるものについて論を進める。ロンドンでは「小学生は七歳で学校に持ち込んだ粗野ななまりを、何もよくならず、向上もしないまま、十四歳で学校の外に持ち出す。そのときでさえ、彼の発音はあまり明瞭ではない……思いやりのある人間なら誰でも、貧しく、発音不明瞭な部類の子どもたちと出くわせば、まず……「君に人間らしい話し方を教えてやらなくては」と言いたい気持ちに駆られるのがまともな反応だ[5]」

サンプソンの考えとは反対に、われわれの知る標準英語はひとつの構造物だ。十九世紀に、それは教育者、愛国者、学者きどり（その三つのグループは互いに重なり合うところがある）によって促進された。実際のところ、名門英語と呼ぶほうがいいかもしれない。なぜなら、それを促進する人たちは自分たちを讃えるのに熱心な反面、社会のほとんどの人たちを自分たちの言葉をちゃんと話せないとして非難しているからだ。標準化は一般的な利点があるが、しばしば、大衆全体の利益のためではなく、自分たちの英語を最良の英語として祭り上げている小さな権威団体の利益のために実行されている。それでも、ぐるりと向きを変えて見ると、トマス・シェリダンが主張したように、英語の標準的な形は、巨大なキマイラのような幻想、階層のない社会を実現する手段であると主張することができよう。この数十年間、英語をどのように学校で教えるべきかについての政治的討論の中心にあったのがこの緊張だった。標準英語を教えることは現在存在する階層を強化する手段なのだろうか。あるいは、それはあまり特権を持たない境遇出身の子どもたちに自由へのパスポートを与えることになるのだろうか。両陣営で、尊大さが正義を装っている。この議論は規範主義と記述主義とのおなじみの論争のひとつの変形だ。

標準語がまさに権威ある形式であるという考えはもちろん十九世紀において新しいものではなかった。しかし、この時代、学問は標準語なるものを明示した。それは、標準語ではないものについての不正確な発言によることが多かったが。たとえばヘンリー・スウィートによる次のような断言（一九〇〇）がある。「現在の英語の方言のほとんどはその発達過程であまりにも孤立しており、その影響はもっぱら分裂の方向であり……英語の発達という面に光を当てることはほとんどない。英語の発達については……それぞれの時代の教育ある人びとの話し言葉［を研究すること］によって……より有益に論じることができる」(6)。標準語化には常に異なった形の価値に関して判断を下すことが含まれている。そしてほとんどの場合、素っ気ない否定的な判断が下されることになるのだ。スウィートの後継者のひとり言語学者のH・C・ワイルドは、彼が容認標準発音と呼んだ発音は「響き渡る資質」や「より明確な音」を持ち、「他のどの英語の形よりも、母音の音の性質から、美しさと明瞭さにおいて勝っている」(7)と主張した。これは本当は幻想であり、優雅な伝統からわき起こったゆったりとした生まれながらの発音というワイルドの見解は、彼が上流階級の男らしさと思っているものへの賛歌だった。

十九世紀のイギリス小説には地域的な逸脱と思われるものや、その魅力についての評であふれている。小説家にとって、方言は地域文化の豊かさを示す便利なやり方だった。サー・ウォルター・スコットはとくに方言の細部にまでこだわって作品に生かしている[4]が、方言は少なくともその時代を通して主要な小説家の作品に現われている――たとえば、エミリー・ブロンテの『嵐が丘』（一八四七）やジョージ・エリオットの『アダム・ビード』（一八五九）など。ウィルキー・コリンズの『月長石』（一八六八）では、小説の多くの語り手のひとり――コリンズ自身なのだろうか――が、ひとりの登場人物の「ヨークシアなまりを英語に翻訳」することにした事実を声高に語って読者の注意を引き、さらに付け加えて、「学識ある」聞き手でさえも彼女を理解するのはやっかいで、「彼女の言葉をなまりのままここに書けば、どんな気分になるか、おわかりでしょう」[5]と述べている。

一八五八年のクリスマスにディケンズは自分の雑誌『ハウスホールド・ワーズ』に自分と他の三人との合作である「貸家」という題の話を掲載した。エリザベス・ギャスケルが書いた章で、ランカスター市出身のセールスマン、オープンショー氏がハイカラなロンドンっ子を描いているところがある。「彼らはボンド・ストリート界隈でぶらぶらと一日を過ごし、よい英語をだめにし、かわりにわたしのことを田舎者として軽蔑しようとしている」。彼は息子に「彼が呼ぶところの本物のアングロ・サクソンのアクセントを維持するために、もっともアクセントが強くもっともわかりにくいランカシアの方言で」[6]嬉々として話しかけている。

この本当のアングロ・サクソン語についてはこれまでにも取り上げており、お馴染みだろう。ギャスケルはそれについて以前にも書いていた。『北と南』(一八五五)という、産業の変化が社会におよぼした影響を描いた小説で、製粉場の所有者ソーントン氏はほとんどの場面で自分についてなかなか語らない人物なのだが、次のように言うところがある。「わたしにはチュートン人の血が流れている。それもイギリスのこの地では、他の地にくらべてほとんど混じりけがない。言葉もほとんどそのままだし、気質はもっと保っている。われわれの考えでは、人生とは楽しみのときではなく、行動と努力のときだ」[7]

チャールズ・リードの一八五三年の小説『クリスティー・ジョンストン』で、同名の主人公は「賢い頭と強いなまり、鋭敏な耳を持ってロンドンにやってきた。彼女は夫の友人たちがどのように話すのかを観察し、ほんの数ヵ月もしないうちにスコットランドなまりを豊かなイオニア式にまでやわらげた。だが彼女の女性としての本能から、それをイギリスやフランスの社会にあまりにも広まっていた味気なく、気むずかしいアクセントと取り替えようとは思わないだろう」。リードには言葉についていくつも辛辣な言い分があった。通常はかげでヒソヒソとしか言わないのだろうが、実に辛辣だ。アングロサクソン式は「偉大な英語の魂であり純粋な火」だという。それでも、彼の登場人物のひとりはある単音節の言葉(「a stinger」、すなわち「fuck」のこと)を熟慮し、それは「彼女の語彙にもないし、社会の語彙にもない言葉のとげ」とみなした。ひとりの登場人物の不正確な語法に気づき、リードは「ルーシーのおばさんは厳密な文法を話していない。あなたのおばさんはどう?」と書いている。

二十世紀の小説家の中で、ジョージ・オーウェルは自分のことを「上位中流階級の下《ロウアー・アッパー・ミドルクラス》」ときちょうめんに表現しているが、このようなことにはとくに敏感だった。『牧師の娘』（一九三五）のドロシー・ヘアが南ロンドンのむさくるしい界隈で下宿を探すとき、「着古した服と紹介状がないことは不利であり、彼女の教養を示すアクセントは、隠しようもなく、いかなる好機も逃してしまった。浮浪者やコックニーのホップ摘みの労働者は彼女のアクセントには気づかなかったが、郊外の主婦たちはたちまち気づき、荷物を持っていないことで下宿の女将がおびえたのと同じように、彼女たちもおびえたのだ」[8]。オーウェルは、ノンフィクションの本『ウィガン波止場への道』（一九三七）の中でこう述べている。「ランカシアの綿花の町では何カ月もの間、「教養人にふさわしい」英語を一度も聞かずにすませることができるだろう。でも南イギリスの町ではれんがを投げればたいてい司祭の姪にあたる」。彼自身の観点からいえば、これはありがたいことだった。ランカシアでは、「あなたの「教養人にふさわしい」アクセントが、つまらない紳士連中というより外国人というレッテルを貼られるからだ。そしてこれは非常に好都合だ。というのは労働者階級との接触がずっとたやすくなる」。その上、「社会の階層がきっちり貧富による階層と一致しているのなら、パブリックスクール出は彼の収入が年二百ポンドより下がったときにはコックニーなまりになるはずだ。だが、そうなるだろうか。反対に、彼はただちに以前よりも二十倍もパブリックスクール風になる。彼は命綱として出身校のネクタイにすがりつくことになるのだ」[9]

オーウェルの長い評論「イギリスの人びと」は一九四四年に書かれたが、一九四七年まで出版されなかった。彼はその中で英語の語法におけるたくさんの問題の原因を究明し、次のように述べている。「ＢＢＣの言葉はほとんど大衆には理解できない」。そして「イギリスの労働者たちは……外国語を正確に発音することすらやわなことだと考える」。それでも、第一次世界大戦後、イギリスでは「社会の重要な部分」は「ほとんど階級抜き」に構成されるようになった。その話し方は英語を変えてきた。オーウェルは「英語の大いなる弱点は、それが堕落可能だということだ」と論じながら、「もっとも生かしておけない敵」は政治演説やニュース放送の「味気ない方言」だとした。こうして英語は衰退の状況にある。[8] 彼は裕福な階級と労働者階級とがますます分離していくのを感じていた。社会の構造は変化しつつあった。その一面がわざとらしい中流階級風の話し方の発達であり、またもう一面はもっとも詩的で歴史的な記憶を響かせる地域の言葉の衰退だった。

これはジョゼフ・ライトが懸念していたことだ。彼の偉大な方言辞典は、一八七三年に創立された英語方言協会が始めた調査・出版計画の成果だった。驚くべきことに、協会はその調査結果をひとたびライトにわたすや、仕事は終わったという理解のもとにたちまち解散してしまった。ライトも同じように感じた。将来、方言の数は減るだろう、と。しかし、彼や協会は間違っていた。一九五〇年代に方言学者ハロルド・オートンの指導のもとに行なわれた英語方言調査によると、ライトと協会の時代から様相が一変した——驚くほど複雑になった——のがわかった。今ではこの仕事はサリー・ジョンソンとクライヴ・アプトンのもとで続いており、これからも拡大し続けねばならないだろう。

方言は長い間、調査するのに魅力的ではない分野だとみなされてきた。伝統的に、英語の研究は標準英語への発達に集中しており、この中心的な物語から外れた話の余地はほとんどなかった。当然のことながら、地域英語の語法に関するもっとも著名な本のいくつかは、その国の人たちには単なる狭い地域——あるいはむしろ汚らしいもの——にみえた事柄に魅せられた外国人によって出版されてきた。たとえば、ウィルトシアのピューシー方言研究は一九〇三年にスウェーデン人ヨーン・シェデルクヴィストによって出版された。彼の主な情報源は中年の鉛管工と地元の学校の「最悪の話し手たち」だった。また一九〇五年の、ウェストトサマセットの方言に関する重要な論文はオランダ人のエー・クロイシンガだった。それからまた、二十世紀で一番本格的な学術的英文法はまた別のオランダ人ヘンドリク・パウツマーとデンマーク人のオットー・イェスペルセンによるものだった。

「最悪の話し手たち」は非常に興味ある対象だ。もし形容詞を変えればこの興味も立派なものに聞こえる。しかし、「最悪の」というのが彼らについてのわれわれの感じ方なのだ。何が最悪かを論じるときに暗に意味されているのは何が最良か——それは「標準」というレッテルは貼られているが決して大衆には使われていない格の高い話し方——という認識を皆が持っているということだ。標準英語を使う人びとから言わせると、それが話せない人は語学的能力に欠けている。しかし、実際には、烙印を押された英語を使う人びとは、話し手として複雑な能力を持っているのかもしれない——多くの観察者には理解しがたいが、同郷の人たちの間では迫力ある話し手なのだろう。さらに、人びとの言語的能力は、あきらかな理由から、自然な表現というよりも、もっぱら教室や面接の際の成り行きで判断される。(9)

標準的なアクセントなしでも標準英語は話せる。しかし標準英語にはそれなりのアクセントがある。それは容認標準発音（RP）として広く知られている。これは、とくに評論家の頭の中では、パブリックスクール（つまり私立校）を連想しがちだ。この用語を奨励した音声学者ダニエル・ジョーンズは一九一七年に別称「パブリックスクール発音」を提唱したが、容認標準発音という名称が広まった。ジョーンズはそれに言及した最初の人間ではなかった。ジョン・ウォーカーが一七七四年に「容認標準発音」について書いているし、アレクサンダー・エリスは一八六九年に書いている。しかし、それを内容を示す頭文字で呼んだのはジョーンズだった。

標準的ではないアクセント、なまりという烙印は十九世紀末に復活した。パブリックスクールの影響が大きくなってきた頃だ。名門のパブリックスクールや、一八四〇年から一八七〇年の間に創設された多くの新しいパブリックスクールは、個人主義の長所を説く一方で、彼らの規則や階級制度や慣習を通じて、教育機関が重要であるという強い感覚を教え込んだ。それらの多くは歴史ある教育機関だったが、今や、それらの影響が増大し、ひとつの「組織」として体系づけられた。ひとつには校長協議会（一八六九年に発足）を通じてだが、主にスポーツや他の分野での生徒同士の交流によるものだった。その結果、新しい社会階級ができた。「パブリックスクール出」というもので、その教育によってある一定の態度や性質を吹き込んだのだが、その中にいかに話すべきかという考えもあった。「吹き込んだ」というのは言いすぎではない。行動様式を確立させ安定的に強化させるという点で寄宿学校は通学学校と異なっている。パブリックスクールの文化と性格は新聞、雑誌、物語や年鑑、その他教育制度の分野でかなりの程度宣伝され、賞賛された。「学校はどこ？」という質問への答えがクラブや仲間に入れてもらえるか、まさに就職できるかに影響した。一八八〇年代と九〇年代に、学校における政府資金の使い方を監視する監査官は、生徒たちの表現力豊かな地域のアクセントをなくし、標準的な発音に向かわせる授業の価値について論じ始めた。一八九八年に政府の教育省は生徒にどのように母音を発音するかを教えるやり方を規定した。[10]

一九二二年にイギリス放送協会（ＢＢＣ）が設立されてから、ラジオは容認標準発音を普及させる重要な手段となった。設立から三年以内にＢＢＣの番組聴取者は一千万人にまで達した。[11] これらの影響、また後のＢＢＣのテレビ放送の影響は強く、容認標準発音を獲得することは社会的昇進の手段であると思い込ませた。多くの人にとって、ＢＢＣの英語にさらされることは、自分たちの欠陥のある話し方を直す手段だった――自分で気づいたにせよ、説得されたにせよ。もちろん憤慨する人たちもいた。容認標準発音以外のアクセントは主に喜劇的な効果をねらって使われたようだ。一九六〇年代になってようやくBBCは容認標準発音を使わない多くの司会者たちを番組の看板とし始めた。

実際には、容認標準発音は一種類だけではない。はっきり区別できるひとつの特徴は「目立つ」形と「目立たない」形だ。目立つ形というのは、だんだん聞くことが少なくなってきたが、幸せにも上流階級出であることを、紋章を彫りこんだ指輪よりもはっきり示す発音だ。これは単に「ちゃんと話す」だけではなく「上流階級アクセントで話す」ことであり——気取りとみなされる。ところが、イギリス王室の若い人たちやこんにちの意欲的な政治家たちが、お高くとまっているとか古くさいとみなされないように、目立つ容認標準発音を避けようとしているのは注目に値する。

一九六〇年代から、新しい種類の標準英語があらわれてきた。一九八四年に音声学の専門家デイヴィッド・ローズウォーンはそれを「河口域英語」と名付けた——それはエセックス州とケント州のテムズ川河口を指している。河口域英語の発達は労働者階級と下流中産階級のアクセントがやや容認標準発音のほうへと移行する一方、容認標準発音とそれに近いアクセントのレベルが低下したことが関わっている。河口域英語の特徴には、「the idea of going」というときに idea と of との間に余分な r の音が介入すること、l の音が不鮮明になり、milk とか bundle とかの言葉では w のように聞こえること、また、「ヨッド合体」という、Tuesday のような言葉に j の印象を生みだし、dew と Jew と同じように発音するようになることなどがある。

今のところ、英語を母語としない人には河口域英語や他の変種よりも容認標準発音のほうが教えられている。しかし、これを変えようとする動きがある。容認標準英語を話す人びとがますます減っているとすると、外国人に別のアクセントを教えるほうが実際的な目的からいうと意味があるからだ。確かに、英語を母語としない人たちは、イギリスに着いて、彼らが学んできた容認標準英語が、多くのイギリス人に時代遅れとか気恥ずかしいと思われていることを発見して唖然とする。

わたしが住んでいるロンドンでは、ますます多くの多種多様な民族出身の若者たちが、「多文化ロンドン英語」といわれる言葉を話している。この巷の方言が批評家ジョージ・スタイナーが「深い黄昏のように不明瞭なコックニー」(12)と呼んだものにとってかわっている。この多文化ロンドン英語は驚くほど制度的な影響からは自由だ——まさに大人の影響からは。その明確な特徴には、アフリカ系カリブ人の抑揚、広い範囲の言語（確実なところでは、ジャマイカ・クレオール語、その他にもベンガル語、ヒンディー語、ウルドゥー語、ロマーニー語、その他様々なアフリカ英語）から取り入れた語彙、絶え間なく使う付加疑問形がある。その中で「innit?」はそれほど挑戦的ではない例のひとつだ。質問というのは確認を求めるものだが、挑戦ともなりうる。

スタイナーにコックニーの「深い黄昏」と言わしめたと思われる特徴のひとつがまだ残っている。声門破裂音だ——あるいは正確な言い方では、無音声門破裂音だ。ロンドンにいれば毎日聞く音で、グラスゴーやバルバドス、ニューカッスルあるいはニューヨークでももちろん聞く音だが、オーストラリアの英語を話す地域や南アイルランドではあまり聞かない。それは声帯の間の空間が完全に閉ざされ、その後小さな破裂のようなぽんという音が続くときに生じる。mountain や quality で t が消えるときや、uh-oh というような言葉で聞こえるし、もっと大袈裟に言うと、咳をしたときに聞こえる。声門破裂音がないのが伝統的に容認標準発音のしるしだった。ただし、容認標準発音を話す人もときには声門破裂音を使っているのだが。

今のイギリスでは一世代前にあったよりもアクセントの数が少なくなっているようにみえる。ひとつの超地域主義の傾向があり、社会階層の混在している人口の多い地域では、少数の地域的な変異の違いは消えつつある。これが起きるのは、話し手が無意識に一種の順応をしているときだ。それそこでは、彼らは新しい種類の話し方へと収斂する。それは明確な地域的な特徴を残しているが、祖父母の時代のようなもっと小さな固く団結した共同体に属するというしるしはほとんど見られない。このひとつの理由は産業と農業の衰退だ。こんにち、学校を卒業すると、かつての世代のように、地域の伝統とか独自性にしっかり結びついていた仕事に就くことはほとんどない。けれども、この五十年の間に地域間の移動が大幅に増加したものの、より大きな地域的なつながりは強まっている。イギリスの生活の均質化——同じような繁華街や商店街、もっとも人気のある娯楽の普及——ということは、アクセントや方言が、イギリスの異なった地域出身の人びとが自らの独自性を主張する貴重な機会となっていることを意味している。貴重な、というのはつまり、独自性をあらわす伝統的なしるしの大部分がなくなってしまったからだ。

人びとがアクセントを通じて自分たちの独自性を表現するとき、その効果は絶大だ。その理由について、わたしはデイヴィッド・クリスタルの次のような意見が気に入っている。「声は——ほら、目立った服や顔の特徴とか装飾品と違って——角を曲がったところにいても暗闇の中にいても、はっきりわかるんだ」[13]。この問題に関する啓発的な本の中でコラムニスト、アン・カープフはこう述べている。人間の声は「われわれの内なる世界と外界との間に橋をかけ、もっとも隠された内奥から公共領域まではるばると旅をし、われわれが何者であるかという深い意識だけではなく、われわれが何者にはなりたくないという意識も明らかにする。それは恐怖と力、不安と追従、自分自身同様、他人の生命力と信頼性への見事な道しるべなのだ(14)」。われわれはそこから情報を絞りだそうとする。また声についての解釈はわれわれの聴覚能力を反映する。われわれの話し方は多分、恐ろしいほど、重要であり続けるのだ。

18 アルファベットと女神

読み書き能力、ジェンダー、性差別主義的言葉

烙印を押された方言の使用を非識字と結びつけることはよくある。教育について書いたヴィクトリア時代の作家たちは「地方の」、「不正確な」、あるいは「不適切な」発音と言葉の選択を無知に等しいとし、ときには基本的な知能の遅れにまで匹敵するとした。これは間違っている。しかし、いずれにせよ、識字と非識字の問題は詳細に分析する必要がある。

「非識字」という言葉は「読み書きのできない」を意味するのが常だった――つまり、書き言葉の知識がないこと。今では、それは「愚かさ」の同意語として使われている。そこには社会的判断が幾分か含まれることになるため、非難ではなく、現状を診断する用語として、「前識字」とか「無識字」が台頭してきた。また「機能的非識字」という言葉を聞いたことがある。読み書きはできるのだが、日常

生活で必要なだけの読み書き能力はない人のことを指している。ヒステリー気味の評、とくにアメリカの評では、機能的非識字を社会のまさに核心を浸食する不吉な病気として紹介している。定義するのはたやすくないのだが、二〇〇七年七月の『ガーディアン』誌の記事によると、イギリスでは毎年、義務教育を終えた生徒のうち約十万人が機能的非識字だという(1)。別のところでは問題はさらにひどい。二〇一〇年四月の『ジャマイカ・オブザーヴァー』誌の記事によると、ジャマイカの公式の識字率は八十九パーセントなのに「人口のほぼ半分が機能的非識字だ(2)」という。

言語というのはもともと発話である。言語学者ジョン・マックウォーターによれば「書くことは、口から出てくるものを紙の上に刻む方法にすぎない(3)」という。彼は書くこと――それは結局のところ媒体であり、彼の主張もこの媒体によってなされている――を見くびっているわけではなく、むしろ重要な真実を主張している。つまり発話が先だということだ。マックウォーターの主張は、ほとんど正統的で、書き言葉は話し言葉の代用であり、人工的なものだというものだ。アルファベットを使って書くことは生活を高める技術のひとつだ。しかし、それはまだ五千年ほどしかたっていない技術であり、人間の歴史上話されてきたほとんどの言語は書かれることはなかった。アルファベット順に書かれた辞書を見るとその反対であるかのようにみえるが、発生学的に言うと、人類は書くようにではなく、話すようにできている。それでも、書くことが発明される前の言語についての論は――すなわち、十万年以上前の言語の使い方についての論は――推論にすぎない。

実際には、書くことは口から出てきたものを記録する方法にすぎないと述べるのはまったく正確ではない。書くことにははっきりした特徴がある――話し言葉にはない特定の機能と形が。そのうえ、話し言葉がたしかに書くことに影響を与えている一方で、書くことも話し言葉に影響している。しかし、一般的に書くことは話をあらわす手段と考えられているが、実際には話をすることも書くことも両方とも言語としての基本的な仕組みの実現なのだ。

書き言葉は永続し、話し言葉は短命だと認めがちである。口に出したことを取り消すことはできず、相手の記憶の中に、気楽に思えないほど長く留まるというのは本当だが、話し言葉は形のあるものを残すことはない。書き言葉の偉大さは建築用語で表現されることが多い。設計され、高度に構築され、均整をとったものになるというように。話し言葉は当然のごとく文体がないとされる。それは自然に起こり、束の間で、制御も技術もない。けれども、現実にはあらゆる文章は、それが書かれたものであっても、話されたものであっても、複雑な働きからなっている。当然「まったく複雑ではない文章を考えることができる」と言うかもしれない。しかし、その文章でさえも脳の中の、強力な電位変動の産物であり、それが脳神経を経由して音声器官に伝えられるのだ。この器官に含まれるのは、唇、歯、鼻腔、舌の各頂点、平らな部分、背面、それから気管、硬口蓋、軟口蓋、上の歯が固定されている歯槽堤、声帯、横隔膜と肺だ。

識字の概念は他の考えとひとまとめにされている。それは想像力、自意識、「精神生活」、理性の力、選択、道徳的判断、現代性だ。しかし、根本的に識字は「書くこと」——書かれたものを理解し、作り出す能力——を意味すると理解されている。書く仕組みは少なくとも紀元前四千年以来存在するにしても、現代の識字の概念は活字の組み替えができる印刷機の発達とともに始まった。すでに述べたように、十五世紀に始まったヨーロッパの印刷文化は、多くの重要な影響を与えた。まず、本の読み方を変えた。読書はひとりで黙ってする行為になった。その結果早く読めるようになった。さらに、印刷文化は本を言説というより物体にした。知識は量となった。(4) 文学作品はますます決まった視点から書かれるようになった。印刷は過去についての考えを固定した。やがて、おそらく十七世紀末にむかって、印刷された記録の保存と法律の成文化——知識と価値を物として供給する——が公共という考えを生み出した。現在、印刷物が教育、行政、学問の役に立っているのを見ることができる。識字は、印刷された書き言葉に体現されるように、われわれの生活を秩序立てるための仕組みに欠かせないものだ。

まったく口述しかない文化を想像してみよう。たとえば、あなたが仮にフリンポと呼ばれる言葉を使っているとしよう。フリンポを話す人びとの言説は何の痕跡も残さない。人びとはものを調べたりはしない。抽象的な定義の代わりに、自分自身の経験を参照するほうを好む。花って何？と聞いたら、花のようなものについて推測を巡らすよりも花を見せてくれるだろう。他人とのやり取りを通じてのみ複雑な考えを組み立てることができる。そして、これらの考えを確実に保存するために記憶術は必須だ。記憶術の必要性は、おそらく、より複雑な考えをまとめるやり方に影響を与えるはずだ。多分、あなたはうたを利用するだろうし、そうしないまでも思い出すための助けとしてリズムを利用するだろう。あなたは何かと比較するのを好む。形容詞句がもののまわりに集まる。たしかに、あなたや、あなたのまわりの人たちは言葉の威力に敏感だ。識字文化にいる人びとと比較してみると、あなたの考えは音にとても深い影響を受けている。フリンポの言葉はみな音で、ただそれだけだ。そしてそれが魔法のような資質を持っているようにみえる。名前は絶対に重要だ。それらはあなたに世界を支配する力を与える。伝統もまた重要だ。客観性があるとは思えない。あなたは知っているものの近くにいる必要があるし、世界に対して共に参加している形で反応する。共感があなたの社会生活の鍵だ[5]。フリンポの言葉の構造も複雑だ。英語を話す人たちが書くとき、言葉の間に空間をあける。短い単語に慣れているととても長い言葉は奇妙にみえる。フリンポは書くことがないから、そのような長い言葉を奇妙に思うという感覚はない。言葉を融合させることはよくある。あなたはおそらく他の言葉や方言を話す人びとと接触することはほとんどないだろう。だから、あなたの言葉には外部からの圧力はない——たとえば、もっと簡潔に、といった圧力が。フリンポは、次のような原則を証明する。孤立した社会は古語や風変わりなところがたくさんある言葉を持っており、その一方で、発達した、あるいは洗練されたと呼ぶことのできる社会は比較的仕組みの簡単な言葉を持つ。

書くことを学ぶと、大きな変化が起こる。これらの変化は一様に前向きなものと考えるのが普通だ——それらを「進歩」という都合のよい言葉で要約するかもしれない——しかし、代償を払うこともある。聞く力が衰えるのだ。また、権力が権威的エリートの手に委ねられてしまいがちだ。これは社会人類学者クロード・レヴィ＝ストロースによって強調されて有名となった。彼は字をもたないブラジルのナンビクワラ族と過ごしたあと、書くことは知的機能というより社会的機能を果たすという結論に達した。すなわち、書くことができる者は、できない者を差し置いて、その権威を増すのだ（レヴィ＝ストロースは、これはいつでも真実だが、反例——古代アテネ黄金期の民主主義のような——もあり得るとした）〔1〕。それは確かに、識字というものが、それを持つ者によって利用された場合だ。当然のことのように見えるかもしれないが、どうして書き言葉と話し言葉との間の溝がこれほど熱心に主張されるのかとの説明となる。几帳面で格式張り、組織だった書き言葉というものが、官僚主義の仕組みを支え、教育ある者たちが自分たちの利益拡大をはかるのを可能にしている。権威的な立場にある者がこの識字の衰退——と同時に識字と競合するものとは認めがたい異なった「巷のレベル」の用法の台頭——を嘆くとき、彼らは特権を持ち、それを許可する立場にいるとの意識と、その自分たちの優越性の危機が差し迫っているらしいことを見抜いているのがわかる[6]。

書くことは普通、個人の力で成し遂げるものとされる

――保育園の子どもが名前をぎこちなく書くことから、大人が仕事の文書を書くことまで――しかし、書くという経験は教育の一環であるため、罰、屈辱、服従――試練、紆余曲折、われわれの存在を縛る手段――と結びつけられる。[7]フェミニズムの学者は、書くことは本質的に家父長制度的であり、それが社会における女性の力を弱めると主張する。外科医のレナード・シュレインは、言葉とイメージをめぐる矛盾に関するきわめて独創的な研究の中で、「全体論的、共時的、統合的、具体的な世界観は女性の見方の基本的な特徴であり、直線的、連続的、還元主義的、抽象的思考は男性の特性である」と述べている。シュレインによれば、われわれはみな世界をこの両方の視点から認識する能力を与えられているが、最初のアルファベットの発明が男性と女性の力関係を、男性に有利な方向に傾けたという。「文化が書き言葉を高めるときは、いつでも家父長主義が支配する」[8]と彼は論じる。彼はこうも述べている。識字の恩恵によってうかうかと見逃してきたが、書き言葉の文化は左脳――それは形よりも内容を伝達する神経回路がはりめぐらされ、分析的で識別力があり、技巧的な動作を成し遂げ、事実の記憶に特化する――を高く評価するが、そのかげには右脳の犠牲がある――右脳は非論理的な感情を生みだし、顔の表情などのイメージを判読し、内容よりも形を認識し、情報を分解することなく全体として処理するという、より大きな能力を持っているという。

　脳の左右の機能分化についての主張は論議の的にならないわけではない。それでも、この問題は、とくにシュレインによって凝縮されたように、ジェンダーと言語との関係という難問への入口だ。こんにち行なわれている言語論争の中で、ジェンダーに関するものはもっとも扱いにくい。フェミニズムの先駆者たち――メアリー・ウルストンクラフトからシモーヌ・ド・ボーヴォワールやそれ以降の人たち――は言語に焦点を当ててきた。なぜなら、それによって彼女らは自由を達成するための戦略を立てることができたし、誰が書くことや話すことを許されてきたかという不公平な歴史を強調し、不当な習慣や潜在的な意味に光を当てることができたからだ。この種の努力は日常の文脈と同時に重大な局面において続けられている。

　両性に関する伝統的なイメージは、両者の言語的能力や傾向の違いを重んじている。女性は口達者で黙らせなければならない。男性はののしってばかりいるから、子どもたちが汚い言葉に汚されないように子ども部屋に入れてはならない。女性は罰当たりな言葉にはしりごみし、男性は話し方にためらいはない、などなど。言語についての知識は健康を害するという理由で、女性に十分な言語教育をすることは否定すべきとするのが当然だったことがあった。一五三〇年代に、人文学者で教育者のリチャード・ハードはスペインの哲学者ファン・ルイス・ビベスの『キリスト教徒の女性への教え』(一五三二)をラテン語から翻訳して出版した。それには次のような主張が述べられていた――ハード自身はためらったのだが――女性がラテン語やギリシア語の雄弁に曝されると、「悪に陥り、胃の調子を悪くし……情緒不安定になる」と。(9) この二世紀後、ハードのように懐疑的な声を上げる人もいたが、女性は文法という厄介なしろものを扱うに足る頑健さはないのではないかという疑念が続いた。社会改良家サミュエル・ハートリブは、一六五〇年代に教育改革を論じる中で、女性には教室の厳格さに耐えきる力がないのではないか、と心配した。

文法《グラマー》は一種の肉体的な挑戦であるという認識には長い歴史がある。それは少なくとも紀元前四世紀の、強い肉体的な基礎の上に行なわれたギリシアの教育方法にまでさかのぼることができる。中世の教育の場で教えられていた「三学」――論理学、修辞学、文法――は言葉の探求だったが、人に知力について教えるあらゆる方法と同じく、それは砂をかむような機械的な面を持っていた。五世紀の著述家マルティアヌス・カペラが書いたもの、[2] それは三学についての中世の理論の中心となっているのだが、その中で擬人化された文法レディー・グラマーは箱の中に特別の道具を持った姿で描かれている。シャルトル大聖堂の西側の扉にはレディー・グラマーが樺の枝を束ねたムチを振り上げている像が刻まれている。文法《グラマー》とトラウマには密接な関係がある。知識は痕が残るような強制を通じて獲得される。

リチャード・ハードが執筆していた頃から十八世紀後半までは、男性が女性にここまではやってほしいと期待したことが行儀作法の本に並べられていた。これらの手引き書のほとんどは聖職者たちによるもので、個人の振る舞いのあるべき姿を規定したものだった。一例が一六一二年に出版された『信心深い家政の在り方』で、非国教徒の聖職者たちジョン・ドッドとロバート・クリーヴァーによるものとされる。それは夫と妻の務めを区別した。夫は金を稼ぎ、食糧を調達し、外の人との交渉にあたり、話に長け、接待上手でなければならない。妻は金の使い方に慎重で、あまりしゃべらず、沈黙に満足し、人と群れず、家に引きこもっていなければならない。(10) このような態度は古くからのものだ。紀元前五世紀に書かれたソフォクレスの悲劇『アイアース』で、主人公は、沈黙が女性を美しくすると言って登場し、彼の妻テクメッサはそれを陳腐な言葉だと鼻でせせら笑う。

男性は多弁で女性は静かでなければならないという考え

は、女性は自分たちよりもたくさん喋るという男性たち共通の思い込みだ——それはバイロンの『ドン・ジュアン』の中で忘れがたい二行連句に要約されている。「比喩ひとつしか知らないが、失敗作だ／なぜなら、無口な女性は沈黙の雷」。女はおしゃべりとされ、十八世紀には、そのせいで間違った文法（他にも、副詞の使いすぎというような特定の悪癖）をあまねく蔓延させたと言われたのだが、その仮定はこんにちでは専門家によって懐疑的にみられている。しかしながら、いにしえの神話が再び蘇ると、それらは熱狂的に宣伝される。二〇〇六年にカリフォルニア大学サンフランシスコ校精神医学教授ローアン・ブリゼンディーンは『女は人生で三度、生まれ変わる——脳の変化でみる女の一生』という題の本を出版し、それはベストセラーになった。彼女はこう主張している。「男性は一日におよそ七千語を使う。女性たちはおよそ二万語を使う」。彼女はこれをもとに、「女性は通常男性よりも多く話して、多く聞く」——本能的に賛成する読者もいるだろう——そして、「平均的な女の子は男の子よりも一日に二、三倍多くの言葉を話す」——ここでやや怪しげな領域に入る——その後、「女の子は通常、より早く話す——典型的な男性が一分間に百二十五語なのに対して二百五十語話す」[11]というところまで論を発展させる。これらの数字は調査の結果ではなく、その典拠からは望ましいものが抜けている。彼女の最初の統計はなんとアラン・ピーズの独習書『言葉を話す』によったものだという、そう、『話を聞かない男、地図が読めない女』といったたぐいのものを書いている人物だ。信頼できる研究によると、男性と女性の会話の差はほとんどなく、七千語と二万語に二分するのはばかげたことだという[12]。しかし、ブリゼンディーンの「発見」は広く再生された。

今では固定化された性差というものはないとの主張があたりまえとなってきた。そうではなく、性差とはふるまいなのだ。性差は自明のようにみえるが、実際にはたしなみなのだ——「われわれの制度、行動、信念、欲望の中にすっかり埋め込まれているので、まったく自然にみえる」[13]。男性の体内で機能している遺伝子は、男性か否かを決める遺伝子以外のすべてが女性の中にも見つかる（逆もまた同じ）。男性を決める遺伝子はスイッチのようなもので、他の特定の遺伝子群を活性化させるか、不活性化させる。しかし、男性と女性は繁殖の生理機能とそれに関連することに関してのみ、在り方が異なっているにすぎない[14]。もちろん、これはささいな差ではない。われわれの関係、われわれが社会化していく方法、われわれの態度や要求は生物学的な事実によって形づくられている。けれども、生理的違いは生まれたときから（「男の子だ！」、「女の子だ！」）儀式や意見や通念によって補強され、その結果、まったく違ったように成長する。長期的にみると、これが生物学的繁殖の継続を保証しているようにみえる――本当にそうなのかは疑問だ――しかし、それはまた、男性が行動的で、野心的で、攻撃的であることを期待される一方で、女性は受け身で、協調的で、子育てに適していることを期待されるという社会的な型を永続させている。われわれは「異性」という言い方をし、無数の小さなやり方でこの「異」なる部分を反復している。

男性も女性もほとんどが、仕事場や個人的な生活の場で、両性間の違いゆえに生じると思われる意思の疎通の難しさに気づいている。典型的な男性の意見――この総括は無礼だとわたしは思うが――は女性はあまりにも感情的だというもので、女性からすると――これについても同じ但し書きがつくのだが――男性はあまりにも権威主義だ。アメリカの心理学者ジュディス・ティングリーは著書『性差偏向』で一定の相違を認めている。女性は「理解するために表現し」「会話を維持し」「繋がるために話す」。それに対して男性は「固定するために表現し」、「会話は競争だ」と信じ、「問題を解決するために話す」(15)。

アメリカの言語学教授デボラ・タンネンは、男女の会話様式の違いについて何冊か人気のある本を書いている。彼女の説明に賛成する人は多いが、ときには激しく憤る人もいる。憤るのはたいてい彼女の示す真実の不愉快さゆえだ。タンネンは、彼女が生まれながら正しいと思っている感覚に巧妙に頼るのではなく、調査と徹底的な観察をもとに書いている。彼女は、若い女性が会話によって取り交わしている価値ある主なものは親密さだと記している。まさに、それは女の子たちが交換しあっているものだ。対照的に、男の子たちがやりとりするのは地位だ。タンネンはまた、いかに女性の会話のまわりくどさが防御ではなく、共感を生むための方策となっているかを示している。同時に、彼女は注意深く、女性はすべてまわりくどいとは言っていない。そして、ある集団の中では男性の遠回しの言い方が高く評価され、女性は比較的素朴な様式で話していることを指摘している(16)。けれども、タンネンの主な論点は男の子も女の子も集落の中の異なった文化のもとで成長するということだ。これらが異なった相互作用の習性を確立する。そのひとつの領域が言葉の使い方なのだ。

男女の言葉の相違は男性が絶えず女性を支配していることからくると論じる者もいる。言葉は女性を抑圧するための仕組みだったという。この見解はフェミニズム論者の中に新しいユートピア的な女性の言葉、現状に代わる人工的な言葉を求める動きを引き起こした。もっと保守的な行動方針には、たとえば性差別主義者の言葉の使い方を記録し、男女をあらわすのにもっと釣り合いのとれた言葉に修正するといった言葉についての企画がある［たとえば結婚式でかつては牧師が新郎新婦に man and wife と言ったのだが、今では husband and wife と言う］。

性差別主義的偏向は、子どもの本、学校や大学での成績表、強姦事件の報道、精神障害の治療といった、まったく異なった分野で長いこと明らかだった。とりわけ明らかなのが、女性の性欲に用いられる敵意のこもった語彙だ。ふしだらな女、あるいは単に戯れているだけであっても、悪態（slur あばずれ、slag ふしだら女、whore 売女など）を浴びせられる。しかし、男性の場合は同じようにふるまっても女性に対するような非難の語彙はない。love rat［女たらし］が近いものだろう。有頂天にさせられたあげくの侮蔑の言葉、pricktease［じらす女］、temptress［誘惑する女］、siren［妖婦］、sexpot［色っぽい女］、jezebel［男をあざむく女］、jailbai［性的魅力のある少女］、femme fatale［魔性の女］などに匹敵する男の言葉、あるいは、むしろ、pussywhipped［男を尻に敷く］、や cuntstruck［かかあ天下の］に匹敵する言葉を思い出してみよう。男性の「性行動過剰」、つまり異常性欲についてよりも、女子色情症についてのほうがよく耳にする。また、女性や子どもをかわいがり、賞める言葉はふんだんにあるが、男性に対するものはほとんどない。これからわかるのは賞賛の性質であり、賞賛される側の性質についてではない。女性をものとしてあらわす言葉や表現はたくさんある。たとえば、今でも女性を「嫁にやる married off」という言い方をする。男性たちもときには政略結婚をさせられることはあるが、そのとき使われる言葉は非人間的なものではない。また余計な修飾語というのもある。「女医」とか「男性看護師」とか言われることがあるが、それはもう時代遅れの規範（医者は男で看護師は女）を暗に示している。girl とか lady といった明らかに他意のない言葉でさえも、それに匹敵する男性側の言葉よりもずっと重苦しく性的特色で彩られている。

辞書、とくに学校の生徒向けのものは、男性と女性の性別を異なったやり方で示してきた。男性の性器についての記述がずっと多く、それらは性的なものだとされる一方で、女性の性器にはその傾向はないとされる。陰茎は性交のために使われるとされるが、膣は一種の管、あるいは導管とされ、クリトリスは「退化した」陰茎の小さな変形版とされた[17]。今ではこういったことはめったにないのだが、女性の性衝動を否定したり制限する習慣は残っている。

歴史的に、男性は独占的に世界の現象に名前をつけてきた。そして近代に至るまで、正式な教育を——供給者として、また受益者として——支配してきた。英語の研究に明らかな貢献をした最初の女性はバシュア・レジナルドだった。彼女は一六一六年頃、ロンドンで教師をしていた父親とともに速記の方式について研究し、ほぼ六十年後、結婚後の名バシュア・マキンで『古代の上流夫人の教育を蘇らせるための論文』（一六七三）を出版した。その中で、彼女は面白いほどの熱心さでウィリアム・リリーの文法方式の欠陥について不満を述べている。

女性によって書かれた最初の英文法書はおそらくアン・フィッシャーの『新英文法』（一七四五）だろう。ニューカッスルの印刷業者の妻だったフィッシャーには九人の娘があり、若い娘たちの学校を経営していた。『新英文法』ではラテン語を英語の用法の模範にするのをやめようとしたのがみてとれる。彼女は当時あった文法書に批判的で、それらは教師にしか使えないものだとした。またいわゆる「悪い英語」例を読者に示して、それを訂正させるという独特の戦略を思いついた。その新しいやり方はご存じのように、その後一般的になっている。

フィッシャーに続いて幾人かの女性の文法家があらわれた。その中でもっとも成功したのがエリン・デヴィスだ。彼女は最初匿名で本を出版したが、すぐに自分が執筆したことをおおやけにした。『語形変化、もしくは英文法の基礎』（一七七五）の初版は「若い女性たちが使うことを意図した」が、その後五十二年の間に十八版を重ねた。デヴィスは最初はケンジントン、その後ブルームズベリーで教師をしており、末尾の「格言と意見」の中で道徳と文法の手引きとをつなげている。彼女の名は、女性の教育者や女性の教育を促進することに興味を抱く者の手本となった。たとえば、エラズマス・ダーウィン［チャールズ・ダーウィンの祖父］はダービーシアのアッシュボーンに学校を設立した。上の娘のスザンナとメアリーは教師となり、下の娘エマとヴィオレッタは最初の生徒となった。どのようにして若い女性たちの教育をすべきかについて彼が出版した計画書は特にデヴィスについて触れており、少女向けの別の企画ではラウスの『英文法入門』とともにデヴィスの『語形変化』を使うようにと提案している。

デヴィスは好奇心をそそる人物だ。しかし、アン・フィッシャーは歴史的にもっと注目に値する。彼女が興味深いのは、ひとつに、ラテン語は英語の理想的な手本どころか英語より劣ったものだとする彼女の論のせいもある。語尾変化がないから英語はもっと扱いやすいというのだ。彼女の同時代の人たちと違って、彼女はラテン語の文法用語に固執しなかった。けれども、彼女の名が今でも知られていることに限れば、それは別の理由からだ。というのは一般的なことを述べた文章、たとえば「Everyone has his quirks.

誰にも癖がある」で男女両性を示すための代名詞に he, him, his を使うというしきたりを進めたのはフィッシャーだからだ。正確に言うと、彼女はこう述べている。「男性とも女性ともとれる一般的な名前は代名詞の男性形で受ける。たとえば、Any person who knows what he says.［自分の言っていることがわかっている人なら誰でも］」[18]。この考えは人気を博した。その後、それは当時の文法家ジョン・カークビーのものとされてきた。しかし、カークビーはフィッシャーからその考えを盗用したのだ。この習慣は一八五〇年の国会制定法によって揺るぎないものとなった。すべての国会制定法で使われる言葉を簡素化するために、男性代名詞は男性・女性の両方を含むと理解されねばならないと定められたのだ。これに対する明らかな反対——当時は明らかではなかったとしても、今では明らか——は、そうすると女性は政治的に見えない存在となってしまうというものだ。

次のような文章を聞くことはままある。「If someone asks to spend the night on your sofa, you'd be rude to send them packing. 誰かにあなたのソファーで一夜明かさせてくださいと言われて、彼らを追い払ったら失礼だろう」。この文に対する一般的な異議は、someone が単数なのに them が複数なことだ。けれども、この them の使用はこんにちのわれわれが深刻にとってしまう問題に折り合いを付けている。つい最近までは、フィッシャーやカークビーが勧めているように、「If someone asks to spend the night on your sofa, you'd be rude to send him packing.」と書くのが標準的とされてきた。しかし、これは今では広く性差別主義的とみなされる。どうしてか、理解するのは難しいことではない。he, him, his を見れば、男性を思い浮かべるものだ。両方を含める別の言い方となると、わたしがよく使う「he or she」がある（一八五〇年代にチャールズ・クロザット・コンヴァースという名の法律家が thon という言葉を提案した。他にあった提案には ha とか heer とかがあった）。けれども、繰り返し使われると、「he or she」というのは不細工に聞こえる。一八八〇年にリチャード・グラント・ホワイトはこう述べている。「his が表象する代名詞であるという事実は残る……こういった場合に his or her を使うことは、気にしすぎで学者ぶっているようにみえる」[19]。彼の言わんとするところを例示するのは簡単だ。「If someone asks to spend the night on your sofa, you'd be rude to send him or her packing, and you should give him or her every chance to make himself or herself comfortable, perhaps even furnishing him or her with a spare duvet and a towel for his or her morning ablutions. 誰かにあなたのソファーで一夜明かさせてくださいと言われて、その彼または彼女を追い払ったら失礼だろう。彼または彼女にくつろいでもらえるあらゆる機会を与えるべきだ。多分、彼または彼女に予備の羽布団を貸し、彼または彼女の朝の洗面のためのタオルも提供すべきだ」。それに代わる二つのやり方――his が駄目ということで自動的に her にする、もしくはその二つの間で勝手気ままにどちらかにする――はふざけた感じがする。だからすばやく決めてしまおう。「If someone asks to spend the night on your sofa, call them a taxi and pay their fare home. 誰かにあなたのソファーで一夜明かさせてくださいと言われたら、タクシーを呼んで、家までの料金を払ってやろう」

よく言われることだが、everyone は every one と同じだから、動詞を単数形にするだけではなく、単数の代名詞を当てるべきだという。では、こういう場合を想像してみよう。ジョンとクリスティーンは遙か遠い島で十代の少年たちのためのキャンプ場を経営している。クリスティーンが到着した少年たちを迎えに行き、ジョンが必要な装備を運ぶとしたら、こう言うだろう。「Christine met everyone off the boat before John arrived with their tents. クリスティーンはジョンが皆のテントを持ってやってくる前に船から降りる皆を迎えた」。けれども、さきほどの決まりに従えばこう言うことになる。「Christine met everyone off the boat before John arrived with his tent. クリスティーンはジョンが彼のテントを持ってやってくる前に船から降りる皆を迎えた」。この文章からはジョンがキャンプ場を経営している動機について疑惑が生まれる。この場合 their を使うのは不注意というよりも、曖昧さをなくすためだ。

このように they, them, their を巧みに使うことには、普通思われているよりもずっと長い歴史がある。シェイクスピアが使っている――彼の詩『ルークリースの凌辱』で「And every one to rest themselves betake そして誰もが眠りについた」――またチョーサーも使っているし、その他にも、バイロン卿、ジョン・ラスキン、ジョージ・エリオット、ヘンリー・フィールディング、ジョナサン・スウィフト、チェスターフィールド卿、ルイス・キャロル、ジョンソン博士などたくさんいる。急ぎ足できたこの章をこの見るからにあまり重要ではないことで終えることにしよう。なぜなら、日々の英語のそのようなわずかな細部に関する議論のうちにこそ、文化的偏向とか息苦しい伝統といった大きな問題に出くわすことになるからだ。そして、また、無知とみなされる使い方が実は思慮深い行動であることを示してもいるからだ。

19　どうしようもない今の時代

言葉の「現状」と向き合う

一九八〇年代初頭に英語の「危機的状況」について報告を行なった論争的な演劇評論家ジョン・サイモンは、教育が浴びた「四つの大きなボディー・ブロー」——すなわち、一九六八年の学生革命、「言語は、気まぐれ、特異性、方言、恵まれない少数民族のまったくの無知などに順応しなければならない」という見解、「英語を教えないというまるで途方もない技能を持った……ますます能力のない英語教師たちの登場」、「犠牲者たちを……悪意をもってたらしこみ、言葉をズタズタにするメディアである」[1]テレビの隆盛——が英語に与えた影響を嘆いた。サイモンが他の人と違うのは、ただその燃えるような激しい表現だけで、「衰退」というのが英語に与えられた二十世紀の評価の主なテーマだった。言語一般についてと、とくに英語についての学問的理解が大きくなり、技術の発展に助けられて、英語に関する学界の見解と日常的な考えとの溝が広くなった。大衆向けの本や主流のメディアは英語の状態を果てしなく嘆いた。そうしているうちにも言語学の専門家たちは専門性を追求し、それにはなおさら専門的な名前がつけられた。たとえば、言語学の異なった分野では、コンピューター、生成、認知、統合、対照、階層化と様々な標識がついた学派があらわれた。

　その種は十九世紀に、一見、予期せぬ分野——言語の比較研究——に蒔かれたものだった。イギリスの東洋語学者ウィリアム・ジョーンズとドイツの言語学者フランツ・ボップによって表明された諸言語とそれらの関係についての科学的理解は、言語とはどういうものかの認識を変えた。エドワード・サイードが今や古典となった彼の研究『オリエンタリズム』（一九七八）で書いているように、「言語神聖起源説は決定的に破綻し」、言語は「外的な力と人間の話し手との間で連続性を持ったものというよりも、言語を使う人たちの間で作り出され、実行される内的な場」となった[2]。科学的な方向は、何が本当であるべきかという見解から、言語のあるがままを検証することへ重心を移していった。

　言葉について書いている流行作家たちは現代化が加速しているのを感じていた。英語の未来について考え、その未来の安泰を確保する方法を想像することが慣習となった。これまで幾度かH・G・ウェルズを引用してきた。彼はこんにちではそのSF小説で有名だが、未来についてのノンフィクションもよく書いており、その中で現代性の挑戦を予測し、それについて論じ、読者に新しい世界観――共和主義的で論理的な――を受け入れるよう求めている。彼の空想は、小説であろうとノンフィクションであろうと、だいたいがイギリス南部を舞台に繰り広げられており、頻繁に未来における英語の役割を取り上げている。たとえば、二〇〇〇年までに「人間社会の生産人口のほぼ全員がわれわれの言葉を読み、おそらく書いたり話したりもするだろう(3)」と推測している。

この問題でウェルズがもっとも紙幅を費した論が彼の著作『人類の成り立ち』にあり、詳細に引用する価値がある。ウェルズの本は今ではあまり読まれないし、彼は現代人の感覚を逆撫でするような言い方をすることもあったが、その先見の明と洞察力は驚くべきものだ。

英語は完璧であるがゆえに、自分は英語の話し手であるとはっきり言う人びとの大半の必要性に適応するだけの十二分な領域と十分な繊細さがあるということに、ほとんど、というかまったく議論の余地はない〔と彼は書いている〕。わたしはその影響化にある文明化半ばの種族やまったく野蛮な種族について話しているのではなく、われわれ自身の種族として育てている人びと――つまり、何千年もの年月をかけて、帝国の運命を自負しつつ育てた、われらが街角の野蛮人たち、われらが郊外の「黒人に迎合する白人」――について話しているのだ。彼らは文明化半ばの侵入者たちが巨大で素晴らしく整った宮殿に住むかのように、われわれの母語の中に暮らしている。彼らはこちらを間違って使ったり、あちらを無駄にしてしまったり、回廊や左右の翼まで足をのばさず、それらが使われないまま朽ち果てるに任せている。イギリスの裕福な階級に属している平均的な人ははたして英語の三分の一以上を使っているだろうか、半分以上を知っているだろうか、と思う。社会階層を下っていくと、ついには全語彙の十分の一しか使わない階層に行き当たるだろうが、そこではその語彙でさえもほとんどがぼんやりかすんで、何となく理解されているにすぎない。海外への移民の言語能力となると故国に残っているイギリス人のよりもずっと貧しい(4)。

ウェルズは、同時代の人びとは「ほんの少しの決まり切った表現」を口にする傾向にあり、英語を「ほとんど」書けず、「流行小説のへたで浅薄な散文と日刊紙」以外のものは何も読まないと思っていた。彼は嘆いた。

女性だけではなく、男性にも、英語の他にラテン語、フランス語、ドイツ語、イタリア語、おそらくギリシア語を「知っている」と本気で断言する人がよくいる。彼らは実際には――食物、衣服、住まい、商売、生硬な愛国主義、社会慣習、個人的なうぬぼれといった限られた領域以外では――聾唖者同然だ。本を手に座り、見た所それを読み、ページをめくり、書き込みをしているという事実にもかかわらず――また、作者と論じ、批評を繰り返すという事実にもかかわらず、彼らに対して新しい考えを表現するのは、真価を認めてもらおうとカバに向かって聞かせるように絶望的だ。ブリキの横笛や木琴と太鼓では交響曲『英雄』を演奏できないように、彼らの持っている言葉という道具では現代思想も表現できない。

ひとつ問題なのは、訓練する教師の質の低さだ、と彼は信じていた。「いずれにせよ、小学校の教師は、あまりにもしばしば、言語の純粋さを伝える伝道師である代わりに、言葉をあいまいで悪意に満ちたものに歪曲する中心人物となっている」(5)

人目を引く表現をしているが、ウェルズの、「広く拡散し、うまく維持されていない英語」という見方は風変わりではなかった。進歩派は海外向け英語の形を簡略化するという過激な考えを推し進めた。このうち、もっとも重要なのが心理学者C・K・オグデンの仕事だ。彼は一九二〇年代に彼が言うところのベーシック・イングリッシュを考案し、広めた。ベーシックとはBritish American Scientific International Commercial［英米科学国際商業］の頭文字をうまく合わせた頭字語だ。オグデンは、仮面収集（それをかぶることも）を趣味にしている起業家的な平和主義者で、「八百五十語からなり、あらゆる日常的な用途に限れば何でも言えるような仕組みからなる補助的な国際的言語」を思い描いていた。そして一九三九年までに、彼は頭に描いていたことを示す表題のついた二百以上もの本を出版した。ジェレミー・ベンサムの哲学に強く影響を受け――彼の指輪を手に入れ、それを身につける程だった――オグデンはとくに動詞が意味の妨げとなるというベンサムの考えに囚われ、核となる語彙を重要な十八の動詞に限定する方向に向かって二年を費やして研究した(6)。この計画の実際的な面には道徳的動機があった。オグデンと何度も組んで仕事をしたことのある文学評論家で理論家のI・R・リチャーズは、国際語がないと個々の国々は島国根性に陥り、やがて紛争のもととなると感じていたからだ。

オグデンの提案にはかなりの支持があった。とくに一九四〇年代にはウィンストン・チャーチルがこの大義を擁護した。教育省からの補助金でベーシック・イングリッシュ財団が設立され、ベーシック・イングリッシュは三十ヵ国以上で教えられた。オグデンはしぶしぶ自分の著作権を王室に委託し、その見返りとして二万三千ポンドを受け取った。しかし、一九五〇年代になると急激に世間の熱は冷めてしまった。それは主として、ベーシック・イングリッシュがうまくいくとしても、危険があると思われたからだ。言葉を束縛するだけではなく、思想も束縛する恐れがあるとみなされた。結局のところ、幅と表現力に欠ける(「Good evening こんばんは」とか「Thank you ありがとう」とさえ言えない)のと、ぎこちなく、嗤いの種となりそうだし、オグデン個人の世界観にあまりにも深く彩られているのではないかという広く行き渡った疑惑と、イギリス官僚のぐずぐずした態度、そして継続的な政治的、制度的支持を受けなかったために失敗に終わった。オグデンはおしゃべりなクラブ会員という狭い人生に引っ込んでしまい、一九五七年に癌で亡くなったときにはベーシック・イングリッシュの終焉は確実なものとなっていた。けれども、最近、それはウィキペディアによって蘇っている。ネット上の簡略英語版百科事典はオグデンのベーシック・イングリッシュを原型としている。

アメリカでは、学界が、英語はいかに使われてきたか、そして将来、いかに使われるだろうかという、より現実的な見解を進めようと努力していた。一八六九年アメリカ文献学協会が設立され、一八八三年に現代言語協会、一八八九年にアメリカ方言協会、一九一一年に英語教師全国協議会、一九二四年にアメリカ言語学協会が設立された。これらの団体は正しい語法について、実際の語法調査に基づいて新しい学問的考えを打ち出すのに貢献した。

この時期にアメリカの学界からあらわれたもっとも重要な人物のひとりがジョージ・フィリップ・クラップだ。彼は『現代英語』(一九〇九)の中で、「よい英語とはなんだろう?」と問いかけた。彼は現在使われている話し言葉の重要性を強調し、英語の法則は、理論から生じるというよりも、日々の実践から生じると主張した。標準英語なるものの存在に疑問を呈し、言葉は絶えず新しくなっているという考えを好んだ。クラップは繰り返し言葉そのものの生命力を主張したが、彼にはそれがその使い手によるものであることがわかっていた。

クラップの本が刺激となり、チャールズ・カーペンター・フライズのような教育理論家たちは、英語を使うという実践面に焦点を絞るような新しい教え方を主張し始めた。

やがてこれは一九五二年の『英語の技法』の出版につながる。これは英語教師全国協議会による報告書で、学校や大学での英語の教え方を変えることを主張したものだ。教師たちは法則や言葉の否定的な見方を強調するのではなく、「前向きの洞察」を示すべきだという。『英語の技法』は「半世紀にわたる語法に対する態度の柔軟化の基準点[7]」だった。そのような相対主義に対し、ジャック・バルザンのような伝統主義者は反対した。彼らは報告書の要旨を、変化は例外なく進歩である――実際には報告書はそのような原則を示してはいなかったのだが――とみて批判した。

　伝統主義者と自由主義者との間で高まる緊張は『ウェブスター新国際英語辞典』第三版を巡る論争に劇的にあらわれた。それは一九六一年九月に出版された。その編纂者フィリップ・ゴヴは、正しさという人為的な概念を押しつけないことを強調した。たしかに、その名を冠した辞書編纂者のやり方からははっきりと逸脱していた。この版は「百年以上にわたるメリアム＝ウェブスターの辞書のあらゆる経験と蓄積を利用する」と銘打ってはいたが、その伝統的な表書きの下には新しい考えが潜んでいた。ゴヴは辞書編纂者は規範的ではなく記述的であるべきだ、と主張した。その結果、ウェブスターの第三版はつつましやかにその地位をあらわすレッテルを別種の語法に利用しようとした。これまでよく知られた「口語的」というレッテルは放棄された。ウェブスター第三版には長所があった――大幅に改良された語源を含む高い学問的水準、明瞭な割付け――しかし、記述的な方法は厳しい批判を呼び、ゴヴはただちに悪者にされてしまった。

　肯定的な評価もあったのだが、多くは棘のあるものだった。『ライフ』誌の編集者たちは、それは「好きに話せという放任英語」の典型で、「良い語法と悪い語法――キングズ・イングリッシュと魚売り女の英語――とを識別する努力」の放棄寸前だ、と非難した[8]。『アトランティック・マンスリー』誌は「スプリングフィールド［マサチューセッツ州の同市はG＆C・メリアム社の所在地］でサボタージュ」という言葉で見出しを飾った。『ニューヨーク・タイムズ』（一九六一年十月十二日）は、この辞書の、すべてをひっくるめるという方針をもじって、「G＆C・メリアム社屋のインテリ集団……は二十七年間、会談し、おしゃべりを続け……今や『ウェブスター新国際英語辞典』第三版の完全版を仕上げた。あの讃えられたすばらしい言葉の本の新版だ」。後の記事では新版を「ウェブスター国際の第三版（もしくはボリシェビキ版）」というあだ名で呼んでいる[9]。ゴヴとその仲間の努力をあざ笑ったのは新聞記者だけではなかった。ウェブスターの第三版が出版されて二十年後、ジョン・サイモンは、ずけずけものを言う人ではあったが、第三版を「将来的に有害」と呼んだ。(10) 一九六二年のレックス・スタウトのミステリー『ギャンビット』では、主人公の私立探偵ネロ・ウルフがこの「我慢できないほど気に触る」本のページを火にくべる。当時の関心を示すこの行為の理由は何だろう。ウェブスターの第三版が、imply［暗にほのめかす］と infer［推測する］の違いを断言しそびれたからだ。この二巻本は、二千七百ページ以上からなり、四十七ドル五十セントかかったのだから、ウルフの嫌悪感の表し方はなんとも金と時間の無駄遣いだ。

注目すべきは、伝統主義者がウェブスターの第三版をただ不快だと受け取るだけではなく、批判的な態度に出るほど不快だと認識したことだ。多くの人の目にもっとも気分を害するものと映ったのは、ain't［am (are, is) not の短縮形］を認めたことだ。『グローブ・アンド・メール・トロント』紙によれば、「'ain't'という「言葉を取り入れる」ことは無知な人を慰め、凡庸な人を認め、ちゃんとした英語は上流気取りの人だけがもつ道具であると巧妙にほのめかすことだ。しかし、それは他人に正直に話をする助けとはならない。けれども、それによって早まることになるこの言葉の未来に対する覚悟を迫ることになろう。洞穴の中でなら、もちろん不平を言っても大丈夫だろう」。(11) この種の評価が広がり、憤りの言葉が白熱した。『ニューヨーカー』誌のドワイト・マクドナルドは、これまでの版を飾っていた多くの見出し語を取り除いたことは「信じられない大虐殺だ」と述べた。過去の冒瀆だけではなく、現在に対するあまりの寛容さに憤慨した者もいた。ウェブスターの第三版は麻薬常用者の反体制文化の産物とみなされた。(12) ゴヴとその同僚たちの問題への取り組み方は、性行動に関するアルフレッド・キンゼーの評価されることのない研究方法に似ている。[1] そして悲観論者によれば、キンゼー・レポートのようにウェブスターの第三版は堕落へのパスポートだった。要するに、それは教養ある存在が崩壊していく証拠だった。

記述主義の他に、新しいウェブスターには評論家たちが嘆くたくさんの特徴があった。どうしてブロードウェイのために尽くしたミュージカル女優エセル・マーマンや野球選手のウィリー・メイズから引用例を載せたのだろうか、と彼らは知りたがった。マーマンは to drain という動詞の例として引用された。「Two show a day drain a girl. 一日に二回のショーは少女を消耗させた」。どうして、クリネックスというような商標名を書くのに大文字で始めないのだろうか。辞書全体でたったひとつの見出し語に大文字が当てられていた。それは God である。これまでの版にはあった百科事典的な記述の多くが削除されていることへの不満もあった。たとえば、『ウェブスター』のページからはもはや十二使徒の名について詳しい記述を見つけることはできなかった。しかし、本当に騒ぎのもととなったのは、何の価値判断もなされていなかったことだ。趣意は単純だった。アメリカの偉大な辞書編纂者の名を冠した辞書に、言葉のいいかげんな使い方を非難してもらえないのなら、この世の終わりに備え始めねばならないだろう。皮肉なことに、ウェブスターの第三版が売り出されたとき、メリアム＝ウェブスター社〔一九八三年より社名変更〕は次のような考えを広めるため『ライフ』誌のような人気のある雑誌に載せる広告を作っていた。「よい英語は高校や大学で成功するための必需品です。この能力はウェブスターの大学生用新版をお求めになり、常日頃ご使用になればぐんぐん伸びるでしょう」

ウェブスターの第三版を調べてみると、批評家たちが示したイメージは不正確であることがわかる。irregardless という言葉を引いてみると――この言葉が入っていることで『ライフ』誌の書評者は辛辣な批判をしたのだが――「nonstand」、つまり標準的ではないとの表示がされていた。ain't も正確に言って「取り入れられた」わけではない。それは「多くの人から良くないと思われており、もっぱら教育があまりない人の間で使われる」とある。実は、もっと重大な問題があり、それはゴヴの、それぞれの定義は一文で書くべきとする要請にあった。そのため、たとえばトコフェロールの定義は「淡黄色の脂溶性油状の液体のフェノール化合物で、クロマンから派生し、ベンゼン環のメチルグループとは数と位置が異なり、抗酸化の特質があり、ビタミンEとして様々に活動し、とくに種子の油においては右旋性の形で見つかる」――これで一文からなる全定義の四分の一にすぎないのだ。私が個人的に好きなのは「door」の定義だ。「硬い物質や構成物の動く部分で、たいてい片側で支えられ、枢軸あるいはちょうつがいの上で揺れ動いたり、溝にそって滑ったり、巻き上がったり、巻き下りたり、四枚の葉っぱの一枚のように回転したり、アコーディオンのように畳まれたり、それによって開口部が閉ざされたり、建物や部屋や他の覆いのある囲われた場所や、車や飛行機、エレベーター、その他の乗り物に出入りする通路を開け閉めする」。これを読むとこれまで知っていたと思っていたドアについて実はよくわかっていなかったと感じるのだ。

新しい『ウェブスター』に対する反感は『アメリカン・ヘリテッジ英語辞典』に持続的にあらわれている。アメリカン・ヘリテッジ社の社長ジェイムズ・パートンは当初メリアム社の株を買い占め、ウェブスターの第三版を出版禁止にしようとした。しかし、彼は攻撃の角度を変え、その結果が一九六九年に出た『アメリカン・ヘリテッジ英語辞典』だった。その出版者たちは、英語とアメリカ文化の管理者としての責任を重んじた。いかにこの役割を真剣に受け止めていたかを強調するために、彼らは語法に関する重要なことについて意見を述べるための百人の著名な権威者——その数は後にさらに拡大された——からなる委員会を打ち立てた。その名前の一覧表に興味をそそられる。一九七六年版ではニュースキャスターのアリステア・クック、ピーター・ハード（画家で大牧場主とされる）、映画評論家のポーリーン・キール、フェミニスト作家グロリア・スタイナムが入っている。エセル・マーマンは基準を満たさなかったようだ。『アメリカン・ヘリテッジ英語辞典』をぱらぱらめくっていると、委員会の見解について統計的な情報を時折見つけることができる。たとえば、「わざと口語的にしたもの以外の」書かれた英語で「ain't」を使うのは九九パーセントが反対で、話し言葉で受け入れられないとしたのが八四パーセントだという。他動詞としての bus（「We need to bus these children to school. この子どもたちをバスで学校に送る必要がある」）は「ほとんど不可欠な言葉」で、委員会の九一パーセントが正式な文書で認められるとしている。「Rather unique ややユニーク」とか「most unique とてもユニーク」は九四パーセントが認められないとしている。

ウェブスターの第三版は議論の的になったにもかかわらず生き延びたが、『アメリカン・ヘリテッジ英語辞典』も人気があり、記述主義に対する広くはびこった敵意を体現している。学界では記述的方式の言語研究が標準だったことは、保守主義者が感じていた嫌悪感を強めたにすぎなかった。一九六〇年代以降、言語研究は、論理学者、文化人類学者、人文学研究者の異なった興味を取り込みながら（いつもすんなりというわけではなかったが）、アメリカの学術界でますます重要な役割を果たすようになった。これらの分野の学者たちの活動は日常的に笑いの種となっている。はやりの文法家は言葉の使い方についての大衆の不安や、学者が実際的な手引きを与える能力があるのかという大衆の疑いに乗じている。それと同時に、学者自身も自分たちの仕事を評価しない社会について不満を述べている。

アメリカの大学は日々の生活における言語の役割についての新しい考えの試験台だった——とくに不公平さと不正義を永続させる言葉の能力については。ポリティカル・コレクトネス[2]（PC）支持者は学術研究や、大学生活、より広い大衆の間での言葉を修正しようと試みた。ポリティカル・コレクトネスの台頭は、一九八〇年代後半から一九九

○年代前半を特徴づける現象のひとつだった。その現象は、最盛期の頃ほど公然とではないが、今でも存在している。その何とでも解釈できる名前が示すように、それはひとつの確固たる原則からなっているわけではなく、二つの分野に分けることのできる活動範囲からなっている。つまり、記述することと、問いかけることだ。これらの分野の前者では、PCは言葉を綺麗にするという形式をとった――同性愛者などの少数派について話すための新しい好ましい用語や、教育、学習、カリキュラムについて話す新しいやり方など。後者の分野では、歴史、芸術の利点、好ましい大衆の行動といった受け入れられてきた概念に疑問を呈することも含んでいた。

自分たちの怒りを内面化して今では学界の中心となっている六十年代の過激派が、感受性と文化資産の再分配のためにしばしば推し進めてきたPC活動は、当初ヨハネスバーグの大学の英語史名誉教授ジェフリー・ヒューズがその歴史について書いた本で指摘しているように、「基本的には理想的で、立派な考えだが、醜い偏見的な特質を隠すことで言葉を綺麗にしようというやや清教徒的な干渉だった」[13]。しかし、それはすぐに政治的右派から、敬虔ぶった相対主義であり、左翼のちくちくとした非難の実践だとされ、悪者にされてしまった。その賛同者にとって、それは「健康的な道徳性の拡張」（この言葉はノーム・チョムスキーのもの）だが、それを中傷する人にとっては、自由というまさにその考えを枯渇させる病なのだ。

重要なのは、PCをめぐる論争が、最初のPCの敵対者が問題を激しく宣伝し、その後あざ笑って冷水を浴びせかけたときのような、賛成派、反対派の盛んな中傷合戦というようなものにはあまりならなかったことだ。PC反対派は自分たちを少数派であるとみなした。しかし、実際にはまるでそうではなかった。「ポリティカリー・コレクト」というレッテルはほぼ二百年もの間使われていたのだが、八十年代になって、保守派が、新しく押しつけられた正統性の信用をなんとしてでも落とそうとしたために流布するようになった。PCのもっとも辛辣な批判者はオーストラリア生まれの芸術評論家ロバート・ヒューズ（ジェフリーとは何の関係もない）だった。彼の本『不満の文化』（一九九三）はこれを「アメリカのほころび」だと診断した。ヒューズの酷評は、政治的な議論の「偽りの哀れみ」から、文化全体の「卓越性に対する感傷的な反応」、フェミニズムが「男性に抑圧された力のない被害者という立場を強調するあまり、独立して実際に責任を引き受ける女性像を棄てていること」[14]までに及んでいる。言語が鍵だった。ヒューズはこう書いている。「われわれは一種の言語学的ルルド

［フランス南西部の聖地、病をいやすという泉がある］を作り出したいのだ。そこでは婉曲用法という水を一浴びすれば悪も不幸も追い払われる」。PCの「気取った歪曲」は文明化や理解を高めるには何の役にもたたない[15]。その代わりに、現実感を喪失させることになる、とヒューズは信じていた。

PCに内在する問題は、かつても今も、人びとの権利を広げようとすると同時に、彼らの自由を制限してしまうことだ。それは多様性（民族、文化、経験の）への尊敬を育む代わりに、違いを強調する。共通の美徳を思い出すのではなく、数を増しつつある特別な社会的分類を認識しなければならない。これはますます社会の細分化に貢献することになる。経験や価値観を分け合うことは、大事なことではなく、束縛の反映であり、個人やその人らしさを抑圧する証拠と見なされる。

PCの基本的な意図は、潜在する社会的悪に注意を向けることだった。デボラ・キャメロンは、それが引き起こす最大の脅威は、「われわれの言語的選択は取るに足らないことと想像する自由に対するものだ」と論じている[16]。たしかに、PCの表明のいくつかは聞くに値しないが、われわれが物――人びと――につける名前が偏見を強めてしまうことがある、というのは耳を傾ける価値がある。しかし、否定的な態度は否定的な名称より前からあったわけで、平等のために言語を改革することと平等を達成することとは同じではない。PCの優雅さによって自分たちの感受性を自画自賛する一方で、実際の悪を矯正することはぐらかされてしまう。PCは自分たちのことを進歩的で生まれつきの記述主義と見なす人たちによる支援を受けながら、言語学的規範主義（そして排斥主義）へ戻ることでもある。

20 とんでもないくそ野郎

検閲と卑猥さ

ポリティカル・コレクトネスは自己検閲を誘発する。正義の模範に順応するために。これによって、われわれは、言ってはいけないこと、言わないほうがいいこと、ある特定の状況においてのみ言ってもいいこと、というさらに大きな問題に向かい合うことになる。

検閲には長い歴史があり、それに対する反対にも長い歴史がある。何が言ってもいいことかを監視するやり方からまさに論点のすり替えが生じる。検閲の主な狙いは思想の抹殺だが、思想を伝える手段が言葉であることから、しばしば検閲とはとにかく言葉をあいまいにしたり、消し去ったりしようとすることにみえた。人を投獄することはできるが、思想を投獄することはできない。検閲には二つの形がある。ひとつは出版に先立つ妨害——国、または、教会のような他の権威による。もうひとつは出版後の行動、訴訟とか罰金とかだ。

イギリスでは通常、検閲という責務を負ってきたのは王権だ。ヘンリー八世は一五二九年に禁書の一覧表を出した。そして一五四五年に常任の初代祝宴局長が任命され、劇場に認可を与えたり、そこで上演される劇を承認する責任を担った。後にこの役割は宮内長官に引き継がれ、その劇場関係の検閲の責任は一九六八年まで続いた。また、自称道徳家なる者の伝統もあった。初めの頃にはウィリアム・プリンやジェレミー・コリアーがおり、十七世紀の劇場の頽廃を攻撃した。[1] そのようなタイプは、トマス・モートンの劇『鋤めでたかれ』(一七九八)の台詞にのぼるグランディー夫人に一番よくあらわされるだろう。彼女はブルジョワの礼儀作法を体現しており、のちにディケンズ、サッカレー、ドストエフスキーの小説で名前が引用されている。[1][2] 道徳家の憤慨は常に不寛容まであと一歩であり、当局が下品さや堕落をもっと取り締まるべきだという確信から生じているところもある。

本そのものが猥褻という理由のもとに出版禁止になった例はよく知られている。たとえば、『チャタレー夫人の恋人』はイギリス、アメリカ、オーストラリアで、そして、それほど有名ではないが、『安らかな錠剤の手引き』[3] と称する安楽死の案内書はオーストラリア、ニュージーランドで禁止された。ときには政権が政治的理由で文学を禁止することもあった。現在の例は北朝鮮で、そこでは芸術は人びとに社会主義を教えることを期待されている。教育を受けた北朝鮮の人が自国語以外のもの、もしくは一九四八年以前に出版されたものを読んだことがあるとは考えられない。

小さな抑制行為はもっと頻繁に行なわれている。違反とならないように、本の一部が削除されたり、修正されたりしてきた。また本によっては学校にもちこむことを禁止された。ヒュー・ロフティングの『ドリトル先生』シリーズでは coon や darky ──ドリトルが飼っているオウムのポリネシアのお気に入りの言葉〔黒人の侮蔑語〕──のような言葉が追放された。レイ・ブラッドベリの小説『華氏四百五十一度』は検閲への告発と解釈され、高校に配布するために不穏当な部分が削除された。とりわけ、おへそからゴミを取り除くエピソードが、耳掃除へと変えられた。J・D・サリンジャーの『ライ麦畑でつかまえて』は一九六〇年代と七〇年代に、広く学校で禁止された。一九六〇年には、オクラホマ州タルサの教師が十六歳のクラスでこの本を宿題に出して解雇された。アメリカ自由人権協会の報告によれば、一九九〇年代でもっとも異議申し立てをされた本には『ハックルベリー・フィンの冒険』（nigger という言葉を使っているため）やJ・K・ローリングの『ハリー・ポッター』シリーズ（魔法を教えているとされるから）が含まれている。異議を唱えられるよくある理由は、それらの本に「性的にあからさまな」ところや「侮辱的な言葉」がある、とか、対象とされている年齢層にふさわしくないという主張だ。(2)

おそらく、英語でもっとも有名な検閲の例はトマス・バウドラーの『家庭用シェイクスピア』（一八一八）だ。その副題が示すように、シェイクスピア劇のこの版は「家庭で声を上げて読むのにふさわしくない」言葉はすべて削除した──といっても性的なものはすべてはぎ取ったが、暴力はそのまま残している。この版は妹へンリエッタ・マリアが行なった仕事を兄のバウドラーが仕上げたものだった。けちなことに、題扉のページには妹の名前はなく、王立協会の会員としての兄本人の地位の宣伝だけだった。バウドラーはのちに悪徳禁止協会となる会の会員でもあった。彼の版は悪徳をまったく消し去るというよりも、薄めており、ある書評では、シェイクスピアを「去勢した」、また「彼を麻酔して瀉血した」(3)と彼自身が非難されることになった。しかし、『家庭用シェイクスピア』は人気があり、二十年間で五版を重ねた（これほど知られていないが、バウドラーはギボンの『ローマ帝国衰亡記』にも同じことをしようとして、反宗教的だったり、不道徳にみえる段落をすべて削除している）。

それとは対照的に、ジョン・ミルトンの『アレオパジティカ』（一六四四）という題名には異国風雰囲気が染みついている——しばしば言論の自由を擁護した先駆的作品とされているが、戦時下に政府の介入から出版の自由を擁護したとするほうがより正確だろう。この冊子の題名は紀元前四、五世紀にアテネの最高法廷が開かれたアレオパゴスの丘の引喩である。多分、ミルトンが出版の自由擁護のために選んだ名前がこれほどわかりにくいままだという事実に何かを読み取るべきなのだろう。多くの検閲行為はばかばかしいと思われるかもしれない。とくに、遠くから眺めているときには。しかし、表現の自由の擁護者はたいていあまりにもうんざりする人と思われたり、あるいはただ忘れ去られてしまう。

たった一語が憤怒を巻き起こすこともある。ジョージ・バーナード・ショーは、あきらかに政治性はないのだが、論議を呼ぶ問題に的を絞ったいくつかの劇を書いた。その中でもっともよく知られているのが『ピグマリオン』で、その中でショーは社会の純粋化の動きをからかっている。賭けのために、ヘンリー・ヒギンズがコヴェント・ガーデンの花売り娘のイライザ・ドゥーリトルを「王女さま」に変身させる。それも主に彼女の発音を洗練させることによってだ。これはまた、密かに彼女の道徳的高潔さを確かなものにしようという試みでもある。劇の最初、イライザは娼婦と間違えられる——遠回しではあるが、明確に扱われている問題——そして、もっと洗練された話し方を学ぶことで、彼女に将来この種のことが起こる機会は減らされる。けれども優雅さは機械的なものであり、そこから彼女が逃げ出し、生き生きした言葉で本当の人柄を表現する瞬間もある。このような場面のひとつが出版界を悩ませた。ロンドンの舞台で『ピグマリオン』が最初に上演される前に、『デイリー・スケッチ』は「ショーの新作劇のひとつの言葉がセンセーションを巻き起こすだろう」と警告した。その予告はこう続く。「それは……確かにちゃんとした社会では使われていない言葉だ。『デイリー・スケッチ』がどうしても活字に出来ない言葉だ」。その言葉は bloody だった。[4] 一九一四年四月十一日、連続上演の最初の夜、イライザがその言葉を使ったときまさに大騒ぎとなった。劇場では唖然とした沈黙の後、一分以上もの間ヒステリックな笑いが続いた。新聞は「礼儀同盟による脅迫」といったような劇的な見出しで答えた。bloody も pygmalion も当時のはやり文句となった。ショーは声明を出し、それは『デイリー・ニューズ』に掲載された。「イライザ・ドゥーリトルの言葉に関してとくに言うことはない……いくつかの新聞がbloodyという言葉の印刷を拒絶した（何ページかにわたって）ことほどばかばかしいことはない。その言葉は英国の五分の四もの人によって、そこには多くの高い教育を受けた人も含まれているのだが、ののしり言葉として普通に使われている」(4)。それからほぼ百年たっても、報道機関はスキャンダルを起こした出来事を報じ、報じなければほとんど目にも止まらなかった行動や意見に注意を引くことによって、検閲における矛盾する役割を果たし続けている。

検閲を行なうことはタブーの概念に密接に繋がっている。タブーとは、不道徳として禁じられたり、強く阻止されたりする行動、あるいは不潔だったり、あるいは反対に神聖なため、口に出すことがはばかられるものをいう。英語で最初に「タブー」――通常トンガ語が語源とされる――という言葉を使った記録はクック船長の一七七七年の太平洋航海記の中にある(5)。その言葉を大いに広めたのはジクムント・フロイトだ。彼はタブーの社会的役割に注目し、人は自分がやったことだけではなく、望んだこと（潜在意識の中でさえも）にも罪悪感を抱きうることに気づいた。彼はこの「創造的な」種類の罪悪感を人の精神の動きの中で重要な部分であるとみなした。そして、さらに、ののしりは、単なるカタルシスとして片づけられてしまうが、意識の境界下に存在し、原始の嫌悪感を伝える願望の表現だとまで述べている。

われわれは頻繁に自分自身を検閲している。少々きわどい逸話を友人の両親に話すときにはやわらげるだろうし、信者であると知っている人といるときは宗教についての話し方を加減する。常に誰にとってもタブーであるものなど何もないが、一般的なタブーを犯さないように、たいてい言葉のある部分を制限するか抑制している。これは恐怖というより、敬意とか礼儀にずっと近い感覚だろう。

英語圏でもっともタブー視されている言葉や表現は性、排泄、民族性、宗教に関連するものだ。場所が変われば別のタブーがある。中国の盗賊は自分たちが危険だと思っている動物の名前を使わなかった。言語学者レナード・ブルームフィールドは、北米インディアンのクリー族は姉妹の名前を口に出さないと報告している。日本では、タブーの言葉は「忌み言葉」として知られている。一般に結婚式では、ありふれた動詞でも「繰り返す」を意味する言葉は避けるほうが望ましいとされる。離婚とか再婚を思わせるからだ。ニューメキシコのズニ族は、どんな儀式のときでも「蛙」を意味するtakkaという言葉を使わない。伝統的に、フェロー諸島の漁師はナイフを意味する言葉（knivur）を使うのを避け、ロシア極北で話されるヤクート語では、熊を意味する言葉を避けるという。

けれども、本書の読者のほとんどにとっては、さきほど触れた四つのタブーとなる話題が重要だろう。イギリスでは、一九六〇年代まで、fuck とか cunt を活字にすると告発されかねなかった。もちろん、話し言葉は別だったが。ミシェル・ド・モンテーニュは随筆の中で、めったに口にされなかったり、用心して話される言葉は彼らの間ですでに認識されているものだと述べている。これには一理があるが、英語圏では、めったにないこととか用心されているというのは疑わしい。ウィリアム・ハズリットがイギリス人は「相当口汚い国民だ」と言っているが、それは的を射ている。わたし自身はそれほどののしり言葉を頻繁に使うほうではないと思うが、英語圏の他の場所——オーストラリアは別——に行ったら、わたしもそのひとりになりそうだ。タブーの言葉がポロポロと口から出るから。

これらの言葉が示すもの自体よりも、言葉そのものが反応を引き起こすことが多い。cunt という言葉を聞くとギョッとするが、vagina［膣］という言葉に動顚する人はずっと少ないだろう。sexual intercourse［性交］が話に出ても狼狽する人はほとんどいないだろう。また、ちょっと考える必要があると思うのは、ののしり言葉は、強い感情を表現し、タブーに繋がることが多い反面、全体としては文字通りに受け止められることはない。たとえば、「I got fucked by my boss in my annual review. 年次報告でボスにとっちめられたよ」という言い方を考えてみよう。あるいは「Fuck me! なんてこった！」。これは誘いというより驚きの表現だ。それでも、性が肉体的な力、苦痛、搾取を連想させること——fuck のすばやく侵略的な攻撃に凝縮されている——がここに示されている。

無論 shit［糞］というのはまた別次元の話だ。この言葉はカクストンが『イソップ物語』の翻訳に使っているが、十五世紀には読者を煩わせなかったようだ。十八世紀になると態度がはっきり変わった。英語を話す人たちは当時、カクストンの時代の人よりも、自分たちの排泄物を身近によく知ってはいなかったと憶測しても大丈夫だろう。当時の辞書はよそよそしいのもあれば、そうではないのもあった。ネイサン・ベイリーの『イギリス英語辞典』（一七三〇）には shit はないが shitten（「beshit 排泄物で汚れた」）はあり、「排便、排尿する」という意味の to shite もある（ベイリーの辞書には cunt もあるが、ただ「女性の外陰部」とはぐらかして定義している）。ジョンソン博士はこれらのどの言葉も辞典に入れていない。さらに下って、『オックスフォード英語辞典』の初版には shit は、「今ではまともな使い方とはされていない」との但し書き付きで出てくる。なかでもスティーヴン・ピンカーによると、悪臭を出すものに関する俗語は、その悪臭のもとを公衆の面前で放出――排泄――することが受け入れられない度合いにまったく正比例して受け入れがたいという。したがって、shit は piss［小便］より悪く、piss は fart［おなら］より悪く、fart は snot［鼻汁］より悪い。精液に関する様々な俗語はおそらく shit と piss の間だろう。もっとも不快なものがもっとも危険だというのは偶然の一致ではない。排泄物は強力な病原菌媒介物である一方で、鼻汁はそれほど危険ではないものの感染媒体だ。幼児語や医学用語――たとえば、doo-doo［うんち］とか stools［便通］――などの言い方があり、こうして、われわれの不快感を中和する。しかし、shit はそういうものではなく、不快感を起こさせ、潜在意識下でわれわれを病気に繋げる。日々の生活で shit から遠ざかれば遠ざかるほど（あるいはそう信じれば信じるほど）、その言葉が、われわれが清潔で安全なものにしたと思っている世界に再び不潔なものを染みこませることになり、言葉から受ける衝撃がより大きくなるという説には説得力があるようにみえる。

無論、知的なレベルでは音と意味の繋がりは恣意的なものと受け止めていても、それでも違った風に感ずるものだ。スティーヴン・ピンカーはこう説明している。「ほとんどの人間は……名前を、その本質を構成する一部分とみなす。だから、名前を口にするという単なる行為が、指示対象の人格を侵害する方法とみなされる」。shit のようなタブーとされる言葉と直面すると、われわれの脳の小脳扁桃として知られている部分の代謝活動が高まる。「要するに、話し手もしくは書き手は、タブーの言葉を使うことで、聴衆や読者の中に彼らの意に反した感情的な反応を呼び起こすことができる」(5)

ジョージ・オーウェルは、『パリ・ロンドン放浪記』（一九三三）でこう書いている。(6)

ののしり言葉という代物自体、とくに英語ののののしり言葉は不思議だ。その本質からいってののしり言葉が不合理なのは魔法と同じだ――まさに一種の魔法だ。しかし、矛盾もある。つまり、こうだ。ののしり言葉で意図することは相手に衝撃を与えて傷つけることだ。それを何か秘密にされているもの――たいてい性的機能に関するもの――について口に出すことにより行なっている。しかし、不思議なのは、ある言葉がののしり言葉として十分定着すると、そのもとの意味が失われてしまうようなのだ。つまり、それをののしり言葉たらしめたものを失ってしまう。

『ピグマリオン』が最初にロンドンで公演されたときか

ら二十年もたたないうちに、オーウェルはこう書いている。「生粋のロンドンっ子なら……今では bloody とは言わない。いくらか教育を受けていれば別だが。その言葉は、実際、社会の階段を上がり、もはや労働者階級専用ののしり言葉としての役割は終えてしまった。今や、あらゆる名詞にくっつけられるロンドンで流行っている最新の形容詞は——だ。無論、やがて——も、bloody のように、居間に入り込み、別の言葉にとって替わられるだろう」。——が何を意味するかはあまりにも明らかだから誰でも推測できるだろう。『一九八四年』（一九四九）で、ウィンストンにはジュリアが自然で健全にみえた。というのは、彼女は「水がポタポタ漏れている路地に白いチョークで書かれているような種類の言葉を使わずに」党のことを口にできないからだ。オーウェルは彼女がどの言葉を使って暗示による衝撃を与えようとしたのかは言うのを避けている。そしておそらく、将来、何が衝撃的となるかについて意見を述べて自分を巻き込むことを避けているのだろう。

英語の語彙の中で汚らわしい第一人者は fuck だ——攻撃的で、大胆で、何にでも使えて、きわどい。OEDの北米部門を担当した編纂者ジェス・シェイドローワーの本『Fで始まる語』が愉快に示しているように、それには無数の使い方があるだけではなく、多産でもある——ロバート・ルイス・スティーヴンソンが手紙に書いた fuckstress というのがあれば、フィリップ・ロスの小説で guaranfuckingtee という動詞を使う登場人物がいる。またエリック・パートリッジは『俗語とはみ出し英語辞典』の中で、Dutch fuck とはタバコからタバコに火をつけることだと説明している。

つい最近まで、辞書は fuck を用心して扱ってきた。イギリスでは、この言葉は一五九八年にジョン・フローリオの英伊辞典にイタリア語の動詞 fottere ——「強姦する、たらしこむ、性交する、性交渉を持つ、支配する」の意味——の定義の中で早くもあらわれている。そして、同種の言葉として、fottarie（「性交すること」）、fottitrice（「性交する女性」）、fottitore（「性交する人」）、fottitura（「性交」）、fottuto（「性交された」）があらわれた。to fuck という動詞はベイリーの『イギリス英語辞典』で、「好色漢に使う言葉、またsubagitare feminam［fuck のラテン語］」としてあげられている。またジョン・アッシュの『新完全英語辞典』（一七七五）にも出ている。しかし、その後、fuck は辞書編纂者の視界から消えた。一七九五年のアッシュの第二版で「下品で卑猥な言葉」と分類され、「生殖の行為、女性と関係する」との定義があった後、一般的な英語の辞書で次に fuck があらわれるのは一九六五年になって、『ペンギン英語辞典』

にひとつの定義が示されたときだ。アメリカの一般的な辞書には fuck は含まれておらず、一九六九年に『アメリカン・ヘリテッジ英語辞典』にようやくあらわれる。放任主義とされたにもかかわらず、ウェブスターの第三版にはこの言葉は入っていなかった。こちらはそれほどの驚きではないが、最初の『オックスフォード英語辞典』にもなかった。Fの項目が一八九〇年代にひとつにまとめられたとき、それは削除された。一九二〇年代になって、編纂者たちがWの項目まで達したとき、windfucker——ハヤブサの一種の名前——は入れるのにふさわしいとされた。『オックスフォード英語辞典』の最初の補遺が一九七二年に出版されたとき、fuck そのものが入れられた。

アメリカの学者アレン・ウォーカー・リードが一九三四年にこの言葉についての論文を出したとき、彼が選んだ題は「猥褻さの象徴」だった。そして彼は様々な回りくどい表現を駆使して一度もその不快な言葉を使わないですませた。一九四八年にノーマン・メイラーは小説『裸者と死者』の出版準備にあたり、出版者の意向を受けて、fuck とあるところはすべて fug に修正した。皮肉っぽい小説家ドロシー・パーカーは、同業の彼と会った時、「あなたが fuck と書けなかった若い人ね」と冗談を言ったそうだ（別の説では、それはパーカーではなく、性的に奔放な映画スター、タルーラ・バンクヘッドだとされる。メイラーはそんなことはなかったと否定した）[7]。また、頭文字のあと、二、三、四番目の字さえ★で印刷するところもあった。このやり方が始まったのは十八世紀初頭だった。それは一九九八年まで『ニューヨーク・タイムズ』では使われず、クリントン大統領の不倫疑惑に関して連邦特別検察官スターが調査した報告書内に使われただけだ。多くの新聞は今でもその言葉を活字にしないでいる。他のメディアでこの自粛に匹敵するのがピーという電子音だ。テレビで不穏当な言葉を消すピーという音を使い始めたのは一九六〇年代で、fuck という言葉は主だったアメリカ映画では一九七〇年代まで聞こえることはなかった[6]。けれどもマーティン・スコセッシの『カジノ』（一九九五）では fuck は形を変えて四百回言われている。その数字はゲイリー・オールドマンの『ニル・バイ・マウス』（一九九七）ではさらに多く四百二十八回だ[7]。

fuck がこれまでよりずっと普通になっていると思うなら、それは正しいだろう。英語圏のほとんどで宗教が衰退したことが、宗教的なののしり言葉がかつては有効だったところに fuck があらわれている理由を説明する助けとなるだろう。節制のない言葉には節制のない態度がともなう。スティーヴン・ピンカーはこう記している。「一九六〇年代初頭から性的な言葉はずっと普通になってきたが、女の子の拒食症や男の子のバックパッカー文化と同じように、未婚の母、性交渉による感染、性行為の強要、恋愛戦線からの脱落も普通のことになってきた。誰も原因と結果を指摘することはできないが、変化は、かつて性に関する考えに結びつけられ、性的言葉をタブーとしていた恐怖や脅威が弱まっていったのと一致する[8]」。言葉に関する限りピンカーは保守的ではないが、この議論は、もっと怒りをもって表現されれば、反動的な評論家がため込んでいる武器としてまったくふさわしくなることだろう。

fuck と言っても、いつもならその言葉に気分を害する人びとの間でさえ瞬間的な連帯感を醸し出す状況もある。「fucking idiot 大馬鹿者め」と言ったら、相手は感心しないと思うだろうが、もしわたしが足の上に金槌を落として、「Fuck こんちくしょう！」とか「Shit くそっ！」と叫んだとすると、ほとんどの人が感じの悪いことを言っているとは思わないだろう。カタルシスを得るうえに、わたしの叫び声は、目撃していた人誰をも安心させる効果がある。それはわたしが普通の人間だというしるしであり、黙っているよりも当惑させないし、わたしは自分の無能を認めることになるからだ。わたしが金槌を足の上ではなく、地面に落としたなら、たぶん「Whoops おっと！」と叫ぶだろう。この場合、わたしがやったことはそれほど深刻ではなく、カタルシスも必要としないが、この叫び声の目的は同じだ。わたしはこの失敗が意図しないものであるという事実に注意を向けようとしている――それに潜在意識下で、あるいは半分意識して、あちこちで金槌を落としてまわる人間だとは絶対に思われたくないと思っているのだ。

強調しなければならないが、『オックスフォード英語辞典』の第一版でわざわざ削除された言葉は fuck だけではなかった。cunt は、入れるか入れないかという点で激しく議論されたにしても、入っていなくても驚かない。しかし、比較的無害な condom でさえもすんなりとはいかなかった。外科医ジェイムズ・ディクソンは『オックスフォード英語辞典』の用例収集に貢献したのだが、その言葉が活字になっているのを見てギョッとした――というか、その物自体の存在にギョッとしたという。彼はジェイムズ・マリーに、「それは密通者が、感染しても当然の性病から自分を守るために使うよう考案されたものだ」とし、『オックスフォード英語辞典』に入れるには「まったく卑猥すぎる」と述べた。マリーは同意したようだ[9]。clap〔淋病〕は「上品な言い方では使われていない」とのレッテルが貼られたが、最近の例ではその反対だ。

反対陣営では、卑猥な言葉というようなものは存在しないと考える人がいたし、もちろん今でもいる。彼らの戦略は通常ショック療法を行なうことだ。これをまず主導したひとりがコメディアンのジョージ・カーリンで、彼の喜劇にはしばしば言葉に関する社会的意見や観察が含まれている。カーリンのコント「テレビで絶対言えない七つの言葉」——一九七二年発表のアルバムに収録され、それを彼がミルウォーキーで演じて逮捕につながった——で、問題とされた言葉はfuck、cunt、shit、piss、cocksucker、mothfucker、titsだった。これらの言葉は実際に禁止されているわけではない。単に、使ってはならないという非公式の理解があっただけだ。カーリンはそれらを「重い七語」と呼び、それらを使うと「背骨が曲がってしまう」と冗談を言った。彼の本当の狙いは、「悪い言葉」なんていうものはなく、あるのは「悪い考え」であり「悪い意図」だけというものだ[10]。カーリンの目的は人びとが怒りに達するまでの許容量を問うことだった。ある言葉が他の言葉よりずっと衝撃的になるのはどうしてだろう。後に彼はfart、turd、twatを付け加えてこの一覧表を広げている。fartは受け入れられるだろうか、それとも悪い言葉だろうか。結局、中身のないshitじゃないか。一九七八年に最高裁判所はそのコントを「猥褻ではないが好ましくない」との裁定を下した。それでも、ラトガース大学のジャック・リンチが記しているように、「カーリンの一覧表は、公共の放送で何が実際には言えないかの事実上《ド・ファクト》の基準となった。口汚い自由な言論の闘士がこれらの同じ言葉を禁ずる法律を書くのに役立ったのは奇妙な逆説だ」[11]。

　イギリスでは、猥褻に関係する法律は一八五七年から存在し、イングランドとウェールズでは、さらに一九五九年と一九六四年の二つの猥褻物出版法によって修正された。一九五九年の法律はこう規定している。「あるものが猥褻と見なされるのは、それによる影響が……、そのものに含まれている、もしくはそこに具体的に表現されている内容を、関連した状況すべてを鑑みて、読んだり見たり聞いたりするかもしれない人びとを堕落させたり、腐敗させたりする傾向にあると、全体からみて言うことができる場合である」（この趣旨における「もの」とは「読んだり、見たり、あるいは両方同時に行なうべき内容を含んだり、具体的に表現したりしているものすべて、音声記録、映画、あるいは他の絵や写真による記録すべて」を示す）。けれども、「もの」の出版者は、その出版が、「科学、文学、芸術、学習、あるいは他の一般的に関心をもたれる事柄を利するとの理由で公共のためになると見なされる」ならば有罪とはならない。ここでの矛盾は目に余る。「堕落させたり、腐敗させたりする傾向にある」ものが、本当に「公共のためになると見なされる」なんてことがありうるのだろうか。それに、どうやったら、堕落させられたとか、腐敗させられたという判断を下したり、定義したりすることができようか。

猥褻さに関する不安は、性、暴力、社会の儀式的なことを扱った、たくさんのユーモアの裏に潜んでいる。冗談はわれわれが自分たちの嫌悪感や不信感――それらはすなわち自分自身、欲望、われわれより明らかに上位に属する人たち、われわれの生活の平衡を脅かすと思われる人たちに対するものなのだが――それらに取り組む助けとなる。一般論として、冗談は、われわれの期待と結果との差をさらけ出すものだ。ユーモアは、一瞬現実世界を超現実のようにみせ、われわれの日々の生活に潜む不安について束の間考える機会を与えることでわれわれを自由にしてくれる。哲学者サイモン・クリッチリーはこう書いている。「冗談の真髄は、それがわれわれの世界のごくあたりまえの様相に光をあてることだ」[12]。それらはわれわれの嫌悪感をそそり、われわれを不愉快にするが、同時にこの不愉快さを探求するよう仕向ける。

レニー・ブルースはここで重要な人物だ。コメディアンとしてはめったにないことだが、ブルースは冗談を言わなかった。彼の長詩は伝統的なスタンドアップ・コメディアン〔一人で舞台にあがり、話術と動きで笑いをとる〕――段取り、間の取り方、落ちの付け方――で、彼が取り上げる話題（絶望、破滅、真実）は、漫談で頻繁に利用されてきたようなものだった。しかし、ブルースの毒舌は入念な進行というより、抽象的なジャズ演奏のような形をとった。ブルースは聴衆に、本当に悪いこと――四文字語ではなく、社会の不平等や腐敗に衝撃を受けて欲しかったのだ。どうして映画で性の描写（ほとんど誰もがやっていること）をするのは受け入れられず、殺人の描写は受け入れられるのか。彼の演技の決定的な部分は、伝統的に猥褻とされている言葉から神秘性を取り除くことにあった。ブルースは、道徳家を任ずる大多数から堰をきってほとばしる際限のないたわごとを要約するのに「yada yada など、など、など」という言葉を使った。

ブルースが一九六一年にサンフランシスコのジャズ・セッションでのお決まりの出し物で cocksucker という言葉を使ったかどで逮捕されたのは、今では奇妙に思えるだろう。二十年後にメリル・ストリープは、まさにこの言葉を発する『ソフィーの選択』の演技でオスカーを勝ち取った。われわれはその言葉――それにもっとひどいと一般的に思われていることを聞くのに――慣れっこになってしまった。それでも、いわゆる悪い言葉は、とくにふさわしくないと思われる文脈で使われれば苦情を引き起こすだろう。歌手のマドンナが二〇〇一年に現代芸術に授与されるターナー賞のプレゼンターになったとき、「Right on, motherfuckers!

いよー、くそったれ」という言葉を、九時の「子どものおやすみ時間」前にテレビの生中継で叫び、まんまと多くの人たちを怒り狂わせた。

motherfucker はフロイトのエディプス・コンプレックス論の凝縮された表現という意味でひどく猥褻とみなされているが、今日もっと衝撃を与えそうな言葉は nigger だ。十六世紀に最初に借用されたとき――フランス語、スペイン語、ポルトガル語からだが、もともとラテン語が起源――それは明らかな敵意も軽蔑もなく、中立的に使われた。それが変わったのは十八世紀後半になってからで、バイロンの「残りの世の中―― nigger とかそういったたぐい」[8]（一八二二）の口調やロンドンのワイン卸売商ヘンリー・フェアロンが『アメリカ点描』（一八一八）の中で「niggars の悪い振る舞いと劣った性質」と触れているところなどは間違いなくそうだ。この言葉は不運にも白人至上主義と奴隷制に結びつけられてしまった。誰が使うかでその毒性のレベルも違うが、言外に軽蔑的な意味を潜ませた長い歴史のせいで、誰も今やそれから自由にはなれない。ヒップ・ポップが大好きな、親愛をあらわす言葉 nigga、これは本当かなと思うがラッパーのテュパック・シャクールによれば Never Ignorant and Getting Goals Accomplished〔無知でいるな、ゴールを目指せ〕の頭字語とされているのだが、その普及といわゆる guy や man に匹敵する中立的で一般的な言葉としての使用が、もとの言葉に対する反応をただ複雑にしただけだった。黒人が nigga とか nigger そのものを呼びかけの形として使うのは侮辱を誉れのしるしとして作り替える特異な例ではない。クエーカー教徒として知られているキリスト教集団がその名前を彼らの宗派――正式に呼ぶとキリスト友会――のものとして採用したのは、最初あざけりの言葉だったものを無力化するためだった。

nigger への過敏さによってそれとは関係ない言葉 niggardly〔けちな〕を避けることになった。一九九九年に、首都ワシントンの市庁舎で働いていたデイヴィッド・ハワードはその言葉を会議で使った。すると彼が人種差別的なののしり言葉を使ったといううわさが広まってしまった。ハワードは、「これがあまり知られていない言葉で、誰もが知っている言葉ではないかもしれないと考えるべきだった」[13]と渋々認め、職を辞した。というのは niggardly はまるで nigger から派生したように聞こえ、印象が悪くなっていたからだ。二つの言葉の語源は別物だと知っていたところで、その響きが単に慰めにならないほど近すぎると感じる人たちに対しては、何の守りにもならない。niggardly の代わりに使えて、気分を害さない別の言葉がある。元『ニューヨーク・タイムズ・ブック・レヴュー』の編集者パトリシア・オコナーと夫のスチュアート・ケラーマンはこう述べている。「それを使う人は「頭にくるほど馬鹿なやつらよりも自分はずっと利口だ」と聴衆に言っているようなものだ」[14]。まあ、そうかもしれない。だが、niggardly を使うほとんどの人たちは、この言葉に含まれる意味を知った上で傲慢無礼にわざと使っているわけではないと思う。

niggardly が議論を呼んだのはデイヴィッド・ハワードの逸話が最初ではない。ウィスコンシン大学で、チョーサーによるこの言葉の使用をめぐる教授の論文に、学生が正式に不服申し立てをしたとき以来、同じような論争が続いていた。もともと niggardly は軽蔑的な言葉で、十四世紀から存在した。もちろんチョーサーは nigger について何も知らなかったのだが。niggardly の否定的な意味が nigger との類似をいかにもさもありなんと思わせ、不快にさせている。多分、多くの人たちはそれを niggerly と聞いているのではないかと思うし、niggardly はやがて使われなくなるのは間違いないと思う。だが、それで終わりなのだろうか。niggling［ささいな］、snigger［忍び笑い］はどうなるんだろう？ あるいは denigratory［軽視する］は？

アメリカの辞書から nigger という言葉を削除させようという運動は一度ならずあった。それでも、語法を監視するというより記録する役割の辞書は nigger を収録せねばならない。一九三六年に、『オックスフォード英語辞典』の「Jew［ユダヤ人］」の項目に、なぜ「欺く」という意味が入っているのか説明するよう求められて、オックスフォード大学出版局の代表ケネス・シザムはこう書いている。「われわれの辞書は実際の用法を説明するのを目的としており、道徳的判断を形成しようとするものではない、とご説明したい」[15]。一九七二年にサルフォード出身の実業家が、問題のその定義は名誉毀損だとして『オックスフォード英語辞典』の出版社を訴えた。しかし彼は高等法院で敗訴した。なぜなら、その中傷する言葉が「彼個人について言及している、もしくは他の人に、彼について言及していると思わせる」[16]ことを証明するという法律の必要条件を満たすことができなかったからだ。言葉と言葉の不快な意味は消し去ることが難しい。そして禁止はそれを助長するひとつの形だ。

ののしり言葉は時とともに変化する。女性を witch［魔女］と呼んだらいやな気分にさせるだろうが、四百年前だったら、そののしりには深刻な意味が含まれただろう。魔女狩りは実際には今でも起こっている――最近の例で目を引いたのはケニアとガンビアで起こったものだ――が、英語圏のほとんどの人にとって魔術を信じることなど時代遅れにみえるだろう。侮蔑は一番の弱みを突くと効き目がある。自分でぶざまだと思っていることはもちろんだが、他の人がぶざまだと思っているのがわかることもだ。数年前、電車で十代の少年が、面白そうに見物している母親の前で、わたしに向かって「Fuck off, you bald cunt. どきやがれ、このハゲのどあほめ」と言ったときのわたしの感じ方は複雑だった。彼の臆面のなさはおかしかったが、ドキッとしてしまった。髪が随分薄くなった事実は受け入れてはいたものの、他人にこういうふうに――めめしい、とかそういったのではなく、「ハゲ」と――見られているのかと気づいてしまったからだ。一般的に、悪態は、もっと微妙に扱ってもらいたいと思っているわれわれの一面に思いやりのない名前をつける。それらはわれわれが実際に属していると思われる範疇にわれわれを分類する。しかし、十分な判断なしにその範疇に決めつけるのだ。個人的には coward［腰抜け］、とか thief［盗っ人］と呼ばれるより、cunt［どあほ］と呼ばれたほうがいい。なぜなら、前者はどちらももっぱら道徳的非難の対象となっているからだ。つまり、わたしを cunt と呼ぶ人はおそらくわたしをぶん殴りたいのだろう。

独創的な悪態を思いつくには、創造性の大きな高まりが必要だ。ののしりはとりわけ表現力豊かになりうる。けれども、ほとんどの場合、それは紋切り型だ。ののしっている人にとって問題なのは仰々しい演技だ。対象を傷つけることはまったく重要ではないのかもしれない。もっとも紋切り型の悪態は儀式的な侮蔑からなる――十六世紀のスコットランドの詩人の「悪口応酬の詩」、アフリカ系アメリカ人の下品で挑発的な侮辱（「ダズンズ」と呼ばれることもある[9]）、どこにでもいる十代の少年たちのオーケストラのようなひやかしなど。この種の悪態は本当のことを言っているわけではない――「Your mamma drink rainwater. おまえの母さん、出べそ」、「You got shit for brains. おまえはどうしようもないパー」――が、一瞬、われわれを、われわれが関与できない劇の出し物の一部に組み込んでしまうために傷つけられるのだ。

猥褻さは、どんなにわれわれがそれを追い払おうとしても、われわれの生活のあらゆる領域に侵入してくる。猥褻さへの恐怖は、公衆道徳運動のような警戒網にあらわれている。猥褻さの規制は続き、それを拡大しようとの呼びかけは頻繁に行なわれている。しかし、禁じられたものの魅力には抗しがたい。それと、猥褻さが英語の雄弁さの核であるようにも思える。イギリス人はかつてフランス人によって「les goddams 口を開けばこんちくしょうと言う人たち」とのレッテルを貼られた。一九六〇年代以来、それが「les fuck-offs」になり、英語圏文化を讃える多くの祝福の中で、そのうなるようなののしり言葉は、アングロ・サクソン圏への二語からなる賛歌となっている。

21 「ここでは英語だけです」

問題ありのハイフン

言葉を規制する根本的な心理は、それによって自分たちの運命は自分で支配できるとわれわれに思いこませることだ。言葉がもはや自分たちで制御できないもののようにみえると、より大きな無政府状態が近いのではないかと思ってしまう。政治的にはこの連想は好都合だ。言葉に関する法律を通すことは、民衆を束縛する手段であり、それに関する宣言を行なうことは愛国主義や他の排他的感情、もしくは排除の論理を動員する迅速なやり方となりうるからだ。

セオドア・ルーズヴェルトはとくにこれが巧みな大統領だった。彼は一九一七年に「われわれはただひとつの旗を掲げねばならない」と宣言した。「また、われわれはただひとつの言語を持たねばならない」。彼は続ける。「この国の偉大さは、その岸辺に喜んで迎えた異邦人たちをいかにすみやかに同化させるかにかかっている。この同化の過程を遅らせようとするいかなる集団もわが国のもっとも重要な国益に敵対するものである」[1]。一九〇一年から一九〇九年の間アメリカ大統領だったルーズヴェルトは英語は意見と価値観の統一を生み出すものだと信じていた。彼の声明を聞くと、英語はアメリカ合衆国の公用語だと思うだろう。しかし、実際には合衆国に公用語は存在しない。英語が優先されるとしているが、法的に正式に決まってはいない。しかし、公用語を持たない点でアメリカ合衆国がとくに変わっているわけではない。本書を執筆中の時点では、その他、イギリス、パキスタン、コスタリカ、エチオピア、ソマリア、エリトリア、ボスニア・ヘルツェゴヴィナでもそうだ。しかし、誰かにさりげなくイギリス、あるいはアメリカの公用語は何だろうと聞けば、「英語だ」と答えるに決まっている。

　現在のイギリスでは、英語の中心的地位は活発な競争にさらされてはいない。英語を話す統一体としてのイギリスはそれほど古くはなく、英語が優位となる過程で、コーンウォール語、マンクス語（ケルト諸語のひとつでマン島で話されていたもの）、オークニー諸島とシェトランド諸島のノルン語などの他の言語は英語に滅ぼされてしまった。ところで、自分が使っている言葉を変えるようにと命じられたときの感じをちょっと考えてみよう。このことを想像するとき、異なった振る舞いに——決してすんなりとはいかないだろうが——適応しようとしているところを思い描く。一九八〇年に書かれたブライアン・フリエルの劇『翻訳』はこのような状況をアイルランドを舞台に描いている。物語は一八三三年のドニゴール州で展開する。観客はゲール語の地名を英語式にする陸地測量局に属するイギリス派遣部隊の行動を見守っている。彼らの仕事は土地に関する認識を形づくるのに地名が重要であることを示している。アイルランド人の野蛮さ、迷信深さ、格言好きはどうもゲール語のせいだという思い込みは少なくとも十六世紀の頃からあったようで、ヘンリー八世は、それをアイルランド人に英語を強要する十分な根拠であるとした（一五四一年のアイルランド王宣言を、最初は英語で行ない、そのあと思い直して、自分が支配下においた人びとの言語で行なった）。フリエルの劇はひとつの言語が別の言語に取って代わる瞬間を表現したものだ。

　およそ千五百年前にゲルマンの移住者たちがイギリスに来て、彼らの方言がやがて英語になったのだが、その前から存在した言語をいまだに使っている地域がイギリスの中にある。英語の中心的な地位が流血と恨みなしには達成されなかった一方で、その事実は歴史的に深く根をおろし、ほとんど議論の余地がない。こんにちイギリスで話されている言語のうち、ウェールズ語はもっとも古い起源をもっている。ウェールズでは現在、英語とウェールズ語は共存しているが、その地位はかつてあやういものだった。ウェールズがイギリスに編入されたのは一五三五年から四三年の間に行なわれた議会での一連の手続きによってだが、それは一二八二年のエドワード一世のウェールズ侵攻に始まる作業を完成させたものだった。ウェールズ語の衰退は、一四八五年に一部ウェールズの血筋を引くヘンリー七世がイギリスの王位に就いたときから始まり、英語がウェールズの教育と行政上の言語となった十六世紀に加速した。けれども、ウェールズ語は持ちこたえた。芸術祭アイステズヴォッド［毎年八月第一週に南北ウェールズで順番に開かれるウェールズ語による音楽文芸祭］や男声合唱団といった文化的伝統によってつなぎとめられた。そして一九六七年と一九九三年のウェールズ語条例によって、ウェールズにおいてウェールズ語と英語は平等となった。ウェールズ語の復活は簡単ではなかった――わたしは子どものときウェールズで、道路標識から英語の地名が消されているのを見た覚えがあり、それは、ときにはもっと暴力的に表現されうる恨みの症候であるとわかった。

スコットランドにイギリス人が到達したのはもっと早く、六世紀という昔から英語を話す移住者がいた。けれども、英語が事実上《ド・ファクト》の公用語になったのは連合法がスコットランドをイングランドとウェールズに併合した一七〇七年になってからである。その頃でもそれぞれの言語が普通に話されていた。かつてほとんどのスコットランド人の言葉だったスコットランド・ゲール語は十八世紀末までスコットランド高地とウェスタンアイルズで強い勢力を持っていた。スコットランド語はノーサンブリア古英語に由来するものだが、ジェイムズ一世（スコットランド王としてはジェイムズ六世）がエリザベス一世の跡を継いだ一六〇三年まで――英語の干渉を受けながら――公文書に使われていた。十八世紀には標準英語をスコットランド風にしたものが格式高い演説の形となり、スコットランド語は「基本的には好奇心の的だが、ときには当世風とされた」(2)。二〇〇九年末にスコットランド議会がそのウェブサイトのスコットランド語版を明らかにしたものの、現在は公式に認められてはいない。それでもスコットランド・ゲール語はこのところある程度まで表向きに認められるようになってきており、その傾向は加速しつつあるようだ。

アイルランドではフリエルの劇『翻訳』が示しているように、状況はやや異なっている。アイルランドはブリテン島の一部ではない。わたしの経験では、こう言うと、別のことに関しては聡明な人たちが常軌を逸した発言だと思うようだが。アイルランドの歴史はここで要約するには複雑すぎる。最初に英語を話す人がそこに住み着いたのは十二世紀だが、イギリスの植民地化に対してアイルランドの抵抗運動が屈したのは十七世紀になってからだ。次の世紀には、ゲール語の使用は「田舎、カトリック、貧しさのしるし」であり、英語は「プロテスタント、地主、都会」に結びつけられた。ただし、街によっては「十九世紀になってもゲール語を話す労働者階級がかなり多くいた」。ゲール語は十九世紀にはほとんど見捨てられていたが、一八九〇年代から少数派言語として奨励されはじめた(3)。本書の目的のために必要なのは、ゲール語がアイルランドでかなり重要で象徴的な価値を持っていること、独自の文法的特色、母音の音、アクセント、語彙をもった、はっきりしたアイルランド英語があること、アイルランド英語がいくつかの異なった形で存在すること、そして、これらの事実があるにもかかわらず、アイルランド共和国でも北アイルランドでもほとんど誰もが英語を話すということだ。

対照的に、英語の歴史がずっと短く、移住者の数が遙かに多いアメリカでは、英語の優先権という問題が生きており、白熱している。独特の先見性をもってH・G・ウェルズは一九〇三年にこう書いている。「アメリカ合衆国では、近年多様な言語が緊急に必要となるだろうとはまだあまり感じていない。しかし、遅かれ早かれ、アメリカ人はスペイン語を教育計画の中に取り入れる必要に目覚めるだろう(4)」

一九六八年のアメリカ二言語併用教育法はより明確にするために二度修正され、教育を受けるには英語の能力が限られている学生たちに対し、彼らの要望に特別に応じる備えをした。一九六四年の公民権法は、学校や仕事場での人種差別を禁じたものだが、英語を話さない学生のための語学教育の要望を満たすよう規定したものでもある。しかし、カナダでの出来事を見守った結果、この先どういう方向に展開するのだろうという不安を引き起こした。一九六〇年代にケベックの闘士たちはカナダから離脱してフランス語を話す国を作ろうとした。一九七〇年、ケベック解放戦線はアングロ・サクソン帝国主義とみなされるものへの敵意を主張しようと七年間闘ってきた末に、州の労働大臣ピエール・ラポルトを誘拐した。ピエール・トルドー首相が身代金の支払いに応じようとしなかったため、彼らはラポルトを絞め殺してしまった。カナダ議会は圧倒的多数で一九一四年の戦時措置法を発動することに賛成票を投じた。これは平和時ではけっして発動されたことがなかった。ケベックでの出来事はあきらかにゲリラ行動が新しく高まってきた徴候だった。チェ・ゲバラとフィデル・カストロに触発された言語的無法者が彼らの「小さいことは美しい」という哲学を進展させるためにテロリズムに向かったのだ。[5] 暴動とテロ行為を経て、一九七四年にフランス語はケベック州の公用語として認められた。そして、その地位は一九七七年のいわゆる一〇一法によって確実なものとなった。それはケベックのすべての人に事業をフランス語で行ない、消費者としてはサービスと情報をフランス語で提供され、フランス語で教育を受ける権利を何をおいても保障したものだ。多くのアメリカ人は同じようなことが自国でも起こるのではないかと戦々恐々としている。ただし拡大しつつある言語はフランス語ではなくスペイン語だが。

一九八一年に、共和党議員で二言語併用教育を批判していたサミュエル・イチエ・ハヤカワは英語を国の公用語とするよう合衆国憲法を改正する法案を提出した。ハヤカワは大学の英語教授で言語についてたくさん書いてきた。彼は気まぐれで捕らえどころのない人物だったが、頑固でもあった。法案は失敗したが、二年後に退職すると、ハヤカワは「われわれの共通言語擁護」のための圧力団体、「アメリカ英語」を設立した。その顧問団にはアンカーマンのウォルター・クロンカイトやアーノルド・シュワルツェネッガーがいた。未決の英語公用語化憲法修正案はいまだに採択されていないが、個々の州が個別に英語を第一言語とするという宣言を行なっている。その最初がルイジアナ州で、早くも一八一二年に行なっている。そう決めたのは合衆国の州として認めてもらうためだった。しかし、ハヤカワが問題を再燃させたのに続いて、一九八〇年代と九〇年代には、他の圧力団体が登場するとともに、同じような宣言が続出した。現在、二十八州が英語を公用語としている。これらの動きはその擁護者からは愛国的感情の再確認とされ、また反対者からはアメリカの多くの文化的マイノリティへの侮辱的、威圧的抑圧とされている。

画一化への圧力は多様性の促進よりも勝りがちだ。たとえば、一九九八年にアラスカの選挙民の七〇パーセントが自分たちの州の公用語を英語にするという発議に賛成した。[6] 他の州の態度もずっと穏やかというわけではない。他の言語の便宜を図るという考えは通常は反移民感情と経済的不満を引き起こすことがある。移民にはあきらかに英語を学ぶ動機があるのだから英語を公用語にするという規制は本当は必要ない。しかし、「英語だけ」政策の支持は強固だ。ここに暗に含まれているのは「アメリカらしさ」というものが存在し、アメリカに住む人はそれに同意しなければならない、という思い込みだ。いくつもの「らしさ」が平和に共存しうるという考えはしりぞけられてしまう。単一言語使用にすると損失が大きくなる——経済的に、教育的に、認識面で——しかし、それは国家の安全、政治的安定、集団的道徳の維持、異なった民族集団の間の調和の名のもとに支持されている。あたかも、英語以外の言語を使いたがる人びとは必ずテロや暴動や悪行や人種的憎悪を行動に移すはずだといわんばかりだ。多様性の中にも根本的な統一がありうるというのに。アメリカ合衆国はすべてを受け入れる精神で生まれ、その歴史をまさに単一言語だけで記録するのは意味がないというのに。

「英語だけ」の動きに弾みがつくにつれ、それに反対の動きは具体化した。メキシコ系アメリカ人のための法的擁護と教育基金（ＭＡＬＤＥＦ）のような組織は、マイノリティが公民権を剝奪されないように言語の権利を求める訴訟を起こした。ＭＡＬＤＥＦのウェブサイトは「英語を学ぶことは、アメリカ社会に参加し、貢献し、成功するための必要条件であると認識している」と説明している。しかし、「「英語だけ」主義と英語公用語化法は英語の熟達という重要な目的を建設的に進めることにはまったくならない。迅速に、また効果的に意思疎通を行なう政府の能力に干渉する、すなわちその能力を衰えさせる法律は、単に悪い公共政策にすぎない(7)」としている。

前世紀最大のアメリカ言語論争はこの言語の多様性の問題に集中した。それはサンフランシスコから数マイル東に行った人口約四十万のカリフォルニア州オークランド市で始まった。ここは造船業の歴史を持つ港町で、かつてはもっぱらマイタイの名で知られるカクテルが生まれたところとして、また野球のメジャーリーグ球団オークランド・アスレチックスで知られていた。しかし多様な民族が住むこの町は、一九九六年十二月に、別の理由で報道価値があるものとなった。オークランドの教育委員会が、アフリカ系アメリカ人は彼らの「母語」――すなわち「西黒人コンゴのアフリカ語」に起源をもつとされるエボニックス――で教育されねばならないとの決議を採択したのだ。ほとんどのアメリカ人はエボニックスなるものについて聞いたことがなかった。この問題はほぼ二十年前のひとつの話を記憶している人には馴染みがあるものだった。それは、ミシガン州アナーバーの小学生の親が、地域の教育委員会を、自分たちに読み書きを教えることを怠ったと告訴したできごとだ。家庭では標準語でない英語を話していた生徒を、教師たちは学習困難者と誤ってみなしたからだという（よくあることだが、標準でないものは標準以下と同じとみなされる）。しかし、当時は黒人英語についての話でしかなかったが、今ではこの英語にエボニックスという簡潔明瞭で肯定的な名前がつけられているのだ。一九七三年、セントルイスのワシントン大学教授ロバート・Ｌ・ウィリアムズによる造語だ。

オークランド教育委員会の決定は全国的議論に火を付けた。声高でかつ事情にうとい論評者たちは、自分たちから見れば言語でも方言でもなく、単に英語が崩れて改悪された形としかみえないものに対して支援を制度化するという考えを公然と非難した。『ニューヨーク・タイムズ』でブレント・ステイプルは「机上の理論家、高給取りのコンサルタント、教科書の執筆者」らを陰謀団と決めつけて攻撃し、彼らは「福音」――「読み書き、算数に費やすべき時間が、ハイ・タッチをやったり、浮浪者の言葉でおしゃべりしたりするのに費やされること」を意味する信条――を広めようとしていると主張した(8)。教育委員会の計画はあまりの敵意で迎えられたため、延期せざるをえなかった。

エボニックスは今では普通、アフリカ系アメリカ人英語――たいていの学者はそれを、アフリカの影響が見られる――英語の一形式、つまり一方言であり、異なった言語ではないとみなしている――と呼ばれており、依然として論争は続いている。擁護者によれば、黒人の生徒は、彼ら自身の固有の言葉が認められれば、標準英語を読み書きする力や熟練のレベルが高くなるという。批判者は、これは「積極的優遇措置」が異様な形であらわれたものだとして退けた。この論争ではっきりしているのは、人種や教育面での公平さに対する不安だ。そこに潜んでいるのはアメリカ黒人の過去の屈辱と奴隷化についての恥と憤りの感情だ。この分野のある学者が「アフリカ系アメリカ人の話し方を、下手で教育がなく、意味不明などとする反面、その話し方のもつ機知と創造的活力、快活さを気ままに真似し、讃える文化が支配的」とみなした状況が続いている(9)。しかし、アフリカ系アメリカ人の大衆文化に対してもっとも辛辣なあざけりをしているのは中産階級のアフリカ系アメリカ人だというのは強調しておくべきだろう。

アメリカで英語の地位が脅威にさらされているわけではない。英語以外の言語を流暢に話す市民がいることはアメリカのためになる。さらに、イギリスの視点から見ると、アメリカの統合は共通の言葉ではなく、共通の思想に基づいているように思われる。アメリカの成功はその民衆の多元性と流動性に負うところが大きい。けれども、こう言うと激しい反対の声を招いてしまう。アメリカにおいて言語政策をめぐる対決はますます激しくなるのは確かなようだ。それを解決すること、あるいは反対に解決しそこねることが、二十一世紀のアメリカがどのような国になるかを定めることになるだろう。

この章の最初で、ひとつの旗とひとつの言語のアメリカというセオドア・ルーズヴェルトが描いた未来図を引用した。それより二年前の一九一五年に、彼は「ハイフン付きアメリカ人」なるものについて軽蔑的に語っている。これはおなじみのテーマだ。彼は「この国には五分‐五分のアメリカ主義などというものはあり得ない」と一九〇六年の共和党議会で宣言した。[10] ルーズヴェルトは八百万人の移民が合衆国に到着した十年間（一九〇〇―一〇年）を背景に話している。その十年後に大統領となったウッドロー・ウィルソンはその言葉を繰り返し、「この世でもっともアメリカらしくないものはハイフンだと思う」と述べている。

ルーズヴェルトもウィルソンもこの規模で移民が続くとは想像していなかった。しかし、事実はそうだった。たとえば、二〇〇〇年から二〇〇五年の間にさらにおよそ八百万人の移民がアメリカにやってきている。ルーズヴェルトが雄弁をふるってから一世紀後に、彼が忌み嫌ったハイフンが隆盛を極めている。ハイフン付きアメリカ人、すなわち中国系‐アメリカ人、メキシコ系‐アメリカ人、イタリア系‐アメリカ人、ギリシア系‐アメリカ人、アフリカ系‐アメリカ人、などは至るところにいる。それでもハイフンは、本当に居心地の良い多元主義というよりも緊張の象徴だ。小説家トニ・モリスンは「この国ではアメリカ人は白人を意味する。それ以外はすべてハイフン付きだ」[11][1]と述べている。モリスンの言葉が示しているように、ハイフン‐は不安定な便宜にすぎず、まさにハイフンをまたぐのではなく、そのどちらかの側で生きることを示している。これがために、この混成語におけるハイフンの地位が脅かされているのだ。今ではますます、混成語が名詞として使われるとき、ハイフンは落とされている。形容詞として使われるときには残っているのだが。この節を書く以前に、そのように実行されているのを見てきた。

ここから、予期せぬ経路をたどって、ハイフンのもっと一般的な地位の問題にたどりつく。いつでもきまぐれに使われてきたしるしのハイフンはあきらかに文字ではないが、句読点としての機能を実際に果たしているわけでもない。それには二つの目的がある。数語の単語をつなぎあわせて複合語とすること、それと印刷上の便宜のため［に行末に来た単語を］、あるいは音節を明確に示すために単語を区切ることだ。多くの読者はおかしな単語分割にびっくりさせられてきた。legend ではなく leg-end になっていたり、une-lectable や poig-nant といった困惑してしまうものなどだ。また複合語は注意深く扱う必要がある。ハイフンを使うのは、複合語の中で子音が三つ続くのを避けるとき（egg-gathering、still-life）、母音が二つ、もしくは三つ続くのを避けるとき（bee-eating）、また、複合語を構成する言葉のひとつにアポストロフィが含まれているところ（bull's-eye、will-o'-the-wisp）、複合語が繰り返しや矛盾する要素から構成されているところ（ha-ha、sour-sweet）、また色を示すとき（pale-bluish）、発音の助けとして（knee-deep、goose-step）、アクセントがひとつしかない他の複合語の上に形成された複合語の中で（great-grandfather、south-southeast）、二番目の部分が副詞または前置詞からなる複合語の中（passer-by、go-between）などだ。即興で作られた複合語もハイフンを使う傾向にある。young-boyish、honey-tempered など[12]。複合語はそれを形成するそれぞれの言葉の意味とは違ったことを表現する。great-grandfather［曾祖父］は great grandfather［偉大な祖父］とはあきらかに違い、もし誰かを young-boyish［潑溂としている］というのは、young and boyish［若くて少年のよう］というのとはまったく同じではない。

けれども、実践する場合、これらすべては何の規則も確信もなく扱われている。二巻からなる『簡略オックスフォード英語辞典』の編纂者アンガス・スティーヴンソンは二〇〇七年に新しい版から一万六千のハイフンを削除した。「もはや、人びとはハイフンの使い方に確信が持てないでいる」と彼は述べた。「それらが何なのか本当にはよくわからないでいる」。『ニューヨーク・タイムズ』のチャールズ・マックグラスが記事で説明したように、犠牲となったのは、これまで複合名詞の半々をつなぐのに使われていたハイフンのほとんどだった。fig-leaf や hobby-horse は fig leaf、hobby horse に解体された。別の場合—— crybaby や bumblebee ——はこれまで半分離れていた言葉の半々がくっつけられた。伝統的にハイフンは「一種の中間地点、新しい用法の進展における通過駅」を示していた。シェイクスピアはハイフンを多用し、fancy-free［恋を知らぬ］とか sea-change［著しい変貌］のような複合語を導入した。けれども現代のグラフィック・デザイナーはハイフンが嫌いだ。マックグラスが指摘した「A slippery-eel salesman...sells slippery eels, while a slippery eel salesman takes your money and slinks away. ぬるぬるウナギ売りのセールスマンというのは……ぬるぬるしたウナギを売っており、言い逃れのうまいずるいセールスマンは金をちょろまかしてこっそり逃げる」ようなときはハイフンは役に立つ。しかし、ほとんどの場合、ハイフンはわざとらしい。彼はハイフンをゲートルになぞらえており、ハイフンのつなぎ方について現代では半信半疑の状態にあり、われわれの多くがゲートルを間違って着けていると考えている[13]。

ハイフンは衰退しているようだ。これはありそうもなく聞こえるかもしれない。結局、絶えず新しいハイフンで繋げた複合語に出会っているから。けれども、ますますハイフンは、一時的で議論の余地のあるものを示すようになっている。安定すればハイフンはなくなる。ハイフンのゆっくりとした消滅は、単に正書法の正確さや印刷上の好ましさの問題ではない。むしろ、それは政治的次元のものなのだ。

22 コンマはパタパタと翼をはためかす

句読点の過去、現在、未来

やっかいなハイフンからほんの一歩先に行くと、パブロ・ピカソが魅惑的に、文学の恥部を隠すイチジクの葉と呼んだ斑点や点にたどりつく。句読点の話となると感情的にならざるをえない。セミコロンの間違った使い方やはぐれたコンマは、たとえば小犬がいじめられているのを見て感じるのと同じような激しい嫌悪感を催すことがある。ジョン・サイモンは、識字力の衰退について長々と論じている中で、『ロサンゼルス・タイムズ』による引用符やアポストロフィの使い方が「とりわけぞっとする」ほど混乱していることについて書いている[1]。イギリスのジャーナリスト、ヴィクトリア・ムーアは、カクテルのメニューに「martini's」とか「classic's」とか書いてあるのを見ると「句読点憤怒の発作にとらわれ」、気の毒なウェイターに、「この二つのまったく的外れのアポストロフィは一体全体ここで何をしているの」と問い詰めたと言っている。その結果、「一瞬、喉の渇きを忘れてしまった」、と。(2) 句読点自警団というのさえ存在する——冗談ではなくて——彼らはならず者のアポストロフィを追っかけ回して消し去り、句読点を修正する——標識や広告が彼らの格好な対象だ。二〇〇九年の映画『Couples Retreat 南の島のリゾート式恋愛セラピー』は——「retreat」は動詞ではなく名詞なのだが——そのような注目の的となっている。

句読点について一般的に受け入れられている考えは、それが話の流れ——あるいは本文を読み上げるときに使われるべき抑揚——を示しているというものだ。それは句読点と呼ばれる前にはポインティング［指示］として知られており、ディスティンクション［区別］、とかストッピング［停止］という名で呼ばれていた。もともと句読点の主な目的は、朗読する人にどこで息継ぎをしたり、強調したりすべきかを示す手引きとなることだった。このように句読点は音楽の譜面のようなものだ。しかし、話し言葉に音楽性を与えるとしても不完全だし、単に話の特徴を書きあらわす方法としてだけ捉えるには限度がある。

句読点のことだけ書いた英語の最初の本は一六八〇年に出た匿名の論文だった。一七六八年になってようやくジェイムズ・バローが句読点を主題とした作品に名前を記した最初の作家となった。そしてジョゼフ・ロバートソンによる一七八五年の『句読点に関する論文』が初めて人気を博した。(3)「句読点の技術は書くことに果てしない影響を及ぼす」とロバートソンは述べている。けれども実際には句読点によって価値が高められることはめったにない。

句読点の役割は意味の正確さを高めることだ。それは構文をはっきりさせる。「"The bonobo," said the zookeeper, "enjoys penis fencing"「ボノボは」と動物園の飼育係は言う、「ペニス・フェンシングをして遊ぶ」」と「The bonobo said the zookeeper enjoys penis fencing. ボノボは動物園の飼育係はペニス・フェンシングをして遊ぶと言った」との違いは重要で、句読点がその違いを伝えている。意味の構成単位が示されるのだ。それは著者と読者との間で合意を生み出すための装置の役割を果たしている。ウォルター・ナッシュが有益な要約をしている。「句読点は……意味を明らかにし、それに対する心構えを示す」(4)。

ときには創造的、あるいはへそ曲がりな人物が句読点の省略に挑戦する。有名な例がe e カミングズやギヨーム・アポリネールといった詩人たちだ。[1] 詩人とは見慣れた言葉の枠をなぎ倒し、挑発的な不調和を示したがるものだ。T・S・エリオットは韻文をそれなりの句読点の付け方を持ったものとして語っている。[2] その中ではいつものしるしが違った風に使われているという。別の異端者は、コンマのようなしるしは美的に綺麗ではなく、考えの間に間違った句切りを入れてしまうと主張している。けれども、普通は句読点は創造の装飾品だ。「After dinner, the men went into the living room. 晩餐のあと、男たちは居間に行った」と「After dinner the men went into the living room.」との意味の違いは？『ニューヨーカー』の執筆者ジェイムズ・サーバーによれば、この雑誌の伝説的に厳格な編集者ハロルド・ロスは「dinner」のあとのコンマは「男たちに椅子を引いて立ち上がる時間を与える」ひとつの方法だと考えたという。(5) これはばかばかしくておかしいことだろうか。個人的には、愉快だし説得力があると思う。句読点は微妙な効果を上げることができ、読者に対する句読点の効果について考えることは、いかなる種類の書き物についても決して些細なことではない。

H・G・ウェルズの登場人物ポリー氏[3]は文学上の句読点無用論者のひとりだ。格言と聖書を「最大の勤勉さで、句読点や意義についてはまったく無視して」読まされ、「英語不要論」は彼の十八番となったそうだ。『真夏の夜の夢』では粗野な大工ピーター・クインスが仲間たちと演じようとしている劇の前口上を台無しにしてしまう。それを見ていたアテネの公爵はこう言う。「こやつは細かい点に気をつけない」（「点」というのは台本に記された句読点のこと）。そして彼の花嫁でアマゾンの女王ヒッポリタは「彼の前口上は縦笛を吹く子どものようね。正しいけれども統制がとれていない」と評する。[4] ヒッポリタはうまく要約しており、実際に句読点はそこでは政治のようなものだ。秩序を保つにはそれが十分必要だが、ありすぎるということもまさにありうる。

句読点について考えると、二〇〇三年出版の人気ジャーナリスト、リン・トラスの『パンクなパンダのパンクチュエーション』を思い出す読者は多いだろう。「句読点へのゼロ容認の対処法」という副題がつき、ならずものアポストロフィやでたらめeメールに対するトラスの憎悪によって駆り立てられたかのようにみえる本書は、現代世界の狂気に対して正気を保つための中和剤として提示されている。二節目でトラスは「たくさんのアポストロフィを悪魔的にふりまく」と表現している。――ガソリンスタンドで「Come inside for CD's, VIDEO's, DVD's, and BOOK's.」と書いてある看板について触れたところだ。彼女の恐怖はおそらくわれわれ自身も共有しているものだろう。しかし「悪魔的」という形容詞は最初おしゃれな選択に見えるが、トラスの大袈裟な問いがページ中にうようよしているのを見ていると、あまりにも当て付けがましく思えてくる。彼女は「やかまし屋は団結すべし」と提案しているが、「自分自身の中にも内なるやかまし屋がいる」と認めている。これが「われわれの句読点を維持するためには虎のように闘わねばならない」という彼女の決意に同意するのを難しくしている。[6] というのは「われわれの句読点」とは誰のもの？　それに、いずれにしても、句読点をバラ色のまま維持するという彼女の考えは、申し分ないコンマの用法という幸福な時代を誤って想像しているのではないだろうか。言語と政治に関するアメリカの評論家ジェフリー・ナンバーグはこの本の精神を「芝居がかった憤怒」と定義し、トラスがトレードマークにしているやかまし屋について、「国家の安全に対する深刻な脅威だと聞いて何かと思えば、ヒューロン湖のアメリカ側で、カナダ人がチョウザメの密漁をしていることへの心配だとわかるようなものだ」と述べている。[7] アポストロフィの虐待者はその場で滅多切りにされ、墓標のない墓に埋められるべきだという提案に応じて読者が行動することは期待されてはいないだろうが、トラスが味方を増やそうとしているのは確かだ。

だが、正確に言って、何の味方だろうか？　「われわれは映画『シックス・センス』に出てくる、死者を見ることができる少年のようだ」とトラスは書いている。「ただし、このわれわれが見ることができるのは死んだ句読点だ」。この「死んだ句読点」は「他の誰にも見えないのだが——それでもわれわれにはそれがいつでも見える。われわれが第七感の人であることは誰にもわからない」。数ページ後、彼女は句読点の上手な使い方は礼儀正しさと同じであるという考えを楽しんでいる。「礼儀正しさというのはまさに目に見えないものだ」。[8] そういうわけで、正しい句読点は目に見えないが、句読点の間違いは絶えず目に見えるということだろうか？

これがただ奇妙なだけにみえるとしても、『パンクなパンダのパンクチュエーション』のより深い問題は意外なことに、まとまりがなく一貫していないことだ。『ニューヨーカー』の痛烈な書評の中で、ルイス・メナードはトラスの書いたものの欠陥を数多く指摘しており、「文法における主な規則は、どんな規則であれ、自分が始めたものをあくまでも守ることだ。トラスの書いたものでもっともけしからぬのは、一貫していないことだ。トラスが原稿整理をしてくれる編集者を必要としているのか、それとも彼女付きの編集者が原稿整理をしてくれる編集者を必要としているかのどちらかだ」と述べている。コンマは予期せぬところにあらわれて混乱を招くし、セミコロンに関する規則は挙げられているのだが、その後鼻であしらわれている。必要なところに句読点がないこともあり、メナードは例として次の文章を挙げている。「You have to give initial capitals to the words Biro and Hoover otherwise you automatically get tedious letters from solicitors. バイローとかフーヴァーといった言葉は大文字で書かねばならないそうしないと弁護士からたちまちうんざりする手紙をもらうことになるから」［バイローはボールペンの商標、フーヴァーは電気掃除機の商標］。トラスは「公共の場で携帯が鳴るのを聞くと怒り出す」ような人びとに向かって書いており、恐ろしい警告と憤怒に満ちた大演説でいっぱいの悲観論者だ、とメナードは述べている[9]。デイヴィッド・クリスタルがメナードの書評について評しているように、「これはゼロ容認どうしの共食い状態といえる[10]」。トラスの辛辣な不満の背後には子どもたちは英語の書き方についてよりよい教育を受けねばならないという感心な信念がある。しかし、彼女は改善策を示すよりも教育の不備に注意を引いている。『パンクなパンダのパンクチュエーション』を読んだ何十万人という人がその結果、句読点についてずっと確信が持てるようになったかどうかは疑問だと思う。この本の成功は、現代の生活が嫌になったたくさんの人びととの存在と大いに関係している。

　リン・トラスの本が示しているように、もっとも激しい議論を巻き起こす句読点はアポストロフィだ。その正しい使い方がはっきりしないことで過剰補償へと向かう。たとえば、次のようなのを見たことがあるだろう。「Fresh Iceberg lettuce's 新鮮で巻きが堅いレタス」、「Who's turn is it? 誰の番?」、「He say's he's got a cold 風邪をひいたと彼は言う」。アポストロフィは「まったくあてにならない正書法の走り書き[11]」と愉快な言い方をされている。ここで暗に言われているのは、頻繁に目にするがめったに耳にすることはない――「耳のためというより目のための方策」で、十九世紀後半から二十世紀前半まで比較的安定して使われた時代を経て、「ほんの最近ようやく脱したばかりの混乱へと再び戻りつつある[12]」。一五二〇年代にパリの印刷業者ジヨフロワ・トリが使い始めたアポストロフィは、一五五九年に初めてイギリスの本にあらわれた。シェイクスピアの『恋の骨折り損』にアポストロフィについて触れた箇所があり、一五九六年版のスペンサーの『妖精の女王』では使われている。しかし、十七世紀まではそれは稀だった[13]。最初はテキスト（通常脚本）で、音の削除を示すために使われた。それからそれは、一六八五年のフォリオ版『シェイクスピア全集 第四版』に見られるように、所有を示すようになったが、その所有の用法は単数に限られた。しかし、それを単語のどこに置くかについて決めるのは行き当たりばったりで、十八世紀にはその使い方は一定していなかった。それを所有の複数に使う作家もいたが、ラウスのような権威者はこれは間違いだと主張した。ジョン・アッシュの『文法原論』も同じ立場をとっており、アポストロフィの所有としての使用は「間違って導入されたようにみえる」とアッシュは述べている。[14]けれども、当時、こんにちのやかまし屋の多くを激怒させるようなやり方で複数を形づくるために使った者もいた。たとえば、印刷の歴史について書いているマイケル・マテールは一七一二年にspeciesの正しい複数形はspecies'sだとした。アポストロフィの正しい使い方は十八世紀と十九世紀を通じて文法家によって活発に議論された。アポストロフィについてのこの短い話が示すように、句読点はあらわれては消え、その歴史はわれわれが推定するよりもずっと複雑だ。その歴史の概略は次のようなものだ。

初期の文書にはまったく句読点は存在していなかった。その後、中世の文書には、三十以上もの異なった句読点があり、偶然新奇なものがたくさんできたことがわかる。チョーサーの頃、法律文書の句読点はあるとしてもほんの数個だけだった。法律家の間では、イギリスの資産契約を切り抜けたことのある人ならわかるように、いまでも、最低限の句読点しか使わないという文化がある。現代の句読点のレパートリーは、十五世紀や十六世紀の印刷業者が、作業している元の原稿にある符号をそのまま印刷するというよりも、符号が意味する範囲を限定しようとする中であらわれてきた。印刷業者は、職人を使って魅力的なフォントを作り出すために高価なタイプ刻印機で活字を刻ませたが、これがさらに一般的になるにつれ、字体の優位度が増し、句読点の形は固定され、その機能も決まっていった。

今では普通、終止符と呼ばれるピリオドはもとはギリシア語で、十五世紀までには広く使われるようになっていた。しかし、その役割は十七世紀まではあいまいだった。コンマは十六世紀まで使われてはいなかった。英語で印刷された初期の本にはスラッシュ / があり、コンマは一五二〇年頃、このしるしの代わりとなったようだ。驚いたことに一六一七年頃にエディンバラで学校長をしていたアレクサンダー・ヒュームは、朗読するとき、コンマのところは「短いすすり泣きのような音をさせる」と述べている。[15]コロンは十四世紀には一般的だった。セミコロンはヴェネツィアの印刷業者アルドゥス・マヌティウスによって一四九四年に導入されたことは確かだが、十七世紀初めにベン・ジョンソンやジョン・ダンが支持するようになるまでイギリスの本にはほとんど使われていなかった。ハイフンは、前章の終わりで論じたが、最初、言葉が行をまたいで分けられるときだけ使われた。非常に几帳面な句読点の使い手だったベン・ジョンソンは、ハイフンを複合語に用いた最初の作家のひとりだった。ダッシュはようやく十八世紀になって普通に使われるようになったが、フランス語ではもっと一般的だった。自作を印刷したサミュエル・リチャードソンは自分の小説『クラリッサ・ハーロウ』（一七四八）で全角ダッシュをはやらせた[16]。

　感嘆符と疑問符は十七世紀まであまり使われていなかった。ベン・ジョンソンは前者を称讃符と呼び、感嘆符という呼び名が標準となるまで、一般には悲鳴符とか喚声符とかで知られていた。それらもまたフランス語から取り入れられたようだ。子どもの頃は決まって「にんじん」として知られていた挿入記号∨には長い歴史があり、十三世紀から今の形で存在していた。段落をあらわすための ¶ のような不格好な符号もまた使われており、段落標とか絞首台の腕木とか呼ばれていた[17]。同じような働きをするもっとも古くからある符号で、今はほとんど使われていないのがリーフと呼ばれる水平の蔦の葉のしるし ❧ だ。

　イギリスの作家やイタリアの印刷業者によれば、括弧は最初一五〇〇年頃に使われたという。マヌティウスはそれをフォントの図案に入れた最初のひとりだった。百年後、印刷された脚本ではあたりまえとなり、ときには難しい箇所を言い換えて読者を導く助けとして使われた（あるいはもったいぶった意見を付け加えるために）。括弧はこの五百年間に、よく知られたブラケットの他に、ブレースとかフックとかさまざまな名前で呼ばれてきたが、さげすまされることが多かった――とりわけ、ラウスやジョンソン博士によって。ジョン・アッシュの『文法原論』にはなんとも見事な情報がある。「括弧（できるだけ避けるべき）はある文章を別の文章に含めるときに使われる」[18]。リンドリー・マリーは、括弧には「この上なく悪い」印象があるとしており、作家が「ふさわしい場所」をなんとか見つけることができない「ある考えを処理する」ために使ったとしている[19]。

　もうひとつ触れる価値がある符号はポワンディロニーだ。これは「スナーク」とも呼ばれる。疑問符の左右を逆にした⸮は十六世紀の印刷業者ヘンリー・デナムが修辞疑問を示すのに使った。一八九九年にはフランスの詩人アルカンタール・ド・ブラームがそれを復活させようと提案した。皮肉をあらわすのに特別な符号を使うのには二つ問題があるとあえて言おう。第一に、それが皮肉の勢いをそいでしまう。第二に、読者はその符号そのものが皮肉で使われているのだろうかと思いかねない。

　ポワンディロニーがあたりまえになるチャンスはほとんどない。メールやテキスト・メッセージを多用する現代では、句読点はより軽く、よりくだけた使い方をするほうがよいとされている。新しい句読点が広範囲で人気を博す可能性もあるかもしれないが、わたしは疑問だと思う。多くの句読点が消え去るほうがもっとありうるのではないだろうか。そのひとつの候補はセミコロンだろう。それは句読点の中では一種の名士となった――とても魅力的と思う人がいる一方で、無用だと思う人もいる。フランスではその価値について派手な論争があった。二〇〇八年に、ニコラ・サルコジ大統領が公用の書簡ではセミコロンの使用は一ページあたり三回までにすべしと命じたという旨のエイプリル・フールの冗談が駆けめぐった。評論家で諷刺家のフランソワ・カヴァナはセミコロンを「大胆さに欠け、あいまいな考え」を示す「おべっか使い」だから無用だとした。[20]多くの作家が、セミコロンは議論の中の関係性を明らかにするのを助けるから非常に貴重な符号だと主張しているが、批評家たちは、セミコロンを必要とする議論は練り直す必要がある議論だとしている。

数ページ前で、「間違った使い方のセミコロン」について述べた。さて、それはどんなものだろう。伝統的に、セミコロンは密接な関係を持つ節を分けるために使われてきた。たとえば、「The car juddered to a halt; it had run out of fuel. 車は激しく振動して停止した。燃料がなくなったのだ」。コロンは何かを特定するときに使う。つまり、結果、引用、一覧、対比など。セミコロンは仕切りのようなもので、コロンは次に来るものに注意を促す。別のやり方でその違いを想像してみよう。ひとつの部屋から次の部屋へと通り過ぎていくとする。セミコロンに出会うのは、部屋の扉が半分開いていて、そのまま進むには扉をもっと開ける必要があるとき。他方、コロンは広く開け放たれた扉に似ていて、われわれを中に誘うのだが、同時に先に何があるのか見るため一瞬立ち止まらせる。

一見衰退をたどっているようにみえるセミコロンより、誰もがもっと嘆いているのはアポストロフィの危機だ。先ほどその間違った使い方について述べたが、歴史的に見ても不安定な立場にある印象を抱いたことだろう。それでも、本当のことを言うとその危機は今ここにあるのだ。二〇〇八年十一月の『デイリー・テレグラフ』の記事によれば、イギリスの成人二千人を対象にした世論調査で、「people's choice 人びとの選択」という言葉に出会ったとき、アポストロフィの位置が間違っていると考える人が九百人いたそうだ。[21]アポストロフィを情熱的に擁護する人はいるが、それが混乱のもとであるのは否定しようがない。

イギリスの主な擁護者のひとつがアポストロフィ擁護協会で、それは二〇〇一年に元ジャーナリストのジョン・リチャーズによって設立された。宣言された目的は「英語で書かれたあらゆる形のテキストにおいて、現在もっとも誤用の多い句読点であるアポストロフィの正しい使い方を維持する」。協会を設立したとき、リチャーズは自分と同じように考える人びとが半ダースは見つかるだろうと思っていた。しかし、「半ダースの人は見つからなかった。その代わりに、わたしの嘆きが全国紙に載ってから一カ月もしないうちに、五百通以上の支持の手紙を受け取った。イギリスの隅々からだけではなく、アメリカ、オーストラリア、フランス、スウェーデン、香港、カナダからだ！」と彼は報告している。アメリカのジャーナリスト、サラ・ライアルは、リチャーズの『ニューヨーク・タイムズ』での改革運動を伝えながら、アポストロフィの誤用について、ジーン・エイチソンとオックスフォード大学の言語・コミュニケーションの教授ルパート・マードックを引用している。「八百屋は無知からそうしているのかもしれないし、自分が売っているものに注意を促すためにわざとそのような使い方をしているのかもしれない。形式張らないところでは何でも好きに出来る。言葉の働きとはそのようなものだ[22]」。リチャーズはそれにには反対であり、二〇〇九年一月バーミンガム市議会が地域の道路標識からアポストロフィを取り除く命令を出したとき、彼はすぐ反論の態勢をとった。『ザ・タイムズ』は、「リンカーンシアのアポストロフィ擁護協会本部では……怒りの声があがっている」と報道した。「とても悪い前例となる」とリチャーズ。「なぜなら、バーミンガム中の学校で子どもたちに句読点を教えているのに、教わったあとで、アポストロフィが除かれた道路標識を見ることになるのだから[23]」。それに続く記事でフィリップ・ハワードは市議会を非難し、彼らの決定は「弱気で、臆病で、不適切で、教養も美的センスもない」とした——それは「言語学的破壊行為」の一例であり、「小さなことで正確さと適正《コレクティテュード》さを疎かにする者たちに、地方選挙とか市の税金といった大きなことを信頼して托すことはできない[24]」。ここでの correctitude〔適正さ〕の使用には驚いてしまう。その言葉は correct〔正しい〕と rectitude〔正直〕とを混ぜ合わせたもので、言語的正確さに道徳を持ち込んでいるからだ。

アメリカではアポストロフィのついた地名は少ない（実際には五箇所）。一番よく知られているのが Martha's Vineyard だ。イギリスではもっと多い——有名な例が King's Lynn、Bishop's Stortford、St John's Wood——だが、それらは一貫性に欠けている——Kings Langley、Bishops Lydeard、St Johns といった地名を見るといい。ロンドンの地下鉄でとくにおかしな風に並んでいるのは、Earl's Court と Barons Court だ。ある歴史家の説明によると、Barons

Court は、この地を開発したサー・ウィリアム・パリサーのアイルランドの屋敷 Baronscourt にちなんだ名前だそうで、Earl's Court は以前の所有者 Earl of Oxford［オックスフォード伯］から名前をとったという。これは明々白々な事実というより、まことしやかな話だ。

実際には、アポストロフィがなくなっても本当に混乱するような状況はあまり多くない。不正確な使い方のほうが、無視するよりずっと混乱を招く。明らかな理由でわたしにとって大事なことなのだが、ありふれた例を挙げると、わたしはときどき人の名前でびっくりしてしまうことがある。「Jenkin's argument is weak.」という文章を読むと、攻撃されているのはジェンキンズではなくジェンキンだと果たして確信できるだろうか。経験から言うと否である。つまり「Hitching's book ヒッチングの本」と書いてあるのを読んだ経験があるからだ。

わたしの推測ではアポストロフィは消滅していく。この一因となると思われるのがグラフィック・デザイナーの間で、綺麗ですっきりした外観が好まれることだ。故郷の町を歩き回っていると、店の正面に Dixons、Barclays、Lloyds、Boots ——どれもアポストロフィが「なければならない」——といった名前が描かれているのを見る。これらの場合、アポストロフィがないのは無知からではなく、見た目をすっきりさせたいという欲望からなのだ。

23 規則をみせびらかす

なんというか、
現代生活の意味深長な悩みの種に
無関心にならないことについて？

　歴史家のドミニク・サンドブルックは、一九六〇年代後半のイギリス［スウィンギング・シックスティーズと呼ばれ、ファッション、音楽、映画、建築において新しい才能があらわれ、世界中に影響を与えた］について書いた『ホワイト・ヒート』（二〇〇六）の中でイギリス人のガーデニング熱にふれている。ガーデニングが人気なのは「イギリスの暮らしの底に流れる、保守主義、個人主義、家庭への愛着の証拠」として解釈できる、と彼は述べている。イギリスは人口が密集した、明らかに都市化された国だ。上品で「疑似田舎」風の園芸作業は、ときには非情な都会人としての在り方に対する心地よい解毒剤なのだ[1]。同じような衝動——ちゃんと管理されているという条件下での緑への心酔と、境界を品よくこぎれいに保ちたいという欲求——はわれわれの言語の維持管理の際にも存在している。これとガーデニングとの繋がりは古いもので、バルダッサーレ・カスティリオーネのルネサンス時代のベストセラー『カスティリオーネ　宮廷人』（一五二八）と、トマス・ホービーによるその英語訳（一五六一）で人気が出た。

　わたしは他人の言葉遣いに決していらいらしない人にいまだ出会ったことがない。この種の不寛容さを超越しているふりをしている人はいるが、やがて、彼らにもとりわけ嫌いなものがあることが判明する。ある言葉や話し方にいらいらさせられるとあっさり認める人がほとんどだろう。必ずしも自分の言葉遣いがより洗練されていると信じているということではない。古めかしい言い回しや、世間知らずな言葉遣いなら何でもからかい、育ちのよい人や作法に厳格な人を必ず軽蔑する人は多い。しかし、学者ぶった人のほとんどは自己賞賛を燃料にして走り続けている。そして熱烈な少数の人にとって、スープを eat するのか drink するのかはこの上なくゆゆしきことなのだ。

　他人の文法、発音、綴り、句読点、語彙に欠陥をみつけるやねらい打ちするのはやかまし屋だけではない。今挙げた分類の最後の語彙で、われわれの推測はしばしばとくに尊大になる。ちょうど『大いなる遺産』のエステラがピップにうんざりして「この子ったら、トランプの兵隊のことをジャックと呼ぶのよ」と言うときのように。そして、ピップの反応のパターンについてはおなじみだ。彼はあとでひとりになると、自分の「品のない靴」と「きめの粗い両手」を見つめ、以前には決してこういったものに悩むことはなかったのに、今ではそれらが――もちろん品がいいとは言えない語彙だが――「ろくでもない付属物」だと思うのだ。[1]

「嘆かわしい」と口に出すことで、われわれはいらだちの儀式的なショーを演じている。われわれの気分を害する言葉を名指しして辱めることは、われわれが不快だと思う人びと――あるいはそういったタイプの人のことがよくあるのだが――を名指しして辱めることでもある。しかし、悪口を言いすぎるととばっちりが来るかもしれない。ネットを炎上させる確かな方法は、いらいらのもとである言葉遣いについて書き込むことだ。わざわざそれにコメントする人は、誰のいらいらの種がもっとも害があるかで競うこと間違いなしだ。その間中、彼らは互いのいらいらを過激に刺激しあう。炎上に加担した人は誰でも、頭にくるたくさんの新しい例に直面するだろう。

語彙は楽しみの園だ。しかし、庭師はみな草を引き抜くことしか頭にない。だから、『上手な書き方』というとても人気のある本の作者ウィリアム・ジンサーはきわめつきの下手くそな文章を集めるのにかなりの時間を費やしている。彼は新聞・雑誌の文体を「誰の文体にもある新鮮さを死に至らせる」としてけなしている。さらに、彼によればそれらは「あちこちからもってきた継ぎ接ぎだらけの即製の言葉の寄せ集め」（つまり、「未来は常に「来るべき」であり、誰かがひっきりなしにメモを「サッと手渡す」……ような世界」）からなりたち、「一番手頃な決まり文句以上のものにはなり得なかった」と定義されるという。[2] 決まり文句というのは古くさい言い回しや陳腐な表現であって使い古された単語のことではないのだが。ジンサーはさらに「よい」言葉と「安っぽい」言葉との区別をしている。どの言葉がどちらの分類に入るのかに関する彼の見解はここでは重要ではない。むしろ問題なのは、分類が存在することだ。というのは、本当によい言葉だとひそかに信じているものは味わいたいし、安っぽいと思うものを他人が使ったときはごめんこうむりたいという感覚には、みなお馴染みだからだ。

「イェール大学の in Yale University」著名なトマス・ラウンズベリー教授についてはこれまでに触れたが、彼はこう述べている。「言語史においてもっとも衝撃的なのは、ある特定の時期にある特定の言葉や言い回しに対してあらわれる敵意だ。これはわれわれすべてを特徴づけているある種の心理状態であり、影響があったとしても、嫌われている表現の未来をめったに脅かすことはない」と。ラウンズベリーは、unreliable［あてにならない］にぞっとした十九世紀の評論家トマス・ド・クインシーの有名な例を挙げ、「unrelyuponable」と書くほうがもっと正しかっただろうと主張した。「あの日からこんにちまで、言葉が適切かどうかが常に論議の的となっている」と一九〇八年にラウンズベリーは書いている。(3) 他にも多くの作家が特定の言葉に対する嫌悪感を声高に述べてきた。ジョナサン・スウィフトは mob［暴徒］だけではなく、banter［ひやかし］も嫌っていた。ベンジャミン・フランクリンは progress［進歩］を動詞として使うのが大嫌いでノア・ウェブスターに辞典に入れるのをやめてほしいと手紙を書いた。同様に to advocate［弁護する］も気にかけていた。サミュエル・テイラー・コールリッジは talented［才能ある］をとりわけ憎んだ。ファウラーは electrocution［感電死］と gullible［だまされやすい］を非難した。一八七七年に『ニューヨーク・イヴニング・ポスト』の編集長だったウィリアム・カレン・ブライアントは自分が我慢できない言葉の一覧表を出版した。そこには artiste［芸能人］、pants［ズボン］、standpoint［観点］が入っていた（こんにちの編集者たちもその新聞社の文体の一環としてそのような規制をしている。知人の編集者の中には、iconic［聖像的な］という言葉は受け入れられないというのもいるし、whilst［する間。while の変形］を禁じるというのもいる）。ずっと古いところでは、ミルトンの甥の著作家エドワード・フィリップスが『英単語の新世界』（一六五八）の中で autograph［自筆］、ferocious［獰猛な］、misogynist［女嫌い］、repatriation［本国送還］に対する嫌悪感を表明している。特定の言葉が嫌いだとぶちあげるのに、語源や論理からの議論にまでいくこともあるが、美的かつ政治的、個人的感情に染まった反発であることが多い。音や言葉から連想するものへの反感から来ていることもあるし、その言葉が何か恐ろしいものを覆い隠していると感じるからかもしれないし、もっと単純に何かわれわれを狼狽させるものを意味しているからかもしれない。反感の原因を特定するのは難しい。わたしは moist［湿った］という形容詞が嫌いなのだが、これを説明しようとしても、その理屈は虚しく響く。

毎年、ミシガン州のレイク・スペリオル州立大学は、その教授や学生たちが排除すべきと同意した言葉や慣用句の一覧表を出版する。一九七六年には、彼らは meaningful［意味ありげな］と input［入力］を追放した。その二年後、parenting［子育て］と medication［治療］を捨てた。その三十年後、彼らは排除する言葉に wordsmith［文章家］と water-boarding［水責め尋問］を選んだ。もちろん、これまでどの言葉も学界の命令で忘却に追いやられたものはない。レイク・スペリオル州立大学の一風変わっているが必ずしも目立つのが嫌いなわけではない人たちはこのことに気づいているようだ――大学で大事にされているもうひとつの活動はユニコーン狩りだ。[2] 狩りの許可証は左胸の上にローズマリーの小枝で止めなければならない――しかし、それだけのことをする気力は多くの人から評価されるだろう。

特にいらいらさせられるのはどんな言葉の癖だろうか。修辞疑問だろうか。わたしが知っている人びとの間でいらいらのもととなっているのを表にすると（ここから長い文。覚悟していただきたい）、まず、決まり切った言い回しやとっておきの一言――「at the end of the day どう考えても」、「I think you'll find 分かり切ったことだ」、「in the final analysis つまるところ」、「with all due respect はばかりながら」（respect という名詞は、政治色の強い文脈ではそれ自体でいらいらする）、「new and improved 新しくて改良された」、「tried and tested 十分に確立された」、「at this moment in time 今、現在」、「bear with me 待ってください」、「it is what it is ごらんのとおり」、「I'm good to go うまくいっている」、「almost exactly ほぼちょうど」、「sum total 総額」、「lifestyle choices 性的パートナーの選択」、「quality time 子どもと共に過ごす時間」、「decisive factors 決定的な要因」、「the lowest common denominator 最小公分母」（暗にこれが小さな数字であると示しているが、そうではないこともよくある――三分の一と四分の三の最小公分母は十二）、「no problem 大丈夫」、「in fairness 公正であるために」、「to be honest 正直なところ」、「free gift 景品」、「workable solution 実行しうる解決策」、「positive feedback 正帰還」、「it is incumbent upon me わたしの責任」、「you don't want to go there そこへ行っては駄目」、「no offence, but... 悪気で言ったんじゃない」、「can I ask you a question? 質問ですけど」、「for your convenience ご参考までに」、「do you know what I mean? わかった？」、「what's not to like? うまくいかないわけがない」――それからうんざりするほど当たり前になってしまった個々の言葉――synergy［相乗効果］、sustainable［持続可能な］、paradigm［パラダイム］、ongoing［進行中の］、facilitate［促進する］、empower［公的権限を与える］、customer-facing［顧客重視の］、closure［締め切り］、感情や心理学の文脈での process［過程］（「悲しみの過程」のように）、おまけに context［文脈］、さらに creativity［創造性］、leverage［てこ入れ］、proactive［進取の気性に富む］、pathfinder［草分け］、challenge［挑戦］、solution［解決］、24/7［いつでも、二十四時間営業について使う］、co-worker［同僚］、user-friendly［使いやすい］、そして空っぽの situation［状況］（「There is crime. 悪がはびこってる」と「There is a crime situation.」とを比べてみるとよい）、そしてもったいぶった historic［歴史的な］（「This is an historic moment for Basildon. バジルドン［ロンドンのベッドタウン］にとって歴史的な瞬間だ」）。これらの言葉や言い回しが嫌われるのは、何も意味しないからだ。それらは使いすぎて、あるいは、考えなしに使われることがあまりに多いため、色あせてしまい、つなぎ語とか決まり文句、真実のまわりにくっついたどうでもよい小片となってしまっている。しかし、それらを消し去ることはできない。その理由だって？　たいして複雑な話ではないんだ。ああ、そうとも、親愛なる読者の皆さん、あなたがたの興味をそそるために付け加えてみた。

これらの言葉の多くは普通の言い方になった。それらがわれわれの考えを高めることができるように見えたからだ。もし、わたしが何かが起きることに「hopeful 望みを抱いている」と言ったら、むしろ起こりそうもないとわたしが思っていると考えるだろう。その言葉のかわりに「optimistic 楽観的」と言えば、わたしの見通しをもっと信頼してくれるだろう。少なくともそれがよくある思考のパターンだ。しかし、変化は起きている。optimistic という、ヴォルテールの楽天的で知ったかぶりのパングロス博士[3]との関連でかつては喜劇的だった言葉が、今では月並みな表現の一部となってしまったために活力を失ってしまった。ほとんど誰もが真剣にとらなくなってしまった言葉だ。それでも、それほど遠くない昔には hopeful よりもずっと望みが抱けるように思えたのだ。そしてこんにち、われわれが言っていることの味わいを最大限にするはずのたくさんの言葉が流行っている。われわれの多くが名詞を動詞にすることに反対している。task［課す］、leverage［てこ入れする］、action［実施する］、transition［推移する］、architect［設計する］、roadmap［行程表を描く］、version［版を重ねる］、showcase［展示する］。これらの動詞は切れ味鋭く、重々しく、忙しそうで、まさにビジネスライクに聞こえることをねらっているのだが、痛快で味わい深いどころか、ほとんどがもったいぶって聞こえる。

イギリスでこの現象に異議を唱える人たちは、これはアメリカから始まったと主張している。これは疑問だ。よく聞かれる非難が、イギリス英語全体がアメリカ英語によって汚染されているというものだ。これまで述べたように、アメリカの影響への憤慨はヴィクトリア時代のイギリス英語の擁護者の間でよく聞かれた。そして、最初はアメリカの無声映画、それに続いて「トーキー映画」がイギリスの映画館を征服するにつれ、その声はさらに大きくなった。一九三〇年一月の『デイリー・エクスプレス』の記事で、ジェイムソン・トマスはこう書いている。「トーキー映画はアメリカ英語を巨大な皿に大盛りで出してくるので、むかむかしてしまう」[4]。この種の嘆きは一九二〇年代以降の新聞によくある中心テーマだった。一方でアメリカの言葉や表現の擁護者もいた。たとえば、ジャーナリストのフランク・ディルノットは「水晶のきらめきのよう」と表現し、アメリカ英語は「新しい印象に富み、衝撃とともに喜びに満ち、潜在的な力と浸透する力をもった道具」だと考えた[5]。しかし、イギリス人の中で、アメリカ支持派はいつでも少数だった。普通は中立なのだが、敵意ある声はいつだって大きく聞こえるものだ。

　アメリカ英語が脅威だとする近年の嘆きのうちで、わたしが出会ったもっとも長命なのがエドウィン・ニューマンの一九七五年の本『厳密に言えば、アメリカは英語の死に場所となるのだろうか』だ。有名なアメリカの放送人であるニューマンは「アメリカ合衆国は英語の死に場所となるかもしれないが、イギリスは……明らかにその最後を見届けたがっている[6]」と述べている。イギリス人は一時的にはやっているアメリカ英語に乗ずる傾向にあるというニューマンの意見は、いまでも熱心な賛同を得ている。その一方でイギリスの新聞は特定のアメリカ英語の単語を、loose［ゆるい］、annoying［うっとうしい］、strangling［抑圧する］、obscure［素性の知れない］、insidious［狡猾な］というような言葉で決まって退けている。また、われわれにはそう聞こえるのだが、あのいらいらするアメリカの発音。advertisement［広告］の三番目の音節にアクセントを置いたり、detail［詳細］の場合は二番目の音節だったり、docile［すなおな］を fossil［化石］と韻を踏ませている。depot［倉庫。英デポ／米ディーポ］、apricot［アンズ。英エイプリコット／米アプリカット］、tomato［トマト。英トマート／米トメイト］、clerk［事務員。er の発音が、英スターのア／米ガールのア］、missile［ミサイル。英ミサイル／米ミスル］にいたってはまるで違う発音だ。綴りの違いもある。たとえば、ax［斧。英は axe］、plow［鋤。英は plough］、color［色。英は colour］（ウェブスターの遺産だ）。しかし、中傷する人の言うことを信じるなら、もっと不快なのはアメリカ英語の語彙にあるちょっと変わったところだ。semester［学期。英では term］、garbage can［生ゴミ入れ。英では dustbin］、cookie［クッキー。英では biscuit］、elevator［エレベーター。英では lift］、そして最悪なのが maths［数学］ではなく math というところだ。circular saw［丸鋸］よりも buzz saw のほうが真に迫っていようが、かつてアメリカ英語の部類に入れられて批判された言葉の多くが、今ではイギリスの日常語となっていようがどうでもいい。たとえば lengthy［長い］、mileage［総マイル数］、curvaceous［曲線美の］、hindsight［あと知恵］など。「われわれ」のよりも「彼ら」のほうが多くたってどうでもいい。アメリカ英語が今では英語の多くの変種の中でもっとも重要であることなんて、どうでもいい。大事なのは、アメリカ英語の猛攻撃に抵抗し、まさに撃墜することだから。だってアメリカ人って、ほら、よこしまじゃないの、というのだ。

言葉に関するしゃくの種を集める人は新しい言葉とか、新しい意味を獲得したのにそれほど新しくない言葉にいらいらする。新しい言葉はひとつの問題に対するひとつの答えだ。しかし、その問題がわれわれの多くには見えないのだろう。ひとつの言葉の意味が変わると、それにともなって別の言葉の意味も変わる。ひとつの言葉が新しい意味の層を獲得し、別の層を失うにつれ、それは異なった繋がりを持つ。この変化もまた、見つけるのは難しい。

われわれの時代のキーワードを集めてひとつにしようとすれば、ひるんでしまうだろう。公共の言説に繰り返しのぼるが、われわれの祖父たちが聞いたら奇妙でわけがわからないと思える言葉には、media［メディア］、multiculturalism［多文化性］、network［ネットワーク］、otherness［他者］、fundamentalism［原理主義］、fetish［病的執着］、globalization［世界化］、postmodern［ポストモダニズム］、そしてもちろんdiscourse［言説］。そのような言葉の意味そのものはわかるだろうが、こんにち頻繁に使われていることに驚くだろう。彼らが聞いたらただ内容が空っぽで大袈裟で不必要だと思っただろう言葉には、celebrity［有名人］、heritage［文化遺産］、identity［同一性］、mobility［流動性］、communication［コミュニケーション］（communication skills［コミュニケーション能力］とか「interpersonal communication［対人関係のコミュニケーション］」として使う場合）、culture［文化］（その流れと差異、その相関性と雑種性、そしてnanoculture［ナノカルチャー］とかcyberculture［仮想文化］といった多くの派生語も含めて）、community［共同体］（gay community［ゲイ・コミュニティー］とかcommunity organizer［かつてのバラク大統領のような社会的弱者を組織化して行動させるリーダー］）、experience［経験］の型の強調――たとえば、「customer experience［顧客経験］の管理とか。それから「alternative［代替］」とレッテルを貼られたものすべて。すなわち、生活様式、エネルギー源、メディア、療法、投資、宗教。(7) わたしはこれらの言葉のどれも非難しているわけではないが、それらが広まっていることはわれわれの社会の主な特徴を幾分か示している。そして、そのそれぞれが、出現したり、意味を変えたりするときに、厄介なものとなるのだ。

ほぼ毎日出会う扱いにくい言葉はrights［権利］だ。それは国際法の立案者、広告主、その言葉を、それほど感情的ではなく、彼らの論争の目的にふさわしい「理想」とみなす人びとによってめったやたらと使われている。権利は通常不正義との関連で認識される。人びとが権利意識を結集させるのは正義が行なわれないことが繰り返されるためである。しかし、権利の促進者たちはそれを試行錯誤の結果生じた産物としてはめったにみない。そうではなく、権利の請求は道徳論理、しばしば宗教的美辞麗句で染められた言葉で表現される。rights という言葉はぼんやりとしか理解されていない。法的、政治的、倫理的権利の資格がごっちゃにされ、義務、責任、権利の正確な評価は非科学的なたわごとの霧の中に見失われてしまっている。

これはときには意味の漂白化と呼ばれる。ある言葉の持つ特定の意味が衰退し、頻繁に使用されたせいで、ありきたりなものとなる。最良の例がおそらく thing の意味の変化だろう。古英語ではそれは会合を意味した。とくに裁判の集会だった。後にそれは仕事の一部となった。しかし、中英語の始まりの頃、その言葉は漠然と使われるようになり、人が特定できない（あるいは、しようとしない）物質や事柄をあらわすのに便利な言葉となった。もっと最近の例もある。一九六一年に批評家レイモンド・ウィリアムズは「英語で「creative」ほど常に前向きであることを示す言葉はない」と書いた(8)。しかし、それはもはや真実ではない。それはごまかしのしるしだったり、気のなさ、機械的、自己陶酔の指標になってしまった。文脈によっては――主に金融界だが―― creative は misleading［人を誤らせる］と等しい。たとえば、クリエイティヴな会計、とか商品やサービスのクリエイティヴな価格設定というように。

自分で後ろめたく思っている悪い癖を十分承知しながら、ここまで一ダースほどの段落を書いてきた。悪癖のひとつは――ノンフィクションの作家によくあることだが――サー・アーネスト・ガウアーズが著書『やさしい言葉のABC』（一九五一）(9)でいみじくも「あいまいに強調するでしゃばり形容詞」と名付けた形容詞を使うことだ。considerable は古典的な例だ。「This is urgent. これは緊急」は、「This is a matter of considerable urgency. これはかなり緊急な事項だ」というなんとも堅苦しい言い方よりずっと緊急性を伝えることができる。ガウアーズなら副詞のことにも触れただろうに。「The water was very hot. とても熱いお湯だった」は「The water was hot.」と比べてはたしてずっと強く熱さの感覚を呼び起こすだろうか。あきらかにそれをねらっているのだが、シンプルなあとの方がずっと決まっている。very という大層なクリームを泡立てるのは効果的ではないやり方だ。「This is very, very, very important. これはとても、とても、とても、とても重要だ」という主張でどれだけ感銘を受けることになるだろうか。余分な very は何の助けとなるのだろうか。

実際には、強意語は重要さのしるしではなく、どうでもいいことのしるしであることがよくある。「a complete disaster 大惨事」とか「an absolute tragedy まったくの悲劇」と聞けば、列車事故とか破壊的な竜巻のはずはないと思う。このような場合には、むしろ complete や absolute という言葉抜きになるだろう。「a total catastrophe 大惨事」と言えば、相手にペナルティー・キックのチャンスを与えてしまったサッカー選手のへま、あるいは失敗に終わったディナーパーティーとかで、孤児院の倒壊とかではない。強意語の極みにはパロディーっぽい誇張を感じてしまう。

よく出くわすこの膨張気味のやり方の一例は、literally〔文字通り〕という言葉の figuratively〔文字通りではない〕意味の使い方だ。「The guys making the presentation literally got crucified. 口頭発表する奴らはまさにつるし上げられた」、「He was offside by literally miles. 彼はかなりフェアではない」、「My urethra is literally on fire. 尿道が本当にヒリヒリと痛い」など。違反者は彼らの誇張の正しさをわれわれに請け合うためにそれを使う。それは常に虚偽のしるしであるとは限らない——不安のあまり、文字通り《リテラリー》髪を掻きむしるかもしれないし、わたしが意味することを相手が正確に解釈する助けとして literally を使うかもしれない——しかし、それは度を超した断定のような感じがしてしまう。これはまったく新しいことではない。『若草物語』（一八六八—九）の中で、ルイザ・メイ・オルコットが「戸外でのお茶」は「いつもその日の最高の喜び」だったと書いている。なぜなら、「そのようなときには大地は本当に《リテラリー》乳と蜜が満ちた」と。[4]『オックスフォード英語辞典』は一八三〇年代後半に書かれた女優ファニー・ケンブルの『ジョージア日記』の言葉を引用している。「この四年間というもの……わたしは本当に《リテラリー》どんどん金を儲けていた」。『ニコラス・ニックルビー』（一八三八—九）では、スクウィアズが「黙って罪人を見て文字通り《リテラリー》目の保養をした」とある。[5]

奇妙な形の出しゃばりは、like を句読点として使うやり方だ——たとえば、「He is so, like, not cool. 彼はそう、なんというか、いかさないんだ」。like はおなじみの近似とか比喩の効果を達成するというより、ここでは強意語としての役割を果たしている。多くの人はそれを一種のチック症とか、遮られないための利己的な防御との診断を下す。彼らはまた、like を頻繁に使うことは話し手の語彙の貧しさを反映していると感じてもいるようだ。それは若い人たちにとって、なんというか、まるで知らない、あらゆる形容詞、動詞、副詞の代わりをしているのだ。あるいは、（永遠の）青春の神秘を伝えるにはもはや十分ではない形容詞、動詞、副詞を示すのかもしれない。

影響力のある評論家のひとり、アメリカのトマス・デ・

ゼンゴティータは、like の隆盛は語彙が貧しくなっていることを反映しているのではなく、「原則として言葉の不完全さ」を反映しているのだと論じている。最初 like が激増したのは「直接触れることでしかわからないことを言葉にしようとする無益さ」をあらわしていた。今ではそれは「一種の引用符のように……描写というより、ほんの小さな振る舞いを導入する」役割を果たしている。ということは、本来 like を使うのは、ある経験――ロックコンサートかもしれない――があまりにも特別で、日常語という小さな入れ物に押し込められないことをあらわしたのだ。「レッドツェッペリンは、なんというか、まったく驚嘆すべきだ」というのは「まったく驚嘆すべき」が賞賛の言葉としてはまだ足りないことを明らかにするべく計算された文章だった。後に like はもっとあからさまに芝居がかってきた。デ・ゼンゴティータはそれが「弱母音を落とす」という合図のもとに使われるようになっているのを耳にしている。こうして大いに濃縮された身振りとイントネーションの形で、ひとつのメッセージをあらわしている。like のあとに何が続こうが、それは気の利いた一言であり、演出であり、芝居なのだ。このような like は「引用的」使い方と呼ばれる。

デ・ゼンゴティータにとって、これはみな「瞬間のダンス」(10)の一部だ。彼は現代生活を、終わりのない上演、永遠に旋回する社会的興行術とみなしている。like はそれを使う人に――一瞬ではあるが――スタニスラフスキー方式の俳優となる免許を与えるかのようにみえる。それは確かにフランク・ザッパと当時十四歳だった娘ムーン・ユニットによる一九八二年の歌「ヴァリー・ガール」の中に見るやり方であり、また芝居がかった like を広く注目させたのは「ヴァリー・ガール」だった。テレビの模倣に没頭している世代は自分たちのあらゆる動作の皮肉やドラマに敏感なんだから。

けれども like の別の理解の仕方もある。それはひとつのはぐらかしの形とみなすことができる。それがきっかけを与える芝居は不確実性の儀式――それは、わかりやすく言い換えるとこういう具合だ。「これから口にする次の言葉が的確な言葉かどうかわからない。間抜けには見えたくないし、軽率だとか、独断的には見られたくない。だから、その言葉をさらっと言う代わりに、ここでちょっと言ってみただけで、相手の賛成か、もっとうまい言い方を待っているというサインを送っているのだ」――に似ているかもしれない。このようにみれば、like は礼儀正しさの一形式だ。

そんな具合で、また別のわざとらしさ、ときに「アップトーク」（一九九三年にジャーナリストのジェイムズ・ゴーマンが作った用語）と呼ばれるものにも繋がっているようだ。語尾上げ《アップトーク》をする人はきっぱりと断言することを避ける。二〇〇六年に『ザ・タイムズ』の専属記者ステファニー・マーシュはこれを「疑問文的言い方の増加」として書いている。

わたしの妹はロサンゼルスに住んでおり、このいらいらする言葉のチック症である「語尾上げ」病にかかってしまった。つまり、彼女は「二度とあなたと話したくない」というような発言をするときでさえも疑問文のような調子を使うのだ。昔なら実際には本を読みながら、妹の電話を聞いているふりをすることができた——片方の耳で彼女のイントネーションを聴きながら、彼女の声が高音になったあとで、うまいこと「原則から言えば、そうだわね」という返事を返した。最近はわたしがそうすると、彼女はため息をついて、きっぱりと「今のは質問じゃないのよ、ステファニー」と言う(11)。

二〇〇四年にスコットランド出身のジャーナリスト、イアン・ジャックは『ガーディアン』に十一歳の娘の話し方についてのコラムを書いたが、その中に「奇妙な質問するようなアクセントが……必ずしも文末（文章というものがたまたまそこいらにあるとすれば、だが）ではなく、不規則に言葉の上に置かれる(12)」とある。

わたしがこの現象——実際に即しているけど正確そのものとはいえない「語尾上げ《アップトーク》」という呼び方で知られている、あるいは、実際に即してもなく、まるで正確でもない「オーストラリア風疑問文的イントネーション」として知られていることもある——に最初に出くわしたとき、それは自信喪失のあらわれだと思った。しかし、学術的に認められた別の見解では、アップトークは主張を抑制する手段だという。つまり、話し手が相手に要求しているのは、自分の話に耳を傾けていることをはっきり示し——そのうえ、おそらく言ったことに賛成してほしいということだ。また、披露した一片の情報の新しさを強調するため、あるいは聞き手が勝手な解釈を加えたりせずちゃんと理解しているかどうかを確かめるという、開かれた精神で行われるのかもしれない(13)。

こういったわざとらしい話し方をする人たちは、話し方は伝染するという非常に単純な理由でそうなった。個々の言葉の使い方ももちろん伝染する。新しい言葉に出会って、それを使いまくった経験のない人なんていないだろう。それがときには腹立たしいことにイヤだと言いたいような言葉のこともある。あるいは、初めのうちは流行り言葉を首尾よく阻止していたのに、そのあと無力にも屈してしまうこともある。

流行り言葉には勢いがあるから、それらを使わないと世界がわれわれのそばを通り過ぎてしまうのではないかと心配になるのかもしれない。二〇〇七年にコラムニストのウィリアム・サファイアは流行語について『ニューヨーク・タイムズ』に書いた。彼は今はやっている例として age-appropriate［年相応］と「to show ankle 情報をリークする」と「go figure ありえない」という表現を挙げた[14]。例によって、流行語はいっとき猛威をふるうが、そのあと視界から消えてしまう。あるいは、流行語にみえることをやめ、日々の使い古された語彙の一部となっていく。一九四七年に、エリック・パートリッジは blueprint［青写真］と名詞の complex［複合体］、crisis［危機］（「ぞっとするほど頻繁に使われている」と彼は感じていた）、economic［経済の］、ego［自我］を流行語としてあげている[15]。こんにち、新しい言葉が面白いのは、本当に流行するかどうかがわかる前に、そして時の言葉を取り上げる学者がまるで違った方向に行く前に、最新の流行語として指名することにある。二〇〇七年にオーストラリアの『マッコーリー英語辞典』が選んだ言葉は pod-slurping だった。これはｉＰｏｄのような記憶装置を使って他人のコンピューターから不正に情報をダウンロードするときの用語だ。そしてオックスフォード大学出版は locavore を採用した。これは地元で出来た食物しか摂らない人を意味している。これらの言葉のどちらも誰かが使っているのをこれまで聞いたことがない。書かれているのを見たのは、何と好みが貧しいことよ、と批評家があざ笑っている文脈においてだけだ。学者の予想が的中したようにみえるときには、彼らの判断は不安をそそる。二〇一〇年初頭にアメリカ方言協会は、二〇〇九年度の流行語大賞は動詞 tweet だと宣言した。ちなみにその前の十年は大賞は google だった。両方とも（言うまでもないが）Twitter と Google として登録された私企業の名前だ。

流行語に対するわれわれの態度は、斬新で見慣れない世の中の進展とわれわれがどう付き合っているかを反映している。われわれはその多くが消えていくと思っている——一時的な注目を浴びるが、その後消えていくのだと。難しいのは、どの部分を採用する、もしくは少なくとも受け入れる必要があるかを知ることだ。どれが続くかを予測するのは難しい。たいていの場合、けばけばしさよりも控えめな方が言葉が生き残るチャンスがあるのだが。そして、他の人が束の間の流行を喜んで受け入れているのに当惑を感じる一方で、あらゆる新しいものを瞬時のがらくたとして退けてしまうことにも当惑を感じる。

　変化はいつも起きている。それこそが、ひょうきん者が指摘したがるように、人生でひとつだけ変わらないことなのだ。文芸評論家フランク・カーモードが著書『シェイクスピアの言語』で次のように忠告している。「われわれは……ごく普通の人びとの言葉がいかに早く奇妙になり、過去に遠ざかってしまうか、それと同時に、ある時代にごく当たり前とされていた他の社会的慣習や前提が後の時代にはもう理解できなくなってしまうかを覚えておく必要がある」[16]と。それは不思議にも忘れやすい。「不思議にも」というのは証拠がわれわれのまわりじゅうにあるからだ。

　よくある懸念は、表面的には似ているけれども異なった意味を持つ言葉を人びとが区別し損なうことだ。たとえばfortunate［幸運な］とfortuitous［偶然な］、disinterested［公平無私な］とuninterested［無関心な］。このような区別は役に立つようだ。誰かがただsimple［単純な］を意味するときにsimplistic［天真爛漫な］というのを聞くと確かにいらいらしてしまう。同じように、次のような言葉をごちゃまぜにするのを聞いたら、うんざりするだろう。imply［ほのめかす］とinfer［推察する］、tortuous［曲がりくねった］とtorturous［拷問の］、venial［ささいな］とvenal［金銭ずくの］、credible［説得力のある］とcreditable［立派な］、regrettably［遺憾ながら］とregretfully［悔やんで］、militate［作用する］とmitigate［和らげる］、derisive［嘲笑的な］とderisory［ばかに少ない］、masterly［名人にふさわしい］とmasterful［横柄な］、aggravate［さらに悪化させる］とirritate［いらいらさせる］、flout［鼻であしらう］とflaunt［これみよがしに誇示する］、compose［構成する］とcomprise［含む］、ability［能力］とcapacity［収容力］、oral［口頭の］とverbal［言葉の］。（最後の区別は多分説明が必要だろう。言葉はすべてverbalだが、発言だけがoralだ。）hysterical［狂乱状態の］がhilarious［陽気な］と同じ意味の言葉として使われたらびくっとしてしまう。わたしはそのようなときに敏感な人なら陥ってしまうかもしれない鬱の発作を起こしたりはしないが、居心地の悪い気分になり、こういう違いがだいじなんだと独り言を言う。ときには、混乱が不愉快さを引き起こす。数年前、そんな一瞬があった。シェフにcongratulations［おいしかった。ごちそうさま］と伝えてとウェイトレスに頼んだら、彼女はcommiserations［ご愁傷さま］と言ってあげるとがんばった。彼女はどうもそれが同等か、もっと上等な言葉だと思ったらしい。

　厄介なのは、たとえば、coruscating［きらめいている］とexcoriating［激しく非難している］の区別についてわたしが騒ぎ立てているときに、他の人も同じように感じているわけではないという実例に直面することだ。そして、歴史がいつでもわたしの側に立ってくれるわけでもない。というのは、考えうるすべての違いが調査によって証明されているわけではないからだ。『オックスフォード英語辞典』が挙げる根拠を認めるとすると、disinterested［公平無私な］は「公平な」を意味するようになる前は「興味がない」という意味で使われており、uninterested［無関心な］は「無関心」を意味する前には「公平な」の意味だったという。いずれにせよ、現代用語の集大成である辞典を閲覧することでわかるように、今ではその区別は消え去りつつある。

ジェフリー・ナンバーグは『アメリカン・ヘリテッジ英語辞典』の語法委員会の変わりつつある態度について調査した。一九六九年には aggravating［悩ます］［この意味で使われるようになったのは十七世紀以降だが、いまだに一部では反対がある］を irritating［いらいらさせる］の同意語として使うことを「許容」としたのは四三パーセントだったが、一九八八年には七一パーセントに上昇した。conspirator［共謀者］、あるいは colleague［同僚］（すなわち集合名詞としてではなく、個人個人を指す場合）と同義の言葉として cohort［一味］を使うことを許容したのは一九六九年には三一パーセントだったが、一九八八年には七一パーセントに上がった。けれども、場合によっては、ナンバーグが調査していた期間を通してより保守的な傾向になったこともある。一九六九年には「文副詞」としての hopefully（Hopefully, neither side will insis... うまくいけば、どちらの側も主張しないでしょう）は四四パーセント[17]が容認したが、一九八八年には二七パーセントに低下した。

先に挙げた一対の言葉のいくつかは表面的に類似しており、それによって混同されてしまうことになった。flout［フラウト］と flaunt［フローント］はわかりやすい例だ。別々だと言えるだけの違いはあるが、どっちがどっちか覚えられないほど似ている言葉だからだ。それでも、混乱というより見栄の問題であることが多い。disinterested［ディスインタレスティド］のほうが uninterested［アニンタレスティド］よりももっと洗練された響きがある。丁度 fortuitous［フォチュイタス］のほうが fortunate［フォーチュニット］より品良く響くように。洗練された印象を出したいというこの気遣いは十五章で論じた過剰修正と関連している。

ここまでに見てきた区別のほとんどが消えつつあるのではないかと思わずにはいられない。実際、すでになくなってしまったかもしれない。すでに廃れてしまったものにしがみついていると気づくと、うろたえてしまう。それでも、決定的になりえないこともある。hopefully を使うことを反対する人の言い分は、その言葉が「希望で一杯である様子」を意味するから、何かをそのような様子で行なっている人や集団についてのみ使うべきだという。「Hopefully, the jury will come to a unanimous verdict. 願わくば、陪審員が全員一致の評決に達するように」は「I hope the jury will come to a unanimous verdict.」ほどよくないと考えられる――陪審員がそのような評決の効果について希望をもっていることを本当に言いたいとき以外は。これは、他の文副詞 accordingly［したがって］、seriously［まじめな話だが］、understandably［もっともなことだが］、amazingly［驚くばかりに］、frankly［率直に言って］、honestly［正直なところ］のことを考えないうちはもっともに思える。文副詞は、文の主語の態度というよりも、話し手や書き手の態度をあらわす。副詞のあとのコンマはこれを示している。「Honestly, you are a total liar. 正直言って、君はまったくの嘘つきだ」には混乱の余地はないが、コンマがなければ曖昧さが残る。

わたしがもっと若かった頃、英語の様相についてよく聞いた嘆きのひとつが、gay という言葉の用法の変化だった。これは bright［明るい］や fun［楽しい］とまったく等しい言葉だったが、同性愛――それも最初は侮蔑するため、その後賞賛するために使われるようになったという。今また、嘆きの理由は変化した。その言葉はさりげない中傷となったというものだ。二〇〇六年のＢＢＣラジオ第一放送の司会者クリス・モイルズはモーニング・ショーの間に着メロを「gay」と表現し、それは「rubbish くず」と同じ意味だと主張したために同性愛嫌悪者だとの容疑をかけられ、自己弁護せざるを得なかった。しかし、ＢＢＣは彼を支持した。実際にはその言葉の歴史は複雑だ。古くはチョーサーの頃、「みだらな」という意味が含まれるとされた。エリザベス朝になると自由な快楽主義の意味をもつようになった。一七九〇年代からそれには「売春によって生計をたてる」という意味が加わった。コヴェント・ガーデンのゲイの淑女たちといえばレスビアンではなく、売春婦のことだった。そしてヴィクトリア朝の新聞では、その言葉は売春宿について報じるときの遠回しな言い方として登場している。十九世紀初頭に「gay の道具」といったらペニスのことだった。「gay」と同性愛との関連は第二次世界大戦よりも前からだった。『オックスフォード英語辞典』によれば、侮蔑的な俗語として登場したのは、一九七八年に登場したスケートボード遊びに関する小説［ゲイル・キンバリー『スケートボード』］にまでさかのぼることができるという。

多くの人にとって、ＢＢＣがモイルズを擁護したことは、その頽廃と、差し迫った崩壊の証拠にみえた。ＢＢＣは長い間、伝統的な価値と、精神的および文化的影響の砦としてみなされており、企業腐敗を批判する人たちの攻撃目標となっていた。また高級紙とともに、ＢＢＣは厳格ではない英語の使い方についても絶えず批判されている。ＢＢＣの創立者リース卿は、アナウンサーの発音は一律にすべきと提案し、口語英語に関する諮問委員会が一九二六年に設立された。最初の発音アクセントの手引きが二年後に出版されたが、そこにはchastisement〔体罰〕はどこに強勢があるのか（あきらかに第一音節）とか、aeroplane〔飛行機〕よりairplaneのほうがよい、とか、レグホーンの三つの異なった発音といったことに関する助言が含まれていた。[18] 続いて出た手引書には注意を要する名前――主に地名（ヒロシマ、ウルグアイ）とか人名（クウィラークーチとかウィームズ）――をどう発音するかの手引きが含まれていた。

一九七〇年代にＢＢＣは硬直した画一性から離れ始めた。ラジオやテレビでも地方色がますますあたりまえとなっていった。こんにち、ＢＢＣは言語について英語圏でもっとも派手に議論される場のひとつである。そのせいで、英語の多様性をあきらかに楽しんでいるような多くの番組を提供している。二〇〇〇年のラジオ四チャンネル『英語の経路』シリーズには、コーンウォール、ノーサンバーランド沿岸部、ブリクストンで話されている方言を考察する挿話が入っている。ＢＢＣはまた、正確で公平なジャーナリズムの源としてのその役割を強調し続けており、ここから英語の用法の高い標準をあらわすことが期待されている。その海外向け部門の領域であるワールド・サービスは英語の普及促進を強調している。イギリス人の大半は、ＢＢＣは英語の管理人たれと考えており、その役割を果たせないと失望してしまう。古参のキャスターのうち、ジョン・ハンフリーズは言葉があらわす時代の精神についてとくに辛辣だ。彼が常日頃から嫌っているのは歴史的現在形だ。ハンフリーズによれば、ヴィクトリア時代のイギリスの社会状況について話しているとしたら、過去形を使う必要がある。「通りは煙突掃除夫、楽師、靴磨き、馬車の御者であふれている」と現在形で生き生きとした描写をすることはできない。というのは、これを聞いて当時のことを話しているのか、今のことなのか、わからなくなって混乱する人がいるかもしれないからだ。

ウィリアム・コベットはこう述べている。時と時制のことを考えると、「多くの人工的な区別に当惑してしまう」。これらの区別が生じたのは「英文法を書いた人たちが、ラテン語を教えていたからだ。ラテン語の規則から脱することもできず、簡単にする気もない。やや謎めかしておけば大衆よりも自分たちのほうが学識があるようにみえるだろうから。ラテン語と同じぐらいその原理において複雑なものになるように、彼らはわれわれの簡単な言葉をひねくりかえすのに一所懸命だった」。コベットの意見では、過去、現在、未来の三つの「時」があるという。この見解から逸脱するものは誰でも「気分屋」とされてしまった[19]。

けれども、われわれはみな英語の時制の在り方の柔軟性を経験している。新聞を手に取り、「Queen Mother Dies 皇大后、崩御あらせられる」という見出しを読めば、現在形で語られていることは実際には過去のことだとわかる——彼女は今現在死につつあるのではない。しかし、見出しを書く人はその情報がもっと緊急で印象的にみえるように現在形を使うのだ。「Queen Mother Is Dead」では機転がきかないと思われるだろう。「Queen Mother Has Died」は単調で平凡に聞こえる。またあるいは、これを考えてみよう。「I am going away tomorrow. 明日出かける」。現在形になっているが、文章は未来のことを話している。「When do you start your new school? 新学期はいつ始まるの」、「you are to report to reception on arrival. 着いたら受付に連絡すること」、「The train departs at 6:30. 列車は六時半に発車します」。これらの文章からわかるのは、現在形がいつでも現在をあらわすと言い張るのはばかばかしいということだ。

同じことが未来形にもあてはまる。たとえば、「You will insist on criticizing my driving. わたしの運転を非難していたと言い張るだろう」。これはあきらかに何かすでに起こったこと——多分、何度も——について話している。同時に、「Hydrogen will burn with a squeaky pop. 水素はパンと破裂して燃える」というのは常に起こることについて話している。そのような例から、動詞だけが時間の感覚を伝えているわけではないとわかる。他の言葉も関係してくる。デイヴィッド・クリスタルを引用すると、「時間の言語的表現は文章全体に広がっている[20]」。「ラジオ放送は一九二〇年に始まる」という言葉を読むとき、動詞の「始まる」は見ずに、「なんと、一九二〇年だって！」と思う。「一九二〇年に」という言葉が「始まる」を特別な読み方をするようにと告げている。「始まった」ではなく「始まる」を選んだ書き手は、これがわかるわれわれの能力を利用したにすぎない。彼あるいは彼女はわれわれを欺こうとしたのではなく、即時性を求めたのだ。

われわれの意図だけではなく、われわれの状況も言葉の選択に影響をおよぼす。これは議論の余地がないかのようにみえるかもしれないが、前世紀まではその事がこれほどはっきりと言われるのを聞くことはめったになかった。聴衆の期待、もしくはもっと正確に言うと、聴衆が期待するだろうと予測してそれに合った表現方法をとる。われわれのほとんどは、言語学者アイナー・ハウゲンが「分裂性言語」と呼んだことに時折苦しむ。ある特定の時にどのような形の言葉を使うのが正しいかについての不安。ときどき、奇妙な話し方をして気が咎めることがある。相手の地位——そして相手からみた自分の地位——が自分にとって重要な人の前ではある種の言葉を使う。親密な人といれば違う言葉を使う。この極端な形として、カール五世は婦人たちにはイタリア語、神に向かってはスペイン語で話しかけた。それほど極端ではない例としては、本書を書くにあたって、ときどき専門用語が混じるような文体をわたしが選んだことだ。もし、十歳の子どもにこの主題で話すとすれば、もっとやさしく書いただろう。使うべき言葉のレベルを見誤れば、侮辱とも暴言とさえもとられてしまう。獣医が「可愛そうなニャンニャンのおしりは「痛い痛い」になる」とカルテに書き込んでもなるほどとは思わない。幼い娘相手に「あなたの猫は扁平上皮癌種です」と言ったってさすがとは思わない。わたしに「おい、おまえさんの猫ちゃんはくたばるぜ」と言ったり、もっと屈託なく「ちきしょう——猫を殺しちまった」と言っても駄目だ。

ときどき、ひとつの言葉が場にそぐわないという感じを与えることがある。一番最近で「その言葉はふさわしくない」と誰かが言うのを聞いたのはいつのことだっただろうか。ネットを検索すれば、このようなレッテルをはられる言葉の例が無数に出てくる。joys［喜びの種］、irregardless［困難をいとわず。米方言の話し言葉］、unvalidated［正しいと証明されない］、aluminium［aluminum の変形。アルミニウム］、politeful［丁寧な］、email［メール］、gotten［米式 get の過去分詞］、prioritize［優先順位をつける。英では -tise］、extensible［拡張性のある］、cohabiting［同棲］、splurge［散在する］など。むろん（わたしの気になるようには）読者の気にはならないのもあるかもしれないが、絶対にいらいらするものもあるはずだ。「不適切な」言葉というのには二通りにいらいらさせられる。まずわれわれが嫌いなもののことだから。内容とか、態度とかだ。そして、それにも増して、嫌いな人やその種の人を思い出してしまう。その言葉を使ったところを覚えていたり、それを使っているところが想像できるのだ。読者は反論するだろう。「いや、そういうことではないんだ。irregardless に反対するのは、非論理的だからだ」と。しかし、非難する行為に出る前にぐっと自分を抑えてみていただきたい。きっと、語源とか論理という立場をとるより、あきらかに社会的な反応であることがわかるだろう。驚くのは、いかに長い間このような言葉がいらいらをつのらせてきたかだ。splurge はすでに一九二八年に「突然の過度な贅沢」という意味で使われていた証拠がある。ひどく嫌われている irregardless はアメリカの方言辞典に一九一二年から登場しており、to cohabit という動詞は五百年もの間存在した。広くアメリカで聞かれる gotten はイギリスではまあまあ認められ、「ill-gotten gains 不正利得」という言葉に生き残っているが、たいていの場合はアメリカのへんてこりんな言い方とされている。実際にアメリカ英語では got と gotten の間に区別がある。got は現在の所有を示し（「I've got ten dollars in my pocket. ポケットに十ドル持っている」）、gotten は獲得の経緯を語る（「I've gotten us tickets to the ballet. バレーの入場券を手に入れた」）。gotten をせせら笑う人はこのことを忘れているようだ。

「単語」とは何であるか、についていくつかの定義がある。単語であるためには、必ずしも長く存在したり、あるいは広く使われなければならないわけではない。それを発音することで意味を生ずる言語単位と定義されるかもしれない。あるいは、そのような言語単位をあらわす一連の書かれたものと定義されるかもしれない。ページ上の英語の単語を考えてみると、それぞれの単語の両側に空白があって、単語の中には空白がないのが思い浮かぶ。普通、われわれが単語と呼ぶものは語彙素のことだ——辞書にあるような種類の抽象的な単位、話したり書いたりすることで意味内容を持つ自由な形。ありのままに言えば、単語は、独立した発話として常にそれ自体で存在できる言語の最小単位だ。もっと小さな意味単位、形態素というのもあるが、それは必ずしもそれ自体で存在できるわけではない。pleasant［愉快な］は語彙素で、unpleasantness［不愉快］もまたそうだ。しかし、前者につけて後者をつくる un- ness が形態素だ。

珍しい単語を使うとき——スクラブル［語の綴り換えを競うゲーム］をして遊んだり、奇妙な体験を報告するときだろうが——「そんなの辞書にないはずだ」という答えが返ってくることが多い。ここでまず問題なのは、「辞書」とは何を意味するかだ。『オックスフォード英語辞典』を調べれば、rastaquouère は「社会的侵入者とみなされる……人」を意味することがわかるし、nudiustertian は「おとといに関する」という意味だとわかるだろう。そこには puh-leeze［プリーズのこと。憤慨してわざと強調して言う］とか achy-breaky［折れて痛いの意味。アメリカカントリー歌手ビリー・レイ・サイラスが歌の題の一部に使ったがペニスを思わせるため物議をかもした］も含まれている。しかし、ポケット版の辞書だと、実際に使っている単語がないこともありうる。そのうえ、調べているその単語が新しいものかもしれない。デジタル時代であっても、辞書は新奇なものに追いつくには少し時間がかかるものだ。

辞書は表面上は用法の記録だ。ということは、われわれが不快だとか、低俗だとか、間違っているとか思うような単語の説明をする一方で、すべてを扱っているわけではない。すべての用法に精通するなんて不可能だから。いずれにせよ、まるで宗教を信奉するかのように辞書を信じるのは無邪気すぎる。辞書には偏見がある。このことに関してかなり率直に認めているものもある。たとえば、『チェインバーズ二十世紀辞書』（一九七二）は jaywalker〔交通規制や信号を無視する人〕を「不注意な歩行者のことで、自動車運転者は轢かないように避けなければならない」と定義している。けれども辞書は、どんなに客観的に作られていても、まったく人間的偏見の影響を受けていないものはない。

　語彙の変化はすみやかに記録される。それは新語の登場だけではなく、かつて日常的に使われていた単語の消滅をも意味している。全体として、文法の変化にはあまり気づかない。しかし、文法に関しては、確信するというよりも、「何かが起こっている」のではないかと思いがちだ。先に they がますます単数に使われるようになっていることに触れた。whom は消えつつあるようだ。受動態は動詞「to get」と過去分詞――「We were caught. 捕まえられた」ではなく「We got caught.」――を使ってあらわされるようになってきているようだ。未来時制を示す法助動詞 shall、とくに一人称（I shall see you later それじゃあ、また、あとで）は衰退しつつある。less は伝統的に fewer が好まれていたところに使われている。

　この最後のことに関してだが、スーパーマーケットの「Five items or less 五品以下」との表示が気になってしょうがない人は必ずいるものだ。「Five items or fewer」とすべきではないだろうか。これを避けるひとつのやり方は、わたしが買い物をするスーパーマーケットでみる、「Up to five items」という表示だ。わたしが教わった規則は、less はかさの大きさについて使われるのであり、数えられる名詞にではない。「I do less entertaining than you because I have fewer friends. 友人が少ないのであなたほど楽しめない」。less と fewer の区別がぼやけてしまった理由のひとつは、more の機能の仕方にある。more は数えられる名詞にも数えられない名詞にも使う。「I do more entertaining than you because I have more friends. あなたより友人が多いのでもっと楽しめる」。けれども、中英語の時代には、more は数えられない量について使われており、数が特定できるところでは、今では廃れてしまった mo が使われていた。「more butter もっとバターを」と「mo loaves もっとパンを」と話していた。だから、その区別を復活させるとしたら、「I do more entertaining than you because I have mo friends.」と言うのだろう。mo が消滅してしまったので、more が両方の役割を果たすことになり、less が真似て使い方の幅を広げたのだ。しかし、異論もあった。慣用的な区別は一七七〇年のロバート・ベイカーの『英語省察』から始まったようだ。ベイカーは当時英語について書いていた他の人たちとは違っていた。読者に、自分が「十五歳で学校をやめ」、ギリシア語はまるで知らず、ラテン語もほとんど知らず、本も持っていないと告白している。彼の『英語省察』は、彼と同じ分野の人には奇妙に聞こえただろうし、いまでもそう聞こえる意見が載っている。たとえば、「場所によっては、散文の中であっても、音のせいで、**whom** が主格に使われることもある」。しかし、less に関しては影響力を及ぼした。彼はこう主張している。「この単語は数について話すときに普通に使われている。わたしとしてはそこでは fewer のほうがよいと思うのだが。**No fewer than a Hundred.**［百以上の］は **No less than a Hundred.** よりもずっと上品なだけではなく、ずっと厳密に言ってふさわしいと思う」。「わたしとしては」とか「と思う」という表現からすれば、これは単なる意見だ。しかし、ベイカーの見解は流行った(21)。

　このようなことすべてのただ中にあれば、たやすく幻想に屈してしまうことに気づかねばならない。まず、頻度についての幻想がある。何かが少し起こると、氷山の一角を見たと信じてしまう。その結果、それがよく起こることだと信じ始める。それから、われわれの選択的注意［多くの刺激情報から特定のものを選択して受容する過程］によって生み出される幻想がある。われわれは、自分たちの社会集団の外で行なわれたことに気づき、非難し、自分たちが属さない（しばしば十代の）特定の集団の悪を見つける傾向にあり、次のようなことを考慮しない。（a）人は見られているときには異なった振る舞いをするのか、（b）われわれは過失をみるとすぐ叱るが、われわれの属する社会集団もそのことについて身に覚えがあるのではないか、（c）この集団の中の腐敗はわれわれが思うほど多発していないのではないか、など。最後に、言語学者のアーノルド・ツヴィッキーが「最新幻想」と呼んだものがある。これまですでに数回触れたテーマだ。われわれは、今気づいたばかりのことはまさに今始まったばかりだと思いこむ。実際には古くからのものかもしれないのに。

　この幻想は、争われている発音の議論の中にしみ通っている。著しく異なった二つのやり方で発音される単語がある。これを見つけて、われわれの多くは立証する証拠もなしに、一方の発音が他方を押しのけている、と主張する。まるで、これが奇妙で新しいかのように。このような注目を浴びる単語の例としては、**exquisite**［イクスクウィズィットとエクスクウィズィット］、**economic**［エコノミックとイーコノミック］、**tissue**［ティシューとティスュー］、**romance**［ロウマンスとロマンス］、**scallop**［スカロップとスキャロップ］、**controversy**［カントロヴァースィーとコントロヴァスィー］、**finance**［フィナンスとファイナンス］、**envelope**［エンヴェロプとインヴェロプ］、**praline**［プラーリンとプレイリン］、**either**

［イーザーとアイザー］、respite［レスピトとレスパイト］、transport［トランスポートとトラーンスポート］、zebra［ズィーブラとゼブラ］がある（一覧表を作ればもっともっと長くなるだろう）。アクセントを置く位置が異なっている場合もあるが、ほとんどが母音の音の違いに関係している。自分がzebraをゼと発音するからといってそれで断固たる結論を出すのは賢いことではなさそうだ。実際、自分自身をじっくり観察してみると、これらの単語のいくつかを発音するとき、どうも一貫していないようなのだ。そのことを考えに入れても、自分のやり方で絶対に明白な型というものを見つけることはできなかった。確かなのは、英語の単語ではアクセントがつく箇所がまったく自由というわけではない一方で、たとえばポーランド語やフランス語のように固定されているわけでもなく、文章のリズム――われわれの言葉を発する音声器官の位置――によって文章内の単語の発音の仕方が影響されることだけだ。

　最後に、『アメリカン・ヘリテッジ英語辞典』の編纂者たちが『ほとんど誰もが誤った発音をする百の単語』と題する本を作ったとは驚きだ。例を挙げるとacumen［アキューメンとアキュメン］、chimera［キミアラとカイミアラ］、niche［ニッチとニーシュ］がある。もし「ほとんど誰も」がそれらを間違って発音するのなら、ほとんど誰もが「正しく」発音していないということになり、おそらく正しいと思われている発音は廃れつつあるも同然だ(22)。よくあることだが、英語の守護者はもうすでに失われたと思われる地位を守っているのだ。

24　テクノロジー曰く「まあ何でもいいけど」

ネットに繋がったワイアード・ライフ……
無線ランでワイアレス・ライフ……
そして生活がなくなるライフ・レス？

「新しい不正確さ」とでも呼べるものをテクノロジーのせいにするのはよくあることだ。読書体験に及ぼすテクノロジーの衝撃を調査した著書『グーテンベルクへの挽歌』（一九九四）の中で、アメリカの文芸評論家スヴェン・バーカーツは情報時代の否定的な影響を「介入、浸潤、断片化」と特徴づけている。現代の「繋がれた」人間は重さをなくしつつあり、「人間の重み」は失われてしまっているという。(1) バーカーツは次第に浅くなる文化――そして、彼が「人間の存在感のゆるやかで確実な衰退」と呼んでいるものと「広大に横並びで繋がっていることで安心の代用とすること」――を嘆いている。(2) 他にも数多くの人たちが同じことを言っている。テクノロジーは経験のあらゆる部門を変えつつあり、その結果に関してほとんど注意が払われていない、と。

テクノロジーという単語を聞けば、多分、コンピューターとか、それで可能になったこととかを思い浮かべるだろう。しかし、テクノロジーはもちろんもっと古くから存在していた。たとえば車輪、鋤、百万年以上前に太古の祖先が使った手斧とか。パソコンが家庭や仕事場にやってきたのはごく最近のことだ。一九七四年生まれのわたしが初めてコンピューターを使ったのは一九八二年。その直後に最初のパソコンを手に入れたが、仕事で毎日使うようになったのは一九九五年になってからだ。「デスクトップ・パブリッシング」という概念は生まれてからまだほんの二十年ほどだ。コンピューター同士が相互に繋がってネットワークを作るシステムで今インターネットと呼んでいるのはもっと古い。土台となったテクノロジーは、もともとアメリカ軍の内部でのフォーマルコミュニケーション［組織内で確立された伝達経路を経て行われる公式伝達］を補完するものとして開発された。インターネットの前身であるアルパネット（ARPANET）はアメリカ合衆国国防総省高等研究計画局（Advanced Research Projects Agency）から取った名前で、一九七〇年代初めに盛んになった。ティム・バーナーズ＝リーによる、書類とサービスとを繋げるシステム、ワールド・ワイド・ウェブの発達のおかげで、インターネットは、もちろん、とても違ったものへと変化した。バーナーズ＝リーの発明は、一九八九年に提案され、一九九一年に公開され、実際に人びとの興味を惹き始めたのはその二、三年後だった。余談だが、彼がもともとつけた呼び名は Enquire で、それを彼は「子どもの頃に両親の家で見つけたヴィクトリア朝風知恵の本『何でも百科 *Enquire Within Upon Everything*』を省略した形……その魔法を思わせる題名で、その本は情報世界への入口の役割を果たしていた」と説明している。けれども、「*Enquire Within Upon Everything* とは違って、わたしが育てようとしたウェブは単なる情報の鉱脈ではない」。バーナーズ＝リーが試みた未来図は「基本的な仕組みとして、対立ではなく、相互創造性と集団直感によって進歩する社会」だ。彼が想像する理想のウェブは「自分自身の頭脳の繋がりを再構成するのを助け、そうして他人の頭の中での繋がりが理解できるようになるもの」だろう(3)。

わたしは、この文章を、手書きではなくコンピューターで書いている。これはわたしが書くやり方を暗示している。スクリヴナーと呼ばれるソフトを使っているが、それはわたしが持っていた他のワープロソフトよりも書いている過程で介入されることが少ない。少なくとも、そう感じる。マイクロソフトのワードのようなソフトを使っていれば、書いているものがそれによって左右されたり、加減されたりする——あるいはその可能性がある——のがよくわかるだろう。たとえば、スペルチェックがあり、間違って綴られた言葉にしるしがつけられたり、それから、どの設定にしたかによって、自分が書いた明らかな間違いを「自動修正」することさえあるだろう。家庭用コンピューターに搭載された最初のスペルチェックは、一九八〇年に市場に登場した。文法のチェックは、一九七〇年代のライターズ・ワークベンチと呼ばれるプログラムセットに入っていた。家庭用コンピューターのための最初の文法チェックは一九八一年に出て、一九九二年にマイクロソフトは初めてそれをワードの中に組み入れた。これらのプログラムの欠陥を指摘する人もときどきいるが、多くの人にとって、それらは支えとなり、ユーザーはソフトウェアが自分の間違いを見つけてくれることを期待している。

インターネットの検索エンジンを初めて使ったのがいつかは覚えていないが、Google でなかったのは確かだ。Google の検索エンジンは一九九七年に開始され、今では多くのネットユーザーにとって「検索エンジン」というと Google だけを意味する。Google の非公式の標語、それはウェブメールサービスのGメール開発の中心にいたポール・バックハイトによって提唱されたものだが、「悪をなすな」というものだ。それでも、その会社が抜群に優勢なことで——実践においてはそうでないとしても、原則においてーーそれが疑いもなく邪悪に聞こえるとみる批評家もいる。二〇〇二年から二〇〇七年までフランス国立図書館館長だった歴史家ジャン＝ノエル・ジャンヌネーはイギリス、アメリカの数多くの図書館の蔵書をデジタル化するというGoogleの決定を攻撃した。ジャンヌネーは、この計画によって英語の資料が雪崩を打ってインターネットに流れ込む恐れがあり、未来の世代の考えを劇的にゆがませることになりうる、と論じた。

電子メディアは生活のリズムを変えた。コミュニケーションの障壁は取り除かれ、情報はもっと自由に安価に流れ（さらにもっと多くが漏れた）、これまでは相互に交流する機会がなかった人びとや組織が繋がったという感じを持つこととなった。交換する情報を整えることも可能となった。すべてがデジタル化され、デジタル化されたものはすべて変質する可能性がある。われわれはもっと見るようになり、もっと聞くようになるが、反対に感じるのは……少なくなるのではないだろうか。われわれが今コミュニケートするために使っている機器はより大きな即時性を約束している。しかし、それらは深みを浅く、親密さを異質なものに、透明さを不透明にみせることができる。スヴェン・バーカーツは「経験を陰影のある残像としてあらわすには、言語という微妙な陰影のある道具を使う必要がある」と論じた。そして、彼が言う「言葉遣いを磨く」ということがなければ、われわれは「一種の精度の低い意識になってしまう」危険があるという。「今、われわれの文化で好まれている知識のモードは、互いに繋がっているという知的な自覚で表面的に繋がることだ。一方、内面は……そしてもっと精神的な反応については疑わしい」と彼は述べている。(4)

確かに電子メディアの影響のひとつは日々の生活の雑音のレベルを上げたことだ。集中力の持続はより難しくなった。自分が聞きたいものを選んで聞くというやり方は後退して、何か——自分でつけたり消したりできない雑音——が聞こえてくるようになった。文化的には、われわれは強烈な視覚的用語で世界を理解するように作られている——you see what I mean.［言っていることわかるね］、I get the picture.［話が見えてきた］——そして、音の攻撃を受けると視覚的理解力はぐらついてしまう。空間の認識がぐらつき、時間の感覚もぐらつく。事態を耳障りで不快な言葉で言い換えると、個人的精神という概念が次第に安定を失いつつあるのだ。われわれは他人の主観を借り、ますます集合的精神の機能の中に加わっていく。メディア学者デリック・ド・ケルコフは「われわれ個人心理のグローバル化」と「もはやわれわれの中にではなく、外にある」「新しい電子的共通感覚」について論じている。彼は「新しい人間が作られつつある」との結論に達した。(5)二〇〇六年に『タイム』誌はその年の人は、「You あなた」だと宣言した。このように賛美された「You」は情報時代の万能の管理人として紹介された。しかし、管理されているという経験がわれわれの多くを――肉体的に、感情的に、社会的に、知的に――疲弊させている。

言語にとっての結果はあきらかだ。電子化された社会では、すべてが加速されねばならない。一語ずつ順を追って読まねばならない言葉は、イメージに負けてしまうことが多い。インターネット上では、大文字も動詞も、句読点とともに消える傾向にある――疑問符や感嘆符は生き残り、ときには特別濃く書かれることもあるが、コンマは消え失せる。ウェブのページに書くとき、口語体を真似ることが多く、普通安定しているはずの書かれた言葉は、ページが編集されたり、消されてしまうことでその安定性が蝕まれていく。コミュニケーションは、われわれが通常理解しているような話や文書ではなく、スタッカートのように断続的だ。そして省略だらけだ。同時に、無数の新語とともに、創造的なスペルミスや、故意で茶目っ気のある文法の間違いがある。より大きな言語的多様性、かなりの程度の雑種性、新奇なものの急速な普及というものもある。さらにゆるやかに関連する点として、ウェブサイトの信頼性は誰がそれを作ったかよりもそれらがどのようにみえるかによって判断され、情報を読み解く能力と呼ばれるものと、手に入る情報の質を評価する能力との間にははっきりした違いがある。

英語を話す人びとの中にはそのような新しいテクノロジーが利用できない人もいる。だから英語を使う人すべてがわたしが話している変化の影響を受けるわけではない。だが、本書の読者に影響を与える可能性はある。インターネットの発達は、今現在、仕事、商売、私生活、セックス、所有、原作者、著作権、知識、共同体、道徳、そして自分自身についてわれわれが考えるやり方に重要な変化が起こっていることを意味している。このような領域で、われわれの言葉の使い方は変わりつつあり、「言葉」とは何かについてのわれわれの考えも変わりつつある。

何でも情報に翻訳できる――あるいは、何であれそうできないものは本当の価値がない――という見解が存在の豊かさをなし崩しにする。ジョン・シーリー・ブラウンとポール・ドゥグッドは、彼らの思慮深い著書『なぜＩＴは社会を変えないのか』の中で次のように述べている。「すべてを情報という見地に押し込めようとする試みには、ギリシア神話の強盗プロクルステスの仕業を思い出させるものがある……彼は旅人の背丈が寝台の長さにピッタリ合うまで、小さい者は引き延ばし、大きすぎる者は足を切り落とした」(6)。われわれという有機体の経験すべてを階層的なデータ構造の中に詰め込むことができると考えるのは間違いだ。

こんにちのインターネット上の活動は、巨大なくだけた会話の寄せ集めからなっている。これらの会話はしばしば市場と似ており、その文化の中では、うわさと現実との区別がつかず、記憶は短い。差し向かいの会話なら、抑揚、態度、身振り、まなざしの微妙な影響が含まれるのだが、仮想会話にはこのような情報をとりまく特別な層はない。きっと誤解された経験もおありだと思うのだが、それはネットで送ったメッセージがこのような付加的な微妙なニュアンスを伝えなかったからだ。顔文字（ニコッと笑うのを示す :D のような）はこのような不足したものを補うため、あるいは雰囲気と口調を誤解されないような方法として発達した。だが、それらは雑にできておりしばしば誤解される。仮想世界では、言葉をくるむ言葉によらない覆いがないうえに、即時的な反応の恩恵、つまり直に話をするとき相手から受ける、どう思っているかという情報もない。ただメールをやりとりしたり、掲示板に書き込むだけではなく、テレビ会議をしていても、言葉以外のコミュニケーションの要素ははっきりと伝わらない。

ここでは「コミュニケーション」という言葉が繰り返し出てくるが、それには十分な理由がある。それはわれわれの時代のキーワードのひとつなのだ。われわれは新しい読み書き能力のただ中にいる。読むほうはそれほどではないにしても、膨大な量が書かれている。われわれは自分についてたくさん書く。そして、それを社会化の一方法として行なっている。テキスト・メッセージ、メール、フェイスブックへの小さな書き込み、日記の断片、ツイッターに投稿する意見――これらには器用さ、簡潔にたくさんのことを言う能力が必要だ。さらに適切かどうかについて注意深く考える必要もある。しかし、ときには十分配慮していないこともあり、われわれは皆天空にメッセージを送り、後で後悔してしまう。けれども逆に、テキスト・メッセージやメールが、簡潔で明白で生き生きとして機知に富んでいたために小まめに返事をしたことが何度あったか考えてみよう。そうしている間に、別種の書き方が流行ってくる。たとえばブログに見られるような、字数制限のない、新しい説明的な文章で、内気な人でさえも自己顕示できるようなブログは、ほとんどの場合仲裁役がいないため、伝統的なメディアで報ずるには問題となるような過激な見解を持つ人に適している。それは個人に力を与える。しかし、その内容はたとえば印刷された雑誌の内容などとは異なった扱いを受ける。ブログの領域では、書くことは読むことほど苦しみではない。

ネットでは簡単に匿名にできる。それによって公開討論の場では扇動的な問題について騒々しさを生み出すことになる。フェミニスト作家ジェシカ・ヴァレンティは、最悪の場合、「ほとんど輪姦するような精神状態」に変化しうると述べている(7)。ネットの経験からすると、自分たちの言うことにそれほど責任を感じていないのかもしれない。また、自分たちが見ているものに対しても責任を感じていないようだ。インターネットは何が人を傷つけるかに関する認識を変えつつある。ネット上でポルノが手に入ることが性的嗜好や態度を変えたことについての派生的な考察をするつもりも、ネットが新しい性行動を可能にしたと評するつもりもないが。けれども、明らかなのは、インターネットによって、たちまちわれわれは新しい光景や音に慣れてしまったことだ。

ネットに接続した生活――そしてますます普通となってきた次世代の無線ランによる生活――の大きな恩恵のひとつは、情報をすばやく入手できることだ。もうひとつは、他人とすぐに接触できることだ。しかし、これには欠点もある。電子コミュニケーションはおざなりでありがたみがなさそうに見える。それに、せっかちすぎてあぶなっかしいこともある。テキスト・メッセージは恩恵も欠点もあきらかにする。そして英語の堕落を嘆く人びとの悩みの種となっている。彼らが文句を言うのはショートメッセージサービス（ＳＭＳ）の言葉だ。そこでは「u k m8」は「Are you okay, mate? 大丈夫かい？」をあらわし、ハムレットのもっとも有名な一行は「2b/ -2b=?」となってしまう。二〇〇七年に『デイリー・メール』にジョン・ハンフリーズはテキスト・メッセージを送る人たちを「チンギス・ハーンが八百年前に隣国の人たちにしたことをわれわれの言葉に対してやっている破壊者だ」として非難した。彼らの悪行には「文章を痛めつけ」、「語彙を強姦する」ことも含まれていた(8)。思い出すのは一九五〇年代後半にリース卿が同じように商業テレビと「天然痘、腺ペスト、黒死病」との不釣り合いな比較をしたことだ(9)。本当のことを言えば、テキスト・メッセージ使用者のほとんどは極端な省略――批評家が挙げるわかりにくいテキスト・メッセージ――を使っていないし、省略を使うとしても何か目新しいものではほとんどない。大勢の生徒たちが何かを書くときにこのような短縮した表現を使うというのは根拠のない話だ。いずれにせよ、極端なテキスト・メッセージによる対話の最盛期は過ぎてしまったのだろう。多くの携帯電話には今では一般的なキーボードが全部入っているし、大量にテキストを送る人は無制限に送れる安い商品を手に入れることができる。その結果、テキスト・メッセージが始まった頃よりもずっと省略の使用は少なくなっている。メッセージを入力するのはより簡単だし、一六〇語を超えても多くの使用者にとって料金はほとんどゼロに等しい。いずれにしても、ずたずたにされた綴りといかがわしい文法はしばしば意図的だ。言語的逸脱を面白がるのは事実においても、精神においても、チンギス・ハーンの二千万人の大量殺戮とは同じではない。テキスト・メッセージを――たいてい別のことをやりながら――送信している普通の人がみなこの目的のための言葉と、論文やレポートで使う言葉とを区別できないと考えるのはばかばかしい。

それでもジョン・ハンフリーズは、彼の言うところの「格式尊重の衰退」を正しく見抜いている。彼が率直に次のように認めたところがある。「格式尊重は重要だ。それはわれわれの間に独立と自由の方策を許す空間を作り出す。それを取り去ると、その空間はありとあらゆる侵入者に対してむき出しとなってしまう(10)」。格式尊重の代わりに、今われわれは「親密さの押し売り」に出会う傾向にある。本物の親密さは大事にすべきものだが、親密さの押し売りは、当惑させられるばかりか、情報の中身はおろそかになるという副作用がある。テレビのニュース番組でやたらと仲の良い報道が模範事例だ。スタジオにいる司会者と、現場でぶるぶる震えていたり汗だくになっているレポーターとがごく親しい間柄であるのを知るのがわれわれにとってひどく重要なことであるかのようだし、わかりきった答えしか返ってこないのに大衆の意見を熱心に聞いてまわる。人びとは鉄道のストライキには不満だし、有名人の死には悲しむし、サッカーに負ければがっかりし、支出が削られることには憤慨し、選挙にはうんざりする。事実の論評に使えばもっと実り多いだろうに、これらのことに時間を使っている。

堅苦しくみえる振る舞いを避けたい気持ちが広まっている。われわれが本当になしですませたいのは空虚な儀式だけで、格式尊重というのは本来威圧的でも不愉快なものでもない。楽しくだってなりうる。ディナーや劇場に行くために着飾った日のことを覚えているだろうか？　もし覚えており、イギリスに住んでいるとしたら、四十歳以上であることはほぼ確かだ。格式尊重が共通項を作り出し、差別をするというより同等化するような状況がある。それでもしばしば、格式にしたがって振る舞うと、古くさい、あるいはなんだかむずむずするような気がしてしまう。二十代の頃、仕事の面接にスーツにネクタイで行ったとき、嘲りの対象になったのを思い出すことができる。面接官のひとりは自分のしみのついたトレーナーの上下――自分の自由主義的価値観のしるし――が見えるかわたしに確認したくらいだ。格式を尊重することはこんにち多くの人にとって気味が悪いのだ。一般的に格式尊重は放棄されてしまっている。トマス・デ・ゼンゴティータはこれを「略式の隆盛」と呼んでいる[11]。服装と同様に、言葉でもそれは顕著だ。知らない人から受け取った手紙の最初の言葉は「親愛なるヒッチングズ様」ではなく、「親愛なるヘンリー・ヒッチングズ」、「親愛なるヘンリー」、あるいは「dear hitchings」だ。ほんのちょっと知っている人たちからのメールはもっとくだけていて、「やあ〔Hiya How are you? のなまったもの〕」、H」、「ヒッチ」、「m8〔メイト〕」というのさえある。ときには驚くほど古風な、たとえば「Respected Sir〔机下〕」のような見事なのがあることもあるが。

「Respected Sir」――英語を第三、第四外国語としていた記者が使っていた――が奇妙にみえなかったのは、それほど昔のことではない。伝統的な丁寧語の形式は使われなくなってしまった。平等主義と尊敬語は両立しない。トニー・ブレア元首相は「トニーと呼んでくれ」と言って、伝統主義者のジョークの種になった。実際には彼はこの言葉を発したわけではなかったのだが。対照的に、剛胆な後任者のゴードン・ブラウンはダウニング街十番地の官邸スタッフに自己紹介の際に「ゴードンと呼んでくれ」と指示したという。一九七〇年代まで、成人男性は儀式からは程遠い状況でも姓だけで呼ばれたものだし、一九八〇年代初め、わたしの寄宿学校時代にもそうだった。今では名前ではなく姓で呼ぶのは気取った堅苦しさのしるし、あるいはウッドハウス[1]的な冗談であり、どちらにしても気取りとされるのが普通だ。英国図書館――そこでこの文章を書いているところなのだが――そこのスタッフのひとりはわたしのことを「ヒッチングズさん」ではなく「ヒッチングズ」と呼ぶ。茶目っ気、つまり冗談だと思うのだが、誰をちゃかそうとしているのかよくわからない。驚くことには、友人の中にはわたしの姓を正しく綴ることができない人もいる。書かれたのをめったに見たことがないからだ。イギリス人がよく言うアメリカ人のイメージとは違って、アメリカ人はこの礼儀正しさをもう少し多く持ち続けているようだ。

略式の隆盛は社会状況の微妙さを認識する能力のなさ(無知とも気乗り薄とも解釈される)という形であらわれる。丁寧さは、礼儀正しさと儀礼的との中間に位置するものなのだが、かなりの程度、言葉によって達成される振る舞いだ。死に絶えたとはほとんど思えない一方で、「敬意」という気の抜けた概念に置き換えられてきた。それは気弱な敬意と空虚な人付き合いの良さとをつなげたもの——そしておおざっぱに言うと、社会主義的イギリスの政党の名前［左翼政党、党名は Respect 尊敬、Equality 平等、Socialism 社会主義、Peace 平和、Environmentalism 環境保護主義、Community 地域共同体、Trade Unionism 労働組合主義の頭文字をとったもの］として特別人目を引いている。不作法さが、伝統的なイギリスの慎みに取って代わったと頻繁に言われている。われわれは、少々の痛みと、多分背筋の凍るような楽しみを味わいながら『リトル・ブリテン』のヴィッキー・ポラード[2]［や、「なんてくだらない！」が口癖のキャサリン・テイト演じる口の悪い祖母を認める。しかし、抑制がきかず、人をいらだたせる不作法さとわれわれが非難する態度は社会の衰退の徴候なのだろうか。あるいは、何か別のもの——もしかしたら民主主義の勝利——を暗示しているのだろうか？まあ、何でもいいけど。

ああ、whatever［何でもいいけど］。「その服はふさわしくないと思うよ」と心配した両親が言う。それに子どもが答える。「何でもいいんだけど」。これは否定しているのか、無関心なのか、わざと関わりがないふりをしているのだろうか。確かなのは、whatever で多くの人が頭に来ることだ。それは「そうだよ、そう言ったじゃないか」に近い意味のこともあれば、「なんとでも取れば」と同じこともある。

心配性な人は、whatever の平凡さは新しい脱力感を示していると言う。本章の見出しはこう読めるかもしれない。「若い人たちはもはや何も気にしない」と。アメリカの言語学者、ナオミ・バロンはこの言葉があちこちに出没することに興味を持ち、「whatever」世代について書いた。彼女は、デジタル・テクノロジーが生み出したのは放浪文化で、そこでは人びとが言葉をはっきりと使うことをあまり重視しないだけにすぎない、と論じた。彼女はまた「期待の終焉」と呼ぶものについての原因を究明した。つまり、面と向かって論じるための経験の蓄積がだんだん少なくなっている。バロンによれば、数十年後、綴りや句読点の標準は「ほぼ無秩序状態の中世かルネサンス期のイギリスをしのばせる」程度に退行しているだろう。そして、「思考を明確にするための媒体としての書くことの役割は減少する」だろう。言葉はその使い手の社会的地位をあらわす役割を果たさなくなるだろう、と彼女は考える。[12] バロンはこのような予言を主張しているのではない。それらは単に「もっとも」なだけだ。それでも、彼女はスヴェン・バーカーツのように、「常にオンの状態」すなわち絶え間なく繋がっているということは、われわれの熟慮するという能力をだめにすると論じている。われわれは情報にどっぷり浸かり、それによって自分自身を知ることが難しくなっている。

「常にオンの状態」でいなくてもよい。しかし、われわれはこの真実を無視することができる。わたしの友人で仕事中毒のある作家は、休暇から戻ってこう告げた。滞在した辺境の町では電話も使えなかったし、ネットにつなぐことも出来なかったと。「至福だった」と彼はわたしに話した。「数日間、ぼくはただぼくだった」。これを言っているとき、iPhoneのピーピー言う音がして彼は条件反射的にビクッとした。この不一致にはほれぼれしてしまう。あるいは、現在の粋な言葉を使うべきだろう。disharmony［不一致］ではなくdisconnect［不接続］だと。ナオミ・バロンが言葉について気にかけない世界を思い描くとき、彼女が本当に想像しているのは、われわれが自分自身をどのように扱うべきか、まるでわからない世界なのだ。

25 「英語を征服して中国を強くしよう」

英語の国際化

英語ほど広範囲に広まった言語はなく、それは広がりつづけている。英語を学ぼうという欲求は世界中で際限がない。二十一世紀になって世界はますます都市化し、ますます中産階級化している。英語の採用はこの徴候だ。というのは、英語はどんどんビジネスや大衆文化の共通語としての役割を果たすようになっているからだ。海運業、外交、コンピューターの使用、医学、教育といった他の分野でもそれは支配的というか、少なくとも突出している。最近のある研究によると、アラブ首長国連邦の学生たちの間では、「アラビア語は、伝統、故国、宗教、文化、学校、芸術、社会科学と結びつけられる」一方で、英語は「近代性、仕事、高等教育、商業、経済、科学、テクノロジーの象徴」となっているという(1)。アラビア語圏では、理数科目は英語で教えられることが多い、なぜなら、優れた教科書や他の教育教材は英語ですぐ手に入るからだ。これは意図されずに生じたことではない。英語の普及は一大産業であり、幸福な偶然ではない。

英語は、イギリスの植民地主義、産業革命のテクノロジー面での進歩、アメリカの経済的・政治的優位、さらに二十世紀後半の（ほとんどアメリカ人による）テクノロジーの発達によって広まった。その興隆は、英語を第二言語として大量に輸出したことと、英語によるマスメディアの成長によって促進された。英語の聖書の配布に支えられたキリスト教の説教は、ウィクリフ、ティンダル、クランマーによって生み出された、英語は神の言葉であるという幻想をどこでもたゆまず維持しつづけた。

英語の世界的普及の歴史には重要な日付がちりばめられている。一六〇七年、ジェイムズタウン入植[1]、一七五七年、プラッシーの戦い[2]でのロバート・クライヴの勝利、それはイギリス東インド会社の支配をもたらした。一七八八年、オーストラリアに最初の囚人の流刑地を設立。一八一九年、シンガポールをイギリスの植民地とする。一八四二年、香港を直轄植民地にする。一八六一年、ナイジェリアでイギリス統治が正式に始まった。一九二二年、BBC創設。一九四五年、国際連合創設。一九六二年、AT&T社［米国電話電信会社］による最初の商業通信衛星の打ち上げ。この一覧表はほんの要約にすぎない。たとえば、十八世紀にヨーロッパのほとんどの地域を席巻した英国かぶれの様々な影響については触れていない。しかし、英語を使うと物質的に得るところがあったのと、報道のあり方、また英語が教育の言葉として使用されたことが大いに英語を普及させたのは明らかだろう。より詳細な一覧表を見れば、流血の臭いの印象が強まるかもしれない。

どこであれ、英語が使われていたところでは、その使用は続いている。文化的な力は軍の規則よりも長く続く。植民地時代、入植者の言葉は彼らが奪い取った土地の人びとの言葉を支配した。それらを周縁に追いやり、結果として消滅させてしまった場合もある。そうする間も、入植者は土地の言葉で役に立ちそうなものは何でも取り入れていった。入植者の言葉は一種の共食いで、その遺産は今でもひしひしと感じられる。かつて大英帝国から英語を押しつけられたところでは、英語はたいていうさんくさく見られている。統一の力となるどころか、その継続には緊張を要する。インドでは、メディア、行政、教育、商業に英語が多く使われている一方で、その影響を抑制しようとの要望がある。それでも、英語が植民地主義の道具として非難されているところでさえも、それは持ちこたえ——ほとんどの場合は、話す人や機能の数を増加させつつ、大きくなっている。

H・G・ウェルズの『現代のユートピア』(一九〇五)は半分小説で半分哲学的議論のような作品だが、この中で彼は何十億光年も遠くにあり、何事も合理的に進められている、地球のような星を描いている。「サムライ」と呼ばれるテクノクラート階級が支配するこのユートピアは言葉に関するかぎり、「コミュニケーションに何の……障害もないはずだ」。言葉は「むろんひとつであって分割できない」、そして「それは多くの言葉を統合した、合体した言葉になるだろう。英語のような言葉は合体した言葉だ。アングロ・サクソンやノルマン・フレンチ、学者のラテン語が合体したもので、そのどれよりも豊かで、力強く、美しい言葉に融合していった(2)」。九年後に彼の予言的な小説『解放された世界』でウェルズはこの問題に戻っている。その中で彼は、一九五九年にイタリアのアルプスで世界の指導者たちが一堂に会する場面を想像している。彼らは「地球の全住民に向けて新しい共通の社会秩序」を達成するために決議をし、政府を設立する。ウェルズは続ける。

　この政府の最初の年の終わりになってようやく、それもきわめてしぶしぶと、彼らは世界共通語が明らかに必要であるという問題を取り上げた。様々な人工的共通語がこれまで提唱されたが、彼らはほとんど注目しなかったらしい。せっかちで単純な人びとにできるだけ面倒をかけたくないとの考えもあり、世界的規模で英語が普及していたこともあり、初めから彼らは英語をひいき目に見ていた。文法が極端なほど単純なのも有利だった。英語圏の人びとは自分たちの言葉が世界的に使われるのを聞くという満足感を得ることになるだろうが、それには犠牲がともなわないわけではなかった。英語から文法的特異さ――たとえば接続法のはっきりした形など――がいくつも取り除かれ、不規則な複数形もほとんど廃止された。綴りは整理され、ヨーロッパ大陸で使われている母音の音に合わせることになった。そして外国語の名詞や動詞を取り入れる作業が始まり、それらはたちまち膨大な量に達した(3)。

長々と引用したが、それは、いつもながら、ウェルズの考えが予想外で大胆で洞察力があるからだ。二十世紀初頭、彼はすでに世界英語として知られるようになるものを思い描いていた。世界英語、すなわち国際語であり、地球規模の第二言語であり、知的、商業的潤滑油であり、英語圏の主な国々の側の外交政策の道具でさえある英語という概念につけられた言葉が一般的になったのは一九六〇年代になってからだ。けれども一九二〇年代からそれは流布しており、その考えはウェルズだけではなく、もっとはやくから、視話法の考案者アレクサンダー・メルヴィル・ベルによってても触れられていた。彼は一八八八年に『世界英語』という著作を出している。それは、彼が見るところでは他のどの言語よりも「全体として世界語にふさわしい」言語を学習者が習得しやすくするために綴りを改良するという計画書だった(4)。牧師で言語学者のロバート・ネアズは一七八四年に、英語は地球上に驚くほど広がるだろうという予測をあまり嬉しくなさそうに書いている。もっとさかのぼると、ジョン・アダムズが、英語はもっとも広く話され、読まれ――そして「もっとも尊敬される」――言語となるだろうと予言している(5)。

世界英語という言葉は今でも使われているが、それはあまりにも支配の響きが強く聞こえると信じる批評家たちによって反対されている。こんにち、世界英語はいくつかの名前で知られている。多分もっとも受けそうなのが「グロービッシュ」だ(個人的には間が抜けた感じがすると思うのだが)。これはフランス人のジャン＝ポール・ネリエールが著書『英語はやめてグロービッシュを話そう』(二〇〇四)によって広めた言葉だ。ネリエールが考えたグロービッシュは、千五百語からなり、世界中の誰もが互いにわかりあえるのを目指した実用英語だった。それはC・K・オグデンのベーシック・イングリッシュを思い出させる。その趣を示すために、yの項目に入っている言葉を全部並べてみよう。year［年］、yellow［黄色］、yes［はい］、yesterday［昨日］、yet［まだ］、you［あなた］、young［若い］、your［あなたの］、yours［あなたのもの］。yeoman［自作農］やyodel［ヨーデル］がなくても困ったりはしないだろうが、yawn［あくびをする］、yell［叫ぶ］、youth［青春時代］がないのはどうだろうか。ネリエールは元米国IBMの国際マーケティング担当のバイスプレジデントで、グロービッシュは「カフェイン抜き」の英語だというイメージを植え付けた。ユーモアとか隠喩は追い出され、短い文が取り入れられた。パレスチナの指導者だった故ヤサ・アラファトがこの見事な使い手として持ち上げられていた[4]。ネリエールはまた、説得力があるとは言えないけれど、グロービッシュの隆盛はカフェイン入りの英語の影響を最小化することでフランス語を保持する助けとなるだろうと論じている。反対の見解が作家で言語史研究家のクロード・デュヌトンから出された。彼の本『フランス語の死』(一九九九)では、フランス語は二〇五〇年までには消滅するだろうと予測している。

ジャン＝ポール・ネリエールにとって、英語をカフェイン抜きにするのはうまいやり方だが、同じ現象にエドワード・サイードは警戒に足る理由を見つけている。彼は『文化と帝国主義』で、一九八五年に「あるペルシア湾岸国」の大学で英文科を訪問したときの経験を思い出している。「数の上からだけ言えば、英文科は大学のどの学科の中でも最大の数の若者を引きつけている」。しかし、学生たちは「忠実にミルトン、シェイクスピア、ワーズワース、オースティン、ディケンズを読んでいる」が、彼らがそうしている目的は国際的なビジネス界において世界語の達人になることなのだ。「これは、最終的に、英語から表現豊かで美的な特徴をはぎ取り、批判的、あるいは自意識の強い局面を奪い取り、英語を技術用語のレベルにまで追いやるも同然だ」[6]とサイードは書いている。そのようなやり方は英語の使用を機械的な行為へと変化させてしまう。それによって情報の基本的な伝達と解読はできるようになるが、知的能力が持てるというより、知的発育不良になってしまう。

グロービッシュはネリエールのものだけではない。インド人で退職したエンジニア、ムドゥカル・ゴガテもまたグロービッシュと呼べるものを独自に考えた。それはより適切な英語の形と思えるものを作り出すために発音記号を使うことになっている。こうすれば、異なった文化出身の人びとを繋ぐことのできる地球規模の言語となることができよう。同じ頃にドイツの言語学者ヨアヒム・グジェーガはベーシック・グローバル・イングリッシュなるものの普及に努めていた。これは文法規則は二十しかなく、語彙は七百五十からなり、そこに学習者はそれぞれ自分個人の必要性を満たす二百五十語を補うよう求められている。

これらの計画は「アングロ・サクソン」の価値観が染みこんだのではなく、中立的な英語の形を進めるという、異なった精神で意図されたものだが、その裏にはより大きな企画も潜んでいる。つまり、地域差がなく、英語を使う人びとからなる共同体を作るため。英語を使うのが、ごく普通なことになるだけではなく、箔がつく。そして英語を富、機会、学問、民主主義、道徳的正しさの言葉として売り込もうというものだ。この考えは経済的にも政治的にも、教育面においても、メディアにおいても、ときには軍隊によっても支持されている。支持のほとんどはこっそりと行なわれている。[7]そして英語は広まりつづけるにつれ、蒸気ローラーのように、途中の邪魔なものは何であれ、押しつぶしていく。なるほど、たいていはその土地の言葉と並行して使われ、すぐに取って代わったりはしない。それでも、その存在は英語を使う人の生活における価値観を変化させ、彼らの野心や期待を変えていく。英語は、ますます第二の母語となりつつあるようだ。ただ単に他の言語と共生すると思えなくもないが、その共生がやがて君臨へと変わっていくだろうとたやすく想像がつく。英語が他の言語が占めている空間を浸食するにつれ、言語学者はますます環境学者のように振る舞う必要があると感じてしまう。すなわち、学者である代わりに活動家にならねばならないのだ。

世界中で実用的な人工言語を作り出す試みがあった。十九世紀の後半と二十世紀のとくに初頭に、新しい言語を構築する計画は数多くあった。これらのほとんどは今では忘れ去られている。次にあげる言語を覚えている人はいるだろうか。コスモグロサ、スポキル、ムンドリング、ヴェルトパール、インターリングア、ロマニザット、アジュヴィロ、モログ[5]。革新者のうちにはかなり奇人と思われる人びともいる。コミュニカシオンズシュプラッヒェ（一八三九）の開発者ヨーゼフ・シプファーは人びとが生きながら埋葬されないための方法を進めていることでも知られていた。モノパングロス（一八五八）を考案したエティエンヌ＝ポラン・ガーニュは、飢饉のときにはアルジェリア人は家族や友人を救うために、自らの命、あるいは少なくとも手足を何本か食糧と引き替えにさしだすべきであり、必要とあれば自分の体も飢えている人に喜んで差し上げようと述べた。

ただ二つの案だけが成功した。一八七九年にバイエルンの神父ヨハン・マルティン・シュライヤーはフォラピュークを考案した。短い間だったが、それはとても流行った。発明してから十年以内に、二八三の団体がそれを推進し、フォラピュークの手引書は二十五ヵ国語に翻訳された。アリカ・オクレントが著書『作られた言葉の国で』で述べているように、フォラピュークは子どもっぽいユーモアのセンスがある人への贈り物だ。「話す」は pükön で、「成功する」は plöpön だ[8]。これよりももっと有名で、それほどばかばかしく聞こえないのはルードヴィク・ザメンホフの案だ。彼はリトアニアのユダヤ人を先祖に持つポーランドの眼科医で、一八七〇年代に、不規則性のない言語、エスペラントを作るのに取りかかりはじめた。彼はそのテーマで、十六の文法規則と基本的な語彙をまとめた最初の本を一八八七年に出版した。ザメンホフの意図は明らかだった。彼はビャウィストクとワルシャワのユダヤ人街で育ち、人びとを分断するそれぞれの国の言語に衝撃を受け、人類を団結させることを夢見たのだ[9]。エスペラントはたしかに現代の人工言語の中でもっとも成功している。けれども、いまだに熱狂的な支持者がいるにもかかわらず、ザメンホフがかつて望んだように広まる見込みはない。

本書の読者はクリンゴンのことなら聞いたことがあるだろう。それは『スター・トレック』シリーズのために言語学者のマーク・オークランドが作った言葉だ。それから妖精の言葉で、とくに、クウェンヤとシンダリンのことも聞いたことがあるだろう。それぞれフィンランド語とウェールズ語をモデルにした言葉で、J・R・R・トールキンが考案し、ピーター・ジャクソンの映画『指輪物語』で忠実に使われた。新しい人工言語の最新の例にはジェイムズ・キャメロン作二〇〇九年の映画『アバター』に出てくる青い肌をしたナヴィが話す言葉で、ポール・フロマーが作ったものがある。実世界でかつて政治的希望を体現していた人工言語は、芸術と娯楽の装飾品になってしまった。

こんにちでは世界の補助的な言語は、人工言語ではなく英語だ。英語を第二言語として使っている人は英語を母語とする人より多い。その推定数はさまざまだが、もっとも控えめな見積もりでさえ、五億人いるという。そのような状態が進展するのに抵抗しようとするより、遙かに多くの世界の市民たちが必死で時流に飛び乗ろうとしている。その傾倒は宗教を信奉しているかのようで、よそ目からは自ら進んで苦行しているようにみえることもある。カナダのジャーナリスト、マーク・エイブリーによれば、金持ちの韓国人の中には、金を払って子どもたちに舌を長くする手術を受けさせる者もいるという[10]。英語を申し分なく話す助けとなるからだという。それによってｒとｌの音を出すことができるようになるというのだ。アメリカやイギリスに移民した韓国人の中に流暢に英語を話す人たちが多くいるという事実からすると、はたしてそのような処置が必要なのか、あるいは有効なのか、と思ってしまうのだが。そうは言っても、言語の中心は経済面でも中心だという思い込みに引きずられた人びとが、英語を学ぶためにどこまでやるかという強烈な一例だ。

英語が第二言語として使われている場所では、その使い手はしばしばそれを自国語の制約からの解放と感じている。彼らはそれを権力と社会的地位と関連させ、自己表現のための柔軟で甘美な媒体だとみている。それは選択と自由を象徴する。しかし、英語を話せない多くの人が学ぶことを切望する一方で、それを、帝国主義だけではなく、資本主義とキリスト教（この二語が同意語同然になったのは、主に一九一七年の帝国主義と資本主義に関するレーニンのパンフレットのせいだ）の略奪と関連させ、抑圧の道具と感じる人も多い。オーストラリアの学者アラステア・ペニーコックは英語の矛盾した立場を「脅迫、欲望、破滅、機会の言葉」[11]とうまくまとめている。その普及は、他の文化の統一性を浸食する同質化（アメリカナイズと言う者もいる）の力とみることもできる。それでも、言葉がまったく独特な方法で地域化されるのは驚くべきことだ。それがあらわしているとされるまさに権力とイデオロギーに対抗するものとして使われることもある。たとえば、ソマリ人やインドネシア人のラップ音楽を聞きながら、その歌が英語であるのは、商業的・文化的アメリカの力に対して臆病なあまり敬意を払っているからだと思うのは考えが甘すぎる。

『オブザーヴァー』誌の編集者ロバート・マクラムは著書『グロービッシュ』(二〇一〇)の中で、英語の破壊的能力について次のように究明している。「英語の破壊的能力。それは野ウサギとともに走りながら、猟犬と狩りもする。政府とその反対者両方の考えをはっきりさせ、権力と権威の言葉であると同時に普通の人びとの言葉でもある。ロックンロールの言葉でもあり、王の布告の言葉でもある」。彼はそれを「伝染性があり、融通がきき、大衆性をもつ」とみなし、一九八九年のベルリンの壁の崩壊を「情報の流れにおける新しい原動力」の始まりを示す象徴的な瞬間とみなした[12]。マクラムは英語を、アメリカのコラムニスト、トマス・L・フリードマンが「フラット化する世界」、新しい「ひとつの地球規模のネットワーク」と印象に残る呼び名をつけたものの中心的な役割を果たすとみている[13]。

二十一世紀になると支配的な世界語としての英語の地位が挑戦を受けるようになる。主たる挑戦者はスペイン語と中国の北京語となりそうだ。両方とも母語としている人の数が英語より多い。しかし、現在両方とも共通語としてはあまり使われていない。北京語を話す人の大半はひとつの国に住んでいるし、スペインを除けば、スペイン語を話す人のほとんどは南北のアメリカにいる。少数民族の言語の復活は英語にとってもいいことだという議論がある。それは英語の大きな競争相手を弱体化し、英語の普及を妨げる障害を取り除くことになるからだ。だから、たとえば、カタルーニャ語、バスク語、ガリシア語の復活はカスティリャ語であるスペイン語を弱め、英語の競争相手としての力をそぐことになるだろう[14]。英語の擁護者はこの議論を裏返しして、英語の進出は少数言語にとってよいことだと論じる。しかし、この裏返しの議論はまやかしだ。

ニコラス・オスラーはときに水際だった洞察を示す驚異的な言語学者だが、「英語を世界的な地位を達成した他の言語と比較すると、言語として一番似ているのは中国語とマレー語だ」と述べている。この三ヵ国語はどれも語順が主語—動詞—目的語であり、名詞も動詞もあまり活用しない。さらに、「独特の伝統を守り、それゆえますます綴りと発音が乖離しているという英語の側面は中国語とよく似ている」。そして「中国語に起こったように……英語の話し言葉としての命は、書き言葉の伝統にただ漠然と繋がってきた」と[15]。大変面白い繋がりだが、次に何が起こるのかの指針にはほとんどならない。

英語への主な挑戦はその内部からなされるだろう。反英語を目的として人びとは英語を使ってきた——創造的な芸術家や政治的人物が英語で、英語らしさ、あるいはイギリスらしさ、アメリカらしさからとの相違を主張してきた——長い歴史がある。たとえば、母語が英語ではない多くの作家は、彼らの英語で書いたものを異国風の趣で満たしてきた。こうして、より広い読者に届くことを可能にする媒体を使って仕事をしながら、自分たちの受け継いだものを披露することが可能になった。

二つの挑戦が突出している。インドのことはすでに述べた。その世界的な野望のために英語は重要だ。英語の根っこには植民地主義がある。しかし、英語とインド人との繋がりは、過去というよりもむしろ未来だ。アメリカ合衆国を含めて他のどの国よりも、インドでは英語を使っている人のほうが多い。そうするうちに、中国でも英語を学んでいる学生の数は急増している。起業家李阳《リヤン》は正統的ではない教育方法であるクレイジー・イングリッシュを発達させた。それにはたくさん叫ぶことも含まれている。李の説明によると、これは中国人が「国際的筋肉」を活性化させる方法なのだ。彼が繰り出す行動指針は愛国的だ。香港城市大学英語学部長キングズリー・ボルトンはこれを「営業用愛国主義」(16)と呼んでいる。確かにその内容は派手だ。李の唄い文句には「英語を征服して中国を強くしよう」というのがある。民族的優越感を煽っているという少数の反対派の声もあるが、彼の大衆迎合的なやり方への熱狂は疑う余地がなく、中国の英語熱の徴候のひとつだ。英語を学ぶことが現代世界で生き残るための欠かせない技術だという熱烈な確信なのだ。

世界の二つの人口最多の国での英語の受容は英語が変わりつつあることを意味している。変化の中には、それを母語とする人にとって当惑するようなものもある。英語の「イギリスらしさ」は薄められている。もっと驚くのはアメリカらしさも薄まってきているのだ。英語の重心が移動しつつある。実際に、二十一世紀には英語の重心は複数になってきている。これが続けば、英語を母語とする人は不利な立場にあると気がつくことになろう。英語が母語の人たちは英語を使うときにあらゆる種類の文化的重荷を背負っている。あきらかな例としては、スポーツにちなんだ隠喩の使い方だ。スロヴァキア人の同僚に、「You hit that for six. 君は相手を完璧にやっつけた」と言っても、彼女は何について話しているのかまるでわからないだろう。アメリカ人もわからないだろう。インド人ならわかるかもしれない（イメージはクリケットからだ）が、本当はわたしがもっと慎重に言葉を選ぶべきなのだ。厄介なのは、しばしばわたしやわたしのような多くの人は気をつけるべきなのに、その訓練をまったくしていない。英語を母語としていない人は、この種のしゃれや凝った言い方にはとまどってしまうだろう。英語を母語としない人は母語とする人と話をするより、自分たちどうしで話をしているほうが楽だとよく言っている。すでに、英語を学んでいる人の多くはそうしているし、彼らにはそれを母語としている人と話すつもりはほとんどというか、まったくないのだ。もし、わたしが彼らの会話に口をはさんだら、わたしの割り込みは歓迎されないだろう。

同時に英語を母語とする人は、自分にこの有力な言語の能力があるから他の言語を学ぶ必要性を感じない。現実はそうではない。イギリスの会社は相手国の言語を話せないために輸出の機会をよく逃してしまっている。[17] さらに、二十年か三十年以内には英語を習得することが経済活動の基本的能力とみなされるようになり、英語を母語とする人はもはや競争面において優位ではなくなるだろう。二〇〇五年の世論調査では、オランダ、デンマーク、スウェーデンの八〇パーセントの人が英語を話せると主張している。フィンランドではその数字は六〇パーセントでドイツでは五〇パーセント、フランスとイタリアは三〇パーセント、スペインとトルコは二〇パーセントだ。[18] もうすでにこれ以上になっているといっても間違いないだろう。この数字は二〇〇六年にブリティッシュ・カウンシルが出した調査結果による。ブリティッシュ・カウンシルは一九三四年に設立され、こんにちでは百カ国以上で「国際文化関係団体」として活動している。一九八九年に会長サー・リチャード・フランシスは「イギリスの本当の黒い黄金は北海油田ではなく英語だ」と述べている。[19] この見方はときには軽視されることもあるが、ブリティッシュ・カウンシルのイギリス英語の促進という役割はイギリスの企業利益とつながっている。ブリティッシュペトロリアム社（現在ではBPAmoco）はブリティッシュ・カウンシルと共同で、外国人に英語を学ぶことを奨励する教育計画に資金を提供している。これは正確に言って利他主義ではない。コペンハーゲン・ビジネススクール名誉教授ロバート・フィリップソンが痛烈に言ったように、「商売のための英語は英語のための商売」。[20] しかし、英語は推し進められていると同時にまたもぎ取られてもいるのだ。とりわけ、人びとが学びたがっているのは言葉なのだから。

その結果は複雑だ。当初から意図されてはいなかったものもあるようだ。イギリス英語普及に莫大な金額がつぎ込まれていても、実際にはそれが使われている場所ごとに英語はどんどん地域色を強めている。したがって、世界の数多くの言語が消滅している一方で、幾種類もの英語が増えつつあるのだ。

26 流れゆく自然界とどう向き合うか

言葉と思考の形

英語の世界的な普及とテクノロジーの進展について話していると、必然的に未来についての思索へと繋がっていく。しかし、直近における言葉の役割についてはどうだろう。実際、言葉と思考との関係はどうだろう。

ときおり言われることだが――そしてそう言うのがまさに流行となっているのだが――言葉によってわれわれは現実を構築することができる。わたしなら、現実という言葉を引用符で囲むところだが。というのはこの見解によれば、現実は一種の作り話で、われわれが真実と思っていることのほとんどがわれわれが暮らす社会によってかきたてられた夢ということになる。こうして、われわれは絶え間なく、われわれの慣れ親しんだ主観からいくぶんかの客観性を奪い取ろうと苦闘している。ただし、苦闘をこのようにみることはほとんどないし、そもそも苦闘とさえ見ていない。

言葉によって現実のイメージを構築することができると言えば、もっとわかりやすくなる。感覚による経験は流れのようで、われわれはその方向を言葉を使って定めている。言い換えると、言葉は世界についてのわれわれの流動的な印象をまとめる。しかし、われわれがまとめているのは世界ではない。むしろ、世界についてのわれわれの経験なのだ。言葉を使うとき、われわれは自分の外部にあるものに対する感覚的反応を翻訳し、解釈する。言葉はわれわれの経験の枠組みとなるのだ。それは経験をいくつかの小片に分解する――アナログである現実のデジタル化だ。それぞれの言語がそれぞれのやり方でこれを行なっている。それぞれの言語は地図のようなもので、地図の作り方に独自のしきたりがあらわれていると言えよう。地図化された知的領域の地勢は一定だが、さまざまな方法で表現される。

この地図化することは日々行なわれているが、中立的なものではない。フランスの哲学者ジャック・デリダは「日々の言葉」は無垢からは遠いと論じた。「それは……あらゆるタイプの先入観を伴っている」。そしてこれらの先入観は「ほとんど注目されてはいないが、ひとつのシステムの中に組み込まれている」[1]。デリダの言っていることのもっとはっきりした例のひとつは、世界を対立する二項目としてあらわす傾向だ――能動的対受動的、英雄対臆病者、善対悪、内側対外側、自国の人対外国の人、食べられる対食べられない、男対女。これらの構成は敵対している――つまり、常にどちらかを好み、他をけなすことになる。経験は言葉より先立つものだとしあわせにも信じている限り、そういったことをあまり心配はしないだろう。しかし、もし言葉がわれわれの考え方、あるいは感じ方に悪影響を与えているとしたら？「純粋な」言葉というようなものが本当にあるのだろうか。あるいはわれわれはいつも隠喩を翻訳し、妥協し、その暗示にかかっているのだろうか。

毎日の生活で、言葉の意味には何か根元的な現実があると信じるのは都合がいいことだ。われわれは、言葉とわれわれのまわりの現象との間にあきらかな繋がりがあると信じている。直感的に言えばこれは正しいように感じる。だが、言語は差別化するシステムだ。思考は――その差の――関係性を知覚することであると言えば満足できるだろう。

言語学の分野において、この見解の偉大な主唱者はフェルディナン・ド・ソシュールだった。彼の考えは人文学を横断して探求され、デリダらの論議の始点となった。ソシュールは、イギリスのヘンリー七世の末裔と称してももっともと思えるスイス人で、十年ばかりパリで、その後一八九一年から一九一三年までスイスのジュネーヴ大学で教壇に立った。彼が出したただ一冊の本はインド＝ヨーロッパ基語の母音の仕組みに関したものだった。彼の影響が永続しているのは、ジュネーヴ大学で彼の授業を受けた二人の学生シャルル・バイイとアルベール・セシュエが、講義を記録したノートと受講中に収集した資料を編集しようと決心したおかげと言えよう。[1]

ソシュールは、意味されるものと意味するための記号との間に必然的な繋がりは何もない、と強調した。もっと具体的に言うと、crocodile［わに］という言葉における音の連鎖は、われわれが「わに」と知っている生き物について話すとき、他のいかなる音の連鎖よりもピッタリしているというわけではない。その繋がりは本来備わっているものではなく、恣意的なものだ。この原則にあきらかに反する二つの例外がある。すでに存在しており、その意味に貢献する他の言葉からなっている語（lawnmower［芝刈り機］やcorkscrew［栓抜き］）と、意味する音を真似た擬音語だ（boom［ブーンという音］、clang［カランと鳴る音］、kerplunk［ドスンと落ちる］や、ラテン語の「ささやく」を意味するsusurrusなど）。しかし、これらの例外を除くと、原則は動かない。「意味するための記号《シニフィアン》」と「意味されるもの《シニフィエ》」との間に生得の繋がりはない。シェイクスピアのジュリエットのせりふにあるように。「名前に一体何があるっていうの？　バラと呼んでいる花は／どんな名前をつけても甘い香りがするでしょうに」

あらゆる自然言語は、すでに存在する分類に名前を与えるよりは、自分たちの分類を明確に表明する。これは言葉がその意味を変えていくやり方に示されている。よく知られているように言葉が示す概念は、現状を維持する代わりに変化していく。もし、言葉とそれが示すものとの関係に何らかの「自然な繋がり」があれば、言葉は歴史の影響から隔離されるだろう。言語はこのようには働かない。ソシュールが述べているように、「言語は瞬間的な言葉の配列によってのみ決められる純粋な価値のシステムなのだ」(2)。現代の言語学者たちが規範主義の伝統を否定する背景にはソシュールの影響がある。彼は、言語学は科学としての地位を確立すべきだと論じ、実際にそのテーマのための科学的基礎を作り上げた。

言語は、自分の感情を表に出すことを可能にする——他の人に理解させ、影響を与えることができる。また別の重要な効果もある。それはわれわれを道徳的な生き物にする。言語と道徳性との間の繋がりは堅固だ。しかし、だからといって、目に見えてあきらかというわけではない。われわれの道徳性のシステムは言語を通して作られ、維持される。それは、（ほとんど気がつかないが）自分自身との会話や、より広く他人との会話を通して達成される。これがとるひとつの簡単な形が、自分はどこに属すか、また他人をどこに位置づけるかという分類についての表明だ。これは子どもの頃から始まる。言語を習得する重要な期間というのは、社交性や道徳的能力の発達に重要な時期でもある。分類することで、われわれは社会的な役割を果たすことができる。分類という手段で、言語は報酬と罰の範囲を示し、協調と連帯——欺くことも——を可能にする。言語は繰り返しであり、有限の源から無限の変化をもつ表現を生み出すことができる。そして道徳性も同じく繰り返しである。というのは、数限りないものについて道徳的観点から語ることができるし、たったひとつのことについて無限に道徳的解釈をすることもできる。さらに、自分自身から離れた状況について語ることができる。それが、想像上であったり、非現実であったりしてもだ(3)。仮定する能力は、どうでもよいものではなく、われわれの道徳的判断にとって決定的だ。

隠喩は、われわれが、あまり馴染みがなかったり抽象的な事柄に対処するために重要な役割を果たしている。道徳的な問題について話すとき、われわれは大いに隠喩を頼りにする。道徳性を強さとか何か自分たちを支えるものとして考えるのはよくあることだ。英語は、誠実さ、正義、寛容、他人への配慮、他人の言うことに耳を傾けること、自制、安全を重要視する隠喩の宝庫だ。

しばしここでわれわれがそれを頼りに生きている日々の隠喩を見てみよう。それらはまとまりとして考えられる。このテーマについて詳細に研究したアメリカのジョージ・レイコフとマーク・ジョンソンは「方向を示す隠喩」の普及について記している。健康、支配、高い地位と美徳は「up」で、病気、支配への服従、低い地位、堕落は「down」。レイコフとジョンソンはわれわれが議論のことを旅に見立てたり（「We will proceed in a step-by-step fashion. 一歩一歩進もう」、「Do you follow? ついてきているかい?」）、また容器に見立てたり（「The argument has holes in it. その議論には穴がある」、「I'm tired of your empty arguments. 君の空っぽの論にはうんざりする」）、そしてこのような異なった描写がいかに矛盾しないかを示している(4)。

隠喩はわれわれの経験を明瞭なものに整理するのを助けている。それらは抽象的なものに生き生きとした命を与える。金［money］は血［blood］と等しく、その流れ［flow］が活気を与える［invigorating］。基金を惜しみなく使い［flush with fund］、金をつぎ込み［cash is injected］、金が流通し［cash circulates］、流動性を圧縮［liquidity gets squeezed］、業績不良の事業から基金が流出する［funds haemorrhage from an ailing business］、そして搾取者（吸血鬼［bloodsucker］か?）

は金を搾り取る［bleed you dry］。知識はかなりの程度まで視力［sight］とみなされ［seen］、無知は盲目［blindness］、暗闇［darkness］、夜［night］の状態とされる。愛は、とりわけ、狂気［madness］、葛藤［conflict］、引力［gravitational force］だ。セックスは暴力［violence］とされる。これを詳細に説明する必要はないと思うが、たとえば、man-eater［男をもてあそぶ女］とか lady-killer［女たらし］というイメージや、かなり多くのペニスに関する俗語や、「征服 conquest」とか「言い寄る make a pass」（後者は剣による戦いの領域から来たイメージ）といった何気ない言い方を考えてみるといい。香港嶺南大学のアンドリュー・ゴートリーはセックス／暴力の繋がりについて徹底して論じたが、性的隠喩と強姦との繋がりを示唆するところまでいき、「陪審員と裁判官は強姦がどういうものか認識していない。なぜなら、セックスを暴力として概念化する傾向があるからだろう[5]」と述べている。そのような連想は長く続いており、不変だと考えるかもしれないが、イデオロギーによってわれわれの日常の隠喩は曲げられるようにみえる。たとえばすべてが商品であり、事業は知恵であり、変化は発達であると考えるとする。よくこのように例示されるが、このような考えは永遠に続くものでも、確かなものでもない。同様に、資本主義の隠喩的言語はわれわれが自由とか民主主義に使う隠喩とからみあっている。成功は活動であり、自由は行動であり、創造性は富であり、質は大きさであり、所有することはアイデンティティーというように。

日々の隠喩の多くは死んだものであり、かつては独創的で詩的な言い方だったものが化石化して残っているのだ。けれども、新しいものを作り出すのにも落とし穴がある。試みは失敗することがしばしばだ。われわれは皆、いわゆる混喩というものに出くわしてきた。それはぎこちなさゆえに悪し様に言われている。このぎこちなさを経験すると、意味がそこなわれたと感じる。隠喩は、あるものと別のものが似ているという印象を伝える。その類似性が最大限だと、その意義は認められる。そして成功した隠喩はひとつの発見となりうるだろう。ウォレス・スティーヴンズが詩［poem］は流星［meteor］だと書くとき[2]、詩に含まれる、流星と共通する属性を思い浮かべるだろう。詩は突然の輝かしい光の筋であり、目撃された瞬間に消えてしまう何か珍しいもの、彗星（たぶん彗星は霊感）からこぼれた破片、あるいは、もっとありふれた言い方をすれば、たいてい夜見る――鑑賞する――ものだ。隠喩が重なった混喩の場合、その繋がりは壊れてしまう。そのかわりに滑稽な並べ間違いを見ることになる。もし、わたしが、「詩は流星 meteor で詩人の考えを心に叩き込む hammer home」と書けば、読者はもはや詩と流星との間の繋がりを評価しないだろう。なぜなら、流星という言葉のあとに続くものが、流星とはどんなもので何をするかについてのイメージからは程遠いからだ。隠喩を受け入れがたい方向にまで広げたことで、その全体が不合理なものになってしまった。けれども、ときには、まさにその分裂もしくは拡散のせいで、その描写されているものについて、あるいはわれわれの感じ方について、何か面白いこと――そのとらえ難さだろう――を隠喩が語ることもある。ハムレットが、「海のような心配事に対して武器を取る」[3]べきだろうかと思い悩むとき、それは混喩だが、彼がほのめかしているのは自分の心配事には武器による解決はほとんど効果がないということだとわれわれは推測する。それはそうやって立ち向かうにはあまりにも流動的で巨大だからだ。

ある種の感情は人間の経験の基本的な部分だと思える。幸福と悲しみ、恐怖、驚き、嫌悪と憤怒――それらは普遍的なものであるかのように感じられる。嫌悪、驚き、幸福といった感情を伝える顔の表情は文化的な起源を持つというより、まさに生まれながらのもののようにみえる。しかし、感情を描写するために言葉を使うとき――ワオとかアーとか叫んで表現するのとは対照的に――われわれは感情を抑制したり、うまく型にはめ込んだりしながら、その過程で感情をコントロールしている。じっくり考えてみれば、たいていの場合われわれの感情はそれぞれ独立したものではなく、それらの間にはっきりした区別などないことがわかる。言葉は感情を分け、分類する格子のようなものにみえる。別の言語でも別のやり方でそれを行なっている。日常的な例を挙げれば、愛の告白の仕方を比較できるだろう。スペイン語で「I love you」に等しいのは「te quiero」で望みをあらわしている。フィンランド人は「rakastan sinua」と言う。「あなたの一部を愛します」という意味だ。これに比べて、フランス語の「je t'aime」は陽気に聞こえる。しかし、われわれが慣れ親しんだ語彙は、われわれが見たり感じたりするときの独特の振る舞いと関連している、というのが少なくとも説得力があるようにみえるとしたら、文法についてはどうなのだろう。それもまたわれわれの見解を形づくることができるのではないだろうか。

文法は思考「である」という認識――文法的分類は経験を分類し、異なった言語は異なったやり方でそうする――は、前世紀初めに文化人類学を専門的学問の分野にまで発達させたことで知られる学者フランツ・ボアズによって進められた。ボアズは、言語が経験を分類するやり方は、思考を指示するというよりも思考を反映すると信じていた。彼の考えを発展させたのが傑出した彼の生徒のひとりエドワード・サピアだ。彼については初めの方の章［七六頁］ですでに簡単に触れている。サピアは議論の見方を変え、われわれは経験を、実際には直接それと一致しない分類に従って読んでいると主張した。サピアによると、あらゆる言語はそれなりのやり方で思考の流れを作るという。言語の分類の仕組みが経験の解釈を形づくっているというのだ。サピアは、どんな言語を二つとっても、同じ現実を表現するのに十分同じではないとまで述べている。

サピアの生徒ベンジャミン・リー・ウォーフはこの論から出発した。ウォーフは熱心な素人言語学者であると同時に、防火の分野の専門家だった――これは言語について大きな論議を進めている人にとってやや皮肉な職業だ。ウォーフは、サピアが理論上だけで扱っていた事柄の事例を調査した。「本当に問題なのは、異なった言語が……動き続けている自然の流れゆく面をどう扱うかだ」(6)と彼は書いた。彼は次のように述べている。いわゆる標準的平均的ヨーロッパ言語と呼ばれている言語である英語の隠喩は、空間と時間の関係を認識する一定の方法を強要する。これらは、アメリカ先住民の言語ホピ語の例とははっきり異なっている。ホピ語では、時間、過去、未来について、あるいは何か永続するものという概念について直接述べることができるような言葉も文法的な構造もないし、ホピ語を話す者は年代順とか連続とか、はかることのできる時間の長さのような事柄には何の興味も示さない、と彼は主張する。「ホピ族の抽象的概念は全世界に二つの大きな宇宙的形態を与える。それは……われわれが「あらわされた」と「あらわしている」と呼ぶものだ」と彼は書いている。対照的に、「われわれ自身の言語の底に横たわっている抽象的概念は……全世界に二つの大きな宇宙的形態、空間と時間を与えている」。彼は次のように結論づけている。「あらゆる言語は宇宙的規模の事柄を表現しうる用語を持っている。それは体系化されていない哲学の基本的原理をそれ自身の中に結晶させる。その用語で民族の思考が表現される」。その結果、「ホピ族は、われわれが名詞が好きなのと対照的に、動詞を好み、ものについてのわれわれの主張を、出来事についての主張へと絶え間なく変換している」(7)。

ウォーフの論は別の方向に展開し、こちらのほうは思いがけず長く影響を持つことになるのだが、北米のインディアンが雪について持っている言葉の数について述べたボアズの意見を引き続き究明した。彼はエスキモー（今ではイヌイットという言葉を使う方が好ましいとされる）にとって、「あらゆる状態の総称である」雪という言葉は「ほとんど考えられない。降る雪、ぬかるんだ雪、などなどは感覚的にも、使い方も異なっており、それぞれに対処すべき異なったものだと言うだろう。そしてそれらに関しても、他の種類の雪についても異なった言葉を使う(8)」。後の作家たちは、この認識に誘われて、異なった言葉の数をますます大きく推測して特定し、四百もあるとまでいった。彼らはまた、イヌイットは雪の異なった種類にもっと注意を払っているとした。なぜなら彼らは雪について大量の言葉をもっているのだから。

ボアズが主張し、サピアが変更し、ウォーフが再調査した考えはサピア＝ウォーフの仮説として知られるようになった。文化人類学者と心理学者によって広められたこの議論をもっとも簡潔にまとめると、言語の独特の形はその使い手に現実を特別のやり方で見るようにさせるというものだ。つまり、われわれは自分たちのまわりの世界を、自分たちの言語が規定した線に従って分割している。われわれが属する共同体は、われわれがあらゆるものを解釈するやり方の方向を前もって定めている。したがって、人の行動はその人が話す言葉の結果とみなすことができるし、われわれの言語の中にその名称がないために、われわれが考慮することのできない概念も存在しうる。このような思考の筋道を多くの研究家や作家がたどってきた。たとえばアメリカの心理および言語学者のアルフレッド・ブルームは、英語と中国語の違いについての研究によって、英語の話し手のほうが論理的、反事実的思考のための手段がより大きいと述べるに至っている(9)。二〇〇四年には、あるジャーナリストが『ニューヨーク・タイムズ』に、チリ南部のカウエスカー族について、彼らは「未来形をめったに使わない。カヌーで絶えず動き回っているという成り行きからすると、未来形はほとんど必要がなかったのだ(10)」と書いた。

これらのほとんどは間違っている。実地調査からみて、ウォーフのホピ族に関する主張は本当ではないのがわかる。ホピ語には、時間の単位の量を量る方法はあるし、文法的な時制もあるし、時間を計る様々な手段を利用して記録がとられている。ウォーフの説は願望と事実に基づかない神秘性の混ざったものに思える。アルフレッド・ブルームの見いだした結論は、彼が自分の実験を構築するやり方に欠点があることから生じている(11)。『ニューヨーク・タイムズ』のカウェスカー族についての話は受け入れられない。それについて、言語学者ジョン・マックウォーターはこう述べている。「日本語にも未来形がないけどご心配なく。だって日本人が未来のことにほとんど関心がないとはとうてい思えないだろう(12)」。まさにその通り。

言語の文法の型がその話し手の考え方の型を反映していると信じるのは慎重にすべきだ。世界の六千以上の言語どれもが独特の世界観を符号化しているのだろうか？　否。

ドイツ語で、小人を指す言葉 Männlein が中性だとか、ナイフやフォークやスプーンを示す言葉がそれぞれ中性、女性、男性なのは重要なことだろうか？　マーク・トウェインは「ドイツ語では、若い女性には性がなく、蕪にはある。蕪にはなんと凝った尊敬が示されているのか、女性にはなんと冷淡な無礼さしか示されていないのか、考えてみるがいい」[4]と皮肉を言っている。愉快な一行だが、文法の性は抽象的で、形式的な概念だ——生物学的な性に結びつけられたものではないし、ばかばかしいものでもない。

イヌイットの雪に関する言葉の数についての主張は、主にその感受能力という理由で興味深い。それは「どんな生徒でも知っている」ような「事実」のひとつとなった（ジョージ・オーウェルはこのような誤った考えの一覧をつけていた。その中には、嘘をつけば舌に斑点が出来る、とか、豚は泳ぐと足で喉を掻き切ってしまうのではないかと恐れて泳ごうとはしない、といった話も入っている）。イヌイットは雪の言葉をたくさん持っている、だから彼らは雪への関心が高いという考えには原因と結果の奇妙な逆転があるようだ。いずれにせよ、言語学者は、イヌイットの持っている雪を表す言葉は目を引くほど多いという考えを一笑に付している。それは snowclone という言葉のもとになった。その意味は「エスキモー語に雪に関する何ダースもの言葉があるとしたら、ドイツ語には官僚をあらわす言葉が同じぐらいたくさんある」[13]といった使い古された形の句のことだ。言語の専門家が大衆神話に強く反対しているようなふりをしたいならば、よく知らない民族について立証されていない話を鵜呑みにするのは人種差別主義だと言えばよい。それでも、雪を表す言葉についてのとっぴょうしもない大げさな話は最大限の効果を得ようとするたちの悪い記者たちの誇張だろうが、多くのイヌイットはわたしよりもずっと雪に出会うことが多く、ずっと雪について話すことが多く、広い範囲にわたる雪にまつわる現象を経験し、それゆえ、雪のタイプや雪の出来事などについてもっと大きな語彙があるかもしれない、というのはもっともらしく思える。これはひとつの面においてのみ驚くべき視点だ。つまり、あまりにあたりまえのことだ。それはサピア＝ウォーフの仮説とは何の関わりもない。言語戦争において愉快なほど懐疑的な闘士、フリーの編集者マーク・ハルパーンはこう述べている。「ほとんどの観察者は、日々の生活でもっとも関心があることに対してたくさんの語彙を持ち、使うことは、まるで当然だと思っている[14]」。それだけなのだ。語彙がたくさんあるだけで、心理が徹底的に異なっているわけではない。

サピア＝ウォーフの仮説が正しいのは、薄められた形においてのみだ。語彙は、われわれがものを認識するやり方やそれらを思い出すやり方に影響を与えることができる。これに一部関係があるのは、われわれの認識能力が子どもの頃に形づくられ、そしてそれが言葉の影響下において生じていることだ。また、新しい言葉に出くわすと、その新しさを楽しいと思うだろうし、その言葉を使えば、それが示すものを公然と確認することになるのはわかっている。だからといって、これがわれわれの認識装置を構築していることにはほとんどならない。

言語と思考との関係について考えるとき、どの隠喩を選択するか、個々の言葉をどう選択するかが他人との意思疎通の枠組みを作るのにいかに大きな部分を占めているかがすぐわかる。言葉には強力な連想があるのだ。いくぶんこれらはよく知られた連語《コロケーション》——すなわち、言葉どうしが作る結びつき——に関係している。たとえば、名詞 takeover［乗っ取り］は benign［優しい］よりも hostile［敵意のある］という形容詞とともにあらわれることが多く、rain［雨］は fat［太った］や whirling［旋回する］よりも torrential［急流のような］や heavy［強い］を伴うことがずっと多い。連語というのは人びとが言語を学ぶときに関心の高い分野だ。英語に習熟していることを示すには、a great area、a large smile、a big difficulty ではなく a great difficulty［大きな困難］、a big smile［満面の笑み］、a large area［広い範囲］と言うほうが普通だということを知る必要がある。しかし、他の種類の連想もある。個人的なもの、社会によって（ほとんど気づかないうちに）育まれたもの、魔法や迷信や原始的神聖さ——あるいはその裏面の恐怖——を思わせるものだ。言葉には、色、顔、気質、臭い——つまり個性——があると思う。そのような装飾品は、ときにはもっとも重要な部分となりうるようだ。

一九六〇年代に二人のアメリカの学者、デイヴィッド・パラーモとジェイムズ・ジェンキンズはこの分野を詳細に調査した。ミネソタ大学の心理学の学生を男女半々の割合で千人ずつ、そしてミネアポリスの公立学校の生徒を小学四年生から中学二年生、高校一年生、高校三年生それぞれから五百人ずつ選んで調査し、二百語の単語を挙げ、それがきっかけとなって引き起こされた最初の反応に注目した。彼らの発見の中からひとつの例をとって、sour［酸っぱい］という言葉を集中的に見てみよう。反応には多くの重複がみられた——あきらかな「連想規範」がある——が、驚くほどの違いもあった。sour がとてもよく連想させる言葉は sweet［甘い］だった。大学生のうち、二百三十二人の男子学生、二百五十五人の女子学生がこう反応した。他の反応よりもほぼ五倍もあった sweet 以外で、より頻繁にみられた反応は、bitter［苦い］、cream、lemon、milk だった。

creamは男子学生より女子学生の間でよくあり、五〇パーセントだった。大学生は誰もhurt［傷ついた］と書かなかったが、反対に六年生の男子生徒の反応のうちそれは二番目によくあったものだ。もっと年下の生徒たちは、大学生よりも、sourをbad——そしてgoodと——結びつけることがよくあった。年上のものはapple、grapes、pickleと結びつける傾向にあった。少数の人がpain［痛み］ならびにsweat［汗］と結びつけた。大学の二人の男子学生の反応はwhiskey（「ウィスキーサワー」からか）だった。四年生の三人の男子生徒はfootを挙げたが、五年生以上にこのように繋げるものはいなかった。すべての例の中でたった一回しかあらわれない特異な反応には、arm［腕］、basement［地下］、English、horn［角］、monkey、shepherds［羊飼い］、teacher、vowels［母音］、work［仕事］があった。そしてわたし個人から見て驚くほど変わっていると思ったのは、dough［パン生地］、puss［猫］、taste［味］——総勢四千五百人のうち、それぞれ十人、十一人、九十一人の学生たちの反応だ。(15)

パラーモとジェンキンズの研究がほぼ旧式にみえるとしたら、peace［平和］のような一語をとって数名の志願者にこの語が「引き金」になって頭に浮かんだ言葉を十個書いてもらうという簡単な実験でいいだろう。これを三人の友人にやってみたら、peaceからwar［戦争］とquiet［静か］をそれぞれすぐさま書いたが、三人のリストすべてにあらわれた他の言葉はなかった。一人がtreaty［条約］と書き、一人がdove［鳩］と書いた。三番目に選ばれた語にはpipe［パイプ］、grass［草］、massage［マッサージ］がある。naked［裸の］でもう一度やってみると、三人ともeye［目］、ape［猿］、body［からだ］と書いた。二人はlunch［昼食］とaggression［攻撃］の両方を書き、一人だけがflame［焔］、あるいはambition［野心］と書いた。変わった一個限りのものには、grape［葡萄］、rambler［ぶらぶらする人］、fish［魚］、hotelがあった。この相違は何もびっくり仰天するほどのものではない。しかし、ひとつの言葉によって連想されるものは人によって違うことをうまく示している。同じように、読者もわたしもそれぞれの観点や価値観にしたがって、socialist［社会主義者］やpudding［プディング］のような言葉に独自の反応をするだろう。

このように書くといいかげんにみえるかもしれない。まさにいいかげんだ。しかし、それはひとつの大きな問題にわれわれの注意を向ける。われわれが書いたり言ったりすることすべてに前提というものが隠れている。言葉の連想テストはめったに口にされることがない思考様式の証拠——不完全で簡単に読み解くことができないが——を提供している。われわれはそれぞれ、認識地図を持っている。それは濃い輪郭を持ち、永久に目にみえないものだが、われわれの態度を作り上げている。

『ニコラス・ニックルビー』の中でディケンズはこう書いている。「恨みというのは小さな言葉だ。しかし、それは英語のどの多音節の言葉よりも、奇妙な雑多な感情、複合的な不和の要素をあらわしている」[5]。イーディス・ウォートンの『田舎の習慣』に出てくるラルフは、母親や女兄弟にとって「「離婚」という言葉は不快なものを暗示する暗いベールで包まれているから、育ちのよい人ならそれをたくしあげたいとは思わないだろう」[6]ということに気づいている。読者もこれらの言葉について同じような感情を抱いているかもしれない。けれども、おそらく、読者それぞれに特別に重要性を帯びた他の言葉があるのだろう。これらの違いは無害に聞こえるかもしれない。しかし、それらが問題を起こすのだ。

27 楽しき日々[1]

政治、ジョージ・オーウェル、そして英語

見方を変えれば、現実が変わる、とよく言われる。そして、呼び名を変えれば、それらの認識の仕方も変わりうる。これは、たとえば保険会社が顧客層を決めたり朝食のシリアル会社がブランド名をつけたりすることに関しては本当だ。しかし、他の現象についても本当であり、改名行為には政治性がある。孔子は『論語』の中で、政治家が政府を掌握したなら、おそらく最初の仕事はものの名前を正すことだろうと述べている[2]。

ジョージ・オーウェルは小説『一九八四年』でこのことを描いている。オーウェルが描いた地獄郷《ディストピア》――この創作にはスターリン主義の妖怪ばかりでなく、オーウェル自身の惨めな寄宿学校時代やBBCで働いたときの経験も影響している――の市民はニュースピークという言語を使うことを求められている。これは簡約化された英語で、微妙な表

現や反抗的な発言の仕方を削除することで市民に従順さを強いるものだ。だが実際には、国がいくら強制して言語をゆがめても体制を転覆させようとする動きを阻止することはできないし、常に抵抗はあるものだ。それでも、ニュースピークは言語が歴史も色合いもなくす未来を警告している。オーウェルの考えはオグデンのベーシック・イングリッシュへの敵意から形成されたところがある。最初、彼はオグデンの考えに好奇心をそそられたのだが、後にそれは機械的で劣ったものだとの結論に達した。『一九八四年』の中で、彼は現在を諷刺しているが、未来の予想はそれほどしていない。そして、「より高度な頭脳の中枢をまったく巻き込まずに」話せるニュースピークは、全体主義体制の理解できないチンプンカンプンの言葉を諷刺したものなのだ。

こんにちニュースピークはわれわれのまわり中にあると言えばあまり面白くない取り越し苦労だろうか。現実には、オーウェルが想像した限られた命令的な言語の代わりに、説得力があり、正体不明の別のニュースピークがある。ニュースピークは印象的な嘘を並べ立てる（「自由は隷属だ」とか「無知は力だ」）が、ときにニュースピークと呼ばれる現代の言語は実際にどこか違っている。それはごまかしを隠している。そして藤のようにだんだん伸びていく——大胆に、侵略的に、曲がりくねり、それでも装飾的に。ときには遠回しで人を混乱させる。しばしば、それは率直そうな外見を持っている。たとえば、現代の政治家たちが大好きな choice［選択］という言葉をみてみよう。この言葉には自由の意味が含まれているがゆえに魅力がある。それなのに、ほとんどの場合、その機会は使えないことになっている。これほど熱心に喧伝された選択を目の前にすると、うんざりするほど同じで、たぶん同じように気に入らない選択肢がずらりと並んだうちから選ぶことを求められていると気づく。選択とは何であるかをわれわれは知っており、原則としてその考えが好きだ。しかし、実際の choice の話は柔軟性のなさを覆い隠している——あるいは利己主義と不合理性を消してしまっている。

われわれは膨大な量の広告というものに曝されている——その説得力あふれた戦略に抵抗できなくなるほどたくさんと思う人もいるかもしれないが——それでもそれに目がくらんでしまっている。そして、「広告」というとき、それはテレビのコマーシャルや光沢紙に印刷された雑誌のページだけを意味しているのではない。伝統的な「土足《インタラプション》マーケティング」（マーケティングの専門家セス・ゴディンによる造語）は、製品とわれわれとの関係の甘美さを強調しようとする新しい戦略によって補完されている。

広告は現代生活に浸透した特性だ。それはわれわれの環境を混乱させ、学校のように、われわれが神聖だと考えているような場所にまでますます浸透してきている。われわれに直接語りかけることがよくある一方で、われわれの好みに刺激を与えるためにサブリミナルメッセージを使うこともある。広告の言葉は符号化されている。たいてい肯定的で、誇張され、繰り返されるが、その説得力は間接的でもありうる。しかし、消費という考えはすでにわれわれの生活の中に織り込まれている。われわれはまず第一に消費者であり、二番目に市民だ。製品よりも包装が問題となる。とくに知らないうちに進展しているのは、われわれの文化の中心に必要性のかわりに欲望を植えつけることだ——というか、むしろ何かを「必要とする」とはどういうことかというわれわれの考えをおぼろげにしてしまう。というのは「必要とする」は「欲しい」と密接に結びつけられてしまっているからだ。

リパッケージは認識を変える方法だ。単に「欲しい」を「必要」に変え、欲しくないものをさらに魅力のないものにする。たとえば、「地球温暖化」を覚えているだろうか？忘れてはいないだろう。ところが今では「気候変動」がもっとよく使われている。おそらく、より正確だ——それに確かにそれほど不吉には聞こえない。もし「地球発熱」とか「地球炎上」とか呼んだとしたらどうだろう。多くの人にとってこれはあきらかに扇情的すぎるようにみえるだろうが、気候、政治、未来について別の種類の議論を促進させることになるだろう。「インテリジェント・デザイン」というと、科学的で信頼できるように聞こえる。「特殊創造説」〔キリスト教の教義で万物は神が無から創造したとする説〕といえばそうは聞こえないが（知的な存在というのは誰のことを言っているのだろう——デザインした人のことだろうか。それとも狡猾なほのめかしで、インテリジェント・デザインという考えを押しつけた理論家のことだろうか）。航空用語で「セーフティ・イベンツ」という言い方があるが、これは伝統的に「ニア・ミス」と呼ばれている。金融界では、「サブプライム」貸し付けというのがあり、何の信用もない借り手をねらったものだ。多くの分野で、「標準的手続き」というのがあるが、それはもう少し自由にやれれば、ほとんど誰もがてきぱきと片づけられることを、高飛車で、多分愚かで、お金がかかるに違いない方法を示すもったいぶったやり方のことだ。「罪」を「悲劇」と言えばイメージはがらりと変わる。もっと古い例には「強制収容所」がある。「死の収容所」といったほうが近いだろう。「民族浄化」は「大量殺戮」というもっとおぞましい言葉で知られている行動を浄化している。「特別執行」は、今では多くの人が「代理による拷問」といったようなものを意味すると理解しているが、高度で重要な法的手続きのように聞こえる。それに「拷問」そのものもっと漠然と「不当な扱い」という言葉であらわされる。

これらは不快な臭いからわれわれを遠ざけようと考えられた普通の婉曲表現ではない。普通、婉曲表現は自由に行使され、われわれが実際にそこにあると知っているものを隠している。友人が「化粧直し」と言って急に消えたら、彼女が何か老廃物を排泄しようとしていることがわかっているが、わたしに真剣にそのことを考えてほしいと彼女は思っていないのが普通で、わたしも喜んでその共犯者となる。というのは、彼女が排泄しているところをイメージする必要がないからだ。けれども、これらの新しく誇張された婉曲表現はわれわれが本当に知りたい真実を隠してしまう。それらは（われわれ、あるいは使い手の）節度を気にかけて使われるのではなく、機密に属する、もしくは当惑させるような情報が、異議を申し立てられるかもしれない場所に自由に流れていくことを阻止しようという不安から使われるのだ。

受動態の使用は形を変えた否定の技術だ。文章の文法的主語を変えることでわれわれの注意をそらす。一般的には、文章の中でもっとも興味がある、あるいは重要であるものは何であれ主語となるはずだ。能動態の「われわれは反逆者を撃った」というのと受動態の「反逆者はわれわれによって撃たれた」との違いを考えてみるといい。そして、いかにしばしば声明が受動態の形で短縮されているかに注目してみよう。「われわれが反逆者を撃った」の代わりにただ「反逆者は撃たれた」とだけ告げられる。「われわれによって」が削除される前でさえも注目は反逆者に（そして彼が反逆者であるという事実に）移っている。次の段階に進むのは簡単だ。そして、誰がやったかという厄介な仔細から逃れられる。「わたしが誤りを犯した」という代わりに政治家は「誤りが犯された」——リチャード・ニクソンのお気に入りの決まり文句——という。この修辞的表現の特徴は過ちが誰か他の人によって犯されたとほのめかしているところだ。

否定の言葉の他に、自己正当化の言葉がある。与えられた名前によって、その扱い方を正当化するのに使われる。すると、婉曲表現でもなく、偽悪語法（不快な言葉を、好ましい、あるいは少なくとも害のない言葉の代用とすること）でもなく、賛辞の反対の「非難」となる。テロリストはもともとフランス革命のとき、誉れのしるしだった言葉だが、反逆者や敵や自由の闘士や暴徒を警戒して都合良く呼ぶ言葉になってしまった。

ジャーナリストのスティーヴン・プールが述べたように、これに関連する意味を持った言葉は「terrorist suspect テロリスト容疑者」（terror suspect テロ容疑者）だ。suspect［容疑者］は疑いがかかって告発されているが、まだ有罪の決まっていない人のことだ。けれども、容疑者に terrorist という言葉をつけることで、有罪を想定することになる。プールが述べているように、「まずテロリストと定義し……そうして初めてそのような分類の基盤がまだ証明されていないことを渋々認めるのだ[1]」。同じような効果があるのが「正当な暴力」だ。それは――おそらく囚人を抑制させるため――使用する暴力を、使用する際に、暗黙のうちに法の範囲内の程度だと判断されたとすることで暴力使用を正当化する。実際には、そのような判断があるとしても後から遡ってされるのだが。

プールは驚くほどの明晰さで現代の公の論議という特有の兵器について書いている。彼には確かに賛同者がいる。しかし、彼の理性的な声は、非難の対象である著名な人物や人気作家の耳障りな弁舌にかき消されないよう、もがいている。われわれは政府に支持された詭弁や政治家や政治学者の空虚な美辞麗句に、哀れなほど慣れ親しむようになってしまった。これは英語圏の国々に限ったことではない。ありとあらゆるところで行なわれていることだろう。

ジョージ・オーウェルはいくつかの評論の中で、政治的言葉の使い古された隠喩、誇張、難解主義について書いており、それらはこの問題に取り組むすべての人にとって基準となっている。一九四四年に出版された「プロパガンダと民衆の話し言葉」で、彼は政治的文書にあらわれた言葉と普段の生活で人びとが使う言葉との間の大きな隔たりを強調した。政府の広報担当者が作る小冊子、マニフェスト、声明などは、「明白で親しみがある日常的な言葉を本能的に避けているようだ[2]」と。効果的であるためには、政治的な言葉は普通で口語的であるべきだと彼は論じている。

オーウェルは、一九四六年四月に『水平線』誌に発表した評論でこの問題に立ち帰っている。その「政治と英語 Politics and the English Language」は、政治家と政治を論評する人によって使われる言葉の欠陥について徹底的に論じている。それは彼の評論の中でももっとも引用回数が多い。これまでにもはっきりさせてきたはずだが、その題名にある二つの名詞は分かちがたく結びついていると思う。ということは、題名の最初の二語は余分だと思われる可能性もある。オーウェルは、政治的目的のために言葉が悪用されていることを検証した最初の人物ではない。たとえば、ロックは異なった哲学流派の「きどった不明瞭さ」や「博識でチンプンカンプンの言葉」を「人間の生活や社会」に脅威を与え、「人類の様々な事柄に、混乱、無秩序、不確実」をもたらし、破壊するところまではいかないにしても、「二つの偉大な法則、宗教と正義」を無用なものとするのは確実だとした。[3] しかし、オーウェルは、明快な表現を求めて批評家や権威者がよりどころにする人物となった。

『水平線』の評論でオーウェルは、言葉とは思考を妨げるのではなく、思考を表現する道具だとしている。言葉によってわれわれの思考を表現することができるという考えはよく知られている。しかし、やり方によってはこれがうまくいかないことも知っている。またフランスの外交官タレイランの、言葉は実際にはわれわれの考えを隠すために存在するという説――キルケゴールはこれを、多くの人びとは、考えがないという事実を隠すために言葉を使うと主張して修正しているのだが――にも馴染みがある。キルケゴールの名言《ボン・モ》はオーウェルの好みにぴったりだっただろう。彼のねらいは、言葉の腐敗が思考をゆめる様にあるからだ。この腐敗を生み出すものは、防御しようのないものを防御するための政治的命令だと彼は論じている。奇怪で愚かな政策を支えるために、政治の演説や声明文の書き手たちは、婉曲表現、決まり文句、誇張、煙幕を張るという大量の兵器を展開する必要がある。われわれも、出来合いの文句や廃れた隠喩によりかかって仰々しく、曖昧なやり方で話をすれば、愚かな考えに屈することになる。オーウェルは、注意深く、かつ具体的で簡素なものを賞賛した。彼は、創設のときからわかりやすい表現を求めていた王立協会の原則を蘇らせたのだ。

オーウェルは一九二〇年代にビルマでインド帝国警察に勤めていたが、その間に自分なりの見解を発展させたのだろう。植民地の英語は複雑すぎる正統性に染まっていた。救済策としてオーウェルは一定の規則を提案した。表面的にはそれは言葉の規則だが、実際にはどのように考えるべきかについての勧告だ。英語を簡素にすることは、「正統性という最悪の愚行」から自由になることだ。彼の規則は次のようなものだ。

(1) よく活字でお目にかかる隠喩、比喩、あるいは言葉のあやを使わないこと。
(2) 短い言葉で足りるところに長い言葉を使わないこと。
(3) 削除できる言葉は常に削除すること。
(4) 能動態を使えるところに受動態を使わないこと。
(5) 日常的な英語で等しい言葉を思い浮かべることができるところに外国語や科学用語や専門用語を使わないこと。
(6) 無遠慮で野蛮なことを言うくらいなら、これらの規

則を破るべし。(4)

これらはファウラーが規定した実践の規則とそれほど隔たってはいない。ウィリアム・バーンズやパーシー・グレインジャーをも喜ばせたことだろう。[3] しかし、オーウェルの動機は彼らのとは違っている。彼の主な目的は、筋の通った政治的議論にふさわしい言語であり続けようと試み、それを確かなものにすることにあった。受動態への反対は、たぶん批評家アーサー・クウィラー＝クーチから学んだことのひとつだろう。クウィラー＝クーチはそれを『文章術』（一九一六）の中で悪しきものとして非難しており、オーウェルは学校でその本に出会った可能性がある。それはまた、オーウェルがよく違反した原則でもあった——特にまさにこの評論でもそうなっているのだが。この評論はおおまかに言って文章の五分の一が受動態で書かれている。実際に、次のような構造で文章を始めたりしている。「そのことを気にするほとんどの人は英語が悪い方向に向かっていると認めるだろうが、われわれは意識的な行動によってそれについて何かすることは出来ないと一般的には考えられている」。彼の三番目の原則に従うなら、「意識的な行動」は削除されるべきでもある。

オーウェルはひとつの手本を作り出し、それはとても人気が出た。そして六つの指針は何度となく繰り返されてきた。彼の後継者を任ずる人の中にはプレーン・イングリッシュ・キャンペーンなる組織もあった。これは一九七九年から貧しい表現に対する反対活動をしている。このキャンペーンは編集サービスを提供し、訓練コースを運営している。一九九〇年以来、そこのスタッフがまさに明晰だとみなす文書やウェブサイトに「クリスタル・マーク」と呼ばれるものを授与している。クリスタル・マークを得るための基準は何だろうと思う読者がいるかもしれない。参考までに——「平均的文章の長さは十五から二十語」、「表の使用」、「「協会」とか「応募者」の代わりに「われわれ」とか「あなた」を使う」というのが含まれている。(5) もうひとつあきらかなのは、キャンペーンに対し手数料を払わねばならないことだ。ここで、プレーン・イングリッシュ・キャンペーンが万人のための啓蒙活動の組織ではなく、商売であり、それを売り込もうとしていることがたちまちはっきりする。これらの中で派手に目立っているのがゴールデン・ブル・アウォードで、難解な言葉遣いの例を公然と嘲笑うものだ。多くの場合、住宅金融組合や地方委員会の報告書がそのターゲットだ。確かに間違いなくばかばかしいのがたくさんある。だが、キャンペーンは、いくつかの使いやすい言葉に間違って決まり文句というレッテルを貼っているし（度々言うが、一語を決まり文句とは言わない）、賢明そのものである発言を嘲笑う。たとえば、ドナルド・ラムズフェルドの次の発言がからかいの対象となった。「何かが起こっていないと告げる報告にはいつも興味を引かれる。なぜなら、おわかりかと思うがノウン・ノウンがある。つまり、われわれが知っているということを知っているものがある。またノウン・アンノウンもある。すなわち、われわれが知らないものがあるということを知っていることだ。しかし、また、アンノウン・アンノウンというのもある――われわれが知らないということを知らないものだ」[4]。ラムズフェルドについて他の面でどのように思うにしても、これは賢明な意見で、これほどうまく表現できないだろう。これは難解な言葉遣いの例ではない。

簡素なのがいつでも一番と考えるのは間違いだ。一九八六年出版の『プレーン・イングリッシュ物語』はキャンペーンのマニフェストだが、ヘンリー・デイヴィッド・ソローからの次の引用で締めくくっている。「われわれの生活は些細なことにかまけて無駄に時間を費やしている……簡素に、簡素に」[6]。これは一八四〇年代にソローが二年間社会から隠遁したときの暮らしを綴った『森の生活』からだ。彼の念頭にあったのは、言葉ではなく、生活の簡素化だった。「簡素に、簡素に」の直後に続く言葉は「日に三度の食事をとる代わりに、必要ならば一度だけですませる」だ。禁欲的に聞こえるが、鍵となる言葉は「必要ならば」だ。ソローは人びとに、自分たちが何を必要としているかという考えを見直して欲しいのだ。そのすぐ後で、生涯を通じて、切手を貼るだけの価値ある手紙を受け取ったのは一度か二度にすぎないとして、郵便局がなくてもやっていけると言う。「それに、新聞でも忘れられない記事など読んだことがないと自信を持って言える」と続ける。ソローは、偉大な作家だが、彼の複雑きわまりない抽象的論議からわかるのは、彼の簡素な振る舞いがひじょうに強い自意識からきていることだ。だから、彼は現代生活の完璧な手本にはなれないはずだ。細部、あるいはウィリアム・ブレイクが「微細な事柄」と呼んだものはしばしば驚くほどの真実の束であり、ソローがウォールデンの池のほとりの森の小屋で経験したのよりずっと複雑な世界では、細部を欠いた簡単英語よりもっと微妙でタマネギの皮を重ねたようなものを必要とすることが頻繁にある。

新聞や放送はプレーン・イングリッシュ・キャンペーンやそれに類する組織の言うことを喜んで鵜呑みにする。二〇〇九年三月にBBCニュースサイトは、地方自治体連合が、公共部門で使われている難解な言葉のうち最悪と思われる二百語のリストを編纂したという記事を掲載した。プレーン・イングリッシュ・キャンペーンの広報担当の女性は次のように述べたそうだ。「この難解な役所言葉は消えるべきです。専門用語は専門職の中に位置するもので、公共の場に漏れてくるのを許してはなりません。混乱のもとになります。より邪悪なものを覆い隠すために使われることさえあるのです。チャーチルもアインシュタインも簡素な言葉を話す人たちで、それで大丈夫でした。地方自治体は彼らにならうべきです[7]」。わたしはもちろん地方自治体連合のリストにある「predictors of beaconicity［栄誉賞獲得作戦照準指標］」のような言葉を擁護するつもりはない。しかし、もし「専門用語は専門職の中に位置するもの」というのが本当だとしても、「漏れ出す」ことがないというのはありえないだろう——特に問題の「専門職」が地方自治体や中央政府の役人だったり、あるいは仕事が終わったら家に帰ることが許されているような仕事の場合には。チャーチルやアインシュタインが簡素な言葉を話す人たちだったという認識には疑問の余地があるし、彼らの話し手としての資質をうんぬんするのはあまり意味がない。というのは、ここで咎められている人びとは主に彼らの書いた文書によって判断されているからだ。そのうえ、二十一世紀の地方自治体の事項を表現するのに五十年も前に亡くなった貴族階級の政治家、あるいはドイツ生まれの理論物理学者で、もっとも有名な発言が等式であるような人の言葉を模範とするのが最適だとは信じられない。

　プレーン・イングリッシュとは、自分ではあまり簡単ではない言葉を嬉しそうに使いながら、相手に要求するものだ。いずれにせよ、簡単ではない言葉を使うのは機転のひとつの形だ。あるものの名前を口にすること——たとえば、死とか病気とか——はそれを招くことだと感じる人もいる。何かについてのもっとも簡単な言い方はあまりにも強調しすぎることになるかもしれない。人生のある局面では、アングロ・サクソンの言葉よりも、ラテン語を使ったほうがよいこともある。そしてときには、宣言するような平易さよりも言葉のまわりがもやもやと覆われているようなほうが効果的なこともある。

　さらに、表現の平易さが生き生きとした細部をなくしてしまうような領域もある。科学的調査は明らかな例だろう。複雑な言葉を使わずに量子の仕組みや脳の異なった領域について論じることはできない。批評家が英語のあいまいさを嘆くとき、彼らは英語が表現しているものに対する敵意をのぞかせていることがよくある——その重要性、あるいはその複雑な性質についての怖れから。本式に専門的なのと、必要もない回りくどい言い方との間には大きな違いがある。前者は人生の複雑さを伝え、後者はそれに疲弊している。

　意志疎通の微妙さに心を砕いている人をうんざりさせるのは、政治的な言葉が商業や経営の用語を採り入れ、それを教育、健康管理、軍事へと向かわせるやり方だ。もっとも陰険な嫌みを言いたい気分のときでさえも、ジョージ・オーウェルなら次のような言い回しを思いつきはしなかっただろう。「ウェルフェア・パスウェイ」〔英軍福利厚生制度〕、「ナレッジ・トランスファー」〔経験を含め、定量化できない知識の伝達〕、「熟議」〔小グループの市民が討議を重ねて問題に対するコンセンサスをはかる、討論型世論調査に使われる〕、「ネガティヴ・テリトリー」〔経済的危険水域〕、「コア・コンピテンシー」〔他社の追随を許さない核となる能力〕、「敵意なき発砲」〔二〇〇三年イラクで拷問による尋問を拒否して自殺したアリサ・ピーターソンの死について軍が使った言葉〕、「ビスポーク・メソドロジー」〔カスタム・ソフトウェア〕、「パフォーマンス・マネージメント・ソリューション」〔統合業績管理システム〕、「ペイシエント・アウトカム」〔治療の過程での患者の満足度などをフィードバックする〕、「ロングサイディング・ザ・デモグラフィック」〔顧客の気をそぐ〕、あるいは「シンク・フィール・ドゥ」というマーケティングのモデル〔認知・感情・行動という消費者の心理的プロセスを活用〕など。あるいはレーガン政権の国務長官アレクサンダー・ヘイグ将軍が「重要性の渦」といった表現や、「われわれはこれを民間定着という低音量にまで推し進めねばならない」とか「お望みならば、たがいに戦略的水平線で気まぐれな先入観に没頭する傾向にある」という言い方が得意なことなど想像だに出来なかっただろう。この種の重要だけれども、もっとありふれた例は、労働党の政治家クリス・マリンの日記に出てくる。目標を設定するという政府の執念について書きながら、マリンは同僚が次のように語ったと書いている。「多くの人びとに歩いて通勤するよう説得するという目標《ターゲット》を設定する話があった。われわれの徒歩通勤計画の文書の草案は後に「目標《ターゲット》」を「基準《ベンチマーク》」に入れ替えた。その後でまた「基準《ベンチマーク》」は「参考指標《レファレンス・インディケーター》」となった。オーウェル風だ[8]」

　前の段落で取り上げた言葉は思いつくまま拾ったにすぎない。われわれは毎日もっと有害なものに直面している。もっとも致命的な言葉は実はもはやあるまじきものとはまったく思わなくなっている。毎日の生活でわれわれは消費の言葉、「消費者の選択」、ブランド商品の言葉のいいカモになっている。地方の図書館を訪ねたり、列車で旅行したり、治療を受けたり、イギリス国境局と交渉したり、地元の地方委員会に連絡したりするとき、わたしは「顧客」だ――どの場合においても、その言葉は現実の関係をゆがめてしまう。

すぐには明らかにならないが、確かに重要なのは、こういったタイプの言葉からはわれわれのまわりの世界の明白な現実を呼び起こすことができないということだ。クリス・マリンの例を考えてみれば、この文脈で目標が意味するものが何かがただちにわかり、その具体的な連想が確実に思い浮かぶ。たくさんの人びとを徒歩で通勤させるための目標《ターゲット》を定めることが賢明なことかどうかという問題は今、わたしにとって重要なことではない。むしろ、わたしが心配なのは目標《ターゲット》という言葉を使うことの影響だ。この言葉を聞いたとき、わたしが思い浮かべたのはアーチェリーで、イメージにこだわる限り、それは視覚的には満足がいく。目標《ターゲット》という言葉で話すことには、技巧の必要性がほのめかされている――ねらいのうまさ、安定した手、などなど。基準《ベンチマーク》という言葉はもっとぼんやりしている。測量士が彫刻刀で刻みつけたしるしを意味する――それについては後にまた触れるが――この言葉を聞いたとき、測量士とか彫刻刀を思い浮かべることはなかった。その言葉が何を意味するのか知っていたし、どうしてそれがそういうことを意味するのか当惑するようなことはない。それでも、これについて考えると、その「ベンチ」の部分に混乱してしまいそうだ。「マーク」はいいのだが、言葉全体からくる具体的な連想がはっきりしない。さて、「参考指標《レファレンス・インディケーター》」に戻ってみよう。ここには人を安心させるような具体的なものをあらわすヒントはほとんどない。その言葉は、わたしが自分の具体的経験の中に結びつけようとすると、わたしから泳ぎ去っていくように思える。それを中心にとらえようとしても、図書館の中で何かを探しているようなぼんやりとしたイメージしか持てない。

具体的な想像は近づきやすいし、効果がある。抽象的な用語を非難しているわけではない。抽象的な語彙も必要だ。いずれにせよ、言葉というのはすべて抽象化だ。問題は抽象的な言葉を使うことそのもの《ペル・セ》ではない。しかし、われわれが使おうと選んだ抽象的な言葉が、議論している経験に単にピッタリ合わない具体的な連想を引き起こすのであれば、それは効果がないし、気に障るだろう。違う言い方をすれば、われわれは抽象的な思考を身体的な経験に固定したいのだ。すべての思考がここに固定されるわけではない――それに隠喩よりも深い思考の層というものがある――しかし、隠喩は現実をとらえるものであり、そこにイメージを投影するだけのものではない。隠喩は比較ではない。それはものの精髄に肉薄する。これまでの章からの点を強調してみると、よく使われれば、それは理を説く助けとなる。スティーヴン・ピンカーが述べているように、「弁護

士は鮫だという言い方は弁護士は鮫のようだというよりずっと多くを語る」(9)

政治や商業が抽象化に心酔するのはマイクロソフトのパワーポイントが広く使われていることから明らかだ。「デ一タのレオナルド・ダ・ヴィンチ」と『ニューヨーク・タイムズ』から名付けられた統計学者エドワード・R・タフトを引用すると、パワーポイントは、「実体と思考に対するいたずらっぽい陰謀」で、それは「話し手には実際に話しているふりをさせ、聞き手には聞いているふりをさせる」ものだという。(10)タフトはパワーポイントが人びとにそのように振る舞うよう強制しているとは言っていない。むしろ、プログラムがそうさせるのだ。しかし、うまく使えないこともあり、その結果、論点がくずれ、過剰に簡素化されたプレゼンテーションをすることになってしまう。そうなると本当の思考構造をも簡約化してしまう。パワーポイント化された仕事場の言葉はひからびてしまう。

五十年以上も前にジャック・バルザンは the の消滅について「まるですべての文章が合図と見出しになってしまったかのようだ」と書いている。彼は「Appointment of Mr Jones was announced last night. 昨夜、ジョーンズ氏の任命が公表された」を例として挙げている。(11)「The appointment of Mr Jones」は、任命された人も任命した人のことも考えさせるだけの明白さをもっている。定冠詞なしだと情報がぼんやりとし、一般的なものになってしまう。次の段階は、「Jones appointment announcement」だ。これはときどき皮肉っぽく、「名詞過剰使用現象」と呼ばれる例だ。(12)「すってんてん」とか「ふところが寂しい」とか「破産した」の代わりに、「金欠病」だ、というような言い方だ。「もっと多くの人が参加している」は「参加率急騰」だ。少々想像力に駆られてしまったかな。しかし、二〇〇五年七月二十三日のBBCのニュースサイトには本当に「細胞死痕跡、肝臓癌手がかり」という見出しのニュースがあったし、二〇一〇年二月六日には「電動車椅子河川転落死」というのもあった。動詞を避けるのは、いつも座ってばかりいるわれわれの社会のしるしなのだろうか。この名詞の連なりはつかみどころのない世界を安定したものにみせようとする試みなのだろうか。人びとはコンピューターのプロセスに取って代わられてしまったようで——動作ではなく理屈の上で——行動をあらわす動詞は名詞に取って代わられる。もっと一般的に言うと、名詞をずらずらと繋げるのは、複雑でめまぐるしい生活のしるしと見ることができる。しかし、それはわれわれが思うほどには新しいことではない。『バーチェスターの塔』(一八五七)で、急進的な主教が設立しようと提案した「主教のバーチェスター青年安息日夜間講義室」なるものは、著者アンソニー・トロロプからやんわりと攻撃されている。[5]

現代、公の場で交わされる論議の言葉の多くは小事を拡大する。われわれは専門家の時代に暮らしている。そして専門家は彼らの専門知識のまわりに神秘性を生み出したがる。専門家 expert というのは偶然、その語源の元から離れてしまった言葉のひとつだ。かつては経験のある人のことを意味していた。今では、間違いをしでかすという経験をした人のことを言う。同時に、政治の分野で討議されることの多くは専門的に複雑化されている。周辺の問題、たとえば幹細胞研究は精妙すぎて、単刀直入に伝えることはできない。語られたことの内容を分析し、評価するのではなく語る人を判断するしかないだろう。現代の政治家が、自分たちの道理をわきまえているところや個人的な資質を強調するのはこのせいだ。また、政治の世界以外を考えてみると、なぜ有名人の推薦の言葉がそれほど重要なのかを示している。多くの新製品の背後の科学はあまりに複雑で説明されてもわからない。しかし、信用でき、尊敬される有名人と関連させることで、科学の説明は必要なくなる。というかむしろ、そのように感じるように仕向けられている。

28　結びの言葉

言葉は「まさしく自分自身」

どうして文法や綴りや句読点の問題が気にかかるのか、どうして他人のアクセントや使う言葉がそんなに気になるのか、という問いから本書を始めた。そのとき立てた仮説通り、言葉がわれわれの生活の中心だから、というのが答えだ。それはわれわれが共に暮らす世界を作り出すことを可能にしてくれている道具なのだ。

われわれが言葉に異議を唱えるのは、言葉がわれわれの関係やわれわれ自身の定義とイメージにとても重要だからだ。子どもの頃に「棒や石なら骨を折るかもしれないが、言葉では決して傷つかない」という学校での知恵を教わった。すぐにこれは本当ではないと思った。言葉は人を傷つけることができる。なぜなら、われわれは言葉を使う動物だから。言葉がわれわれの世界を作り上げる——われわれはそれによって、あるいはその内部に構成されている——

したがって、それによって攻撃されやすい(1)。ここでは皮肉も効いている。次の小さな呪文を繰り返し唱えれば、言葉の魔法という妙技を行なうことになる。つまり、信ずることを唱える、あるいは話すだけで本当になる。

次に挙げるのは教師ジョン・ヨーマンズが一七五九年に書いたものだ。

> 言葉は、無知な人が考えるような、息や気力の作用で外耳を打ったり、活字や文字を押しつけたり、こすったりする音であるだけではない。それらはその人そのもの、あるいは座右の銘だったり、原則だったり、そしてまさしくその人自身であり、永続する、無限の、畏怖の結びついた意味であり、インクで書いたり、刻みつけたしるしではなく、その人の性質の核心を表している。それらは精神であり、命だ。死でもあり破滅でもある……言葉は、まさに神と悪魔、善と悪、徳と悪だ。そして文字は影のようなものだ(2)。

これは不安を抱かせるほどの表現でありながら、生き生きとしている。ヨハネの福音書の冒頭を思い出させる。「最初に言葉があった。そして言葉は神とともにあり、言葉は神だった」。最初に言葉があった――そして言葉は最後にもあるのだろう、と思う。

言葉の力についての発言はしばしば宗教的イメージの中にあらわされている。しかし、言葉について話すとき、いつでもその力を賞賛しているわけではない。その欠点や障害について嘆き、話す器官を非難することで至らぬところは自分たちのせいではないとしている。われわれはそれについて、何か邪悪なもの、苦痛、病気として話す。また壊れ、堕ちるもの、あるいは鈍いものとして。スティーヴン・ピンカーは著書『思考する言語』の末尾で「言語は人間の本性への窓であるだけではなく、瘻《ろう》だ。口を開けた傷で、そこからわれわれの内部が感染力のある世界にさらされている(3)」と書いている。われわれの言語体質はもろいという感覚が、人びとがその用法について規則を定める理由のひとつだ。

規則は一種の鎧だ。それでも規則を作る人は話し言葉の力強さを見落としている。言語は民主的なものだ。言語の教義が多くの人に感銘を与え、彼らの世界観を確認するとしても、それは一時的なものだ。時間の経過がその支柱を浸食していく。いずれにせよ、少しずつ修正する人たちはいつでも彼ら自身の間違いを少しばかり付け加えている。

英語の「規則」について話すときにはもっと慎重さが必要だ。規則というものは存在する。それは言葉を繋げて意味ある配置にする作業を行なう、本質的に知的な仕組みだ。

それから原則もある。つまり「はっきり表現すること」、「状況が必要とする以上のことは言わないこと」、「関連あるものから離れないこと」。それから、慣習もある。新聞の男性編集者宛の手紙の冒頭には「Dear Sir」と書き、「Yours faithfully」で締めくくる。知的な仕組みは無意識に行なわれる。あとはわれわれの自由だ。

書くとき、そしてまた話すとき、読み手や聴き手の要求と期待に注意を払うべきだし、われわれもまたその一部であることを忘れてはならない。ほとんどの場合、慣習を固守するのは正しい決心だ。それらは、明快な意思疎通を可能にするから、学ぶだけの価値があるし、教える価値もある。しかし、教育的見地からすれば、三つにひとつの文章を「and」で始める人を罰するのは、どうしてもっと変化に富んだ文体のほうが好ましいかを示すほどの価値はない。

われわれの教育には終わりがない。われわれは、自分の言葉の使い方が、会話を交わす相手に与える影響についてこれからもずっと学び続けるだろう。正確さや明確さの価値を学ぶ。たいていそれらがなくて痛い思いを経験しながら。また、格式尊重が役に立つことを学ぶ。それと同時に、格式尊重をしなくてもいい、するべきではないときのことも学ぶ。そして、いかにわれわれが言葉遣いという試練に曝されているかを理解するようになる。控えめという徳と変わりやすい標準的用法を習得する。変化は絶え間ないものであり、その変化のただ中に、継続の核があることを学ぶ。

意味や標準についての論争は避けがたい。そしてそのようなことが歴史上、われわれの時代だけの特色と考えるのは無邪気すぎる。現在の下を掘ってみるがいい。何か硬いものに突き当たる代わりに、過去に向かって底なしの立坑のようなものが口を開けている。もし、こんにちの英語に関する議論がこれまでになく声高で険悪にみえるなら、それは過激な描写があたりまえのマス・メディアを通じて繰り出されるからだ。

こんにち行なわれている言語戦争のいくつかは激しいものだ。それらに巻き込まれた人たちに重大な結果をもたらしている。英語圏のほとんどの人にとって、これらの戦争は遠いもののようだ。しかし、英語の未来を静観していてはいけない。現在に至るまでは、英語に起こったもっとも重要なことはイギリスで起こってきたと強調する価値がある。強調する価値があるのは、将来はそうではないかもしれないからだ。

それまでは、日々経験する小さな争いがある。これらは多くの場合、そうでなければ限られた表現しかないようなことについて雄弁だ。われわれは一体誰か、どこからきたのか、われわれが「知っている」ことをいかにして知るのか。

これを考えるとき、わたしは二〇〇九年九月に『ニューヨーク・タイムズ』に載った、次のような意図的に不穏当にした文章を思い出す。「そんなわけで、学者ぶった人のさらに上を行き、昔の言語的間違いを貪欲に楽しむがいい。なぜなら、読者はわれわれの文学を構成している華々しい間違いの伝統の、類をみない巨大さに慣れているだろうから(4)」

学者ぶった人は徹底的に打ち負かされることは、まずない。彼らはたいてい反撃するだろうし、立ち去ろうともしない。彼らの強硬な態度はときには滑稽だ。しかし、言うまでもなく、彼らは言語についての思考を刺激する。それはきわめて重要だ。なぜなら、われわれは言語に――そして、そう、われわれの英語に――批判的に関わる必要があるからだ。われわれはそれを理屈っぽい、あるいはいらいらしたやり方で論じがちだ。しかし、何がよい英語をさらによく、悪い英語をさらに悪くするのかについて考えたり、話したりすることは、喜びになりうるし、喜びにすべきなのだ。

原注・訳注

1 「大胆に進もう」

（1） これに短く答えるなら、前者は醜く、後者はもったいぶってみえるからだ。次を参照。'The Awful Rise of "Snuck"', *The Awl*, 1 December 2009, http://www.theawl.com/2009/12/the-awful-rise-of-snuck, 17 June 2010. に検索。また次も参照。'Some Common Solecisms', これは次のサイト。*The Economist* Style Guide, http://www.economist.com/research/styleGuide/index.cfm?page=673903, 検索したのは 26 June 2010.

（2） Alan D. Sokal, 'Transgressing the Boundaries: Towards a Transformative Hermeneutics of Quantum Gravity', *Social Text* 46/47（1996）, pp. 217–52. を参照。

（3） Kenneth Cmiel, *Democratic Eloquence: The Fight over Popular Speech in Nineteenth-Century America*（New York: William Morrow, 1990）, p. 239. に引用。

（4） D. A. Russell と M. Winterbottom（eds）, *Ancient Literary Criticism: The Principal Texts in New Translations*（Oxford: Clarendon Press, 1972）, pp. 305–6.

（5） William Dwight Whitney, *Language and the Study of Language*（London: Trübner, 1867）, p. 48.

（6） 同書 p. 32.

（7） Jacques Barzun, *Simple and Direct: A Rhetoric for Writers*, rev. edn（New York: Harper & Row, 1985）, pp. 207–9.

（8） とりわけ洋服屋、室内装飾業者、「菓子職人」の言葉遣いに対する非難の見事な例は次書を参照。Richard W. Bailey, *Images of English: A Cultural History of the Language*（Cambridge: Cambridge University Press, 1991）, pp. 239–44.

（9） Deborah Cameron, *Verbal Hygiene*（London: Routledge, 1995）, pp. 218–19. を参照。

（10） Robin Tolmach Lakoff, *The Language War*（Berkeley: University of California Press, 2001）, pp. 75–6. を参照。

（11） Jack Lynch, *The Lexicographer's Dilemma: The Evolution of 'Proper' English from Shakespeare to South Park*（New York: Walker, 2009）, pp. 97–8.

（12） Steven Pinker, *The Language Instinct*（London: Penguin, 1995）, p. 374. 『言語を生みだす本能』椋田直子訳、日本放送出版協会、一九九五

［1］ イギリスの小説家ジェイン・オースティン（一七七五―一八一七）の、没後に出版された『ノーサンガー・アビー』十六章より。

［2］ 一九九六年、ニューヨーク大学物理学教授アラン・ソーカルが、カルチュラルスタディーズ雑誌『ソーシャル・テクスト』に投稿した論文。ポストモダニズム系の表現を用いることで権威づけをしつつ、じつはでたらめな内容を書いたもので、編集部は査読ができないまま掲載した。ソーカルは数週間後に「物理学者がカルチュラルスタディーズで実験する」という論文を発表、先の投稿論文がパロディー論文であることを明かし、フランス現代思想系批評を批判した。

［3］ ハリカルナッソスのディオニュシオス（紀元前六〇―前七？）は帝政ローマ期の修辞学者、歴史家。引用は「古代弁論家」の序文第一章より。

［4］ネットや携帯で使われる、最小限度の文字入力によって文章をあらわす略語。Oh my God を意味する OMG など。

［5］詩人、批評家、文献学者サミュエル・ジョンソン（一七〇九―一七八四）の『英語辞典』序文より。

［6］エマソン *Letters and Social Aims*, 1876.

［7］eメールに似ているが、自分の在・不在を互いに知らせることができる、メッセージがリアルタイムで相手に届く、複数のメンバーでテキストのやりとりができる、などの付加的な利点をもつコミュニケーションツール。

［8］イングランドの詩人ジェフリー・チョーサー（一三四三年頃―一四〇〇）の『カンタベリー物語』の添序の70は、中英語の二重否定の例としてよく挙げられる。チョーサーの時代には否定の否定は肯定になるという現代の考えとは違い、文章の中で二重三重に否定形を使って否定の意味を強めることは普通におこなわれていた。

［9］イングランド王となったノルマン系デーン人カヌート（クヌーズ）は、波打ち際に寄せ来る波に引けと命じて、王といえども自然の前では無力であることを示し、廷臣たちの無知をいさめた。

［10］ネオ・ヴィクトリアニズムは、ヴィクトリア朝とエドワード朝の美意識を現代社会の原則やテクノロジーに持ち込もうという動き。ファッション、家庭生活、道徳にまでその影響は及んでいる。

2　生存機械

（1）Leonard Bloomfield, *An Introduction to the Study of Language* (London: G. Bell, 1914), p. 17.

（2）Malcolm Gladwell は次の著書でこのことについて詳しく調べている。*Outliers: The Story of Success* (London: Allen Lane, 2008).『天才！成功する人々の法則』勝間和代訳、講談社、二〇〇九。

（3）何を「文化的負荷」とするかについては次書に強い影響を受けた。Anna Wierbicka, *English: Meaning and Culture* (Oxford: Oxford University Press, 2006).

（4）Noam Chomsky, *Language and Responsibility* (London: Harvester, 1979), p. 191.

（5）Jean-Louis Dessalles, *Why We Talk: The Evolutionary Origins of Language* trans. James Grieve (Oxford: Oxford University Press, 2007), p. 282. を参照。

（6）Jonathan Cott (ed.), *Dylan on Dylan: The Essential Interviews* (London: Hodder & Stoughton, 2006), p. 100.

（7）Ronald Carter, *Investigating English Discourse: Language, Literacy and Literature* (London: Routledge, 1997), p. 7. に引用。

（8）この問いに対する答えは次書を参考にした。Otto Jespersen, *Mankind, Nation and Individual from a Linguistic Point of View* (Oslo: Aschehoung, 1925), pp. 94-122.

（9）Oliver Bell Bunce, *Don't: A Manual of Mistakes and Improprieties more or less prevalent in Conduct and Speech*, 3rd edn (London: Field & Tuer, 1884), p. 66, p. 45, p. 61.

（10）Ian Michael, *The Teaching of English: From the Sixteenth Century to 1870* (Cambridge: Cambridge University Press, 1987), p. 380.

（11）William Mather, *The Young Man's Companion*, 2nd edn (London: Thomas Howkins, 1685), p. 267, p. 279, p. 288.

［1］ドーキンス『利己的な遺伝子』（一九七六）

［2］アメリカの言語学者ノーム・チョムスキーは一九九〇年代から、言語研究に最小作用の原理、最適化問題という物理法則をとり入れた「ミニマリスト＝プログラム」（極小主義）を提唱した。

［3］フランス陸軍の将軍ルイ・ユベール・ゴーンザルヴ・リョウテ

イ（一八五四―一九三四）の言葉とされることもある。

［4］アメリカの小説家、フランシス・スコット・フィッツジェラルド（一八九六―一九四〇）の四作目の長編『夜はやさし』の、引用は第一部の五章より。

［5］コックス・レポート。*English for ages 5 to 16.*

［6］回心に至るまでの自身の道のりを綴った、教父アウグスティヌス（三五四―四三〇）の『告白』、引用は第一巻一八章の29より。

3 英語の出現

（1）Thorlac Turville-Petre, *England the Nation: Language, Literature and National Identity, 1290–1340* (Oxford: Clarendon Press, 1996), pp. 11–26.

（2）Albert C. Baugh と Thomas Cable, *A History of the English Language*, 5th edn (Upper Saddle River, NJ: Prentice-Hall, 2002), p. 154.

（3）D. G. Scragg, *A History of English Spelling* (Manchester: Manchester University Press, 1974), pp. 7–8.

（4）この問題に関してはMichael Benskinによる次の記事に詳しい。'Chancery Standard', これは Christian Kay, Carole Hough and Irené Wotherspoon (eds), *New Perspectives on English Historical Linguistics: Lexis and Transmission* (Amsterdam: John Benjamins, 2004), pp. 1–40. に収録された。

（5）David Crystal, *The Stories of English* (London: Allen Lane, 2004), p. 253.

（6）同書 p. 252.

（7）Ben Jonson, *The English Grammar* (London: Richard Meighen, 1640), 36. この初版は一六二三年の火事で焼失した。ジョンソンは約10年後に二版をまとめた。

（8）Elizabeth L. Eisenstein, *The Printing Revolution in Early Modern Europe*, 2nd edn (Cambridge: Cambridge University Press, 2005), p. 62.『印刷革命』別宮貞徳監訳、みすず書房、二〇〇一

［1］エドマンド二世（在位一〇一六）、カヌート大王（一〇一六―三五）、ハーデクヌーズ（一〇三五―三七、一〇四〇―四二）

［2］トレヴィサのジョン（一三四二―一四〇二）によるヒグデン『ポリクロニコン』（万国史）のラテン語英訳に付したコメントより。

［3］十二世紀の僧オルムの手になる『オルムの書』。

［4］ブルージュのイギリス商館長、印刷業者、ウィリアム・カクストン（一四二二頃―九二頃）はブルゴーニュ公国との通商代表のような役も兼ね、一四七四年頃に英語による最初の印刷出版を国外でおこなう。帰国後ウェストミンスターに印刷機を設置して、百冊余りを印刷出版した。

［5］ジェイムズ王訳と呼ばれる。ジェイムズ一世が英国国教会の典礼で用いるため、命じて作られた。

4 エリザベス女王からジョン・ロックまで

（1）これに関しては次書で納得のいく説明がされている。Richard Helgerson, *Forms of Nationhood: The Elizabethan Writing of England* (Chicago: University of Chicago Press, 1992).

（2）この考えは Helen Hackett が次書で検証している。*Shakespeare and Elizabeth: The Meeting of Two Myths* (Princeton, NJ: Princeton University Press, 2009).

（3）ヴォルテールは一七二八年に訪英した際、シェイクスピアが "divine" 以外の形容詞ではめったに呼ばれないことに気づいた。James Shapiro, *Contested Will: Who Wrote Shakespeare?* (New York: Simon &

Schuster, 2010), p. 30. を参照。

(4) Edward Brerewood, *Enquiries Touching the Diversity of Languages, and Religions* (London: John Bill, 1614), p. 42.

(5) Charles Barber, *Early Modern English*, 2nd edn (Edinburgh: Edinburgh University Press, 1997), pp. 52–3.

(6) William Nelson, 'The Teaching of English in Tudor Grammar Schools', *Studies in Philology* 49 (1952), pp. 119–43. を参照。

(7) Richard Mulcaster, *The First Part of the Elementarie* (London: Thomas Vautroullier, 1582), pp. 81–2, p. 254.

(8) *The Diary of Virginia Woolf*, vol. 3 (1925–30), ed. Anne Olivier Bell (Harmondsworth: Penguin, 1982), pp. 300–1.(一九三〇年四月一三日)『ある作業の日記』神谷美恵子訳 みすず書房、一九九九

(9) Thomas Nashe, *The Works of Thomas Nashe*, ed. Ronald B. McKerrow, 5 vols (London: A. H. Bullen, 1904), 11, pp. 183–5.

(10) William Camden, *Remaines of a Greater Worke, Concerning Britaine* (London: Simon Waterson, 1605), p. 21.

(11) Richard Verstegan, *A Restitution of Decayed Intelligence* (Antwerp: Robert Bruney, 1605), p. 204.

(12) Jonathan Bate, *Soul of the Age: The Life, Mind and World of William Shakespeare* (London: Viking, 2009), pp. 83–4.

(13) Jonson, *The English Grammar*, p. 33.

(14) John Wallis, *Grammatica Linguae Anglicanae* (Oxford: Leonard Lichfield, 1653), Praefatio.

(15) Murray Cohen, *Sensible Words: Linguistic practice in England 1640-1785* (Baltimore: Johns Hopkins University Press, 1977), pp. 10–14.

(16) Francis Lodwick, *A Common Writing* (privately printed, 1647), p. 20.

(17) John Wilkins, *An Essay Towards a Real Character and Philosophical Language* (London: Gellibrand & Martyn, 1668), p. 386.

(18) Francis Bacon, *The New Organon*, ed. Lisa Jardine and Michael Silverthorne (Cambridge: Cambridge University Press, 2000), p. 42.『ノヴム・オルガヌム―新機関』桂寿一訳、岩波文庫、一九七八

(19) Thomas Hobbes, *Leviathan*, ed. Richard Tuck (Cambridge: Cambridge University Press, 1991), pp. 26–28.『リヴァイアサン』永井道雄、上田邦義訳、中公クラシックス、二〇〇九

(20) John Locke, *An Essay Concerning Human Understanding*, ed. Peter H. Nidditch (Oxford: Clarendon Press, 1975), p. 405.『人間知性論』大槻春彦訳、岩波文庫、二〇〇六

[1] 戯曲『ヘンリー八世』の、引用は第五幕第五場より。

[2] エリザベス朝の詩人であり武人(一五五四―八六)。オランダをカトリックのスペインから救うためと称したジュトフェンの戦いでの高貴な最期の様子が神話化された。

[3] 英国の詩人サミュエル・ダニエル(一五六二―一六二〇)の *Musophilus* (1599) より。

[4] シェイクスピアの戯曲『空騒ぎ』の、引用は第五幕第二場より。

[5] シェイクスピアの戯曲『恋の骨折り損』の、引用は第四幕第二場より。

[6] イギリスの古典学者・文法学者ウィリアム・リリー(一四六八頃―一五二二)の文法書は、ジョン・コレットの指示のもと、エラスムスが校訂した。リリーが自分の名を著者として載せることを固辞したため、この文法書は匿名で出版された。一五一三年頃に初版が出て以来、一五四〇年頃まで版を重ね、一五四八年、エドワード六世によって、グラマー・スクールで用いるラテン文法書として指定された。

[7] ネーデルラント出身の人文主義者(一四六六―一五三六)。『痴愚神礼賛』『平和の訴え』など。

［8］　イングランド系アイルランド人の諷刺作家、政治パンフレット作者（一六六七―一七四五）。『ガリヴァー旅行記』『ドレイピア書簡』など。ドライデンやデフォーとともに、英国にアカデミーを設立し、英語の統制を行なおうとはたらきかけた。

［9］　イギリスの改革派ジャーナリスト（一七六三―一八三五）。ロンドンで週刊紙「ポリティカル・レジスター」を発行し、書店を経営した。『英文典』『プロテスタント改革史』など。

［10］　アイルランド出身の劇作家（一八五六―一九五〇）。ヨークシア方言学会会員であり、BBCが放送用語の用法と発音を制定する際の諮問委員会のメンバーとなった。また、遺産の一部を標準英語のすべての音に対応する四〇の記号システムを考案する資金にあてた（七二頁参照）。作品に、映画『マイ・フェア・レディ』の原作となった戯曲『ピグマリオン』など。

［11］　イギリスの小説家、エッセイスト（一九二二―九五）。没後に出版された *The King's English* は、エイミスが日常で出会った「違和感を感じる英語」について、ユーモアや皮肉をまじえて描いた作品。

［12］　十九世紀前半頃まで「哲学」という言葉には「自然哲学」すなわち自然現象研究という意味があり、今の「科学」という意味で使われていた。

［13］　イギリス経験主義の哲学者フランシス・ベーコン（一五六一―一六二六）の『ノヴム・オルガヌム』の、引用はアフォリズム第一巻の四三より。

［14］　イギリスの哲学者トマス・ホッブズ（一五八八―一六七九）の『リヴァイアサン』、引用は第一部第四章より。

5　大当たり

（1）　Nicola Woolcock, 'Pedants' revolt aims to stop English being lost for words', *The Times*, 7 June 2010.

（2）　Joseph Glanvill, *The Vanity of Dogmatizing* (London: E. Cotes, 1661), p. 226.

（3）　Joseph Glanvill, *Essays on Several Important Subjects in Philosophy and Religion* (London: J. D., 1676), p. 29.

（4）　Daniel Defoe, *An Essay upon Projects* (London: Thomas Cockerill, 1697), pp. 233–41.

（5）　Jonathan Swift, *A Proposal for Correcting, Improving and Ascertaining the English Tongue* (London: Benjamin Tooke, 1712), p. 8, pp. 18–19, pp. 24–5, pp. 30–31.

（6）　John Oldmixon, *Reflections on Dr Swift's Letter to the Earl of Oxford, About the English Tongue* (London: A. Baldwin, 1712), p. 27.

（7）　Jonathan Swift, *A Letter to a Young Gentleman, Lately Enter'd into Holy Orders*, 2nd edn (London: J. Roberts, 1721), pp. 5–6, p. 11.

（8）　John Knowles, *The Principles of English Grammar*, 4th edn (London: Vernor & Hood, 1796), p. 1.

（9）　John Mullan, *Sentiment and Sociability: The Language of Feeling in the Eighteenth Century* (Oxford: Clarendon Press, 1990), p. 5.

（10）　Robin Adamson, *The Defence of French* (Clevedon: Multilingual Matters, 2007), p. 27. に引用。

（11）　これは次書で論じられている。Ryan J. Stark, *Rhetoric, Science and Magic in Seventeenth-Century England* (Washington, DC: Catholic University of America Press, 2009), pp. 177–80.

(12) このような見解に達したのは Laura L. Runge のおかげである。彼女は「性差を反映した」ドライデンの著作を次書で研究している。*Gender and Language in British Literary Criticism, 1660–1790* (Cambridge: Cambridge University Press, 1997), pp. 40–79.

[1] 元タイトルは『一般・理性文法』。修道士の教育のために、ポールロワイヤルのプティ・ゼコールで編纂された十七世紀フランスの文法書。編者のアルノー（一六一二―九四）はフランスの神学者、論理学者、言語学者。ランスロ（一六一五頃―九五）はフランスのジャンセニスト、言語学者。

6 英語綴りという出来損ないの魔術

(1) A. Lane, *A Key to the Art of Letters* (London: A. & J. Churchil, 1700), p. 6.

(2) この問題を論じているのは N. E. Osselton, 'Spelling-Book Rules and the Capitalization of Nouns in the Seventeenth and Eighteenth Centuries', これは Mary-Jo Arn and Hanneke Wirtjes (eds), *Historical and Editorial Studies in Medieval and Early Modern English* (Groningen: Wolters-Noordhoff, 1985). に収録。

(3) Lindley Murray, *English Grammar* (York: Wilson, Spence & Mawman, 1795), p. 174.

(4) Manfred Görlach, *Eighteenth-Century English* (Heidelberg: Winter, 2001), p. 81.

(5) Daniel Fenning, *The Universal Spelling Book* (London: Crowder & Woodgate, 1756), p. 96.

(6) John Carey, *William Golding: The Man Who Wrote Lord of the Flies* (London: Faber, 2009), p. x. に引用。

(7) Walter W. Skeat, *Principles of English Etymology* (Oxford: Clarendon Press, 1892), pp. 323–4.

(8) Edward Carney, *A Survey of English Spelling* (London: Routledge, 1994), pp. 86–94.

(9) Florian Coulmas, *Writing Systems: An Introduction to their Linguistic Analysis* (Cambridge: Cambridge University Press, 2003), p. 182.

(10) Pinker, *The Language Instinct*, p. 190.『言語を生みだす本能』

(11) John Hart, *An Orthographie* (London: W. Serres, 1569), p. 2, p. 5.

(12) William Bullokar, *Aesop's Fables in True Orthography* (London: Edmund Bollifant, 1585), p. 31.

(13) Mulcaster, *The First Part of the Elementarie*, pp. 121–2.

(14) 細部は Anthony G. Petti, *English Literary Hands from Chaucer to Dryden* (London: Edward Arnold, 1977). より借用。

(15) 実例は Lynda Mugglestone, 'English in the Nineteenth Century' より借用。これは Mugglestone (ed.), *The Oxford History of English* (Oxford: Oxford University Press, 2006), pp. 279–80. に収録。

(16) H. G. Wells, *Certain Personal Matters: A Collection of Material, Mainly Autobiographical* (London: Lawrence & Bullen, 1898), pp. 145–7.

(17) David Wolman, *Righting the Mother Tongue: From Olde English to Email, the Tangled Story of English Spelling* (New York: Collins, 2008), p. 115.

(18) Richard L. Venezky, *The American Way of Spelling: The Structure and Origins of American English Orthography* (New York: Guilford Press, 1999), p. 228, n. 56. に引用。

(19) Wolman, *Righting the Mother Tongue*, p. 121.

(20) H. G. Wells, *Mankind in the Making* (London: Chapman & Hall, 1903), p. 217.

［1］　英国の政治家、文人のフィリップ・ドーマー・スタンホープ・チェスターフィールド卿（一六九四―一七七三）が大陸旅行に出た息子フィリップ・スタナップに送った手紙で、若者に人生教訓を授ける内容になっている。

［2］　ファーストフォリオ「ウィリアム・シェイクスピアの喜劇、史劇、悲劇」のタイトルで、一六二三年にジョン・ヘミングとヘンリー・コンデルによって編集・刊行された一折本の全戯曲集。作者の生前に流布していた四折本にはない十八の戯曲を含む、当時シェイクスピア作と認められた三六の戯曲が収められた。

［3］　ＳＦ作品をはじめとする小説家Ｈ・Ｇ（ハーバート・ジョージ）・ウェルズ（一八六六―一九四六）の *Mankind in the Making*（1903）の第六章より。

7　よい英語の多くの利点

（1）　Edward Sapir, *Language: An Introduction to the Study of Speech*（New York: Harcourt Brace, 1921）, p. 38.

（2）　Sir Henry Newbolt et al., *The Teaching of English in England*（London: His Majesty's Stationery Office, 1921）, p. 282, pp. 289–90, p. 293.

（3）　Thomas Wilson, *The Many Advantages of a Good Language to Any Nation,*（London: Knapton, Knaplock et al., 1724）, p. 6.

（4）　Ian Michael, *English Grammatical Categories and the Tradition to 1800*（Cambridge: Cambridge University Press, 1970）, p. 208, p. 507.

（5）　H. G. Wells, *An Englishman Looks at the World*（London: Cassell, 1914）, 224.（"The Schoolmaster and the Empire"）

（6）　Wells, *Mankind in the Making,* pp. 220–21.

（7）　Sterling A. Leonard, *The Doctrine of Correctness in English Usage 1700-1800*（Madison: University of Wisconsin Studies in Language and Literature, 1929）, p. 76.

（8）　George Snell, *The Right Teaching of Useful Knowledg*（London: W. Dugard, 1649）, p. 49, pp. 176–80.

（9）　これに関しては次書で魅力的な議論がされている。Nicholas Ostler, *Ad Infinitum: A Biography of Latin*（New York: Walker, 2007）.

（10）　John Stirling, *A Short View of English Grammar,* 2nd edn（London: T. Astley, 1740）.

（11）　Alvin Kernan, *Samuel Johnson and the Impact of Print*（Princeton, NJ: Princeton University Press, 1989）, p. 70.

（12）　Lynch, *The Lexicographer's Dilemma,* p. 45.

（13）　Joan C. Beal, *English in Modern Times, 1700–1945*（London: Arnold, 2004）, p. 9.

（14）　*Monthly Review,* p. 33（1765）, p. 20–21.

［1］　一通一ペニーで国内どこにでも配達する郵便制度で、これによって受取人でなく差出人が郵便料金を払うようになった。

8　「ラウス主教はおバカさん」

（1）　Samuel Johnson, *Johnson on the English Language,* ed. Gwin J. Kolb および Robert DeMaria（New Haven. CT: Yale University Press, 2005）, p. 109.

（2）　同書 pp. 108–9.

（3）　Hugh Blair, *Lectures on Rhetoric and Belles Lettres,* ed. Harold F. Harding, 2 vols（Carbondale: Southern Illinois University Press, 1965）, p. 1, pp. 173–4.

(4) *Johnson on the English Language*, p. 301.
(5) 同書 pp. 102–3.
(6) 同書 p. 74, p. 84, p. 92, p. 105.
(7) 同書 p. 73, p. 100.
(8) この説は Carol Percy が次の評論の中で議論を尽くしている。'Periodical reviews and the rise of prescriptivism', これは Ingrid Tieken-Boon van Ostade および Wim van der Wurff (eds), *Current Issues in Late Modern English* (Bern: Peter Lang, 2009), pp. 117–50. に収録。
(9) Karlijn Navest, 'An index of names to Lowth's *Short Introduction to English Grammar* (1762), (1763), (1764)', *Historical Sociolinguistics and Sociohistorical Linguistics* 6 (2006). を参照。
(10) Robert Lowth, *A Short Introduction to English Grammar* (London: Millar, Dodsley & Dodsley, 1762), pp. 157–8.
(11) 同書 p. 43, p. 48, n., p. 93, n.
(12) 同書 p. 125, pp. 48-9, p. 99, p. 76.
(13) Mikko Laitinen, 'Singular YOU WAS/WERE variation and English normative grammars in the eighteenth century', これは Arja Nurmi, Minna Nevala and Minna Palander-Collin (eds), *The Language of Daily Life in England (1400–1800)* (Amsterdam: John Benjamins, 2009), pp. 199–217. に収録。
(14) Robert Lowth, *A Short Introduction to English Grammar*, 2nd edn (London: Millar, Dodsley & Dodsley, 1763), p. 63.
(15) 同書 p. 139.
(16) E. Ward Gilman (ed.), *Merriam-Webster's Dictionary of English Usage* (Springfield, MA: Merriam-Webster, 1994), p. 365. で言及されている。
(17) 'Two *Negatives*, or two *Adverbs* of *Denying* do in *English* affirm'–James Greenwood, *An Essay Towards a Practical English Grammar* (London: R. Tookey, 1711), p. 160.
(18) Robert Baker, *Reflections on the English Language* (London: J. Bell, 1770), pp. 112–13.
(19) Lowth, *A Short Introduction to English Grammar*, (1762), p. 1, p. 7.
(20) Lowth, *A Short Introduction to English Grammar*, 2nd edn (1763), p. 63.
(21) Lowth, *A Short Introduction to English Grammar*, (1762), pp. 158–9, p. 155.
(22) 同書 pp. 35–6.
(23) Philip Withers, *Aristarchus, or The Principles of Composition* (London: J. Moore, 1788), p. 23.
(24) Lowth, *A Short Introduction to English Grammar*, (1762), p. 127.
(25) 同書 p. 9, p. 15.
(26) 次を参照 Ingrid Tieken-Boon van Ostade, 'Robert Lowth and the strong verb system', *Language Sciences* 24 (2002), pp. 459–69 および 'Lowth's Language', これは Marina Dossena and Charies Jones (eds), *Insights into Late Modern English* (Bern: Peter Lang, 2003), pp. 241–64 に収録。および 'Eighteenth-century Prescriptivism and the Norm of Correctness', これは Ans van Kemenade and Bettelou Los (eds), *The Handbook of the History of English* (Oxford: Blackwell, 2006), pp. 539–57. に収録されている。
(27) John Barrell, *English Literature in History 1730–80; An Equal, Wide Survey* (London: Hutchinson, 1983), pp. 141–2.
(28) William B. Hodgson, *Errors in the Use of English* (Edinburgh: David Douglas, 1881), p. iii.
(29) Wells, *Certain Personal Matters*, p. 148.
(30) この時代に起こった散文体の変遷について見事な記述があるのは Carey McIntosh, *The Evolution of English Prose, 1700–1800* (Cambridge: Cambridge University Press, 1998).
(31) Lynda Mugglestone, *Taiking Proper: The Rise and Fall of the English Accent as a Social Symbol*, 2nd edn (Oxford: Oxford University Press, 2007), p. 181. に引用。

（32）Joseph Priestley, *The Rudiments of English Grammar*（London: R. Griffiths, 1761）, p. vii.
（33）同書 p. vii , pp. 56–7.
（34）同書 p. x–xi.
（35）Jane Hodson, 'Joseph Priestley's two *Rudiments of English Grammar*: 1761 and 1768' を参照。これは Ingrid Tieken-Boon van Ostade（ed.）, *Grammars, Grammarians and Grammar-Writing in Eighteenth-Century England*（Berlin: Mouton de Gruyter, 2008）, pp. 177–89. に収録されている。
（36）Joseph Priestley, *The Rudiments of English Grammar*, 2nd edn（London: Becket, De Hondt & Johnson, 1768）, p. xxxiii.
（37）これは次の評論に詳しく書かれている。Robin Straaijer, 'Deontic and epistemic modals as indicators of prescriptive and descriptive language in the grammars by Joseph Priestley and Robert Lowth', これは Tieken-Boon van Ostade and van der Wurff（eds）, *Current Issues in Late Modern English*, pp. 57–87. に収録されている。
（38）Priestley, *The Rudiments of English Grammar*, p. 58.

［1］エドワード懺悔王（聖証王）は、父エセルレッドが一〇一三年にノルウェー王スヴェインによって王位を追われて逃れた妻エマの故郷ノルマンディーの宮廷で育った。のちに王位がエドワードの手に戻ったときに彼はノルマンディーから友人をつれてきて要職につけ、在位中の宮廷はフランス色の強いものとなった。

［2］ジョンソン博士の『英語辞典』"Frenchify" の項、用例はウィリアム・キャムデンの『ブリテン島の遺産、主としてイングランドとそこに住む人びとについて』（一六二九）より、「エドワード懺悔王が一番嫌われていた点はフランスにかぶれているところだった。」

［3］ハノーヴァー朝は、ジョージ一世からヴィクトリア女王の治世。

［4］H・G・ウェルズの *Certain Personal Matters*（1897）所収のエッセイ "For Freedom of Spelling: The Discovery of an Art" より。

9　おお、わたしのアメリカ、新しく見つけた土地よ！

（1）*Gentleman's Magazine*, 22（1752）, p. 281.
（2）Thomas Gustafson, *Representative Words: Politics, Literature, and the American Language, 1776–1865*（Cambridge: Cambridge University Press, 1992）, p. 198.
（3）Thomas Paine, *Rights of Man, Common Sense, and Other Political Writings*, ed. Mark Philp（Oxford: Oxford University Press, 1995）, pp. 53–4.『人間の権利』西川正身訳、岩波文庫、一九七一
（4）同書 p. 147.
（5）同書 p. 132.
（6）David Simpson, *The Politics of American English, 1776–1850*（New York: Oxford University Press, 1986）, p. 29. に引用。
（7）Frederic G. Cassidy, 'Geographical Variation of English in the United States', これは Richard W. Bailey および Manfred Görlach（eds）, *English as a World Language*（Cambridge: Cambridge University Press, 1984）, pp. 186–7. に収録。
（8）H. L. Mencken, *The American Language*, 4th edn（New York: Knopf, 1941）, p. 117, p. 146.
（9）Allen Walker Read, *Milestones in the History of English in America*, ed. Richard W. Bailey（Durham, NC: American Dialect Society, 2002）, p. 43. に引用。
（10）Mencken, *The American Language*, p. 313.
（11）Thomas Dilworth, *A New Guide to the English Tongue*, 13th edn（London: Henry Kent, 1751）, pp. 129–30.

(12) *United States Democratic Review* 17 (1845), p. 5, p. 9.

(13) David Micklethwait. *Noah Webster and the American Dictionary* (Jefferson, NC: McFarland, 2000), p. 11. に引用。

(14) これについて詳しいのは Makoto Ikeda, *Competing Grammars: Noah Webster's Vain Efforts to Defeat Lindley Murray* (Tokyo: Shinozaki Shorin, 1999).『ノア・ウェブスターとリンドレー・マレーの文法戦争』池田真、篠崎書林、一九九九

(15) Noah Webster, *A Grammatical Institute of the English Language*, 3 vols (Hartford: Connecticut, Hudson & Goodwin, 1783–5), I, p. 8, p.10.

(16) Noah Webster, *Dissertations on the English Language* (Boston: Isaiah Thomas, 1789), p. 24.

(17) 同書 p. viii.

(18) 同書 pp. 394–5.

(19) *A Grammatical Institute*, I, pp. 14–15.

(20) *Dissertations on the English Language*, p. 20.

(21) Ezra Greenspan, 'Some Remarks on the Poetics of "Participle-Loving Whitman"', これは Greenspan (ed.), *The Cambridge Companion to Walt Whitman* (Cambridge: Cambridge University Press, 1995), p. 94. に収録。

(22) Walt Whitman, *Daybooks and Notebooks*, vol. 3,. William White 編 (New York: New York University Press, 1978), p. 717.

(23) 同書 p. 678.

(24) ここに挙げた引用はどれもホイットマンについて論じた次書から。 F. O. Matthiessen, *American Renaissance: Art and Expression in the Age of Emerson and Whitman* (New York: Oxford University Press, 1941), pp. 517–625.

(25) Walt Whitman, *An American Primer*, ed. Horace Traubel (London: G. P. Putnam, 1904), p. 2, p. 9, p. 30.「アメリカ語の手引き」亀井俊介他訳、研究者出版、『アメリカ古典文庫05』、一九七六

(26) 同書 p. 24.

(27) Shirley Wilson Logan, *Liberating Language: Sites of Rhetorical Education in Nineteenth-Century Black America* (Carbobdale : Southern Illinois University Press, 2008). を参照。

(28) Susan-Mary Grant, 'From Union to Nation? The Civil War and the Development of American Nationalism', これは Susan-Mary Grant and Brian Holden Reid (eds), *Themes of the American Civil War*, 2nd edn (New York: Routledge, 2010), p. 296. に収録。

(29) Maureen A. Flanagan, *America Reformed: Progressives and Progressivisms, 1890s–1920s* (New York: Oxford University Press, 2007), p. 13, n.

(30) このテーマを徹底的に追求したのは John Algeo, *British or American English? A Handbook of Word and Grammar Patterns.* (Cambridge: Cambridge University Press, 2006).

(31) Wells, *Mankind in the Making*, pp. 128–9.

(32) Zoltán Kövecses, *American English: An Introduction* (Peterborough, Ont.: Broadview Press, 2000), p. 13.

[1] 交易・商業・植民地をめぐるヨーロッパ列強の覇権戦争。この結果、イギリスは世界帝国となる。

[2] アメリカの言語学者ジョン・ピカリング（一七七七―一八四六）の *A Vocabulary; Or, Collection of Words and Phrases* (1816)

[3] トマス・トワイニング（一七七六―一八六一）の、死後に刊行された紀行 *Travels in America 100 years ago: Being notes and reminisccences* (1894) より。

[4] アメリカ独立宣言起草委員のひとりであるフランクリンは、少年時代に印刷屋の兄のもとで印刷の仕事を習い覚えた。政界進出以前は、生地ボストンからフィラデルフィア、英国ロンドンと移り住み、各地で出版業を営んだ。

［5］　イギリスの小説家チャールズ・ディケンズ（一八一二―七〇）の『ボズのスケッチ集』の“The River”より。

［6］　アメリカの詩人エミリー・ディキンソン（一八三〇―八六）から文学批評家トマス・ウェントワース・ヒギンソンに宛てた手紙（一八六二年四月二十六日付）。

［7］　アメリカの作家ハーマン・メルヴィル（一八一九―九一）の長編小説『白鯨』一〇四章より。メルヴィルは同書の第五三章で、捕鯨船と捕鯨船が洋上で出合った時に交わす「GAM《ギャム》」について書くとき、やはりジョンソンの『英語辞典』とノア・ウェブスターの『ウェブスター大辞典』に触れている。

［8］　奴隷解放運動家フレデリック・ダグラス（一八一七―九五）は、メリーランドに黒人奴隷の母とおそらく白人の父のもとに生まれ、母との死別後、黒人奴隷に教育を施すことを禁じる当時の法律にもかかわらず独学で読み書きを身につけ、困難な少年時代ののち、一八三八年にニューヨークへ逃れて自由の身となった。奴隷制度廃止を訴えて講演や執筆を行ない、自伝は大きな反響を生んだ。一八四七年に新聞「ザ・ノース・スター」を発刊。

［9］　フランスの政治思想家アレクシー・ド・トクヴィル（一八〇五―五九）は、一八三一年四月から翌二月までジャクソン大統領時代の合衆国を旅した。そこでトクヴィルが見たアメリカ社会の諸相を具体的に分析し、近代デモクラシーを論じたのが『アメリカのデモクラシー』である。第一部第一六章「アメリカのデモクラシーは英語をどのように変えたか」で、トクヴィルは、人びとが自分の生まれた土地に留まらずに自由に往き来し、階級制度がなくなって混じり合った結果、あらゆる言葉が一緒になるが言葉の違いの区別もなくなる。また、民主的な国では情勢が揺れ動くから人の考えも揺れ動く。したがって思考を拡大し、より曖昧にする描象語を多用する、と述べている。

［10］　ビリー・ヤンクとジョニー・レブは南北戦争のアメリカを戯画化したもので、ヤンク（Yankee の略）は北部、連邦軍の兵士、レブ（Rebell の略）は南部のために参戦した兵士。

10　リンドリー・マリーの長い影

（1）　Charles Monaghan, 'Lindley Murray, American', これは Ingrid Tieken-Boon van Ostade（ed.）, *Two Hundred Years of Lindley Murray*（Münster: Nodus, 1996）, p. 27–43. に収録。

（2）　これについて詳しいのは Jane Hodson, *Language and Revolution in Burke, Wollstonecraft, Paine and Godwin*（Aldershot: Ashgate, 2007）, p. 21–40.

（3）　John Walker, *A Critical Pronouncing Dictionary and Expositor of the English Language*（London: Robinson, Robinson & Cadell, 1791）, p. 18, p. 51.

（4）　マリー家の人々についての貴重な証言は Charles Monaghan, *The Murrays of Murray Hill*（New York: Urban History Press, 1998）.

（5）　Peter Walkden Fogg, *Elementa Anglicana*, 2 vols（Stockport: J. Clarke, 1792–6）, II, pp. x–xi.

（6）　Murray, *English Grammar*, p. 121, p. 139.

（7）　同書 p. 105.

（8）　同書 pp. 179–200.

（9）　同書 pp. 55–6.

（10）　同書 pp. 17–19.

（11）　Marcus Tomalin, *Romanticism and Linguistic Theory*（Basingstoke: Palgrave Macmillan, 2009）, pp. 148–9. に引用。

（12）　Emma Vorlat, 'Lindley Murray's Prescriptive Canon', を参照。これは Tieken-Boon van Ostade（ed.）, *Two Hundred Years of Lindley Murray*,

p. 163-82. に収録されている。

(13) Murray, *English Grammar*, p. 188.

(14) 同書 p. 98.

(15) Lindley Murray, *Memoirs of the Life and Writings of Lindley Murray* (York: Longman, Rees, Orme, Brown & Green, 1826), p. 91.

(16) Alexander Gil, *Logonomia Anglica*, 2nd edn (London: John Beale, 1621), p. 19. 拙訳。

(17) Francis Grose, *A Classical Dictionary of the Vulgar Tongue* (London: S. Hooper, 1785), p. i.

(18) Jonathon Green, *Chambers Slang Dictionary* (Edinburgh: Chambers, 2008), p. xi.

(19) Alexander Marjoribanks, *Travels in New South Wales* (London: Smith, Elder, 1847), p. 58.

(20) Ashley Montagu, *The Anatomy of Swearing* (Philadelphia: University of Pennsylvania Press, 2001), p. 260.

[1] ディケンズの『リトル・ドリット』第二巻三二章より。

[2] 捕鯨ボートから海に投げ出されて一夜を経て本船に救助されたピップは、その恐怖のために正常な精神を失う。引用は『白鯨』第九九章より、当時英米の学校でひろく使われていたリンドリー・マリーの『英文法』の人称変化を唱えながらピップが船員たちの間に現れる場面。

[3] イギリスの作家ジョージ・エリオット（一八一九—八〇）の長編小説『ミドルマーチ』第三部二四章。「文法にかなった言葉遣いやアクセントの正しさは町の水準を越え」る教養をもつが、しがない土地差配人の妻で子だくさんのガース夫人が、台所で料理をしながら子どもに文法や歴史を教える場面。（「文法なんて嫌いだ。何の役に立つの?」「正しい話し方、書き方を教わるためよ。自分の考えをちゃんと伝えられるようにね。」）

[4] 英国の小説家アンソニー・トロロプ（一八一五—八二）の、イングランド西部の架空の州を舞台とする『バーセットシア物語』六連作の第五作。引用は第二章より。

[5] 英国の作家シャーロット・ブロンテ（一八一六—五五）の最後の長編『ヴィレット』の主人公で、身寄りのない若い女性ルーシー・スノーは異国の町ヴィレットへ赴き、寄宿学校の教師として生計をたてようとする。ヴィレットは架空の都市で、作者自身がブロンテ寄宿学校の開設をめざして九カ月の留学生活を送ったベルギーのブリュッセルがモデル。

[6] 「暗黒のLA四部作」などで知られるアメリカのミステリ作家エルロイは、接続詞や動詞のかわりに／や＝、＋、－などの記号を多用し、独特のリズムと疾走感のある独自の文体で有名。

[7] フォールスタッフは、シェイクスピアの『ヘンリー四世』に登場する騎士。

11 国の由来

(1) John Horne Tooke, *Epea Pteroenta, or The Diversions of Purley*, ed. Richard Taylor, 2 vols (London: Thomas Tegg, 1829), I, p. 26.

(2) Christina Bewley and David Bewley, *Gentleman Radical: A Life of John Horne Tooke* (London: Tauris Academic Studies, 1998), p. 6.

(3) 言語による平等に関するトゥックの考えの詳細については次書を参照。Susan Manly, *Language, Custom and Nation in the 1790s: Locke, Tooke, Wordsworth, Edgeworth* (Aldershot: Ashgate, 2007).

(4) これは Andrew Elfenbein が *Romanticism and the Rise of English* (Stanford, CA: Stanford University Press, 2009). の中で論じている。

（5）　Benedict Anderson, *Imagined Communities: Reflections on the Origin and Spread of Nationalism,* rev. edn（London: Verso, 2006）, p. 6.『想像の共同体：ナショナリズムの起源と流行』白石隆、白石さや訳、書籍工房早山、二〇〇七

（6）　Michael Billig, *Banal Nationalism*（London: Sage, 1995）,p. 1. を参照。

（7）　Michel Foucault, *The Order of Things: An Archaeology of the Human Sciences,* A. M. Sheridan Smith 訳（London: Tavistock, 1970）, p. 290.『言語表現の秩序』中村雄二郎訳、河出書房新社、一九九五

（8）　Graham Robb, *The Discovery of France*（London: Picador, 2007）, pp. 50–57.

（9）　Robert Phillipson, *English-Only Europe? Challenging Language Policy*（London: Routledge, 2003）, p. 146.

（10）　Marc Shell, 'Language Wars', *New Centennial Review* 1（2001）, p. 2.

（11）　この問題については次書に詳しい。Sarah G. Thomason, *Language Contact*（Edinburgh: Edinburgh University Press, 2001）.

（12）　この考えは次書で詳細に追求されている。Philip Pettit, *Made with Words: Hobbes on Language, Mind, and Politics*（Princeton, NJ: Princeton University Press, 2008）.

［1］　スウィフト『ガリヴァー旅行記』第三篇「ラピュタ、バルニバビ、ラグナグ、グラブダブドリッブそして日本への渡航記」には、対話を簡単にするために名詞だけを用いて話し、それに対応してやはり物で答える場面がある。

［2］　スウィフト「ウィリアム・サンクロフトに捧げるオード」（一六九二）より。

［3］　英国のロマン派詩人シェリー（一七九二―一八二二）の、ギリシア神話に題材をとった劇詩『鎖を解かれたプロメテウス』より。

12　フィッシュナイフとフィストファック

（1）　Lawrence James, *The Middle Class: A History*（London: Little, Brown, 2006）, p. 231.

（2）　これらの例は Joss Marsh, *Word Crimes: Blasphemy, Culture, and Literature in Nineteenth-Century England*（Chicago: Chicago University Press, 1998）, pp. 215–16. より借用。

（3）　G. M. Young, *Portrait of an Age: Victorian England,* ed. George Kitson Clark（London: Oxford University Press, 1977）, p. 154.『ある時代の肖像―ヴィクトリア朝イングランド』松村昌家、村岡健次訳、ミネルヴァ書房、二〇〇六

（4）　Richard W. Bailey, *Nineteenth-Century English*（Ann Arbor: University of Michigan Press, 1996）, p. 4.

（5）　Richard D. Altick, *The English Common Reader,* 2nd edn（Columbus: Ohio State University Press, 1998）, p. 161.

（6）　これらの例は A. N. Wilson, *The Victorians*（London: Arrow, 2003）, pp. 282–3. から引いた。

（7）　Theodore Zeldin, *An Intimate History of Humanity*（London: Minerva,1995）, p. 40. に引用。

（8）　Manfred Görlach, *Explorations in English Historical Linguistics*（Heidelberg: Winter, 2002）, p. 139.

（9）　Bailey, *Nineteenth-Century English,* p. 258. に引用。

（10）　James Sambrook, *William Cobbett*（London: Routledge & Kegan Paul, 1973）, p. 105. に引用。

（11）　Ingrid Tieken-Boon van Ostade, *An Introduction to Late Modern English*（Edinburgh: Edinburgh University Press, 2009）, p. 4.

(12) James Paul Cobbett, 'Pronunciation', これは A *Grammar of the English Language, with an additional chapter on pronunciation by James Paul Cobbett* (London: Charles Griffin, 1866), p. 241. に収録。

(13) John Carey, *The Intellectuals and the Masses* (London: Faber, 1992).

(14) *The World,* 6 December 1753.

(15) Robin Gilmour, *The Idea of the Gentleman in the Victorian Novel* (London: Allen & Unwin, 1981), p. 4. に引用。

(16) Harold J. Laski, *The Danger of Being a Gentleman and Other Essays* (London: Allen & Unwin, 1939), pp. 13–31. を参照。

(17) 作者不詳 *Woman: As She Is, and As She Should Be,* 2 vols (London: James Cochrane, 1835), Ⅰ, p. 2, p. 16, p. 28, p. 74; Ⅱ, p. 254, p. 257.

(18) Gilman (ed.), *Merriam-Webster's Dictionary of English Usage,* p. 582. に言及されている。

(19) George Vandenhoff, *The Lady's Reader* (London: Sampson Low, 1832), p. 1, p. 3, p. 4.

(20) Peter Trudgill, *The Social Differentiation of English in Norwich* (Cambridge: Cambridge University Press, 1974), pp. 94–5.

(21) Bailey, *Nineteenth-Century English,* p. 84.

(22) Manfred Görlach, *English in Nineteenth-Century England: An Introduction* (Cambridge: Cambridge University Press, 1999), p. 174. に引用。

(23) Harry Thurston Peck, *What is Good English? and Other Essays* (New York: Dodd, Mead & Co., 1899), p. 3.

(24) Charles Mackay, *Lost Beauties of the English Language* (London: Chatto & Windus, 1874), p. xxii, p. xxiv.

(25) Virginia Tufte, *Grammar as Style* (New York: Holt, Rinehart & Winston, 1971). を参照。

(26) McIntosh, *The Evolution of English Prose,* p. 5.

(27) ここに挙げた数字は Harold Herd, *The March of Journalism: The Story of the British Press from 1622 to the Present Day* (London: Allen & Unwin, 1952), pp. 174–5. より借用。

(28) Jason Camlot, *Style and the Nineteenth-Century British Critic* (Aldershot: Ashgate, 2008), p. 112.

(29) T. L. Kington Oliphant, *The Sources of Standard English* (London: Macmillan, 1873), p. 1.

(30) 同書 p. 323, p. 328, p. 334, p. 338.

[1] アメリカ生まれの小説家、ヘンリー・ジェイムズ（一八四三—一九一六）の『ある貴婦人の肖像』、引用は十章より。

[2] ドイツの思想家フリードリヒ・ニーチェ（一八四四—一九〇〇）は『偶像の黄昏・アンチクリスト』（一八八八）の中で、キリスト教は最下層民の宗教だと批判している。

[3] 英国の小説家ウィリアム・メイクピース・サッカレー（一八一一—一六三）の、「パンチ」誌に連載された随筆『イギリスの俗物たち』は一八四八年に『俗物の書』として出版された。引用は第二章"THE SNOB ROYAL"より。

[4] 英国の小説家ウィルキー・コリンズ（一八二四—八九）の『バジル』、引用は第三部第五章より。密かに妻としたマーガレットの父シャーウィン氏が経営する商店の店員マニングに初めて会ったとき、バジルはその物腰から、現在の彼の地位よりも上の階級に属する人間であると感じる。のちに自分の過去を語る手紙の中でマニングは、「(シャーウィン氏は) 人が私の英語は完璧だと言うのを聞いたり、私が第一級の教育を受けたことを確信したり……」と書いている。

[5] コリンズの『白衣の女』は、発表と同時に大人気となり、T・S・エリオットほかの賛辞をあつめた。引用は第一部の第二章より。

[6] 引用はそれぞれ『ミドルマーチ』第一部六章と第二部一六章。

[7] ディケンズ『荒涼館』の、引用は五六章より。
[8] ディケンズ『リトル・ドリット』の、引用は第一巻二五章より。
[9] ディケンズ『ニコラス・ニックルビー』の、引用は八章より。
[10] 引用はそれぞれサッカレーの『ヘンリー・エズモンドの生涯』第二巻二章、『キャサリン』一一章より。
[11] サッカレー『ペンデニス』から、引用はそれぞれ、二四章と二三章より。
[12] サッカレー『ニューカム家の人びと』から、引用は五七章より。
[13] トロロプ『スカーバラ氏の家族』から、引用は第二部四六章より。
[14] イギリスの小説家マリー・コレリ（一八五五―一九二四）の『イノセント』から、引用は第二部第一章より。
[15] アメリカの物理学者メンデンホールは、シェイクスピアとフランシス・ベーコンの文章に用いられている単語を集計・比較分析の結果、シェイクスピア＝ベーコン説を否定した。

13 「われらが血、われらが言葉、われらが制度」

（1） Thomas Arnold, *Introductory Lectures on Modern History, with the Inaugural Lecture,* 7th edn（London: Longmans & Green, 1885）, pp. 23–4.
（2） John Mitchell Kemble, *The Saxons in England,* rev. Walter de Gray Birch（London: Bernard Quaritch, 1876）, I, p. v.
（3） J. R. Green, *A Short History of the English People*（London: Macmillan, 1874）, 1.『イギリス国民の歴史』和田勇一訳、篠崎書林、一九八五
（4） Thomas R. Lounsbury, *The Standard of Usage in English*（New York: Harper, 1908）, p. 4, pp. 58–9.
（5） これらの例は William A. Craigie, *The Critique of Pure English: From Caxton to Smollett*（Oxford: Clarendon Press, 1946）. より借用。
（6） Claude Hagège, *On the Death and Life of Languages,* Jody Gladding 訳（New Haven, CT: Yale University Press, 2009）, p. 104.
（7） Antony Beevor, *Stalingrad*（New York: Penguin, 1999）, p. 117.『スターリングラード運命の攻囲戦 1942-1943』堀たほ子訳、朝日文庫、二〇〇五

[1] leech は古英語で医者を意味したが、のちに治療に leech ヒルを使ったことで混同されている。
[2] イギリスの小説家トマス・ハーディの四作品からの引用は、『ラッパ隊長』三六章と一章、『恋魂』第一巻二章、『日陰者ジュード』第四部四章、『テス』第一編三章より。
[3] 古典ヘブライ語はディアスポラ以降話されなくなったが、二十世紀に現代ヘブライ語として再生され、イスラエルの公用語となっている。

14 ヴィクトリア時代の宝庫を作り上げる

（1） Henry Butter, *What's the Harm of Fornication?*（London: G. Berger, 1864）, pp. 10–11.
（2） Henry Alford, *A Plea for the Queen's English,* 2nd edn（London: Strahan, 1864）, p. 6.
（3） 同書 p. 154.
（4） George Washington Moon, *The Bad English of Lindley Murray and Other Writers on the English Language,* 3rd edn（London: Hatchard, 1869）, p. 2.
（5） George Washington Moon, *A Defence of the Queen's English*（London: Hatchard, 1863）, p. 5.

(6) このデータは Peter Burke and Roy Porter (eds), *Language, Self, and Society: A Social History of Language* (Cambridge: Polity, 1991), p. 159. より借用。

(7) *Enquire Within Upon Everything*, 27th edn (London: Houlston & Wright, 1865), p. 53.

(8) 同書 pp. 54–61.

(9) 同書 p. 71.

(10) Charles William Smith, *Mind Your H's and Take Care of Your R's* (London: Lockwood, 1866), p. 3, p. 29.

(11) Alfred Leach, *The Letter H: Past, Present, and Future* (London: Griffith & Farran, 1880), p. 16.

(12) 同書 p. 11.

(13) Mugglestone, *Talking Proper*, p. 60. に引用。

(14) Görlach, *Explorations in English Historical Linguistics*, p. 191. に引用。

(15) Alexander J. Ellis, *On Early English Pronunciation* (London: Trübner, 1869–89), I, p. 17, p. 19.

(16) 同書 I, p. 157.

(17) 同書 I, p. 155, n.

(18) 作者不詳 *Never Too Late to Learn: Mistakes of Daily Occurrence in Speaking, Writing, and Pronunciation, Corrected* (London: John Farquhar Shaw, 1855), p. 17, p. 54.

(19) Edward S. Gould, *Good English: or, Popular Errors in Language* (New York: W. J. Widdleton, 1867), p. 115, p. 130, p. 135.

(20) 同書 pp. 32–4, p. 89.

(21) Richard Grant White, *Words and Their Uses, Past and Present* (New York: Sheldon, 1871), p. 183, p. 192, p. 295, pp. 297–8.

(22) 同書 p. 207, p. 211, p. 216.

(23) Richard Grant White, *Every-Day English* (Boston: Houghton Mifflin, 1880), p. 411.

(24) Alfred Ayres, *The Verbalist: A Manual Devoted to Brief Discussions of the Right and Wrong Use of Words* (New York: Appleton, 1882), p. 128, p. 220.

(25) Letters, *The Times*, 14 February 1872.

(26) Görlach, *English in Nineteenth-Century England*, pp. 118–25.

(27) J. A. H. Murray, 'General Explanations', これは W. F. Bolton and David Crystal (eds), *The English Language: Essays by Linguists and Men of Letters 1858–1964* (Cambridge: Cambridge University Press, 1969), p. 59. に収録。

(28) これは Charlotte Brewer の評論 '*OED* Sources' に詳しい。Lynda Mugglestone (ed), *Lexicography and the OED* (Oxford: Oxford University Press, 2000), pp. 40–58. に収録。

[1] 英国の政治家で小説家のベンジャミン・ディズレイリ（一八〇四—八一）の小説『シビル、あるいは二つの国民』、引用は第五章より。

[2] ウェストミンスター聖堂首席司祭リチャード・シェニヴィクス・トレンチ（一八〇七—八六）は、一八五七年十一月、言語学協会に二つの論文を出した。それがその後まとめられて「わが国の英語辞典の欠陥について」という題で出版された。ここで彼は、語形・語義の歴史を記述した辞典の必要性を説いた。

[3] 『オックスフォード英語辞典』は一九二八年に完成し、十巻で出版された。一九三三年に十二巻となり、これに補遺がついて十三巻となった。

[4] 実業家の父と叔母の三人でロンドン郊外に暮らす二十四歳のレイチェルは、架空の地である南米のサンタ・マリナの叔父夫婦の別荘を訪れる。近くのホテルに逗留する中産階級のイギリス人客と交流をもつうち、レイチェルはそれまで疑うことなく信じ込んできたヴィクトリア朝の因習的な社会から身を引き剝がし、彼女の内に大

きな変化が萌してゆく。逗留客テレンスとの恋愛、ヒロインの最期をとおして、すでに「意識の流れ」を予感させる手法、のちの諸作品をつらぬく「死」と「生」というテーマを見ることができる、ウルフ最初の作品。

15 英語の番人

(1) Jenny McMorris, *The Warden of English: The Life of H. W. Fowler* (Oxford: Oxford University Press, 2002), p. 216. に引用。
(2) H. W. Fowler, *A Dictionary of Modern English Usage*, ed. David Crystal (Oxford: Oxford University Press, 2009), p. 728.
(3) 同書 p. 112, p. 239, p. 333, p. 422, p. 444, p. 513.
(4) 同書 pp. 558–61.
(5) 同書 p. 210.
(6) 同書 p. 204, p. 439, p. 511.
(7) William Strunk and E. B. White, *The Elements of Style*, 4th edn (Needham Heights, MA: Allyn & Bacon, 2000), p. 71.
(8) H. W. Fowler, *A Dictionary of Modern English Usage*, p. 212. genteelism の項目。
(9) Eric Partridge, *Usage and Abusage* (London: Hamish Hamilton, 1947), pp. 103–5, p. 173.
(10) Jim Quinn, *American Tongue and Cheek: A Populist Guide to Our Language* (New York: Pantheon, 1980), pp. 43–4. に引用。
(11) Cody の経歴については次書に詳述されている。Edwin L. Battistella, *Do You Make These Mistakes in English? The Story of Sherwin Cody's Famous Language School* (Oxford: Oxford University Press, 2009).

[1] この本をもとにニコ・マーリーが作曲したカンタータが、二〇〇五年十月にニューヨーク公立図書館で上演された。

16 「君が見えるように話しなさい」

(1) Fowler, *A Dictionary of Modern English Usage*, p. 307.
(2) Clive Upton, 'Modern Regional English in the British Isles', これは Mugglestone (ed.), *The Oxford History of English*, p. 330. に収録。
(3) この結論は次書に書かれている。William Labov, *Sociolinguistic Patterns* (Oxford: Blackwell, 1972).『ジョンブルとアンクルサム―イギリス英語とアメリカ英語』野村恵造訳、研究社、二〇一三
(4) Anthony Burgess, *A Mouthful of Air* (London: Vintage, 1993), p. 235.
(5) Edward Finegan, 'English in North America', これは Richard Hogg and David Denison (eds), *A History of the English Language* (Cambridge: Cambridge University Press, 2006), pp. 386–7. に収録。
(6) George Bernard Shaw, *On Language*, ed. Abraham Tauber (London: Peter Owen, 1965), p. 47.
(7) Thomas R. Lounsbury, *The Standard of Pronunciation in English* (New York: Harper, 1904), pp. 12–20.
(8) William Henry P. Phyfe, *How Should I Pronounce?* (New York: Putnam, 1885), p. 5.
(9) George Puttenham, *The Arte of English Poesie* (London: Richard Field, 1589), pp. 120–21.
(10) Verstegan, *A Restitution of Decayed Intelligence*, pp. 204–5.
(11) この時代のロンドンの発展に関する充実した研究は A. L. Beier and Roger Finlay (eds), *London 1500-1700: The Making of the Metropolis* (London: Longman, 1986).

(12) Ben Jonson, *Timber, or Discoveries*, ed. Ralph S. Walker (Westport, CT: Greenwood Press, 1953), pp. 41–2, pp. 45–6.

(13) Greenwood, *An Essay Towards a Practical English Grammar*, pp. 309–10.

(14) Crystal, *The Stories of English*, p. 406.

(15) Mugglestone, *Talking Proper*, p. 46.

(16) James Buchanan, *An Essay towards Establishing a Standard for an Elegant and Uniform Pronunciation of the English Language* (London: E. & C. Dilly, 1766), pp. xi–xii.

(17) William Enfield, *The Speaker* (London: Joseph Johnson, 1774), pp. vii–xxiv.

(18) Anna Laetitia Barbauld, *The Female Speaker* (London: Joseph Johnson, 1811), p. v.

(19) John Walker, *A Critical Pronouncing Dictionary*, p. xiv.

[1] H・G・ウェルズがハレー彗星の接近に着想を得て書いた『彗星の時代に』の、引用は「彗星」の第二部第四章より。

[2] 引用はそれぞれ、ウルフの『燈台へ』（一九二七）の第三部第四章と、『歳月』（一九三七）の「一八八八年」より。ウルフは『英語方言辞典』を編纂したヨークシア出身の言語学者ジョゼフ・ライトに敬服しており、『歳月』の前身『パージター家の人々』のブルック氏のモデルにしているところから、ヒッチングズの言う「冷ややかな当惑」はあたらないのではないかと思う。

[3] 『怒りの葡萄』はアメリカの作家ジョン・スタインベック（一九〇二—六八）の代表作。オクラホマの貧農トム・ジョードは天災と機械化の波によって父祖の農地を捨て、大所帯をひきつれて二千キロにおよぶ距離を古自動車で縦断して豊饒の地と夢見たカリフォルニアへ移住してゆく。作中の言葉はオクラホマ方言で、標準的でない口語表現も多くみられる。

[4] 英国のジャーナリスト、作家のダニエル・デフォー（一六六〇—一七三一）の全三巻からなる書簡体形式の旅行記。十七年間にわたるイギリス周遊旅行のほか、三度の小旅行で目にした人々の暮らし、気候や自然をそのままに描く。

[5] シェイクスピアは生まれ育ったウォリックシアの方言をはじめ、作品に地方の言葉を盛り込んだ（一九三頁参照）。イギリスの田舎が舞台の小説を多く書いたトマス・ハーディ（一八四〇—一九二八）では『テス』『遥か群衆を離れて』はじめ登場人物が方言を話すことが非常に多い。D・H・ロレンス（一八八五—一九三〇）の『チャタレイ夫人の恋人』のメラーズや初期の短篇『牧師の娘』の炭坑夫アルフレッドが話す方言は、女主人公との階級の差を示す役割ももつ。ヘンリー・グリーン（一九〇五—七三）の父親はアマチュアの方言研究家で、グリーンも *Loving, Party Going, Living*（一九二九—四五）の三部作、*Caught*（一九四三）など多くの作品で方言を多用している。

[6] イギリスの言語学者で方言の権威、エリス（一九二六—二〇〇九）は、ヨークシア州で十七人の女性を襲った切り裂き魔事件で一九七九年六月に犯人を名乗る人物から警察に送られてきたカセットテープを解析した結果、ヨークシアから離れた地方のアクセントを認め、テープの送り主は真犯人ではないと指摘した。真犯人逮捕ののち二〇〇六年になってテープの送り主ジョン・ハンブルが逮捕・投獄され、彼がエリスが指摘した地域にずっと暮らしていたことが明らかになった。

[7] ショーの戯曲『ピグマリオン』の、引用は第五幕より。

[8] シェイクスピアの戯曲『お気に召すまま』の、引用は第三幕第二場より。

17　ちゃんと話す

(1) John Minsheu, *Ductor in Linguas, The Guide Unto Tongues* (London: John Browne, 1617), p. 80.

(2) John Ray, *A Collection of English Words Not Generally Used* (London: H. Bruges, 1674), p. 50, p. 74.

(3) これらの例は Peter Trudgill and J. K. Chambers (eds), *Dialects of English: Studies in Grammatical Variation* (London: Longman, 1991). より借用。

(4) James Milroy および Lesley Milroy, *Authority in Language: Investigating Standard English*, 3rd edn (London: Routledge, 1999), p. 21.

(5) George Sampson, *English for the English: A Chapter on National Education* (Cambridge: Cambridge University Press, 1925), pp. 40–41, p. 48.

(6) Henry Sweet, *The Indispensable Foundation: A Selection from the Writings of Henry Sweet*, ed. Eugénie J. A. Henderson (London: Oxford University Press, 1971), p. 14.

(7) Tony Crowley, *Proper English? Readings in Language, History and Cultural Identity* (London: Routledge, 1991), p. 212, p. 214. に引用。

(8) George Orwell, *Essays*, ed. John Carey (London: Everyman, 2002), p. 608, p. 611, p. 629, pp. 634–6.『オーウェル評論集』川端康雄訳、平凡社、二〇〇九

(9) Milroy and Milroy, *Authority in Language*, pp. 116–130. を参照。

(10) このテーマについて充分な議論を尽くしているのは John Honey, *Does Accent Matter?* (London: Faber, 1989)、および Honey の評論 'Talking Proper' で、これは Graham Nixon and John Honey (eds), *An Historic Tongue: Studies in English Linguistics in Memory of Barbara Strang* (London: Routledge, 1988). に収録されている。

(11) Mugglestone, *Talking Proper*, p. 269.

(12) George Steiner, *After Babel: Aspects of Language and Translation*, 3rd edn (Oxford: Oxford University Press, 1998), p. 34.『バベルの後に』亀山健吉訳、法政大学出版局、二〇〇九

(13) Crystal, *The Stories of English*, p. 368.

(14) Anne Karpf, *The Human Voice: The Story of a Remarkable Talent* (London: Bloomsbury, 2007), pp. 2–4.

[1] 英国の劇作家で詩人のクリストファー・マーロー（一五六四—九三）の『羊飼いの恋歌』より。

[2] 教師だったジョシュア・プール（一五一六頃—五六頃）が生徒たちに英詩を読ませ、英語表現を磨くために編纂した『イングリッシュ・パルナッソス』は、押韻辞典、形容語句集、翻訳を含む詩の抜粋を合わせた六〇〇頁におよぶ大冊。

[3] エリザベス・ビートン（一八三六—六五）の、家庭運営全般にわたる手引書『家政の本』は九〇〇以上の料理レシピを収め、むしろ『ビートン夫人の料理書』で通っている。初版から七年間に二百万部を達成した大ベストセラーで、二十一世紀まで版を重ねるロングセラー。

[4] イギリスの詩人・作家のウォルター・スコット（一七七一—一八三二）は歴史小説『紅の籠手 *Redgauntlet*』所収の "Wandering Willie's Tale" ほかで方言を多用している。

[5] コリンズ『月長石』の、引用は十五章より。この章の語り手である老執事ベタレッジの手記は土地の漁村のおかみの言葉も標準的な英語で書かれている。ほかの語り手の手記にも土地の言葉を丁寧な英語に「翻訳」していると述べる箇所があり、ブロンテ、エリオットとは違い、コリンズは方言をつかわずにヨークシアの言葉を読

者にただ想像させている。

［6］「貸家」はチャールズ・ディケンズ、ウィルキー・コリンズ、エリザベス・ギャスケル、それにアデレイド・アン・プロクターのコラボレーション。引用はギャスケルによる“The Manchester Marriage”第一部の冒頭より。

［7］エリザベス・ギャスケル（一八一〇—六五）の社会問題をモチーフとして取り入れた小説『北と南』の、引用は第八章より。

［8］イギリスの作家でジャーナリストのジョージ・オーウェル（一九〇三—五〇）の『牧師の娘』の、引用は第二部の第七章より。

［9］オーウェルのルポルタージュ『ウィガン波止場への道』の、引用は第二部の一三章より。

18　アルファベットと女神

（1）Kirsty Scott, ‘Sounds incredible’, *Guardian,* 10 July 2007.

（2）Mark Wignall, ‘Bad Times for a Good Relationship’, *Jamaica Observer,* 4 April 2010.

（3）John McWhorter, *Doing Our Own Thing: The Degradation of Language and Music and Why We Should, Like, Care* (London: William Heinemann, 2004), p. 3.

（4）Walter J. Ong, *Orality and Literacy: The Technologizing of the Word* (London: Methuen, 1982), pp. 125–38.『声の文化と文字の文化』桜井直文他訳、藤原書店、一九九一

（5）ここで中心となっている考えは次書より借用。Ong, *Orality and Literacy,* pp. 31–77.

（6）この問題をさらに深く論じているのは Robert Pattison, *On Literacy: The Politics of the Word from Homer to the Age of Rock* (New York: Oxford University Press, 1982).

（7）Andrea A. Lunsford, *Writing Matters: Rhetoric in Public and Private Lives* (Athens, GA: University of Georgia Press, 2007), pp. xi–xii.

（8）Leonard Shlain, *The Alphabet Versus the Goddess: The Conflict Between Word and Image* (London: Allen Lane, 1998), p. 1, p. 7.

（9）Linda C. Mitchell, *Grammar Wars: Language as Cultural Battle-field in 17th and 18th Century England* (Aldershot: Ashgate, 2001), p. 142. に引用。

（10）Nancy Armstrong and Leonard Tennenhouse (eds), *The Ideology of Conduct* (New York: Methuen, 1987), pp. 8–9. を参照。

（11）Louann Brizendine, *The Female Brain* (New York: Morgan Road, 2006), 14, 36.『女は人生で三度、生まれ変わる—脳の変化でみる女の一生』吉田利子訳、草思社、二〇〇八

（12）Mark Liberman は Brizendine の主張を次の評論の中で綿密に検証している。‘Neuroscience in the Service of Sexual Stereotypes’, これは次のサイトで閲覧できた。the Language Log website: http://itre.cis.upenn.edu/~myl/languagelog/archives/003419.html, 検索したのは 22 March 2010.

（13）Penelope Eckert および Sally McConnell-Ginet, *Language and Gender* (Cambridge: Cambridge University Press, 2003), p. 9.

（14）Pinker, *The Language Instinct,* 429. を参照。『言語を生みだす本能』

（15）Judith Tingley, *Genderflex: Men and Women Speaking Each Other's Language at Work* (New York: Amacom, 1994), p. 27.

（16）Deborah Tannen, ‘The Relativity of Linguistic Strategies: Rethinking Power and Solidarity in Gender and Dominance’, これは Deborah Cameron (ed.), *The Feminist Critique of Language: A Reader,* 2nd edn (London: Routledge, 1998), pp. 269–70. に収録。

（17）この問題は次書でふれられている。John Willinsky, *After Literacy* (New York: Peter Lang, 2001), pp. 171–84.

(18)　Ann Fisher, *A New Grammar: Being the Most Easy Guide to Speaking and Writing the English Language Properly and Correctly*, 2nd edn (Newcastle-upon-Tyne: I. Thompson, 1750), p. 117.

(19)　White, *Every-Day English*, p. 416.

[1]　フランスの社会人類学者・民族学者のクロード・レヴィ＝ストロース（一九〇八―二〇〇九）は、ブラジルのサンパウロ大学に勤めていた一九三〇年代前半に民族学的フィールドワークを行ない、帰国前の三六年にはブラジル内陸部を長期にわたって調査した。ナンビクワラ族をはじめとするアマゾン支流に暮らす民族の調査は『悲しき熱帯』（一九五五）にまとめられ、神話研究などと並ぶ主著とされている。

[2]　著述家、弁論家、法律家のマルティアヌス・カペラ（三六五頃―四四〇頃）の『フィロロギアとメルクリウスの結婚』（一四九九年印刷）。フィロロギア（文献学）と結婚することになったメルクリウスは結納品としてフィロロギアに七人の侍女を贈る。侍女たちは文法学、修辞学、論理学の三学、算術、幾何学、天文学、音楽の四科を合わせた自由七科がそれぞれ擬人化されたもので、文法学の寓意は文法を間違った子どもを罰するための懲罰棒を持っている。

[3]　イギリスの詩人ジョージ・ゴードン・バイロン（一七八八―一八二四）の未完の長詩『ドン・ジュアン』は、物語の筋を語りながら随所に作者バイロンが自らの考えを述べる。引用は第六歌第五十七連。

19　どうしようもない今の時代

(1)　John Simon, *Paradigms Lost: Reflections on Literacy and its Decline* (London: Chatto & Windus, 1981), pp. x–xiv.

(2)　Edward W. Said, *Orientalism* (London: Penguin, 2003), p. 136.『オリエンタリズム』金沢紀子訳、平凡社、一九九三

(3)　H. G. Wells, *Anticipations and Other Papers* (London: T. Fisher Unwin, 1924), p. 204.

(4)　Wells, *Mankind in the Making*, pp. 127–8.

(5)　同書 pp. 132–3, p. 137.

(6)　W. Terrence Gordon, *C. K. Ogden: A Bio-bibliographic Study* (Metuchen, NJ: Scarecrow Press, 1990), p. 47.

(7)　Edward Finegan, ‘Usage’, これは Richard Hogg (gen. ed), *The Cambridge History of the English Language* (Cambridge: Cambridge University Press, 1992–2001), VI, p. 399. に収録。

(8)　Edward Finegan, *Attitudes Toward English Usage* (New York: Teachers College Press, 1980), p. 121. に引用。

(9)　Herbert C. Morton, *The Story of Webster's Third* (Cambridge: Cambridge University Press, 1994), p. 173, p. 182.『ウェブスター大辞典物語』土肥一夫、東海林宏司、中本恭平訳、大修館書店、一九九九

(10)　Simon, *Paradigms Lost*, p. xv.

(11)　同書 p. 157.

(12)　Lynch, *The Lexicographer's Dilemma*, p. 219.

(13)　Geoffrey Hughes, *Political Correctness* (Chichester: Wiley-Blackwell, 2010), p. 3.

(14)　Robert Hughes, *Culture of Complaint* (London: Harvill, 1994), p. 4, p. 6, p. 12.

(15)　同書 pp. 20–21.

(16)　Cameron, *Verbal Hygiene*, p. 165.

[1]　性科学者・昆虫学者のアルフレッド・キンゼー（一八九四―一

九五六）が一九四八年と五三年に発表した性行動についての二篇の調査報告『キンゼー・レポート』は、サンプリングの仕方に問題があるとされ、その方法論に批判が集中した。

［2］「用語や表現に含まれる人種・性別・職業・宗教・年齢などにもとづく差別や偏見を取り除き、政治的に適切な言葉を使用する」ことを是とする立場。

20　とんでもないくそ野郎

（1）Geoffrey Hughes, *Swearing* (London: Penguin, 1998), p. 243.

（2）Geoffrey Hughes, *An Encyclopedia of Swearing* (London: M. E. Sharpe, 2006), p. 65.

（3）Andrew Murphy, *Shakespeare in Print: A History and Chronology of Shakespeare Publishing* (Cambridge: Cambridge University Press, 2003), p. 171. に引用。

（4）Hughes, *An Encyclopedia of Swearing*, p. 372.

（5）Steven Pinker, *The Stuff of Thought: Language as a Window into Human Nature* (London: Penguin, 2008), pp. 331-3.『思考する言語』幾島幸子、桜内篤子訳、日本放送出版協会、二〇〇九

（6）Jesse Sheidlower (ed.), *The F-Word*, 3rd edn (New York: Oxford University Press, 2009), pp. xxii–xxxii.

（7）同書 p. xxvii.

（8）Pinker, *The Stuff of Thought*, p. 370.『思考する言語』

（9）Lynda Mugglestone, *Lost for Words: The Hidden History of the Oxford English Dictionary* (New Haven, CT: Yale University Press, 2005), p. 84. に引用。

（10）Marc Leverette, Brian L. Ott および Cara Louise Buckley (eds), *It's Not TV: Watching HBO in the Post-Television Era* (New York: Routledge, 2008), p. 128. に引用。

（11）Lynch, *The Lexicographer's Dilemma*, p. 236.

（12）Simon Critchley, *On Humour* (London: Routledge, 2002), p. 87.

（13）Maureen Dowd, 'Liberties; Niggardly City', *New York Times*, 31 January 1999.

（14）Patricia O'Conner and Stewart Kellerman, *Origins of the Specious: Myths and Misconceptions of the English Language* (New York: Random House, 2009), p. 135.

（15）Charlotte Brewer, *Treasure-House of the Language: The Living OED* (New Haven, CT: Yale University Press, 2007), p. 96. に引用。

（16）Robert Burchfield, 'Dictionaries and Ethnic Sensibilities', に引用。これは Leonard Michaels and Christopher Ricks (eds), *The State of the Language* (Berkeley: University of California Press, 1980), p. 19. に収録。

［1］ウィリアム・プリン（一六〇〇—六九）は戦闘的ピューリタン。演劇を不道徳で聖書に反していると批判した。英国国教会の牧師だったジェレミー・コリアー（一六五〇—一七二六）も不道徳な内容を扱った喜劇と劇作家を強く非難し、パンフレット『英国演劇の不道徳と不敬についての管見』（一六九八）を著した。

［2］ディケンズ『ハードタイムズ』、サッカレー『虚栄の市』、ドストエフスキー『白痴』に引用のある「グランディー夫人」は、モートンの劇中人物アシュフィールド夫人が「でも、グランディーさんがなんて言うか」とつねに気にする、「世間の口」とも言うべき存在。

［3］二〇〇七年にアメリカで出版。著者はオーストラリアの医師フィリップ・ニキチと、フィオナ・スチュワート。

［4］『ピグマリオン』第三場でイライザが発するこの言葉は、この

前後に彼女が話す言葉の完璧な発音との対照でさらに大きなショックを観客にあたえることとなった。

[5] 英国の探検家ジェイムズ・クック（一七二八—七九）がトンガを訪れたとき、人前で座ったり食べ物を口にしたりしない島民にわけを尋ねたところ、人びとは「禁忌——Tabu だから」と答えたことが航海日誌に見られる。

[6] 一九二七年から三年にわたって身をおいたパリの貧民街やロンドンの浮浪者の世界を描いた、オーウェルのデビュー作。引用は第三二章より。

[7] カナダCBC製作のテレビ番組「カンバセーション・ウィズ・ノーマン・メイラー」（一九六八）での発言。

[8] バイロン卿の *Letters and journals* より、一八一一年九月三日付のフランシス・ホジソン宛の手紙。

[9] 古代カレドニアから中世スコットランドに伝えられた「フライティング」は、韻を踏みながら互いを罵り合うもの。スコットランド系入植者とともにアメリカに伝わり、奴隷たちの間に広まった。「ダズンズ」は、相対する二人が互いの母親を侮辱する言葉を応酬するが、本当の喧嘩ではなく、うまい侮蔑の言葉のバラエティを競うゲームで、ラップバトルの源流とも考えられている。

21 「ここでは英語だけです」

（1） James Crawford (ed.), *Language Loyalties: A Source Book on the Official English Controversy* (Chicago: University of Chicago Press, 1992), p. 85. に引用。

（2） Jeremy J. Smith, 'Scots', in Glanville Price (ed.), *Language in Britain & Ireland* (Oxford: Blackwell, 2000), p. 165.

（3） Dick Leith, *A Social History of English*, 2nd edn (London: Routledge, 1997), pp. 169–70.

（4） Wells, *Mankind in the Making*, p. 209, n.

（5） 「大都市の不平分子」の台頭は次書でふれている。Francis Wheen, *Strange Days Indeed: The Golden Age of Paranoia* (London: Fourth Estate, 2009), pp. 63–95.

（6） Deborah J. Schildkraut, *Press One for English: Language Policy, Public Opinion, and American Identity* (Princeton, NJ: Princeton University Press, 2005), p. 2.

（7） MALDEFの方針については http://maldef.org/education/public_policy/, これを検索したのは 18 March 2010.

（8） Brent Staples, 'The Last Train from Oakland', *New York Times*, 24 January 1997.

（9） Marcyliena Morgan, 'More than a Mood or an Attitude: Discourse and Verbal Genres in African-American Culture', これは Salikoko S. Mufwene, John R. Rickford, Guy Bailey and John Baugh (eds), *African-American English: Structure, History, and Use* (London: Routledge, 1998), p. 251. に収録。

（10） Hughes, *Political Correctness*, p. 120. に引用。

（11） 同書 p. 150.

（12） 例の多くは次書から借用した。Alice Morton Ball, *The Compounding and Hyphenation of English Words* (New York: Funk & Wagnalls, 1951).

（13） Charles McGrath, 'Death-Knell. Or Death Knell' *New York Times*, 7 October 2007.

[1] アメリカの黒人作家として初のノーベル文学賞受賞者（一九九三）、トニ・モリスン（一九三一—）のインタビュー記事。*The Guardian, Jan.* 29, 1992

22 コンマはパタパタと翼をはためかす

(1) Simon, *Paradigms Lost*, p. 8.
(2) Victoria Moore, 'Apostrophe catastrophe!', *Daily Mail*, 18 November 2008.
(3) Joseph Robertson, *An Essay on Punctuation* (London: J. Walter, 1785), Preface.
(4) Walter Nash, *English Usage: A Guide to First Principles* (London: Routledge & Kegan Paul, 1986), p. 107.
(5) Nash, *English Usage*, p. 116. に引用。
(6) Lynne Truss, *Eats, Shoots & Leaves: The Zero Tolerance Approach to Punctuation* (London: Profile, 2003), p. 1, p. 28, p. 30, p. 201.『パンクなパンダのパンクチュエーション』今井邦彦訳、大修館書店、二〇〇五
(7) Geoffrey Nunberg, *The Years of Talking Dangerously* (New York: PublicAffairs, 2009), p. 31.
(8) Truss, *Eats, Shoots & Leaves*, pp. 3–4, p. 7.『パンクなパンダのパンクチュエーション』
(9) Louis Menand, 'Bad Comma: Lynne Truss's strange grammar', *New Yorker*, 28 June 2004.
(10) David Crystal, *The Fight for English* (Oxford: Oxford University Press, 2006), p. 134.
(11) C. C. Barfoot, 'Trouble with the Apostrophe', これは Ingrid Tieken-Boon van Ostade および John Frankis (eds), *Language: Usage and Description: Studies Presented to N. E. Osselton* (Amsterdam: Rodopi, 1991), p. 133. に収録。
(12) Elizabeth S. Sklar, 'The Possessive Apostrophe: the Development and Decline of a Crooked Mark', *College English* 38 (1976), p. 175.
(13) M. B. Parkes, *Pause and Effect: An Introduction to the History of Punctuation in the West* (Aldershot: Scolar Press, 1992), pp. 55–6.
(14) John Ash, *Grammatical Institutes*, 4th edn (London: E. & C. Dilly, 1763), p. 34.
(15) Vivian Salmon, 'Orthography and punctuation', に引用。これは Hogg (gen ed.), *The Cambridge History of the English Language* (Cambridge: Cambridge University Press, 1992–2001), III, p. 37. に収録。
(16) Parkes, *Pause and Effect*, p. 93.
(17) さらに詳細について Anthony G. Petti が *English Literary Hands from Chaucer to Dryden*, 25–8. の中で書いている。
(18) Ash, *Grammatical Institutes*, 4th edn, p. xxiii.
(19) Murray, *English Grammar*, p. 200.
(20) Jon Henley, 'The end of the line?', *Guardian* 4 April 2008. に引用。
(21) Richard Alleyne, 'Half of Britons struggle with the apostrophe', *Daily Telegraph*, 11 November 2008.
(22) Sarah Lyall, 'Boston Journal; Minder of Misplaced Apostrophes Scolds a Town', *New York Times*, 16 June 2001.
(23) Will Pavia, 'Scene is set for a pedants' revolt as city dares to banish the apostrophe from its street signs', *The Times*, 30 January 2009.
(24) Philip Howard, 'A useful mark we should all get possessive about', *The Times*, 30 January 2009.

[1] アメリカの詩人ｅｅカミングズ（エドワード・エスリン・カミングズ、一八九四年―一九六二）の作品は、大文字にすべきところを小文字にしたり、不規則な句読点や改行、独特の綴りといった詩形をもつ。アポリネール（一八八〇年―一九一八）も、「ミラボー橋」など句読点をまったく廃した詩や、象形文字・表意文字とも見

える文字を用いた詩作を行なった。

［2］『タイムズ』紙文芸付録（*TLS*）一九二八年九月二七日号。

［3］ウェルズ自身がモデルとみられる部分もあるポリー氏は、一九一〇年発表の風俗小説『ポリー氏の生涯』の主人公。

［4］シェイクスピア『真夏の夜の夢』の、引用は第五場第一場より。

23　規則をみせびらかす

（1）Dominic Sandbrook. *White Heat: A History of Britain in the Swinging Sixties* (London: Little, Brown, 2006), p. 201.

（2）William Zinsser, *On Writing Well* (New York: Quill, 2001), pp. 33–4.

（3）Lounsbury, *The Standard of Usage in English*, p. 193, p. 197.

（4）Mencken, *The American Language*, 4th edn, p. 39. に引用。

（5）同書 pp. 45–6.

（6）Edwin Newman, *Strictly Speaking: Will America be the Death of English?* (London: W. H. Allen, 1975), p. xi.

（7）Tony Bennett, Lawrence Grossberg and Meaghan Morris (eds), *New Keywords: A Revised Vocabulary of Culture and Society* (Oxford: Blackwell, 2005). には現代よく目につく用語の便利な一覧が載っている。

（8）Raymond Williams, *The Long Revolution* (London: Chatto & Windus, 1961), p. 3.『長い革命』若松繁信他訳、ミネルヴァ書房、一九八三

（9）Ernest Gowers, *ABC of Plain Words* (London: HM Stationery Office, 1951), p. 3.

（10）Thomas de Zengotita, *Mediated: How the Media Shape the World Around You* (London: Bloomsbury, 2007), pp. 84–6.

（11）Stefanie Marsh, 'The rise of the interrogatory statement', *The Times*, 28 March 2006.

（12）Ian Jack, 'Tense? Relax, it'll be clear presently', *Guardian*, 27 March 2004.

（13）James Gorman, 'Like, Uptalk?', *New York Times*, 15 August 1993.

（14）William Safire, 'Vogue Words', *New York Times*. 11 March 2007.

（15）Partridge, *Usage and Abusage*, pp. 349–57.

（16）Frank Kermode, *Shakespeare's Language* (London: Prnguin, 2001), pp. 4–5.

（17）Geoffrey Nunberg, 'What the Usage Panel Thinks', これは Christopher Ricks and Leonard Michaels (eds), *The State of the Language* (London: Faber, 1990), pp. 469–71. に収録。

（18）レグホーン帽の「レッグホン」、鶏の「レゴーン」、イタリアの都市名の「レッグホーン」。

（19）William Cobbett, *A Grammar of the English Language*, 3rd edn (London: Thomas Dolby, 1819), pp. 133–5.

（20）David Crystal, 'Talking about Time', これは Katinka Ridderbos (ed.), *Time* (Cambridge: Cambridge University Press, 2002), p. 114. に収録。

（21）Baker, *Reflections on the English Language*, pp. ii–v, p. 48, p. 55.

（22）この本を教えてくれた Jack Lynch に感謝する。

［1］ディケンズの長編『大いなる遺産』の、引用は第八章より。孤児で鍛冶屋の徒弟をしている主人公が美少女エステラにはじめて出会う場面で、エステラはピップを無知な労働者の子と軽蔑する。帰り道でピップは、自分がまさに労働者の子であることを示している荒れた手やどた靴、卑しい言葉遣いを思い、自分が無知で、低い階級に属する人間であることを痛感する。

［2］レイク・スペリオル州立大学は一九六六年にミシガン工科大学から分離した際、大学のPRのために遊び心と笑いの精神を生かしたイベントを企画した。「追放すべき言葉の一覧」はそのひとつで

世間の注目を浴びた。人気があったもうひとつの企画が「ユニコーン狩り」だった。追放すべき言葉が実際には消えることがないのと同じく、想像上のユニコーンがつかまるわけではない。ユニコーンは「真実」あるいは「見果てぬ夢」の象徴であり、この狩りに参加するには大学で発行（サイトでダウンロードできる）される許可証を胸につけ、特別の規則に従うことが求められる。

[3] ヴォルテール（一六九四―一七七八）の匿名で発表された『カンディード』は、神によって配剤された現実世界は可能な世界の中で最善であるとしたライプニッツの哲学を諷刺した小説＝哲学的コント。登場人物パングロスは主人公の師。ライプニッツ哲学を信奉して最善説（オプティミスム）をカンディードに説く。

[4] ルイザ・メイ・オルコット（一八三二―一八八）の『若草物語・続』、引用は第四七章より。林檎の採り入れに勤しんだ一日の最後に果樹園の草地の上にお茶が用意され、子どもたちは行儀作法を免除されて逆立ちしながらミルクを飲んだり、そこらじゅうクッキーだらけにしたりする。その様子を、聖書の中命記に記されているまさに「文字通り」に、とユーモアたっぷりに描いている。

[5] ディケンズ『ニコラス・ニックルビー』、引用は第一三章より。ニコラスが助教師として赴いた寄宿学校で知的障害のある生徒スマイクが校長の虐待を受ける場面。スクウィアズは、実際にヨークシアで生徒虐待が社会問題となっていた寄宿学校の経営者ウィリアム・ショーがモデル。

24　テクノロジー曰く「まあ何でもいいけど」

（1） Sven Birkerts, *The Gutenberg Elegies: The Fate of Reading in an Electronic Age* (New York: Faber, 2006), p. 237, p. 249.『グーテンベルクへの挽歌―エレクトロニクス時代における読書の運命』船木裕訳、青土社、一九九五

（2） 同書 p. 228.

（3） Tim Berners-Lee, *Weaving the Web* (London: Orion, 1999), pp. 1–2, pp. 224–5.『Ｗｅｂの創成』高橋徹訳、毎日コミュニケーションズ、二〇〇一

（4） Sven Birkerts, 'Sense and semblance: the implications of virtuality', これは Brian Cox (ed.), *Literacy Is Not Enough: Essays on the Importance of Reading* (Manchester: Manchester University Press, 1998), p. 20, p. 24. に収録。

（5） Derrick de Kerckhove, *The Skin of Culture: Investigating the New Electronic Reality* (London: Kogan Page, 1997), p. 205, p. 208, p. 217.『ポスト・メディア論』片岡みい子、中澤豊訳、ＮＴＴ出版、一九九九

（6） John Seely Brown and Paul Duguid, *The Social Life of Information* (Boston, MA: Harvard Business School Press, 2002), p. 21.『なぜＩＴは社会を変えないのか』宮本喜一訳、日本経済新聞社、二〇〇二

（7） Mark Abley, *The Prodigal Tongue: Dispatches from the Future of English* (London: William Heinemann, 2008), p. 183. に引用。

（8） David Crystal, *txtng: the gr8 db8* (Oxford: Oxford University Press, 2008), p. 9. に引用。

（9） Dominic Sandbrook, *Never Had It So Good: A History of Britain from Suez to the Beatles* (London: Little, Brown, 2005), p. 389. に引用。

（10） John Humphrys, 'We will soon be lost for words', *Daily Telegraph*, 24 October 2006.

（11） De Zengotita, *Mediated*, p. 176.

（12） Naomi Baron, *Always On: Language in an Online and Mobile World* (Oxford: Oxford University Press, 2010), p. 7, p. 171.

［1］「紳士のイギリス」をベースとしたユーモア小説を数多く生み出したP・G・ウッドハウス（一八八一―一九七五）の本は、かつてロンドンの上流社交クラブには必ず置かれていた。

［2］『リトル・ブリテン』はBBCで二〇〇三―五年まで放映された人気コメディ番組。登場人物のヴィッキー・ポラードは問題行動を起こしては「……てゆうか～」で始まる言い訳に終始する。

25　「英語を征服して中国を強くしよう」

（1）　Salah Troudi, ‘The Effects of English as a Medium of Instruction’, を参照。これは Adel Jendli, Salah Troudi and Christine Coombe (eds), *The Power of Language: Perspectives from Arabia* (Dubai: TESOL Arabia, 2007), p. 6. に収録。

（2）　H. G. Wells, *A Modern Utopia* (London: Chapman & Hall, 1905), p. 17, pp. 21–2.

（3）　H. G. Wells, *The World Set Free* (London: Macmillan, 1914), p. 215, pp. 217–18.『解放された世界』浜野輝訳、岩波文庫、一九九七

（4）　Alexander Melville Bell, *World-English: The Universal Language* (New York: N. D. C. Hodges, 1888), p. 7.

（5）　Braj B. Kachru, ‘American English and other Englishes’ に引用。これは Charles A. Ferguson and Shirley Brice Heath (eds), *Language in the USA* (Cambridge: Cambridge University Press, 1981), p. 39. に収録。

（6）　Edward W. Said, *Culture and Imperialism* (London: Chatto & Windus, 1993), pp. 368–9.『文化と帝国主義』大橋洋一訳、みすず書房、一九九八

（7）　このテーマは次で取り上げられている。Robert Phillipson, ‘Lingua franca or lingua frankensteinia? English in European integration and globalization’, *World Englishes* 27 (2008), pp. 250–84.

（8）　Arika Okrent, *In the Land of Invented Languages* (New York: Spiegel & Grau, 2009), p. 106.

（9）　Louis-Jean Calvet, *Language Wars and Linguistic Politics*, Michael Petheram 訳 (Oxford: Oxford University Press, 1998), pp. 197–8.

（10）　Mark Abley, *Spoken Here: Travels Among Threatened Languages* (London: Arrow, 2005), p. 90.『「消えゆくことば」の地を訪ねて』木下哲夫訳、白水社、二〇〇六

（11）　Alastair Pennycook, *Global English and Transcultural Flows* (Abingdon: Routledge, 2007), p. 5.

（12）　Robert McCrum, *Globish: How the English Language Became the World's Language* (London: Viking, 2010), pp. 213–16.

（13）　Thomas L. Friedman, *The World is Flat: A Brief History of the Globalized World in the Twenty-first Century* (London: Allen Lane, 2005), p. 8.『フラット化する世界―経済の大転換と人間の未来』伏見威蕃訳、日本経済新聞社、二〇〇六

（14）　この問題は次書に詳しい。Jacques Maurais and Michael A. Morris (eds), *Languages in a Globalising World* (Cambridge: Cambridge University Press, 2003).

（15）　Nicholas Ostler, *Empires of the Word: A Language History of the World* (London: HarperCollins, 2005), p. 476.

（16）　Evan Osnos, ‘Crazy English’, *New Yorker*, 28 April 2008. を参照。

（17）　たとえば Simon Caulkin, ‘English, language of lost chances’, *Observer*, 24 July 2005. を参照。

（18）　David Graddol, *English Next* (London: The British Council, 2006), p. 93.

（19）　William Greaves, ‘Selling English by the Pound’, *The Times*, 24 October 1989. に引用。

（20）　Phillipson, *English-Only Europe?*, p. 78.

[1] アメリカ、ヴァージニア州のジェイムズタウンは英国の北米最初の永続植民地。この地を皮切りに、十八世紀にかけての植民地戦争を経て、フランスを押さえて英国の北米支配が圧倒的となった。

[2] インド、ベンガル地方のプラッシーでイギリス東インド会社軍とフランスインド会社・ベンガル連合軍が戦った。クライヴの指揮する英軍が圧勝し、インドにおける優位を確立した。

[3] ウェルズの『解放された世界』、引用は第四章の七節より。世界共通に理解され、意思の疎通を可能にすることを目的として新政府によって制定されたのは、言語のほか通貨、度量衡、暦など、すべては可能なかぎり単純化された。

[4] 二〇〇九年一月二十九日付のBBCニュースによる。

[5] コスモグロサ（一八五八）、スポキル（一八八七）、ムンドリング（一八九〇）、ヴェルトパール（一八九六）、インターリングア（一九〇三）、ロマニザット（一九〇八）、アジュヴィロ（一九一〇）、モログ（一九一一）、これらのほかにも、この時期にさまざまな人工言語が年に二つのスピードで生み出された。

26 流れゆく自然界とどう向き合うか

（1） Jacques Derrida, *Positions*, Alan Bass 訳（London: Athlone, 1981）, p. 19.『ポジシオン』高橋允昭訳、青土社、二〇〇〇

（2） Ferdinand de Saussure, *Course in General Linguistics*, ed. Charles Bally and Albert Sechehaye, trans. Wade Baskin, rev. edn（London: Fontana, 1974）, p. 80.『一般言語学講義』小林英夫訳、岩波書店、一九七二

（3） これらの考えは次書で追求されている。Joseph W. Poulshock, 'Language and Morality: Evolution, Altruism and Linguistic Moral Mechanisms'（未発表の博士論文、University of Edinburgh, 2006）.

（4） George Lakoff and Mark Johnson, *Metaphors We Live By*（Chicago: University of Chicago Press, 1980）, pp. 14–21, pp. 89–96.『レトリックと人生』渡部昇一、楠瀬淳三、下谷和幸訳、大修館書店、一九八六

（5） Andrew Goatly, *Washing the Brain-Metaphor and Hidden Ideology*（Amsterdam: John Benjamins, 2007）, pp. 83–5.

（6） Benjamin Lee Whorf, *Language, Thought, and Reality* ed. John B. Carroll（New York: John Wiley, 1956）, pp. 240–1.『言語・思考・現実』池上嘉彦訳、講談社、一九九三

（7） 同書 pp. 57–9, p. 61, p. 63.

（8） 同書 p. 216.

（9） Bloom の研究は John A. Lucy, *Language Diversity and Thought*（Cambridge: Cambridge University Press, 1992）, pp. 208–56. の中で要約されている。

（10） Jack Hitt, 'Say No More', *New York Times*, 29 February 2004.

（11） Pinker, *The Language Instinct*, pp. 57–67. を参照。『言語を生みだす本能』

（12） John McWhorter, *Our Magnificent Bastard Tongue: The Untold History of English*（New York: Gotham Books, 2008）, p. 139.

（13） *The Economist* of 11 October 2003. に掲載された実例。

（14） Mark Halpern, *Language and Human Nature*（New Brunswick, NJ: Transaction, 2009）, p. 142.

（15） David S. Palermo and James J. Jenkins, *World Association Norms: Grade School Through College*（Minneapolis: University of Minnesota Press, 1964）, pp. 278–80, pp. 406–7.

[1] ソシュールは一八七八年に『インド＝ヨーロッパ語における原始的母音体系についての覚え書』を発表。ジュネーヴ大学での講義

をもとに編集・出版された『一般言語学講義』には、〈バイイ＝セシュエ編〉と〈コンスタンタンのノート〉がある。

［2］アメリカ現代詩の中心のひとり、ウォレス・スティーヴンズ（一八七九―一九五五）の"adagia"（*Opus Posthumous*, 1955 所収）より。

［3］シェイクスピア『ハムレット』の、引用は第三幕第一場より。

［4］マーク・トウェインの *A Tramp Abroad*（一八八〇）所収の"The Awful German Language"より。

［5］ディケンズの『ニコラス・ニックルビー』の、引用は第一二章より。

［6］女性で初めてピューリツァー賞（小説部門）を受賞したアメリカの作家、イーディス・ウォートン（一八六二―一九三七）の『田舎の習慣』（一九一三）、引用は第一三章より。

27　楽しき日々

（1）Steven Poole, *Unspeak* (London: Abacus, 2007), p. 144.

（2）Orwell, *Essays*, ed. Carey, p. 695.『オーウェル評論集』

（3）Locke, *An Essay Concerning Human Understanding*, ed. Nidditch, pp. 493-6.『人間知性論』

（4）Orwell, *Essays*, ed. Carey, p. 966.『オーウェル評論集』

（5）Plain English Campaign のパンフレットは次のサイトより。http://www.plainenglish.co.uk/services_brochure_2009.pdf, 検索したのは 19 March 2010.

（6）Martin Cutts および Chrissie Maher, *The Plain English Story* (Stockport: Plain English Campaign, 1986), p. 84.

（7）BBCニュース 'Councils get banned jargon list'. http://news.bbc.co.uk/1/hi/uk_politics/7948894.stm, 検索したのは 23 March 2010.

（8）Chris Mullin, *A View from the Foothills: The Diaries of Chris Mullin*, ed. Ruth Winstone (London: Profile, 2010), p. 26.

（9）Pinker, *The Stuff of Thought*, p. 262. ピンカーは本書で隠喩について詳しく述べている。(pp. 235-78)『思考する言語』

（10）Don Watson, *Gobbledygook* (London: Atlantic, 2005), p. 105. に引用。

（11）Jacques Barzun, *The House of Intellect* (London: Secker & Warburg, 1959), p. 233.

（12）わたしの知る限りではこの名称は Bruce D. Price が次の雑誌の記事用に思いついたものだ。*Verbatim* February 1976.

［1］この章の原題"Such, such are the joys"は、ジョージ・オーウェルの自伝的評論"Such, Such Were the Joys"をもじったものと思われる。この評論は一九三九年頃に草稿が書かれたが、一九四八年まで完成せず、没後二年目の一九五二年に出版された。ウィリアム・ブレイクの『無垢の歌』からの一行をとったこの題は、階級社会の偽善に囲まれて過ごした寄宿舎時代への皮肉がこもっている。

［2］孔子『論語』子路第十三の三。「名正しからざれば即ち言順わず」

［3］パーシー・グレインジャーとウィリアム・バーンズの「アングロ・サクソンの簡潔化」については、一六一頁を参照。

［4］米国防総省記者会見二〇〇二年二月十二日

［5］トロロプの『バーセットシア物語』六連作の第二作。バーチェスター主教区に赴任してきた改革派の新主教プラウディは保守派の教区の平和を乱す存在として描かれる。その新司教が新たに設立しようとする学校に、トロロプは嘲笑的に名詞を長々と連ねた名称を与えている。

28　結びの言葉

（1）　Judith Butler, *Excitable Speech: A Politics of the Performative* (New York: Routledge, 1997), pp. 1–2.『触発する言葉』竹村和子訳、岩波書店、二〇〇四

（2）　John Yeomans, *The Abecedarian, or, Philosophic Comment upon the English Alphabet* (London: J. Coote, 1759), p. 62.

（3）　Pinker, *The Stuff of Thought*, p. 425.『思考する言語』

（4）　Ammon Shea, 'Error-Proof', *New York Times*, 28 September 2009.

訳者あとがき

本書は、Henry Hitchings, *The Langage Wars, A History of Proper English*, 2011 の全訳である。ヒッチングズの翻訳は今回で三冊目となる。最初は著者が博士論文のテーマを発展させた『ジョンソン博士の英語辞典』（二〇〇五）、二冊目は古典に迫りながらもユーモアを欠かさない『世界文学を読めば何が変わる?』（二〇〇八、邦訳はいずれもみすず書房）。そして今度はいよいよ英語そのものについての話だ。

日本で書店をのぞくと英語に関する本は盛況とみえて、いくつもの棚にぎっしり英語関係の本が並んでいる。しかし、よく見ると、いかに文法を攻略するか、いかに話せるようになるか、どうすれば短い時間で英語が上達するか、といったものがほとんどで、英語そのもの、英語とはどういうものか、について書かれた本はあまりない。隅っこの言語学のところに概論とか発達史とか、難しい題のついた、読むのも難しそうな本が少しあるだけだ。

本書は一言で言えばそのような英語史だが、ヒッチングズならではのひねりが効かされている。著者が原題でランゲージ・ウォーズとしたように、英語史というのは、英語の進化の過程を描いているだけではなく、実は生き残りをかけた絶え間ない戦いの歴史なのだ。土着の言葉と渡来した言葉とのせめぎあい、あるいは価値判断による淘汰の歴史でもあり、言葉を固定化したい人びとと言葉は流動的だと思う人びととの間の戦いなのだ。国外に目を転じれば、イギリス人の海外進出にともなう世界の英語化の歴史でもある。

話は年代順に進むと思いきや、過去の中に現代が侵入してくる。ヒッチングズによれば、「過去を掘り下げていくと、こんにちの言葉に思いが至る」という。過去の中に現在があり、現在の中に過去があるということだろう。彼はまたこうも言っている。数学が理解できないのは余分なものがないからだ、と。本書ではチョーサー、シェイクスピアなどの古典で使われている言葉から『スター・トレック』、『バフィー　恋する十字架』などのテレビ番組の分析まで、本筋から離れた議論が縦横無尽に展開され、読者は思わぬ英語史の脇道を堪能できる。

本書にはシャルトル大聖堂の扉に刻まれた「文法」をあらわす女性像の話が出てくる。手に樺の枝の束を持ち、子どもたちに文法を文字通り叩き込むという。われわれもきっちり決まった英文法を学校で叩き込まれたという印象がある。しかし、文法も時代によってさまざまに変わってきたという。かつて you was が教育のある人の間でも普通だった、とか、量をあらわすときは more で、数をあらわすときは mo だった、と聞くと、何十年も前に習った英文法を後生大事に守っている自分としてはしばし唖然としてしまう。ヒッチングズ自身は、言葉は生きており、変化するものであり、そこに言葉の魅力があると重々承知しているのだが、ときどき、我慢ならないと思うこともあるらしい。知らない人から Dear Mr.Hitchings ではなく dear hitchings などと宛名書きされた手紙を受け取ると、いい加減にしてよ、と言いたくなるみたいだ。その矛盾が本書の魅力にもなっている。

こんにち世界中の人びとが競って英語を使おうとしており、世界の英語化に成功したかに思える。しかし、ヒッチングズはさらに先を見据えている。世界を英語化した末にあらわれてきたのは世界化しつつある英語だ。海外旅行をしても、イギリス、アメリカはもちろんのこと、どこの国でもだいたい英語は通じる。しかし、昔学校の勉強で聞かされた発音レッスンのテープのような、いわゆる模範的な英語を聞くことはめったにない。それぞれその地のアクセントの強い英語だ。訳者はかつてシンガポールで暮らしたことがあるが、最初は何語かと思うほど、現地のいわゆるシングリッシュ（シンガポール・イングリッシュ）が聞き取れなかった。スーパーマーケットで英米の人を相手に、聞き取れないのはそちらが悪いと言わんばかりの店員の態度にびっくりしたものだった。同じ英語でもその地その地で独自の発音、アクセント、文法を獲得し、独自に発展し始めている。イギリスで友人の車でドライブしたとき、ナビの英語に思わず「昔の英語のレッスンみたい」と言ったら、「これは気取った発音であまり好きではないのだけど」という答えが返ってきた。かつてこれこそ英語と思っていた発音ももはや主流ではないのだろう。ヒッチングズは英語の世界化が高じると、今にいちいちうるさいイギリス人と英語で話すのを誰もが避けるようになるのではないか、との不安を表明している。ふくらんだ風船がやがて粉々に砕け散るように、やがては英語も多種多様な英語に分裂するのではないか、いや、もうそうなり始めている、と。

本書を読むと、われわれ日本人が英語へ、英語へ、それもかつての模範的な英語へとたなびく様はダイナミックな言葉の動きとは反するものではないかと思ってしまう。また本書を訳すにあたり、前回の訳書よりも一段と横文字のままのほうがわかりやすい、といった言葉が増えているのに残念な気持ちでいる。日本語も飲み込まれつつあるのではないだろうか。本書を読むと英語だけではなく、翻って日本語についても考えさせられる。ちなみに本書では日本人が苦手なのはＬの発音だという。昔、日本人にできないのはＲの発音だ、とされ、ひたすらＲの発音上達に励んだことを思い出す。イギリス人から見るとそうなのか、と意外な発見だ。訳者個人としては日本人は母音の発音ができていない、と思うのだが。

本書には大学の教授からコメディアンまで様々な人物が登場する。日本では馴染みのない人が多いと思うので、読む妨げにならない程度に本文中に説明を付け加えた。

英語史だけあって、古い表現から始まって、さまざまな言い回しや各地の方言など、訳すのに手間取ることも多く、スティーヴ・プレーター氏のお知恵を拝借したところもある。ここで改めてお礼を申し上げる。

最後にみすず書房の成相雅子氏には今回も大変お世話になった。貴重な助言をいただいた上に、訳注の資料探しや索引などに尽力をいただき、ようやく完成の日を迎えることができた。深く感謝の意を表したい。

二〇一四年三月

田中京子

人名・作品名索引

本文のみ．注は含まない．
文学作品の登場人物は名・姓（作者・作品名）で表す．

ア

サ

タ

ナ

ハ

マ

ヤ

ラ

ワ

事 項 索 引

本文のみ．注は含まない．

ア

カ

ナ

ハ

マ

ヤ

ラ

ワ

著者略歴

(Henry Hitchings 1974-)

イギリスの作家・批評家，王室奨学生としてイートン校に学んだのち，オックスフォード大学クライストチャーチ・カレッジに進む．ロンドン大学で博士号取得．デビュー作『ジョンソン博士の「英語辞典」』(2005) は、言語および文化史をテーマとしたナラティブ・ノンフィクションとして高い評価を得，そのアメリカ版はモダン・ランゲージ・アソシエーション（MLA）より，その年にもっとも優れた独自の仕事をなした研究者に与えられる賞を授与された．ほかに，*How to Really Talk About Books You Haven't Read* (2008,『世界文学を読めば何が変わる？』みすず書房)，"*The Seacret Life of Words: How English Became English*" (2008)，*Sorry! The English and their Manners* (2013) など，新鮮な切り口の英語と英文学についての著作がある．

訳者略歴

田中京子〈たなか・きょうこ〉1948年，東京に生まれる．津田塾大学学芸学部英文学科卒業．訳書　ボティックハイマー『グリム童話の悪い少女と勇敢な少年』(共訳，紀伊國屋書店，1990) ポーター『健康売ります』(みすず書房，1993) ハーン『美女と野獣』(新曜社，1995) クイン『マリー・キュリー』1，2 (みすず書房，1999) スモール『ナイチンゲール 神話と真実』(みすず書房，2003) ヒッチングズ『ジョンソン博士の『英語辞典』『世界文学を読めば何が変わる？』(ともにみすず書房，2007，2010)．

ヘンリー・ヒッチングズ
英語化する世界、世界化する英語
田中京子訳
2014年4月15日　印刷
2014年4月25日　発行

発行所 株式会社 みすず書房
〒113-0033 東京都文京区本郷5丁目32-21
電話 03-3814-0131(営業) 03-3815-9181(編集)
http://www.msz.co.jp

本文組版 プログレス
本文印刷所 平文社
扉・表紙・カバー印刷所 リヒトプランニング
製本所 松岳社

ISBN 978-4-622-07801-2
[えいごかするせかい、せかいかするえいご]